KB011278

x의 존재론을 되묻다

한국연구원
학술심포지엄
총서 1집

x의 존재론을 되묻다

엮고 기획한 이 | 김상원
쓰고 토론한 이 | 최세만 김상환 유헌식 박소정 차은정
김귀룡 이상수 조성우 김동규 박동환

사월의책

x의 존재론을 되묻다

1판 1쇄 발행 2021년 8월 30일

지은이 김상원 외 10인
펴낸이 안희곤
펴낸곳 사월의책

편집 박동수
디자인 김현진

등록번호 2009년 8월 20일 제396-2009-126호
주소 경기도 고양시 일산서구 중앙로 1388 동관 B113호
전화 031)912-9491 | 팩스 031)913-9491
이메일 aprilbooks@aprilbooks.net
홈페이지 www.aprilbooks.net
블로그 blog.naver.com/aprilbooks

ISBN 978-89-97186-99-0 93100

* 본 도서는 '2021년 재단법인 한국연구원 학술심포지엄 총서'로 발간되었습니다.

차례

머리말

우리 세대는 한국의 인문학이 보따리장사 수입 학문이라는 자조와 자기 비하를 들으며 자랐습니다. 하지만 주위를 둘러보면 이미 우리의 언어로 독창적인 인문학적 사유를 펼쳐내고, 그 성찰의 깊이와 사유의 지평이 세계성을 확보한 인문학자 분들이 계십니다. 다만 아직 주변에 널리 알려지지 못했을 뿐입니다. 탁월한 인문학적 성취에도 불구하고 주변의 인식과 평가가 충분하지 못한 분들의 학문을 소개하고 재평가할 기회를 만들어 보자는 것이 한국연구원에서 이번 책 출간을 기획하게 된 계기입니다.

오랜 기간 묵묵히 연구에만 집중해 온 인문학 원로 석학의 업적과 노고를 기리고 널리 알리는 것은 그 자체만으로도 대단히 가치 있는 일이라고 생각합니다. 더욱 그분들의 학문적 깊이와 사유의 독창성이 남다를 경우, 그분들의 학문을 널리 알리고 후배 학자들의 시선으로 재조명하고 '살아 있는' 대화를 나누는 것은 당사자에게도 매우 의미 있는 일이 아닐 수 없을 겁니다.

이런 기획의 첫 시도로 저희는 한국철학계에 커다란 울림을 남긴 박동환 선생의 철학을 집중적으로 조명해 보고자 합니다. 권위 있는 국내 철학자들은 물론이거니와 저명한 일본 학자인 미야지마 히로시(성균관대 동아시아학술원) 교수는 한국적인 사유의 색깔이 짙은 철학자로서 박동환 선생을 꼽기도 했습니다. 우리는 이 책이 작은 마중물이 되어서 한국철학의 감춰진 수원으로부터 미래 철학의 생명수가 쏟아져 나오기를 기대합니다. 박동환 철학은 거대한 사유의 산맥이기에 접근로도 다양할 수밖에 없습니다. 책의 필자들은 각기 저마다의 다양한 생각을 가지고서 박동환 철학에 다가갑니다. 박동환 철학에 대한 깊이 있는 해석과 비판, 널리 그의 철학을 알리는 작업이 바로 이 지면에서 펼쳐지고 있습니다.

이 책의 처음 기획은 2019년 가을로 거슬러 올라갑니다. 한국연구원이 주최하는 추계 학술대회가 끝나고 뭔가 미진한 느낌이 가시지 않았는데, 앞서 말한 출판기획 아이디어가 갑자기 떠올랐습니다. 첫 기획은 '박동환 철학'을 다루기로 하고, 필자를 섭외한 뒤 2020년 벽두에 박동환 선생님을 모시고 책 출간 모임을 가지기도 했습니다. 원래는 2020년 후반기에 박동환 선생님도 참여하는 심포지엄을 성대히 개최한 뒤 책을 출간하려고 했습니다. 아쉽게도 코로나19 때문에 2020년 12월 22일 비대면으로 조촐하게 진행할 수밖에 없었습니다. 최세만 선생을 비롯한 4명의 필진이 이 심포지엄에서 발표해 주셨고, 이때 발표된 글과 나머지 필진의 글을 모아 이 책을 출간하게 되었습니다.

우리는 이 책의 제목을 『x의 존재론을 되묻다』라고 정해 보았습니다. 여기서 'x의 존재론'이란 박동환 선생 본인이 정한 자기 철학의 명칭입니다. 그리고 '되묻다'라는 말은 (1) 아무리 떨쳐내려 해도 박동환의 사유가 후배 학자들의 진지한 사유 과정에 다시 들러붙고 만다는 의미, (2) 이번에 그의 감춰진 철학을 잠시 세상에 꺼내 놓지만 그 의미가 온전히 이해될 때까지 다시 고이 묻어둔다는 의미, 그리고 (3) 현재 시점에서 그의 철학의 위상을 다시금 묻는다는 의미를 함축하고 있습니다. 책이 완성된 지금 시점에서는 두 번째 의미가 절실하게 다가옵니다. 눈 밝은 독자들이야 금방 찾아 읽겠지만, 먼 훗날 박동환 철학이 다시 소환되고 그때야 비로소 이 책의 진가가 드러날 것 같은 예감이 들기 때문입니다. 엉성한 대로 박동환 철학을 '처음' 알아본 사람들의 기록이라는 데, 거기에 덧붙여 선생님의 '생생한' 코멘트가 달려 있다는 데, 이번 책의 의미가 있다고 봅니다.

그러면 간단하게 이 책을 수놓고 있는 글들을 소개하겠습니다. 거친 요약에 불과하기에, 독자 여러분이 본문에서 직접 확인하시기 바랍니다.

맨 먼저 최세만은 'x의 존재론'을 삶의 문맥 속에서 읽으려 합니다. 특히 신비 사상과의 접촉점을 찾고 있습니다. 오랫동안 신비주의 연구에 몰두했던 학자답게 그는 박동환 철학에 담긴 '삶의 신비'를 밝히고 있습니다. 그의 이런 생각은 박동환 철학이 한갓 이론적 사유의 산물만이 아니라 삶 속에서 확인 가능한 삶의 지혜라는 전제를 깔고 있습니다. 그렇지만 박동환 철학에서 삶으로 옮겨가는 도정에는 반드시 다음의 물음 고개를 건너야 합니다. "이처럼 인간의 모든 의도와 계획과 기대가 x에 의해 필연적으로 좌절될 수밖에 없으며 맹목적인 고통을 피할 수 없는 존재에게 겸허와 희망이 무슨 소용이며 불일치하는 자와의 공존이 무슨 의미를 갖는다는 말인가?" 최세만은 'x의 존재론'이 허무주의나 염세주의로 귀착되지 않는 길로서 신비 사상을 검토합니다. 비록 박동환이 신비주의를 일종의 통분(通分)이라며 비판적으로 보고 있지만, 최세만은 꼭 그렇게만 해석할 이유는 없고 오히려 'x의 존재론'을 보완해 줄 수 있을 거라 전망합니다.

김상환은 박동환의 x의 존재론을 이전 삼표론과 관련짓는 흥미로운 해석을 시도하고 있습니다. 삼표론은 박동환이 서양과 동양문명의 논리와 주변자의 논리를 추출했던 것인데, 1표에 해당하는 서양적 사고의 논리는 '정체쟁의'(正體爭議)로, 2표에 해당하는 중국적 사고의 논리는 '집체부쟁'(集體不爭)으로 집약되는 것에 반해서 3표의 논리가 명명되지 않았습니다. 그 무언의 빈 괄호에 적합한 사자성어를 김상환은 x의 존재론에서 찾고 있습니다. 김상환은 박동환 철학이 현대철학의 최전선에서 뚜렷한 유의미성을 가진다는 것을 증명해왔는데, 이번에도 그 작업을 이어가고 있습니다. 동시에 라이프니츠와 불교 용어에 기대면서, 김상환은 x 존재론을 "예정조화론 없는 개체무애론(個體無碍論)"으로 명명합니다. 라이프니츠의 개체 개념을 취하면서도 X와의 불가피한 '불화'가 예정되어 있다고 짚어냅니다.

유헌식은 '인간척도주의'라는 주제 아래에서 x의 존재론에 접근하고 있습니다. 그 존재론은 기본적으로 인간척도주의를 거부합니다. 박동환이 인간 본위의 척도와 우주의 척도를 대비시키는 모습에서 그런 점이 잘 확인됩니다. 그나마 인간 본위의 척도를 비판적으로 반성한 칸트가 내놓은 것이 물자체인데, 그것이 무기력한 모습으로만 그려진다는 게 문제입니다. 유헌식은 박동환의 해법을 칸트 이후 독일철학의 흐름(셸링, 헤겔, 셸러, 겔렌, 하르트만, 카시러 등) 속에서 제시된 해법들과 비교합니다. 그는 인간 척도에 대한 과도한 거부의 몸짓에 대해 우려를 표명합니다. 그는 한편에서 인간 생존을 위한 (문화, 기술 등의) 인간적 척도의 불가피성을 강조하면서, 다른 편에서는 타자적 존재가 인간 척도에 경탄할 정도로 잘 반응하는 것에서 그 척도의 위대성을 찾습니다. 마지막으로 유헌식은 포스트휴먼 담론을 끌어들이면서, 강한 인공지능 곧 "인간에게서 출현하지만 인간을 모방하지 않은 새로운 존재"를 x의 존재론은 어떻게 이해하는지를 묻고 있습니다.

박소정의 글은 박동환과의 개인적인 인연으로 시작합니다. 대학생 때의 박동환 책에 대한 첫인상, 동양철학을 연구하는 자신에게 던진 선생의 질문, 제자들에 미친 선생의 영향 등이 비교적 소상하게 묘사되어 있습니다. 박동환 철학으로부터 커다란 빚을 지고 있음을 인정하면서도, 박소정은 중국철학에 대한 박동환의 해석에 의문을 제기합니다. 예컨대 선생의 중국철학 해석에서 "수양론에 대한 고려"가 부족해 보인다는 것입니다. 중국철학에 대한 이해가 지나치게 추상적이다, 즉 디테일과 구체가 빠졌다는 것입니다. 기존 한국철학을 단지 수입 철학으로만 저평가하는 것에도 반대하면서, 박소정은 "가까이 들어가서 보면 문화의 경계에서 진화하는 정체성"을 찾을 수 있다고 말합니다. 마지막으로 한국어에서 주어 없는 문장이 많은 것은 '주체 없음'으로 해석할 것이 아니라, '우리'가 한국인의 '자아 지칭의 기본값'이기 때문이라는 흥미로운 주장도 펼치고 있습니다.

차은정은 인류학자입니다. 그녀는 인류학의 관점에서 새롭게 박동환 철학을 조망합니다. 차은정에 따르면, "'x의 존재론'은 최근 인류학계에서 전개되는 서구 중심의 근대사상에 대한 비판적 논의와 놀라울 정도로 맞닿아" 있습니다. 하지만 철학적 논의가 만만치 않음을 인정하면서, "마치 인류학자가 '아무것도 모르는' 어느 부족을 현지 조사한 후에 자기 언어와 지식체계로 기술하는 것과 마찬가지로, 해설자는 'x의 존재론'을 낯선 곳에서 처음 만난 어느 현자에게서 들은 이야기처럼 초심자들에게 말해"주는 방법으로 논의를 전개합니다. 흥미롭게도 차은정은 박동환의 *x*가 유럽 형이상학의 뿌리인 헬레니즘을 탈피하는 것, 즉 '철학의 탈헬레니즘화(de-Hellenizing philosophy)'에 가닿았고, 헬레니즘의 식민화에 온몸으로 저항한 「전도서」를 철학의 이정표로 삼았다고 보고 있습니다.

김귀룡은 파르메니데스의 글 속에 나오는 '같음'과 '다름'의 길을 가지고서 서양철학사의 맥락 속에서 박동환 철학의 의의를 묻고 있습니다. 그가 보기에, 전통 형이상학이 같음의 길을 갔고(헤라클레이토스조차도), 경험주의만이 다름의 길을 조금 개척했는데 박동환은 그 길에 깊숙이 들어왔기에 '급진적 경험주의(radical empiricism) 철학'이라 평가됩니다. 나아가 소크라테스, 라이프니츠, 소쉬르, 하이데거, 데리다 등과 견주어 봄으로써, 박동환 철학이 최첨단 서양 사상과 자웅을 겨루고 있음을 소상하게 밝힙니다. 김귀룡은 박동환 철학을 '한 인간의 인생을 건 사색(자신에 대한 탐색)의 결과'라고도 해석하며, '탄생과 죽음의 문제'로 *x*의 존재론을 다가가 이런 의문을 던지며 글을 마무리합니다. "태어나지 않으면 죽을 수 없다. 곧 격파의 전제는 태어남이다. 태어나지 않으면 격파의 최종적인 근거인 *X*는 불필요하다. *X*는 태어난 자(있는 것)들만의 초월자 아닌가?"

이상수는 박동환 철학과 원효 철학을 비교하고 있습니다. 한국철학사에서 원효가 차지하는 비중을 고려할 때, 그와의 비교는 박동환 철학의 한국철학적 위상을 가늠하게 해 줍니다. 이상수는 이 비교 작업을 통해 "박동환의 문제의식으로 원효를 더 깊이 이해하고, 원효의 해법을 통해 박동환의 해법에 대한 이해의 심도를 높이는 결과를 낳기를 기대"합니다. 이상수는 크게 세 가지 측면에서 두 철학자를 비교합니다. 첫째, 박동환의 인간중심주의 비판과 원효의 능소평등론(能所平等論), 둘째, 박동환의 격파와 원효의 화쟁(和諍), 셋째 박동환의 x의 존재론과 원효의 여래장(如來藏) 이론을 대비시킵니다. 이상수의 분석에 따르면, 두 철학자의 핵심 사상에 담긴 문맥적 의미가 다르지만, 문제의식의 차원에서는 상통하는 점이 많습니다. 특히 여래장 사상과의 비교는 앞서 김상환이 불교적 용어가 들어간 '개체무애'라는 사자성어로 x의 존재론을 집약하려 했던 시도를 이론적으로 보완해 주는 것으로 보입니다.

조성우는 예술현장에서 작품을 창작하는 작가입니다. 그가 보기에, 과거 전통 예술과 현대 예술 사이는 현격한 차이가 존재합니다. 둘을 하나의 존재론적 지평에서 볼 수 있는 철학은 아직 존재하지 않습니다. 그가 보기에, x의 존재론이 그 가능성을 보여주고 있습니다. x의 존재론에서 수평과 수직이라는 두 도식이 등장하는데, 전자가 과거 예술의 모습이라면, 후자는 현대 예술이 보여주는 모습이라는 것입니다. 조성우는 박동환이 상상력의 수평적 파격, 즉 $\neg x$로만 예술을 이해하고 있다고 보면서, 현대 예술의 새로운 흐름이 수직적 격파의 X(　)도 보이고 있음을 주장합니다. 조성우는 과거 예술이 '초월성의 내재화'를 통해 내재화된 거짓 초월성으로 경도되는데, 이것을 조롱하는 현대 예술은 초월성의 내재화라는 함정에서 벗어난다고 평가합니다.

김동규는 박동환 철학의 핵심을 '물음'이라는 키워드로 재구성하고 있습니다. 김동규에게 물음이란 철학(philosophy)과 직결된 것입니다. 즉 알고(sophia, 지식) 싶은 마음(philia, 사랑)에 다름 아닙니다. 그에 따르면, 박동환은 숱한 물음을 던진, 더 나아가 심지어 물음에 사로잡힌 철학자입니다. 남의 질문을 대신하거나 가짜 질문을 던진 게 아니라(정답을 가정하는 '해답의 논리'가 아니라), 일생 동안 박동환은 진짜배기 철학적 질문을 던졌던, 국내에서는 보기 드문 철학자입니다. 이처럼 박동환 철학을 높게 평가하면서도 김동규는 박동환의 숱한 질문들 가운데 충분히 개진되지 못한 물음이 있다고 봅니다. 그것은 바로 물음들 저변에 놓인 '필리아'입니다. 그가 보기에, x의 존재론에서는 '그래서는 안 되고 이래야만 한다'는 당위의 언술이 원칙적으로 어렵습니다. 당위는 존재로부터 도출된 것이 아니며, 존재 물음의 부산물인 소피아에는 당위가 설 자리가 없다는 겁니다. 소피아에는 오직 '이다'만 있을 뿐이며, '이어야 함'은 오직 (존재 물음을 추동하는) 필리아에서만 나올 수 있다고 보고 있습니다.

박동환 선생님이 미국 유학을 마치고 한국에서 첫 강의를 시작한 1973년 봄 학기에 저는 철학과 1학년에 입학해서 선생님 강의를 들었습니다. 선생님과의 만남은 그때까지 경험하지 못했던 새로운 지적 세계에 대한 입문이어서, 엄청난 경이였고 즐거움이었습니다. 선생님은 강의에서 우리에게 끊임없이 물음을 던지며 스스로 생각하게 했습니다. 선생님은 철학이란 사유와 사유의 싸움이라면서, 늘 열린 사유와 비판적 사유의 중요성을 강조하셨습니다. 선생님을 통해 처음 포퍼를 접하게 되었고 대학원 논문을 포퍼와 쿤에 대해 쓰게 되었습니다.

1985년 제가 미국 유학을 떠나던 날이 또렷이 기억납니다. 선생님께서는 김포공항에 사모님과 함께 나오셔서, 당신이 박사학위 논문을 쓸 때 큰 도움을 받았다면서 윌리엄 스트렁크 Jr.의 『*The Elements of Style*』을 제게 주셨습니다. 그날의 감격은 아직도 잊을 수 없습니다. 공적인 의미 외에도 이번 학술기획에는 마음의 스승인 박동환 선생님에 대한 개인적인 감사와 헌사의 의미도 있었음을 밝힙니다. 선생님은 제게 1970년대부터 지금까지 줄곧 한국어로 철학을 하면서 그 사유의 넓이와 깊이가 이미 세계적 보편성을 확보한 큰 학자였습니다. 이번 기회를 통해 우리 언어로 사유한 박동환 철학의 깊이와 넓이가 더욱 널리 소개되길 희망합니다.

그간 건강이 여의치 않음에도 후학들의 글에 꼼꼼한 코멘트를 작성해 주신 박동환 선생님 외 필진 아홉 분 선생님들이 정성껏 원고를 작성하시느라 고생하신 덕에, 이렇듯 풍성한 철학의 향연을 벌일 수 있게 되었습니다. 옥고를 보내주신 선생님들의 노고에 진심으로 감사드립니다. 그리고 이번 책의 기획을 적극 지지해 주신 이영준 한국연구원 이사장님과 이사님들께도 심심한 감사의 인사를 드립니다.

한국연구원 원장 김상원

2021년 8월 6일

1부

x의 존재론을 되묻다

'x의 존재론'과 철학적인 삶

최세만*

1. 들어가는 말
2. x의 존재론
3. X에 주도권을 넘긴 삶
4. 탈인본주의적 삶을 위한 매개
5. 무지에로의 회귀
6. 신비사상과 x의 존재론

1. 들어가는 말**

'x의 존재론'은 평생 인간중심주의적 철학의 극복을 모색해온 박동환 철학의 최근 버전이다. 최근 버전이라고 하는 이유는, 선생의 철학적 탐구가 일관된 목표를 가지고 있기는 했지만 그것을 지향하는 과정에서 몇 단계의 변화를 겪어왔기 때문이다. 그리고 선생의 열정에 비추어 볼 때 앞으로 또 어떤 새로운 버전이 나올지 알 수 없기 때문이다. 필자는 그 중 한 단계를 대표하는 글이라고 할 수 있는 「호모에렉투스의 돌도끼에 얽힌 철학사」라는 논문을 여러 해 동안 학생들과 함께 읽고 토론하기도 했고, 또 다른 한 단계에 속한다고 할 수 있는 소위 '삼표(三表)

* 철학박사. 충북대학교 철학과 명예교수. 대표적인 논문으로는 「비트겐슈타인의 주석(註釋)언어와 신비주의」, 옮긴 책으로는 비트겐슈타인의 『논리철학논고』 등이 있다.

** 이 글의 인용문은 「박동환 철학선집」에서 인용하는 경우, '선집권수-페이지' 형태로 출처를 표시했고, 강조체는 필자 임의로 추가함.

철학'을 교수신문사가 기획한 『오늘의 우리 이론 어디로 가는가』라는 책에, 철학 부문을 대표하는 한국의 자생이론으로 소개한 적도 있다. 기존 동서양 철학사에 대해 총체적으로 비판적인 시각을 가지고 새로운 길을 모색하고자 하는 선생의 글이 언제나 이해하기에 쉽고 단순할 수만은 없었지만, 위 글을 쓸 때까지만 해도 필자는 그럭저럭 선생의 글을 이해하고 있다고 스스로 생각할 수 있었다. 그러나 그 이후 출간된 「박동환 철학선집」의 IV권 『x의 존재론』과 V권 『진리의 패권은 사람에게 있는 것이 아니다』에 실려 있는 글들을 읽으면서 필자는 크게 당황하지 않을 수 없었다. 비록 선생이 지향해온 철학의 방향에 대한 사전 이해와 이전 저술들에 대한 지식을 바탕으로 선생이 주장하고자 하는 주요 논지에 대해서는 어느 정도 짐작할 수 있었으나, 'x의 존재론'을 철학적으로 정당화하거나 그로부터 도출되는 우리의 삶의 문제와 관련된 다양하고 풍부하고 심오한 논의들을 총체적으로 일관성 있게 이해하는 일은 요원하다고 느꼈으며, 많은 부분들이 아직 필자의 이해력 밖에 남아 있다고 고백하지 않을 수 없다. 그래서 이 글에서 필자는 이 저술들 속에서 선생이 주장하고자 하는 핵심 논지를 분석하는 데 주력하여, 필자가 어느 정도 이해했다고 생각하는 큰 줄거리를 중심으로 x의 존재론이 주장하는 바를 정리해보고, 거기에 대해 필자의 소견을 제시해 보려고 한다. 그리고 필자가 생각하기에 부차적인 논의들 가운데 간혹 이해와 납득이 힘든 부분들에 대해서는 주석을 통해 언급하는 방식으로 이 글을 전개해보려 한다.

2. x의 존재론

'x의 존재론'은 모든 인간적 지식의 관념성에 대한 비판에서 출발하여, 인간과 인간적 관념 너머의 타자가 관계하는 방식을 형상화하는 단계를 거쳐, 이러한 타자에게 주도권을 넘긴 삶의 전략 또는 태도에 관한 시사로 끝난다.

2.1 (활동하는 물자체) x의 존재론은 칸트의 코페르니쿠스적 혁명(즉 탈인본주의적 혁명)을 완성하기 위한 것이라고 말하고 있듯이, 선생의 출발점은 인간에게 가능한 모든 지식은 인간의 관념에 제약된 현상들에 대한 지식뿐이며 그 너머의 물자체는 알 수 없다는 칸트의 비판주의 철학이라고 볼 수 있다. 선생은, 인간 지식의 관념성에는 동의하더라도 관념을 넘어선 실재는 인정하지 않는 그런 철학들에는 동의하지 않는다. 그러나 칸트에게도 완전히 동의하지 않는데, 그것은 관념을 넘어서 있는 물자체가 어떤 것이어야 하는가에 대한 칸트의 생각을 받아들일 수 없기 때문이다. 선생에 의하면 칸트의 물자체는 인간의 감성과 오성에 복종할 뿐 인간에게 아무런 능동적 메시지도 보낼 수 없는데, 이 점에 동의할 수 없다는 것이다. 그리고 여기에 대한 대안이 바로 선생의 'x의 존재론'이다. 이렇게 보면 **x의 존재론은 인간의 삶의 세계에 관여하는, 능동적인 또는 활동하는 물자체**[1]**에 관한 이론**이다.[2]

---

1) 선집 IV-219, 306.

2) (1) 칸트에게 있어 물자체는 시공간을 초월해 있는 것이다. 그러나 x의 존재론의 물자체는 시공속의 물자체이다. 필자의 생각으로 x의 존재론은 뉴튼적 시공관을 받아들이고 있는 것 같다. 예컨대 아인슈타인의 시공관은 뉴튼의 그것과는 다른데 뉴튼의

2.2 (x와 X — 개체와 심판자) x의 존재론이 주장하고자 하는 바는, 물자체 또는 미지의 타자라고도 할 수 있는 x와 X라는 두 변수와, 이 두 변수에 가해지는 조작들로 이루어지는 정식들에 담겨 있다. 두 변수 x와 X 중 전자는 유한한 개체를, 후자는 초월자이자 영원한 심판자로서의 절대타자를 뜻하는데, 이 둘의 관계는 「전도서」에서 유한자인 인간과 영원한 초월자이며 심판자인 하느님의 관계에 뿌리를 둔다. 그러나 인간의 이성을 오랜 자연사의 과정 속에 나타난 한 단계로 이해하는 관점에 의해,[3] 인간의 지위는 그 속에 우주적 시간의 추이를 품고 있는 존재로, 다른 개체들과 동등한 것으로 일반화된다. 그래서 x는 '나'와 같은 인간이자 동물과 식물 같은 개체생명들이자 원자와 같은 물질의 요소들까지, 모든 유한한 개체를 뜻한다. 그리고 X는 유한한 인간이 어떤 식으로도 가늠할 수 없게 시간 속에서 활동하는 초월적 주재자이자 심판자인 「전도서」의 하느님이, 어떤 특정한 종교적 상상력을 떠나 일반화된 것이다.

2.3 (세 가지 한계해법) x의 정체성은 끝을 알 수 없는 과거로부터 현재에 이르기까지의 기억과 그러한 기억의 한계 내에서 이루어지는 자유로운 상상 활동에 있다. x는 개체로서 존속하며 스스로를 실현하기 위해 그것을 가로막는 한계들, 즉 상대타자인 다른 x들 및 절대타자인

시공관을 받아들이는 이유나 근거가 있는가? (2) x와 X는 일상언어의 범주가 폐기된 뒤에 나온 것이라고 하는데(선집 IV-173) 과연 그런가? 그것을 시간, 공간, 기억, 상상, 유한, 무한, 내재, 초월, 재생, 재현 등의 관념에 의해 규정된다. 그렇다면 이것들이 인간적인 관념의 범주들을 벗어나 있다고 할 수 있는가? 그리고 또한 그렇다면 이 이론의 성격에 대한 자체규정이 재고되어야 하지 않겠는가?

3) 선집 IV-78.

X와 싸워나가야 한다는 것이 시간의 흐름 속에 존재하는 모든 x가 처해있는 운명이다. 이때 발생할 수 있는 사태의 패턴(소위 '한계해법')에는 세 가지가 있다.

첫째는 유한한 개체생명 x인 인간이 자신의 인간적 척도 즉 관념체계 등 필연적으로 제약되어 있을 수밖에 없는 수단을 통해 미지의 타자인 다른 x들이나 X를 파악하고, 이것에 의지하여 자신을 유지하거나 실현하고자 하는 해법이다. 이것은 'Xx'라는 기호화된 정식으로 표현되며, '통분의 논리' 또는 '통분의 해법'이라 불린다. 선생에 의하면 지금까지의 인간의 모든 과학과 철학과 종교사상이 여기에 속한다.

둘째는 영원한 기억을 담고 있는 개체인 x가 무한한 상상에 의해 자기 자신을 거부하거나 부정하는 해법이다. 이것은 어떤 한계에 부딪친 x가 자기 자신을 부정하는 변신을 통해 한계를 극복하고자 하는 해법을 뜻하는 것으로 보이며, '¬x'라는 정식으로 표현된다.

세 번째 해법은 'X(x&¬x)'라는 정식으로 제시되는데, 이는 첫 번째와 두 번째 시도가 모두 파국을 맞을 수밖에 없는 양상을 표현하는 것이다. 첫 번째 해법은 물자체인 미지의 타자들을 제한된 관념체계 안에 담아보려는 원리적으로 불가능한 노력이므로 필연적으로 좌절되고 실패로 끝날 수밖에 없으며, 두 번째 해법 역시 유한자로서의 x의 한계를 벗어날 수 없으므로 첫 번째 해법과 마찬가지의 운명을 맞을 수밖에 없다. 그러므로 X(x&¬x)라는 정식은 유한자인 x가 자신의 기억과, 상상을 통한 변신 등 모든 수단을 통해 자신의 개체를 유지하고 실현하고자 한다 하더라도, 결국에는 실패와 좌절과 파국을 맞을 수밖에 없다는, 개체의 비극적(?) 운명을 나타내는 것이다.

필자가 생각하기에는 바로 이 세 번째 정식이 x의 존재론을 통해 선생이 말하고자 하는 핵심이며, 선생은 이를 통해 철학의 시초에서 비롯되어 코페르니쿠스의 혁명 이후에도 끊임없이 재생산되어온 인본주의적 사상들에 종언을 고하는 동시에, 그 이후 새로운 철학의 길을 모색해 보고 있는 것이다.

3. X에 주도권을 넘긴 삶

만약 x의 존재론이 여기에서 끝난다면 이 글의 주제도 달라졌을 것이며, 이 이론에 대한 철학적 정당화의 문제가 주요 관심사가 되었을 것이다. 그러나 선생은 이어서 x의 존재론에 기초한 탈인본주의적 삶의 가능성을 모색하고 있는데, 필자가 이 글에서 관심을 갖는 것은 바로 이 부분이다.

3.1 (내비게이터로서의 x의 존재론) 선생은 x의 존재론이 윤리나 당위와는 무관하다고 주장한다. 그리고 이는 x의 존재론의 목적이 모든 인간적 관념과 가치 등에서 벗어나 있는 물자체의 행태를 그리는 것이라는 점에서 일견 당연해 보인다. 그래서 선생은 x의 존재론으로부터 도출될 수 있는 삶의 태도나 전략이 어떤 것일지에 대해 검토하면서, 이와 관련하여 x의 존재론이 할 수 있는 역할은 현실 속에서 한계를 극복하며 살아가야 하는 사람들의 운명의 전략이나 시나리오를 위한 내비게이터와 같은 것이라고 말한다.[4]

3.11 (X의 아바타로서의 개체와 나) x의 존재론에 따르면 나의 삶의

---

4) 선집 IV-340.

주도권은 나에게 있는 것이 아니다. 실제로 나를 움직이는 것은 현재의 자아가 아니라 x로서의 나 속에 있으면서도 내가 완전히 의식화할 수 없는 영원의 기억이다. 그리고 유한자로서의 x는 그 주재자이자 심판자인 X에 전적으로 종속되어 있는 것이므로, 현재의 나 또는 자아라고 하는 것은 가상의 주체로서 x의 아바타이자 궁극적으로는 X의 아바타인 것이다.[5] 그러므로 x의 존재론을 받아들인다면 우리는 우리 삶의 모든 주도권('진리의 패권')이 X에게 있다는 것을 인정하고 받아들이지 않을 수 없다. 내비게이터란 현실 속에서의 '나'의 이러한 입지를 알려주는 존재론적 지도를 뜻하는 것으로 보인다.

3.12 (x의 존재론에서 오는 지혜) 이런 관점에서 선생은 우리가 X에 삶의 주도권을 넘긴다면 그 삶의 모습이 어떤 것이어야 할지를 역사철학, 존재론, 신학, 사회학적인 관점에서 시험해본다. 이 부분에서 제시되어 있는 지혜들은 x가 영원한 생명의 존재로서 죽음과 부활과 재현, 그리고 그 현실적 입지의 반전을 반복하는 존재라는 사실과, X가 인간의 지혜로서는 도저히 접근할 수 없는 절대타자라는 사실에서 도출된 것으로 보인다. 이로부터 겸허와 희망, 죽음에 대한 두려움의 극복, 신을 인간의 지식으로 파악하려는 행위의 어리석음, 불일치하는 것들과 공존해야 한다는 지혜 등을 시사하는 것 같다. 풍부한 과학적 지식과 철학적 사상들을 배경으로 펼쳐지는 이 거대한 담론의 내용과 근거를 필자가 정확히 이해했다고 말할 자신은 없다.

3.13 (개체의 비극적 운명) 그러나 여기에서의 논의에 따르면, 나 자신의 존재 근거인 x는 영원한 시간의 흐름 속에서 언제 어디에 어떤 모

5) 선집 IV-203, 270.

습으로든 태어나서 그 개체성을 유지하며 살아가기 위해, 그것의 내재성을 이루는 영원한 기억 및 무한한 상상을 발휘하여 상대적 타자인 다른 x들 및 절대타자인 X와 싸우다가 결국은 모든 삶에의 시도가 좌절당해 죽어야만 하는 존재이다. 그러나 죽음으로 끝나는 것이 아니라 언제 어딘가에 또 다른 모습으로 태어나 똑같은 과정을 반복해야 하는 존재인 것이다. 이 와중에서도 가장 참기 힘든 것은 x는 왜 이런 고통을 영원히 반복해야 하는지 알 수 없는 맹목의 존재라는 점이다. 필자는 이러한 운명의 그림 앞에서 암울함을 넘어 두려움의 전율을 느끼지 않을 수 없다. 이처럼 인간의 모든 의도와 계획과 기대가 X에 의해 필연적으로 좌절될 수밖에 없으며 맹목적인 고통을 피할 수 없는 존재에게 겸허와 희망이 무슨 소용이며 불일치하는 자와의 공존이 무슨 의미를 갖는다는 말인가? 그리고 이 맹목의 존재가 무슨 목적을 가지고 어떤 운명의 전략이나 시나리오를 짜야 하며 그런 상황에서 내비게이터는 어떤 의미를 지닌다는 말인가? 그럼에도 불구하고 선생은 이러한 무서운 운명의 그림 앞에서도 초연한 듯한데, 여기에서 깊은 의문이 생겨난다.

3.2 (「전도서」와 X에 주도권을 넘긴 삶) X에 주도권을 넘긴 삶의 모습에 대한 논의는 그러한 삶의 대표적인 사례를 「전도서」와 『바가바드기타』에서 찾을 때 절정에 이른다. 선생은 「전도서」에서 선악과 같은 모든 인간적 척도, 그리고 인간의 모든 지식과 의도와 계획과 기대를 좌절시키고, 무력화시키고, 결국에는 죽음에로 인도하는 하느님(X와 같은 하느님)에 대해 기술하는 구절들을 인용한 이후에, 다음과 같이 말한다.

"세상만사가 헛되고 헛되다는 사실을 통감했다고 해서 「전도서」의 필자인 그가 취한 행위와 관점에 흔들림이 일고 있다는 증거는 없다. 그는 … 아주 현실적인 충고[현실 가운데서 지혜롭게 살기 위한] 충고도 하고 있다. 자기 운명의 주체가 될 수 없는 존재라고 해서 반드시 그의 행위와 관점이 회의주의로 기울거나 허무주의에 빠지는 것은 아니다. 그렇게 하잘 것 없는 인간의 한계에 대한 … 명철한 반성에도 불구하고 **절대의 주체인 초월자에 대한 그의 믿음에는 흔들림이 없다**.(인용자 강조)"[6]

선생이 맹목적으로 영원히 고통 받아야 하는 인간의 운명에 초연할 수 있는 것은, 전도자로 하여금 회의주의나 허무주의나 염세주의에 빠지지 않도록 하는 절대 주체인 *X*에 대한 믿음을 전도자와 공유하고 있기 때문인가? 인간의 지혜로는 가늠할 수 없으며, 인간을 짐승과 같이 취급하는[7] 「전도서」의 하느님에 대한 믿음이, 인간으로 하여금 허무주의나 염세주의를 극복하도록 해줄 수 있는 어떤 근거를 과연 「전도서」는 제공해주고 있을까? (이 점에 대해서는 뒤에 재론하기로 한다.)

3.3 (『바가바드 기타』와 *X*에 주도권을 넘긴 삶) 선생은 「전도서」와 함께 『바가바드 기타』의 구절들을 인용하며 다음과 같이 말한다.

"고대 인도에서 이루어진 고전 『바가바드 기타』에서도 **한 사람의 존재는 행위의 주체가 아니면서도 그의 결단에 흔들림이 없다**는 것을 다음과 같이 보여준다. "신과 합일을 이루고 진리를 알고 있는 사람은 '내가 하는 일

6) 선집 IV-119.
7) 「전도서」 3:18-19.

은 아무 것도 없다'고 생각한다." "행동하는 것만이 그대의 권리이며 그 결실에 대해서 그대의 것은 아무 것도 없다. 행동의 결실이 그대의 동기가 되지 않게 하라. 그렇다고 행동하지 않음에 대한 집착도 그대 안에 머물지 않게 하라.""[8)]

삶의 주도권이 나에게 있는 것이 아니라 신에게 있다는 것을 아는 사람은 결과에 집착하지 말고 행위하라는 가르침은 *X*에게 주도권을 넘긴 삶의 모습과 일치하며, 이 속에는 어떤 허무주의나 염세주의도 없다는 것이다. 그러나 『바가바드 기타』가 이러한 행위를 권하는 배경에는, 신이 지복의 원천이며 그래서 *X*에 주도권을 넘긴 삶을 사는 사람은 모든 고통에서 벗어나 신과의 접촉(또는 합일)에서 오는 최상의 행복에 다가갈 수 있다는 신앙 또는 체험에 의한 확신이 있다.[9)] 그러나 *x*의 존재론에 그러한 신앙이나 확신의 근거가 있는가?

4. 탈인본주의적 삶을 위한 매개

그래서 *x*의 존재론이 우리의 삶의 현실에 줄 수 있는 시사점에 관한 논의에서 필자가 제기하고 싶은 문제는 **x의 존재론을 받아들이는 사람들에**

---

8) 선집 IV-119.

9) "마음이 아주 고요해지고 정념이 가라앉아 브라만이 된 흠 없는 요가행자에게는 지복이 임하기 때문이다."(6:27) "이와 같이 자신을 확고하게 유지하는 요가행자는 죄에서 벗어나 브라만과의 접촉에서 오는 무한한 행복을 쉽게 얻는다."(6:28) *The Bhagavad-Gita, with commentary of Sri Sankaracharia*, 2nd ed. (Mysore: Scholar's Choice, 1901) p. 180.

게 허무주의나 염세주의를 넘어 X에 주도권을 넘긴 삶을 살도록 추동할 수 있는 어떤 매개가 있는가? 하는 것이다. 이 문제가 결정적인 중요성을 갖는 이유는 선생이,

> "*x*의 존재론은 … 우리의 경계 너머에서 영원의 시간을 통과하는 그러나 어떤 특칭도 거부하는 *X*에게 반환하려는 계획에 종사한다. … (그) **계획은 X가 실행하는 역사에 참여하는 데 목표가 있다.**"[10]

고 선언하고 있기 때문이다.

4.1 (개체와 가치) 선생은 *x*의 존재론이 윤리나 당위와는 무관하다고 주장하지만 *x*의 존재론 속에는 어떤 자연적인 가치의 근거가 함축되어 있는데, 그것은 다음과 같은 구절 속에 잘 드러나 있다.

> "(개체 *x*는) 자신이 원하든 원하지 않든 그의 몸에 주어진 유전체계 또는 면역체계는 포기하기를 거부하는 자기 개체성의 방어와 그 연장전에 매달린다. 그러나 동시에 자기의 의지와 상관없이 수행되는 자기방어와 그 연장전이 가져다주는 긴장과 고통에서 해방되기를 희망한다."[11]

개체존재는 자신의 유지보존이라는 목적과 그로부터 발생하는 긴장과 고통의 해소라는 두 가지 목적을 가지고 살아갈 수밖에 없는 존재라

---

10) 선집 V-161.
11) 선집 V-223.

는 것이다. 그렇다면 x의 존재론이라는 내비게이터를 사용해야 하는 이유는 이 두 가지 목적을 실현하기 위해서라는 것인가? 사실 선생의 저술들 속에서는 이 두 가지 목적과 관련된 내비게이터의 역할에 대한 논의들이 다수 발견된다.[12] 그렇지만 여기에 그치는 것이라면 우리는 앞서 논한 바 있는 허무주의나 염세주의의 문제로 다시 돌아갈 수밖에 없다.

4.2 (x의 존엄성?) 그러나 우리는 선생이 x의 존재론 속에 더 이상의 가치의 근거를 상정하고 있다는 사실을 발견할 수 있으며, 그것은 선생이 제시하는 "개체의 자연보호와 독선금지"라는 행위선택의 기준을 통해 드러난다. 선생은, 이 기준은 윤리적 당위나 도덕적 규범이 아니라 x의 존재론과 그의 자연학에서 유도되어 나오는 부칙 또는 따름정리라고 주장한다.[13]

일견 이해하기 힘든 이 주장이[14] 필자에게는, x의 존재론 속에는 개

12) 선생에 의하면 인간은 지금까지 자연과 역사의 주인인 듯 행세하여 생존환경을 파괴함으로써 멸종을 걱정해야 하는 처지에 이르렀다. 그래서 **지속가능한 생존양식을 개발**하지 않으면 안 될 지경에 놓여 있다. 인간은 겸허한 제자리로 돌아가 주변 존재로 처신해야 한다. (선집 V-91ff, IV-179 등등.)

13) 선집 V-18, 19.

14) 선생은, 이 기준이 관습과 문화에 따라 상대적인 모든 도덕적 규범들이 서로 충돌하여 소멸될 때에도 끝까지 살아남을 보편적 행위선택의 기준이 될 것인데, 그것은 이 기준이 인간 중심의 판단에 근거를 두지 않은 것이기 때문이라고 주장한다. 필자로서는 첫째, 선생이 어떤 행동이나 태도를 금지하면서 이것이 윤리나 당위와 무관하다고 주장하는데 어떤 이유가 있는지 발견하기 힘들다. 그리고 둘째, 이것은 각 개체에게 절대적으로 자유가 보장되어야 한다는 주장으로 보인다. 그러나 이 기준을 실현시키려 한다면 어떤 상황이 발생할 것인가? 과연 어떤 개체가 다른 개체들의 절대 자유를 보장하면서 자신의 개체를 보존할 수 있을까? 또한 어떤 개체의 영원한 기억 속에 다른 개체를 지배하려는 성향이 있어 다른 개체에게 독선을 행사하려 한다면, 우리는

체의 존엄성에 대한 근거가 있다는 주장으로 들린다. 그리고 다른 곳에서 발견되는 개체가 대상이나 수단일 수 없다는 선생의 주장은 이러한 추정을 뒷받침한다고 생각한다. 그러면 개체가 대상이나 수단이 되어서는 안 되는 이유는 무엇인가? 필자가 발견할 수 있는 이유는 첫째 개체가 그것을 거부할 것이라는 것이며,[15] 둘째 전생의 이력과 불멸의 영혼을 지닌 존재이기 때문이라는 것이다.[16] 그러나 개체가 대상이나 수단이 되기를 거부하는 불멸의 존재라는 사실이, 그것의 존엄성이 보장되어야 한다는 행위 기준을 우리가 받아들이도록 할 만한 근거가 될 수 있을까?

4.3 (X의 존엄성?) 개체의 존엄성에 대한 주장의 근거는 여기에서 끝나는 것이 아니고 더 깊은 배경이 있는 것으로 보이는데, 그것은 x와 X의 관계에 대한 선생의 논의에서 발견될 수 있다. 선생은,

> "하나하나의 개체생명 자체가 각각 다른 모양으로 그리고 다른 관점으로 실현되어 가는 영원의 한 조각 분신들이다."[17]

모든 개체의 자유를 보장하기 위해 그 개체에게 제재 즉 독선을 행사해야 한다는 역설이 발생하지 않겠는가? 이처럼 존재론적 자연적 사실에 부합하지도 않고 그 자체가 역설적인 이 기준의 의미는 무엇인가?

15) "내 앞에 서 있는 나무 또한 한낱 대상 또는 수단으로 취급당하기를 거부하리라고 상상하는 것이 마땅하다."(선집 V-117)

16) "전생의 이력과 불멸의 영혼을 지닌 존재를 한낱 대상 또는 수단으로 이해하며 판단하거나 대우할 수 있을까?"(선집 V-116)

17) 선집 IV-203.

라고 말한다. 이것은 X가 x의 뿌리이며[18] x와 X의 관계는 내재와 초월의 관계[19]라는 주장의 다른 표현이다. 만약 그렇다면 x는 절대 주체이자 주재자이자 심판자 X가 특정한 관점에서 현현된 것이다. 개체의 존엄성은 이러한 사실에서 온 것인가? 즉 x는 주재자인 X가 특정한 관점에서 표현된 소우주[20]와 같은 것이므로, x의 아바타 또는 가면적 자기동일자에 불과한 인간 존재들이 함부로 범해서는 안 된다는 의미인가? 그러니까 X의 존엄성이 x의 존엄성의 근거이며, 또한 우리가 X에게 주도권을 넘기고 순응해야 하는 이유인가? 그러나 존엄성이란 관념 자체가 x의 존재론 속에서 근거를 가질 수 있을까? 그러나 그럴 수 없다면 x의 존재론을 받아들이는 사람들로 하여금 X에게 주도권을 넘긴 삶을 살도록 추동할 수 있는 아무런 매개도 없는 것인가?

4.4 (응보의 원리와 철학적 양심, 그리고 거듭남) 필자 자신이 실제로 선생이 주장에 대해서 가졌던 의문을 그대로 기술해온 지금까지의 논의의 결과, 필자는 이 문제와 관련된 선생의 입장이 다음과 같은 것이 아닐까 하는 추정에 이르게 된다.

4.41 (응보의 원리와 중용) 선생이 최고의 철학 교과서로 삼는 「전도서」에 따르면, 모든 것이 무상하고 헛된 세상에서 인간에게 유일한 선은 이성과 사랑을 나누고 먹고 마시고 즐기는 행복뿐이다. 그리고 이러한 과정에서 지켜야 할 유일한 지침은 하느님을 두려워해야 한다는 것뿐

---

18) 선집 IV-89, 284.

19) 선집 IV-196, 203, 295.

20) "한 개체존재는 **영원의 한 조각 요약으로서 재현하는 미니멀리스트**가 된다."(선집 IV-203)

이다. 그 이유는 하느님이 성스럽거나 존엄하거나 개체의 영생이나 구원의 지복을 베푸는 존재이기 때문이 아니라, 자신을 두려워하지 않는 자에 대해 보복하고 심판하는 존재이기 때문이다.

"너무 의로울 것도 없고, 너무 지혜로울 것도 없다. 그러다가 망할 이유가 무엇이냐. 너무 악할 것도 없고, 어리석을 것도 없다. 왜 때가 이르기 전에 죽으려느냐. **한쪽을 붙잡았더라도 다른 쪽을 놓지 마라. 하느님을 두려워하는 자는 모든 극단을 피할 것이다.**"[21]

하느님을 두려워하지 않는 자는 선, 악, 지혜, 어리석음 등 인간의 척도에 따라 행위하는 자이다. 그리고 그들에게 가해지는 보복은 망하거나 때 이르게 죽는 것, 즉 하느님이 지상의 인간에게 허용한 유일한 선물인 먹고 마시고 즐기는 행복을 회수당하는 것이다. 그러므로 인간이 비록 인간의 척도를 완전히 벗어날 수는 없더라도, 하느님을 두려워하는 자는 인간적 척도의 양극단에 서지 않아야 한다는 것이 이 구절에 담긴 가르침이다.

인간은 개체로서의 자신의 존재를 유지하기 위한 수단으로, 그리고 나아가서는 영속화하기 위한 수단으로 타자를 인간의 관념 속에 가두어 지배하고자 한다. 그러나 이러한 행위는 '타자는 미지'라는 진리의 법정에서 심판받을 수밖에 없고, 그 형벌은 행위의 원래 의도와는 모순

---

21) "Do not be overrighteous, neither be overwise—why destroy yourself? Do not be overwicked, and do not be a fool—why die before your time? It is good to grasp the one and not let go of the other. Whoever fears God will avoid all extremes."(Ecclesiastes 7:16-18) *Holy Bible*, New International Version (Biblica, Inc., 2011).

되는 결과에 이르게 되는 것이다. 선생이 다양한 분야에서 시험해보는 X에 주도권을 넘긴 삶의 모습들은 바로 이러한 가르침에 공명하는 것이 아닌가? 그렇다면 선생이 X에 주도권을 넘긴 삶을 살아야 한다고 하는 것은 응보의 원리에 따른 심판을 피하여 지상에서의 행복한 삶을 최대화하기 위한 목적을 가진 것인가? 그래서 '개체의 자연 보호와 독선 금지'라는 준칙도, 타자로 부터의 보복 즉 진리의 심판에 대한 두려움에서 나온 것인가?

4.42 (철학의 양심) 여기에서 필자는 선생의 과거 한 논문 속에서 보았던 '철학의 양심'이라는 말을 소환하게 된다. 선생은 이 논문에서, 철학자란 관념을 통해 타자를 정복하는 과정에서 제기되는 문제들에 답함으로써 일시적이고 잠정적일 뿐인 구원이나 행복이나 구하는 자가 아니라, 그 모든 것을 포기하더라도 진리를 구하는 자이며, 이를 위해서는 지복이나 영생의 약속마저 포기할 수 있는 것이 철학의 양심임을 시사한다.[22]

그러니까 일차적으로 허구와 독선의 관념들로 이루어진 인간적 척도의 삶을 등지고, 미지의 타자를 있는 그대로 겸허하게 수용하는 삶을 살고자 하는 것은, 허위를 배척하고 진리를 구하는 철학의 양심에 따르고자 하는 것이지, 단순히 응보의 원리를 두려워하기 때문만은 아닐 것이다. 철학의 양심에 따른다는 것은 '타자의 미지성'을 우주적 진리로서 존중하고 인간의 척도로 함부로 가늠하는 오만에서 벗어난 삶을 사는 것일 뿐이며, 영원의 흐름 속에서 언제 실현될지 모르는 응보의 공의(公義)는 그러한 삶의 자연적 결과일 뿐이라 해야 할 것이다. 그렇다면 앞

---

22) 선집 II-70f.

에서 논했던 타자의 존엄성도 철학의 양심에 따르는 자에게는 진리의 존엄성으로 치환될 수 있을 것이다.

4.43 (거듭남) 선생에게 있어 부동의 진리는, 타자는 절대 미지이며 이러한 타자들에 둘러싸인 인간은 절대 유한자의 운명에서 벗어날 수 없다는 것이다. 선생은 x의 격파로부터 이러한 진리를 철저히 인식함으로써 존재와 가치에 대한 관점의 전환을 이루는 체험, 즉 거듭남의 체험을 할 수 있다고 말한다.[23] **이렇게 전환된 관점에서 본다면 허무주의나 염세주의란 인본주의의 부산물**이라고도 할 수 있을 것이다. 인간이 우주의 중심이라고 생각한다면, 유한한 인간이 그러한 존재로서의 가치를 실현하는 길은 구원이나 영생이나 지복, 또는 초월적 지혜 등을 줄 수 있는 궁극적이고 초월적인 존재와 관계를 맺는 길밖에 없을 것이다. 그리고 허무주의나 염세주의란 그러한 관계에 대한 기대가 막히거나 허물어질 때 오는 것일 것이다. 그러므로 전환된 관점에서는 허무주의나 염세주의란 그 자체가 인간이 유한자의 운명을 벗어날 수 있다는 허구와 독선과 망상에서 비롯된 것이라고 할 수 있을 것이다.

이러한 관점의 전환을 이룬 사람에게는, 초월적 가치에 비해 사소한 것으로 보이던 인간사 자체가 우주적 진리의 현현으로 여겨질 수도 있을 것이다. 그래서 타자를 우주적 진리의 나타남으로 존중하면서 인간의 척도로 섣불리 가늠하기를 최대한 절제하고, 지상에서 인간이 누리는 행복을 우주적 선물로 받아들이며, 또한 행복에 수반되는 고통도 단지 불일치의 공존[24]이라는 우주적 원리의 구현으로 이해하는 삶을 살

23) 선집 V-353 등.

24) 선집 V-99 등.

아갈 수도 있을 것이다.[25)]

선생이 말하는 탈인본주의적 삶, 즉 *X*에 주도권을 넘긴 삶 또는 *X*가 실행하는 역사에 참여하는 삶이란 근본적으로는 바로 이처럼 관점의 전환을 이룬 삶을 뜻하는 것이리라. 그리고 선생에게 있어서는 거듭남이라 일컬을 만큼 철저한 관점의 전환이 허무주의와 염세주의를 넘어 그러한 삶을 살 수 있도록 추동하는 매개라고 해야 하지 않을까 생각된다. 그렇다면 이것은 인간으로서 피하기 힘든 인간중심적 관점의 유혹을 뿌리치고 철학의 양심에 따라 선택할 수 있는 자에게만 열려 있는 **철학적 삶의 길**이라고 해야 할 것이다.

5. 무지에로의 회귀

소크라테스는 무지에 대한 자각을 철학의 출발점으로 삼았다. 그러나 선생은 그 이후에 펼쳐진 철학적 관념의 역사를 검토하는 과정에서 관념 자체의 본성과 관념의 역할에 대한 반성을 통해, 그 종착점에서 다시금 무지에 대한 자각을 만나게 된 것이라 하겠다. 이것은 항상 동서양 주류철학의 주변자인 한국 철학자로서의 위치를 통렬하게 인식하고 있으면서도, 주류철학을 학습하며 거기에 동화되는 데 머물기를 거부하고, 오히려 그 주변자의 입지를 토대로 새로운 철학의 길을 모색해온 선생의 저력에 의해 가능한 일이었다고 생각된다. 주변자의 위치를 오히

---

25) "형통한 날에는 기뻐하고, 곤고한 날에는 생각하라. 두 날을 모두 하나님이 만드셨다는 것을."(전도서 7:14) When times are good, be happy; but when times are bad, consider: God has made the one as well as the other. (Ecclesiastes 7:14) *Holy Bible*, New International Version(Biblica, Inc., 2011).

려 굳건한 토대로 삼는 혜안과 강단이 있었기에, 주류철학을 지배하고 있는 관념의 역사에 대한 급진적이고도 총체적인 반성이 가능했고, 이를 통해 **철학의 역사를 오히려 그 시발점으로 되돌려놓는 통찰**에 이르는 것이 가능하지 않았을까 하는 것이 필자의 생각이다. 그리고 이러한 통찰의 정점에서 제시된 'x의 존재론'은 인본주의의 꿈에서 벗어나지 못하는 인간의 역사가 지속되는 한, 끊임없이 되돌아보고 음미하지 않으면 안 되는 부동의 지표가 되어야 할 것으로 생각된다.

6. 신비사상과 x의 존재론

필자는 선생의 x의 존재론의 취지와 X에게 주도권을 넘긴 삶을 살아야 한다는 사상의 핵심 논지에 완전히 공감하고 동의하면서도, 선생의 철학에 대한 관찰자의 입장에 설 때 다음과 같은 의문을 제기하지 않을 수 없다.

이 의문은 선생이 『바가바드 기타』에 나오는 '나의 삶의 주도권은 나에게 있는 것이 아니라 신에게 있으며, 그것을 깨달은 사람은 결과에 집착하지 않고 행위한다'는 가르침에 공감을 표하는 데서 비롯된다. 이러한 『기타』의 가르침이 x의 존재론이 함축하는 삶의 지혜와 일치한다고 볼 수 있다면, x의 존재론을 경유하지 않고도 동일한 지혜에 도달할 수 있는 다른 길이 있을 수 있다는 것이며, 그렇다면 그 다른 길은 x의 존재론과 어떤 관계에 있는가 하는 의문이 생겨나는 것이다.

6.1 (개체의식의 해제) 『바가바드 기타』의 전반적인 문맥에 따르면 이러한 지혜는 소위 요가라는 수단을 통해 자신을 정화하려는 노력 끝

에 성취하게 되는 소위 신과의 합일(X와의 합일)이라는 특별한 체험을 통해 얻어진 것이다. 그리고 이와 같은 수단을 통해 동일한 체험과 지혜에 이를 수 있다는 사상은 『바가바드 기타』뿐 아니라, 비록 표현방식은 다를지라도 불교, 노자, 장자, 그리고 유대교와 기독교와 이슬람교 속의 신비주의 유파들에 이르기까지 공통된 것이다.[26)]

이들에 의하면, **인간이 자신을 유한한 개체로 인식하는 것은 자신을 개체(x)와 동일시하려는 의식의 활동 즉 개체의식의 활동에서 비롯되는 것인데, 요가 등 정화의 수단[27)]을 통해 이 의식을 일시적으로 해제시키는 것이 가능하며, 이때 우리는 우리 자신이 사실은 신과 유리된 유한한 개체가 아니라 신과 한 몸이라는 (즉 x는 X와 한 몸이라는) 존재론적 실상을 직관적으로 통찰**할 수 있게 된다는 것이다.

6.2 (신비사상은 통분의 사상인가?) 그러나 놀랍게도 이러한 사상들에 대한 선생의 입장은 대단히 부정적인데, 그것은 선생이 이러한 사상

26) 필자가 언급한 다양한 사상들이 본질적으로 또는 적어도 가족유사성을 지닐 정도로 동일한 체험에 근거한다는 탁월한 철학적 분석과 심리학적 분석은 월터 스테이스(W. T. Stace)의 『신비주의와 철학*Mysticism and Philosophy*』(L.A.: Jeremy P. Tarcher, Inc., 1960)과 켄 윌버(Ken Wilber)의 『의식의 스펙트럼*Spectrum of Consciousness*』(Wheaton, Illinois: Quest Books, 1977)에서 각각 찾아볼 수 있다.

27) 우리에게 알려진 다양한 정화의 수단들이 있지만 이러한 수단들의 특징은, 관념적인 사고 활동과, 더 근본적으로는 사고를 통해 관념적으로 무엇을 파악하려는 습관과, 그리고 더욱 근본적으로는 그것을 추동하는 개체로서의 자기보존의 욕망 자체를 쉬게 하려는 공통적인 목적과 기능을 가지고 있다는 점에 있다. 한마디로 개체의식을 휴지(休止)시키려는 목적과 기능을 지닌 것이다. 즉 x의 존재론이 개체의 본성이라고 지적하고 있는 자기보존의 욕망과 그것을 위해 관념적으로 사고하는 습관 자체를 쉬게 하려는 목적과 기능을 지닌 것이다.

들을 x의 존재론 중 첫 번째 한계해법에 해당하는 통분의 사상이라고 보기 때문이다.[28)]

> "경계로부터 불어오는 바람에 대한 상상을 따라가며 경계 안으로 수렴하여 인식하거나 관통하려는 매개행위들은… 진리의 패권을 향한 인간의 어림없는 도전이다. (이러한 모든 시도는) X에 의해 폐기…될 것이다."[29)]

선생은 합일의 체험 또는 보다 일반적으로는 신비체험이라고도 일컬어지는 특별한 체험으로부터 궁극적 존재의 본성이나 삶에 대한 진리를 이끌어내려는 모든 사상들을, 경계 너머의 X를 인간적 척도에 의해 파악하려는 무모한 시도라고 보는 것이다. 그러나 필자는 이런 사상들이 일종의 통분의 사상이라는 해석의 공정성에 의문을 가지고 있으며, 그 이유는 다음과 같다.

6.21 (신비관념들은 통분의 관념인가? : 신비가들의 어법) 첫째, 신과의 합일 또는 다른 다양한 방식으로 표현되는 이 체험에 대한 체험자들의 공통된 근본 입장은 그 체험은 언표불가능하다는 것, 즉 어떤 관념이나 언어로도 표현하는 것이 불가능하다는 것이다. 이것은 X를 어떤 관념으로도 잡을 수 없는 것과 마찬가지이다. 그러면 이러한 사상들과 함께하는 수많은 언어적 표현들의 의미는 무엇인가? 한 신비사상 연구가에 따르면 합일의 체험을 한 사람들이 사용하는 어법은 세 가지로 분류

---

28) 선집 IV-190ff, 329, 선집 V-300, 354.
29) 선집 V-137.

될 수 있다.[30] 언어로는 직설적으로 묘사할 수 없는 이 체험을 유비를 사용하여 긍정적인 방식으로 묘사하는 유추적 어법[31]과 이 체험에 적용될 수 있는 모든 속성을 부인하는 부정적 어법,[32] 그리고 이처럼 언어로는 직접적으로 표현하는 것이 불가능하고 그래서 관념을 통한 지적 이해가 불가능한 이 체험에 직접 도달할 수 있는 방법에 대한 지침을 주는 명령적 어법이 그것이다.

이러한 분석이 옳다면 신비사상가들이 사용하는 언어는 통분의 언어, 즉 실재를 관념 속에 가두어 제한하려는 철학적 관념들의 언어와는 그 목적과 기능에 있어 전혀 다른 것이다. 이들의 언어는 궁극적 존재나 진리를 관념을 통해 통분하여 서술하려는 목적을 지닌 것이 아니라, 사람들을 인도하여 궁극적 존재를 직접 체험하는 방법을 실천하게 하려는 목적을 지닌 언어, 즉 수행적(遂行的) 기능을 지닌 언어인 것이다.[33]

6.22 (신비체험은 통분의 체험인가? : 신비체험은 격파의 체험) 둘째 신과의 합일 같은 특별한 체험이 있더라도 그것이 *X*를 온전히 체험한 것인가? 영원하고 무한정한 *X*를 인간의 상상에 따라 인간이라는 제

30) Ken Wilber, *Spectrum of Consciousness* (Wheaton, Illinois: Quest Books, 1977) p. 44ff.

31) 일반적으로 전지, 전능, 무소부재, 무한, 지복, 최고의 지혜와 사랑, 무한한 의식, 도(道), 진여(眞如), 본각(本覺), 일자(一者) 같은 표현들이 여기에 속한다.

32) 브라만을 무속성의 주재자(nirguana Brahman)라고 하는 힌두교적 표현이나, 실재를 공(空, sunyata)이라고 하는 중관(中觀) 철학의 표현 등이 여기에 속한다.

33) 물론 이러한 신비사상의 주변을 떠도는 사상들, 예컨대 노장(老壯)사상 등과 연관된 개체유지를 위한 전략적 사상이나 비의(秘義), 비술(祕術)주의적인 사상들, 그리고 신비사상가들의 표현에 영감을 얻어 구성된 다양한 철학적 관념체계들이 있는 것도 사실이며, 그런 것들은 통분의 사상이라는 선생의 비판을 피할 수 없을 것이다. 그러나 그런 사상들은 궁극적 실재는 언표불가능하다는 근본입장을 공유할 수 없으므로 신비사상의 핵심과는 거리가 먼 것이다.

한된 그릇에 담은 부분적 체험일 뿐이며, 그런 의미에서 그 체험 자체가 인간의 척도에 기초한 통분적 체험이 아닌가? 하는 의문이 있을 수 있다. 그러나 필자는 이러한 의문도 적절치 않다고 생각하며 그 이유는 다음과 같다.

개체의식의 해제에서 비롯되는 이 체험을 기술하는 다양한 방식들[34] 가운데, 필자가 생각하기에 체험자가 속한 문화나 종교나 형이상학으로부터 가장 자유로운 중립적 표현은 한 선불교 선사의 "안과 밖이 문득 하나가 된다"(內外打成一片)[35]는 표현이다. 즉 이것은 나를 둘러싸고 있으면서 나의 존재를 스스로 유한한 개체로 동일시하게 하였던 심적 장벽이 일시에 무너지는 체험인 것이다.[36] 한 인간 개체가 현실적 자아로서의 저항과 x로서의 모든 저항을 포기하고 X에 자신을 완전히 맡길 수 있을 때 일어나는 체험이라고도 할 수 있는 **이 체험은, 깨어있는 의식으로**

34) '신과의 합일'(기독교 신비주의), '신 속으로 용해됨'(기독교 신비주의, 이슬람 신비주의), '개별적 자아와 보편적 자아의 합일'(힌두교 신비주의), '일자와의 합일'(플로티누스), '그윽하게 하나됨(玄同)'(노자), '물(物) 이전을 앎'(장자) 등이 그 예들이다.

35) 무문 혜개(無門 慧開), 『무문관(無門關)』 제1칙.

36) 불교 유식이론은 인간의 의식이 대체로 3층의 구조를 가지고 있는 것으로 본다. 제1층은 감각지성적 의식이라고 할 수 있는 전6식이며, 제2층은 자아의식인 제7식으로, 전6식과 함께 현실적 자아를 이루는 의식이라고 할 수 있다. 그리고 제3층은 제8식으로 소위 장식(藏識)이다. 이 장식은 개체로서의 인간의식의 가장 밑바닥에 있는 의식으로, 과거로부터의 모든 기억을 소장(所藏)하고 있는 의식이자 (해석가에 따라서는) 윤회의 주체가 되는 의식이라는 점에서 x의 존재론에서의 x와 아주 유사하며, 그런 점에서 개체의식이라고도 할 수 있을 것이다. 그런데 유식이론에 따르면 깨달음 즉 해탈의 체험은 이 제8식을 넘어서야만 이루어진다는 것이다. 이러한 기술이 거짓이 아니라면, 이것은 불교에서의 깨달음의 체험이란 개체의식이 완전히 해제된 상태에서 이루어지는 체험이라는 것을 보여준다.

경험하는 개체의 죽음이며[37], **통분의 체험이 아니라 오히려 인간이 겪을 수 있는 모든 경험들 가운데서도 가장 근본적인 파국 또는 격파의 경험이자 거듭남의 체험**이라고 해야 할 것이다.[38] 타자를 수렴할 주체 자체가 사라진 이러한 체험 속에 어떤 통분의 여지가 있겠는가?[39]

6.221 (해방 또는 구원의 체험으로서의 신비체험) 이러한 죽음의 관문을 통과했을 때 수반되는 법열(法悅), 즉 지복이나 구원의 느낌 같은 것도 X를 인간의 감정을 척도로 통분한 것이라기보다는, 고통(스트레

37) 선불교 승려인 경잠 초현(景岑 招賢) 선사는 "백 척 높이의 장대 끝에 서서 움직이지 않는 사람은 비록 깨달은 것으로 보이더라도 아직 참된 것이 아니니, 백 척 높이의 장대 끝에서 한 걸음 더 내디뎌야 시방세계와 한 몸이 된다."고 말했다. 이는 각주 36)에서의 감각지성적 의식과 자아의식을 극복하고 개체의식의 한계에 도달했다 하더라도 개체의식이 사라지는 것이 두려워 그 자리에 머물러 있으면 아직 깨달음을 얻은 것이 아니고, 백 척 장대 끝에서 한 걸음 내디디는 것과 같은 죽음의 관문을 통과해야 x와 X가 한 몸임을 통찰하게 될 수 있다는 것이다.(百尺竿頭不動仁人 雖然得入未爲眞 百尺竿頭進一步 十方世界是全身) (大正新修大藏經, 『景德傳燈錄』 卷第十.)

38) 선생은 격파나 거듭남은 경계 너머를 지향하는 데서가 아니라 경계 너머로부터 피할 수 없이 닥쳐오는 것이라고 주장한다.(선집 V-133) 여기에 대해 두 가지 의문이 있다. 1) 병아리가 달걀을 깨고 나올 때, 어미가 밖에서 쪼아서 주는 경우만 탄생으로 인정되고, 병아리 자신이 달걀을 깨고 나오는 경우는 탄생으로 인정되지 않는다는 것인가? 2) 밖으로부터의 격파의 경우 현재의 자아에 대한 x들로부터의 격파와 X로부터의 격파가 구별될 기준이 있는가?

39) 선생은 "장자(莊子)의 좌망(坐忘)은 자연적 통분의 상태… 그러나 그것도 인간의 틀 안에서 이루어진 인간적인 대안의 가설이며… (언젠가 초월의 격파를 면할 수 없는) 임시의 정체 상태"(선집 IV-190f)라고 말한다. 장자에서 좌망은 "위대한 도(道) (즉 道家의 X)와 하나가 되는(同於大通)"(莊子 內篇, 「大宗師」) 상태라는 점에서 합일의 체험에 대한 도가적 기술이라고 할 수 있다. 선생은 이 체험이 인간의 노력에 의해 일시적으로 도를 인간적 체험 속에 담는 것이라는 점에서 통분이며, 그러한 상태가 지속될 수 없다는 것이 격파라고 해석하는 것으로 보인다. 그러나 위에서의 필자의 논의가 옳다면 좌망은 오히려 격파의 체험이며, 좌망의 상태가 지속될 수 없다는 것은 일상적 현실에서 X로부터의 격파의 체험이 일시적인 것과 마찬가지이다.

스)의 원인이 되는 유한자로서의 의식 즉 개체의식 자체가 해제되는 데서 오는 해방(해탈)의 느낌을, 그러나 개체의식의 조건 아래 느끼는 해방이나 행복과는 격이 다른 것이기에 관념이나 언어로 표현할 수 없는 그 느낌을 유비적 어법으로 표현한 것일 뿐이라고 해야 할 것이다.

6.23 (개체유지 활동의 의미) 합일의 체험이나 거기에 기초한 사상이 통분의 체험이나 사상이 아니라는 위의 논거들에 대해, 다시금 제기될 수 있는 반론은 어쩌면 다음과 같은 것일 수도 있다. '개체로서의 자기동일성의 의식이 완전히 해제된다는 것이 가능한 일인가? 그 사이에도 개체의 생명유지 활동은 유전자나 면역체계나 세포 단위에서 여전히 이루어지고 있을 것인데, 그렇다면 개체의식이 사라진다는 체험은 가상이나 미망일 뿐 아니겠는가?' 이러한 반론에 대해서는 다음과 같은 답변이 가능할 것이다.

합일의 체험을 했다고 주장하는 사람들은 개체의 존재론적 지위를 바다의 파도와 같은 것에 비유하기도 한다.[40] 파도가 바다로부터 단절된 것으로 본다면 파도 속에서 일어나는 모든 활동은 파도를 유지하기 위한 활동으로 파악될 수도 있을 것이다. 그러나 파도와 바다 사이에 원래 간극이 없다면 파도 속에서 일어나는 활동은 그 자체가 파도를 유지하기 위한 활동이라기보다는 바다의 자연스런 활동의 일부일 것이다. 그렇다면 **존재론적으로 볼 때 파도 속에서 이루어지는 활동 자체는 파도를 바다로부터 유리된 것으로 파악하도록 하는 어떤 이유나 근거도 제공하지 않는다. 바다와 파도를 분리해서 파악하는 것은 인간의 의식일 뿐이다**. 그러므로 이러한 의식이 실제로 해제될 수 있는지 여부는 상상이나 추론으로 판단할

40) 馬鳴, 『大乘起信論』, 眞諦 역.

수 있는 문제가 아니라 경험의 문제이며, 합일의 체험을 한 사람들은 자신의 체험에 근거하여 그것이 해제될 수 있더라는 경험적 진리를 주장하고 있는 것이다. 그러므로 인간이 합일의 체험을 통해 개체로서의 한계를 넘어 존재의 실상에 대한 새로운 직관적 인식에 이를 수 있다는 주장의 진실성 여부는 그것을 실제로 체험해보지 않은 사람들에는 믿음의 문제로 귀착된다.

(그렇다면 선생이 이런 신비사상들에 대해 부정적인 보다 근본적인 이유는 철학자로서 진리의 문제에 믿음을 개입시키기를 거부하기 때문인가? 이것은 필자의 추정이며 선생께 묻고 싶은 질문이다.)

6.3. (신비사상과 *x*의 존재론의 상보적 관계) 그런데 여기에서 주목해야 할 점은, 그 믿음의 내용에서 생겨날 수 있는 존재론은 *x*의 존재론과 완전히 일치한다는 것이다. *x*의 존재론에서 *X*는 절대타자이자 절대주체[41]이다. **절대주체에게는 타자가 있을 수 없다.** 그러기에 선생은 현실적 자아와 *x*를 아바타, 즉 가면의 자기동일자라고 하는 것이 아닌가? 그러므로 *x*의 존재론이 **X를 절대타자라고 하는 것은 개체의식(x) 속에 머물러 있을 수밖에 없는 인간의 인식론적 관점을 표현한 것이며, 존재론적으로는 현실적 자아와 x와 X가 모두 한 몸이라는 것을 주장하고 있는 것**이 아닌가? 이것은 개체의식이 해제될 수도 있는 마야의 베일(the veil of Maya)[42]과 같은 것이며, 그것이 걷힐 때 개체로서의 나와 신이 한 몸임을 직관할 수 있다는 신비사상가들의 주장과 결과적으로 완전히 일치하지 않는가? 그래서

---

41) 선집 IV-323.

42) 쇼펜하우어(Artur Schopenhauer)의 표현.

그들의 체험이 진실이라면, 그것은 오히려 *X*의 존재론을 경험적으로 실증해주는 것이라고 해야 하지 않겠는가? 그리고 *x*의 존재론은 합일의 체험의 진실성을 이론적으로 뒷받침해주는 것이라고 해야 하지 않겠는가? 그리고 그렇기에 그러한 체험으로부터 선생이 공감하는 『기타』의 가르침 같은 것이 나오는 것이 아니겠는가?

6.4 (진리와 구원) 이 점이 인정된다면, 이로부터 진리와 보다 높은 선의 본성, 그리고 그 관계에 대한 새로운 논의의 전망이 열릴 수도 있을 것으로 생각된다. 합일의 체험을 한 사람들에게는, 그 체험이 존재론적 실상에 대한 통찰과 함께 구원과 지복의 법열을 수반한다는 점에서, 신(또는 존재)은 진리이자 선이기 때문이다.[43] 그들은 진리를 위하여 구원과 지복을 포기할 필요도 없고, 구원과 지복을 추구하기 위하여 진리를 등질 필요도 없다고 생각할 것이기 때문이다.

---

43) 합일의 체험 속에서는 체험하는 자와 체험되는 자의 구별이 사라지기 때문에 체험 자체가 존재이다.

참고문헌

박동환, 『동양의 논리는 어디에 있는가』, 박동환 철학선집 II권, 사월의책, 2017.

______, 『x의 존재론』, 박동환 철학선집 IV권, 사월의책, 2017.

______, 『진리의 패권은 사람에게 있는 것이 아니다』, 박동환 철학선집 V권, 사월의책, 2019.

Holy Bible, New International Version(NIV), Biblica, Inc., 2011.

『공동번역 성서』, 서울: 대한성서공회, 1977.

The Bhagavad-Gita, with commentary of Sri Sankaracharia, Mysore: Scholar's Choice, 1901.

無門 慧開, 『無門關』.

大正新修大藏經, 『景德傳燈錄』 卷第十.

『莊子』.

馬鳴, 『大乘起信論』, 眞諦 역.

Stace, W. T. *Mysticism and Philosophy*, L.A.: Jeremy P. Tarcher, Inc., 1960.

Wilber, Ken. *Spectrum of Consciousness*, Wheaton, Illinois: Quest Books, 1977.

박동환의 'x의 존재론'과 개체성

김상환*

1. 사자성어 찾기

박동환의 'x의 존재론'은 '3표론'과 짝을 이룬다. 3표(三表)론은 동서 사고의 차이를 체계적으로 논구한 중요한 사례다. 여기서 1표에 해당하는 서양적 사고의 논리는 '정체쟁의'(正體爭議)로 집약된다.[1] 2표에 해당하는 중국적 사고의 논리는 '집체부쟁'(集體不爭)으로 집약된다. 그렇다면 3표에 해당하는 논리는 사자성어로 어떻게 정식화할 수 있는가?

정체쟁의, 즉 쟁의의 상황을 적극 이용하여 개체의 고유한 몫과 정체성(본질)을 확보하려는 것이 서양적 사고의 기본적 경향이다. 반면 집체부쟁으로 정식화되는 중국적 사고는 갈등의 소지를 해소하여 조화로운

---

* 서울대학교 철학과 교수. 프랑스 파리4대학에서 철학박사 학위를 받았다. 대표 저서로는 『니체, 프로이트, 맑스 이후』, 『철학과 인문적 상상력』, 『김수영과 논어』 등이 있다.

1) 박동환, 『안티호모에렉투스』, 박동환 철학선집 III (사월의책, 2017), 5~6장 참조.

전체를 찾으려는 경향이 우세하다. 그러나 박동환이 서양적 사유와 중국적 사유를 이런 식으로 정식화한 것은 어느 한쪽을 편들거나 양쪽을 종합하기 위해서가 아니다. 그것은 다만 그 둘과 구별되는 제3의 사고 논리를 찾기 위한 방편일 뿐이다.

한국과 같이 세계사의 주변부에 잠재한 제3의 사고 논리, 박동환은 그것을 'x의 존재론'으로 펼치고 있다. 그것은 서양적 정체쟁의도 중국적 집체정합도 결국 무력화하고 마는 개체성 x에 대한 존재론적 담론이다. 그렇다면 그 담론은 '정체쟁의'와 '집체부쟁'과 같은 사자성어 형식으로 압축할 수 없는가? 만일 그럴 수 있다면, 아마 그 사자성어는 x 존재론의 중심에 자리 잡고 있는 개체성에서 시작해야 할 것이다. 그렇다면 '개체' 다음에 올 두 글자는 무엇이 되어야 하는가?

이런 물음이 박동환의 최근 저서 『진리의 패권은 사람에게 있는 것이 아니다』[2)]를 통독하면서 내내 머리를 떠나지 않았다. '개체OO'의 빈칸을 채울 두 글자는? 그 두 글자를 찾는 것이 3표론과 x 존재론의 맞물림을 보다 효과적으로 드러내는 길이 아닌가? 그리고 그것이 박동환의 x 존재론을 압축적으로 전달하는 길이 아닌가? 이런 생각에서 두 글자의 후보로 꼽아보았는데, 처음에는 10가지가 넘었다. 상상, 재현, 파격, 함몰, 분열, 변이 등등. 그중에서 괜찮은 것을 추려나가 보았으나 마지막까지 마음에 드는 것은 없었다. 그만큼 x의 다양한 의미를 간결하게 축약한다는 것이 어려움을 실감했다.

특히 박동환의 용어법에 충실하면 할수록 사정을 타개할 길은 없는

---

2) 박동환, 『진리의 패권은 사람에게 있는 것이 아니다』, 박동환 철학선집 V (사월의책, 2019). 이하 본문 내 약칭 『진리의 패권』.

것 같이 보였다. 그래서 외부에서 한 가지 후보를 끌어들여 보았다. 그것이 무애(無碍)다. 개체무애(個體無碍). 무애는 불교 화엄종의 개체론을 집약하는 '사사무애'(事事無碍)에서 온다. 화엄종에서 사사무애의 사태는 다시 '중중무진'(重重無盡)으로 언명되기도 한다. 이로부터 우리는 또 하나의 사자성어를 생각해볼 수 있다. 개체무진(個體無盡).

개체무애와 개체무진. 이 두 가지 사자성어는 최종의 정식을 기다리는 임시의 해법이 될 법해 보였다. *x* 존재론의 개체 개념을 음미해볼 수 있는 몇 가지 외부적인 시각을 가져다주기 때문이다. 그러나 이 임시의 사자성어와 씨름하기 전에 *x* 존재론의 또 다른 축인 *X*에 대해 생각해보자. 왜냐하면 박동환 철학의 현대성은 *X*와 *x*의 관계를 설정하는 방식에서 찾아야 할 것 같기 때문이다.

2. *x* 존재론의 현대성

박동환 철학에서 개체는 어떤 '한 조각 기억체계 *x*'를 핵으로 한다. 그 *x*는 '태초의 경계 *X*'가 토해냈다가 언젠가 다시 삼키는 어떤 파편이다. 이 파편은 시간적인 것에 비할 때 영원에 가깝다. 경험적인 것에 비할 때는 유사 선험적이다. 개체의 일생은 그 파편에 내재한 어떤 잠재력의 재현이나 발현에 불과하다. 그것은 개체의 삶을 결정하는 어떤 존재론적 유전자와 같다. 가령 인간 신체는 그 존재론적 유전자 *x*가 기숙하는 임시의 거처에 불과하다.

*X*가 왜 혹은 어떻게 그런 기억의 파편들을 토해내고 다시 흡입하는지는 알 수 없는 일이다. 분명한 것은 그것이 세상 만물을 낳고 거두어 간다는 점이다. 이 점에서 그것은 서양적인 로고스나 중국적인 도(道)

와 유사한 위치에 있다. 그러나 그것은 로고스의 질서뿐만 아니라 도의 질서에 대해서도 여전히 어떤 미지의 바깥을 이룬다. 이때 그 바깥은 안쪽에 있는 것들과 선순환 관계에 있는 것도, 예정조화의 관계에 있는 것도 아니다. 중요한 점은 이것이다.

x 존재론의 중요한 특징은 인간이 만들어가는 모든 질서와 그것의 바깥을 과거와는 완전히 다른 관점에서 관련짓는다는 데 있다. 양자의 관계를 선순환이 아닌 악순환 관계로, 예정조화가 아닌 예정불화의 관계로 설정하는 것이다. x 존재론의 현대성은 정확히 여기서 찾아야 한다. x의 존재론이 서양적 로고스와 중국적 도론(道論)을 모두 상대화하는 힘, 나아가 지난 2,500년의 인문주의 전통 일체를 상대화할 수 있는 근거도 결국 여기에 있다.

먼저 도(道)와 관련된 중국적 담론을 생각해보자. 가령 노장 철학의 도론은 아무리 오묘한 지점으로 나아간다 해도 여전히 진부해 보일 때가 있다. 상식을 뛰어넘는 온갖 역설과 숭고한 장면을 연출한다 해도 결국 도는 세속적 현실과 어떤 숨겨진 조화를 드러내고 말기 때문이다. 이런 점은 유가 철학에서 훨씬 강하게 드러난다. 성리학의 사단칠정론(四端七情論)에서 볼 수 있는 것처럼 유가 철학은 자연의 생명을 이미 도덕적 성분으로 가득한 것으로 전제한다. 인간의 도덕적 실천은 문화의 바깥에 상정된 도덕적 생명의 실현이자 확충으로 이해된다.

문화의 안과 밖을 어떤 조화롭고 상호보완적인 순환 관계 속에서 파악한다는 것은 서양 철학에서도 마찬가지다. 모순을 생성의 원천으로 놓는 헤겔 철학마저 답답하게 보이는 것은 그것의 목적론적 귀결 때문이다. 개체가 겪는 온갖 모순과 극적인 반전의 여정도 결국 절대자와의 완전한 화해로 끝나버리는 것이다. 풍요한 내용을 담은 헤겔 철학이 미래의 담론 속에 계승되기 위해서는 이런 목적론적이고 종말론적인 전제를 떨쳐내야 한다.

서양 로고스의 역사에 종언을 고하고 그 로고스의 바깥을 물었던 하이데거와 메를로퐁티에게서도 예정조화론은 암묵적 전제로 남는다. 그들이 언어의 바깥에 설정하는 '존재'나 '세계'란 것이 왜 그토록 목가적으로 느껴지는가? 현상학적 의미의 세계는 해석학적 의미의 텍스트처럼 인간의 선-이해 속에 이미 숨어들어와 있다가 (처음에는 낯설지만 결국 본래적이고 친근한 것으로 경험되는) 특정한 물음을 정향한다. 그리고 그 질문의 끝에서 인간과 세계는 동근원적이고 상호의존적인 관계 속에서 각기 자신의 본성을 완전히 드러낸다.

구조주의 전후 현대 프랑스철학이 가져온 현대성은 이제까지 서양철학이 안주했던 전제, 즉 진리(도, 로고스)와 사유의 예정조화를 깨뜨린다는 데 있다. 베르그손, 사르트르, 레비나스, 데리다, 푸코, 들뢰즈, 라캉은 서로 전제하는 바와 추구하는 바가 달라도 이 점에서는 일치한다. 그들은 문화의 바깥을 그 안쪽과 선순환하는 어떤 것으로 설정하지 않는다. 그것은 차라리 안쪽과 악순환하는 어떤 괴물스러운 충격의 원천이다. 문화의 질서는 거기서 오는 충격에 대한 방어의 산물로 이해된다.

*x*의 존재론은 진리의 패권을 미지의 바깥 *X*에게 되돌려주는 계획이다.(『진리의 패권』, 161쪽, 166쪽) 그러나 이는 결코 *X*가 인간적인 척도의 근거이자 인간적인 질서의 마지막 울타리이기 때문이 아니다. 그것은 오히려 인간적인 것을 포함하여 세상에 출현하는 모든 질서를 삼키는 어떤 심연, 탈-근거다. 우리는 탈-근거 개념을 하이데거에게 빚진다.[3)]

---

3) 마르틴 하이데거, 『근거율』, 김재철 옮김(파라아카데미, 2020), 279쪽 이하 참조.

그러나 미래의 철학은 그의 존재 사유를 향도하는 암묵적 예정조화론의 바깥으로 그 개념을 끌고 나와야 한다. x의 존재론은 탈-근거 개념을 그 어떤 철학보다 예정조화론 바깥으로 멀리 끌고 나간 사례라 할 수 있다. 박동환이 에두아르도 콘(『숲은 생각한다』)의 '생명 공동체'에 주석을 붙일 때, 우리는 그렇게 말할 수 있다.

> "그러므로 하나의 더 큰 '우리'라는 생명의 관계망을 구축하는 논리적 작업에서 관념적으로는 성공한다고 하더라도 현실적으로는 항상 그 임시의 관계망을 향해 밖으로부터 다가오는 격파의 충격을 예고 없이 맞이할 수 있다. **인간적인 것 바깥에서 무한하게 펼쳐지는 비인간적 잉여지대를 완전히 수렴 포용할 수 있는 어떤 존재론적 틀도 신학적 틀도 있을 수 없다**는 것은 문명 이후 오늘에 이르기까지 그것을 '도'(道)와 '로고스'(λόγος)라는 보편의 개념 틀에 의해 모색했던 전통의 철학자들이 반면교사로서 증언해 주고 있다."(『진리의 패권』, 187~88쪽. 인용자 강조)

이런 문장 속에서 해석학적 의미론과 현상학적 존재론이, 그리고 그 중심에 있는 세계 개념이 붕괴되고 있다. 이때 세계는 두 가지 기능을 지닌다. 먼저 세계는 언어의 바깥이되 모든 상징적 의미의 원천이자 그에 대한 해석의 지평이다. 다른 한편 세계는 인간이 신체를 통해 뿌리내리는 거주의 장소, 원초적 고향이다. 이런 의미의 세계는 우리가 의미의 실종을 겪거나 문화적 궁핍에 처할 때마다 다시 돌아가 건강을 회복할 수 있는 치유의 장소와 같다. 박동환의 $\mathcal{X}$도 개체성 x에 대해 유사한 위상에 있는 것처럼 보인다. 그러나 양자의 관계는 완전히 전도된다.

왜냐하면 $\mathcal{X}$는 x에 대하여 의미의 원천이라기보다 무의미의 원천이고, 해석의 지평이라기보다 해석의 무덤이기 때문이다. $\mathcal{X}$는 x에 대하여 형태발생의 원천이라기보다 형태붕괴(소멸과 격파)의 원천이다. 고향 같은 거주의 장소라기보다 끊임없이 방랑(피난과 이주)을 초래하는 재난의 장소다. $\mathcal{X}$는 개체에 대해 때로는 "수직으로 찔러 들어오는 절대의 격파" "회복할 수 없는 꺾임의 경험"[4]을 초래하기도 한다.

3. 박동환의 개체에서 김수영의 온몸으로

우리는 이런 대목에서 다시 한 번 박동환 철학의 독특성을 지적할 수 있다. x의 존재론에서 의미, 해석, 형태발생, 거주, 심지어 우주 같은 것도 $\mathcal{X}$의 선물이 아닌 것처럼 보인다. 이런 것들은 오히려 x의 생존 전략이 가져온 임시의 파생물에 가깝다. x 자신에 내재한 '영원한 기억의 변신'(재현)과 거기서 분출하는 '파격의 몸짓 $\neg x$'(상상)의 산물인 것이다.(『x의 존재론』, 301쪽) 박동환의 개체성 x는 모든 생산의 원천 $\mathcal{X}$의 잠재력을 현실화하는 어떤 창조적인 작인이자 그 창조적인 작인이 되기 위해 자기 자신과 관계하는 어떤 자기(ipse)다. 자수성가(自手成家)만이 운명인 맨손의 주체.

사실 박동환 철학에서 변신과 파격 혹은 재현과 상상 같은 용어는 독특한 의미를 지닌다. 그것은 기존 체계($\mathcal{X}x$)에 대항한다는 것, 그렇게 대항하면서 "대안의 존재 가능성을 향해 자신을 지양한다는 것"을 말한다. 이는 모든 순종과 예속의 상태를 넘어 맨손으로 "탈주하는 자체의 고유한 시나리오를 추구"한다는 것과 같다.(『x의 존재론』, 304쪽) 상상한

4) 박동환, 『x의 존재론』, 박동환 철학선집 IV (사월의책, 2017), 300쪽.

다는 것은 자신의 한계를 넘는다는 것을, 그 한계로서의 문턱을 넘어 새로운 세계의 이미지와 시나리오를 계획 및 실현한다는 것을 말한다.(『x의 존재론』, 418쪽) 의미, 해석, 형태발생, 거주, 심지어 우주 자체까지도 그런 창조적인 재현과 상상의 산물이다.

x 존재론의 또 다른 특징은 그것이 (요즘 영화나 드라마에서 유행하는) 일종의 재난 서사와 닮은 데가 있다는 점이다. 박동환 철학에서 개체는 X가 초래하는 어떤 일반화된 재난 속에, 피난과 이주라는 존재론적 운명 속에 놓여있다. 재난과 이주라는 근본 상황 속에서 개체는 자신을 객지 존재, 주변 존재로서 자각해간다. 그런데 주변 존재는 두 가지 관점에서 이해할 수 있다. 하나는 역사적 관점이고, 다른 하나는 존재론적 관점이다.

역사적 관점에서 주변 존재는 문화의 중심, 담론의 중심, 패권의 중심에서 가로 밀려난 존재다. 인류의 역사에서 '지정학적 주변'(『진리의 패권』, 81쪽)으로 떠밀린 인생들이 있다. 주류 문화나 이론에 소속하지 못하여 경계 지대에 머무는 자아들도 있다. 박동환에게 불행한 역사를 통과해온 한국인이나 유대인은 그런 주변 존재의 전형이다. 그러나 이런 역사적 현상에 대한 관찰은 존재론적 관점으로 나아가기 위한 출발점이다.

그리고 존재론적 관점에 도달할 때 이야기는 반전된다. 즉 역사에 속하는 그 어떤 것도 중심이 될 수 없다. 만약 중심 같은 것이 있다면, 그것은 잠정적인 것에 불과하다. 궁극의 중심 혹은 패권은 언제나 역사의 바깥에서 안쪽으로 갑작스럽게 개입하여 모든 것을 무효화하는 X에 있을 뿐이다. X와의 관계에서 볼 때 세상에 등장하는 모든 개체는 이미 주변 존재이고, 이 점에서 원천적으로 평등하다.

들뢰즈의 존재론(일의성 테제)에서처럼 박동환의 존재론에서는 개체들 사이의 위계질서가 사라진다. 개체는 특정한 형상에 고착되지 않는 것처럼, 특정한 신분에 묶여 있지 않다. 이것은 다시 두 가지를 함축한다. 먼저 그것은 개체가 어떠한 항구적 규정성에서도 벗어난 임시 존재임을 말한다. 다른 한편 개체가 어떠한 소속 관계에서도 벗어난 무소속의 존재임을 말한다. x로서 이해된 개체는 주변 존재이고, 주변 존재는 임시 존재이자 무소속의 존재다.

이런 주변 존재론 혹은 경계 존재론은 역사적 세계의 중심 존재(다수자)와 주변 존재(소수자)에게 서로 다른 메시지를 동시에 전한다. 서로 다른 그 두 메시지는 '겸허와 부활'(『진리의 패권』, 86쪽)이다. 역사적 중심 존재에게 던지는 겸허의 메시지, 그것은 새로운 윤리학의 출발점이다. 반면 역사적 주변 존재에게 던지는 부활의 메시지, 그것은 새로운 역사철학의 출발점이다.(『진리의 패권』, 90쪽)

중심 존재로 향한 겸허의 메시지는 왜 새로운 윤리학의 출발점인가? 법의 그늘에 숨어 있는 정의를 일깨우기 때문이다. 칸트에 의해 대변되는 근대 윤리학은 법 중심의 윤리학이다. 법은 보편의 이름 아래 다수자의 권익을 숨기고 있다. 주변 존재론은 법적인 보편성을 상대화하고 그 아래 침묵하고 있던 소수자의 권익을 겸허히 받아들일 것을 요구한다. 그리고 이 점에서 그것은 레비나스-데리다의 타자의 윤리학이나 들뢰즈-과타리의 소수자 윤리와 함께 경쟁하는 위치에 있다. x의 윤리학은 이런 동시대의 윤리학과 더불어 근대 윤리학의 대안을 찾는 미래의 계획에 힘을 실어주고 있다.

주변 존재로 향한 부활의 메시지는 왜 새로운 역사철학인가? 주변 존재를 역사적 변화의 주역으로 회생할 가능성을 열어놓기 때문이다. 사실 위대한 발견과 혁신은 대부분 주변부에서부터 시작되었다. 주변 존재는 중심부에서 멀어지고 바깥으로 이주를 거듭할수록 자신의 내재적인 가능성(x와 $\neg x$)으로 돌아갈 수밖에 없다. 모든 외적 규정과 소속(동일 정체성)을 잃어버리게 되고, 그런 소속성 상실이 커질수록 오로지 자기 자신과 관계하게 된다. 그리고 그런 자기 관계 속에 영원한 기억의 파편 x를 현재 속에 과감하게 압축하는 동시에 극적인 미래의 시나리오를 계획하는 $\neg x$의 역량을 분출하게 된다.

주변 존재는 모든 소속성 부재가 선물하는 어떤 고독한 자기 관계 속에서 자기 자신의 고유한 내재성(x와 $\neg x$)으로 돌아갈 때 어떤 회생하는 자, 부활하는 자, 카프카가 된다.(『진리의 패권』, 82~85쪽) 카프카-되기, 그것은 가로 밀려난 주변 존재가 스스로 자기 자신을 밀고 나가는 존재, 자기 자신을 밀고 나가면서 역사를 밀고 나가는 존재로 다시 태어남을 말한다. 김수영의 용어로 옮기자면 그것은 온몸의 자기, "온몸에 의한 온몸의 이행"[5] 속에 놓인 자기가 되는 것이다.

이런 역사철학은 벤야민의 역사철학과는 다른 방식으로 "모든 시대의 주변 존재들에게 남긴 예수와 맑스의 숨겨진 메시지"(『진리의 패권』, 86쪽)를 미래로 전달하는 위치에 있다. 이런 x의 역사철학은 이제까지의 역사철학이 당연시해 온 모든 목적론적이거나 종말론적인 전제를 용인하지 않는다는 점에서, 그리고 역사의 점진적 연속성을 거부한다는 점에서 데리다나 푸코의 역사철학과 함께 동일한 전선을 이루고 있다.

이런 박동환의 윤리학과 역사철학은 모두 자신의 내재성(x와 $\neg x$)과 초월성($X($ $)$)으로 돌아간 개체를 디딤돌로 한다. 그리고 이 점에서 그

5) 김수영, 「시여, 침을 뱉어라」, 『김수영 전집 2』(민음사, 2018), 498쪽.

것은 어떤 미학, 가령 온몸의 미학과 동심원을 이룬다. 왜냐하면 그 동심원의 중심에 있는 개체(개체성 x로 돌아간 개체)는 어떠한 수평적 의존관계에서도 벗어난 몸, 오로지 온몸으로 온몸을 자기를 밀고 나가는 몸이기 때문이다. 그 '몸하는 몸'은 우주적 생성에 참여하는 창조적 동작 자체에 해당한다.

4. '개체무애' 혹은 '개체무진'

박동환의 개체는 맨손으로 모든 것을 처음부터 다시 일으켜 세워야 하는 자수성가형 주체를 닮았다. 그 벌거벗은 주체의 몸짓, 그 온몸의 몸짓은 박동환 철학에서 역사적 변화를 설명하는 출발점이자 윤리적 실천(자기도야)을 향도하는 이념이다. 그리고 그것은 또한 예술적 창작 속에서 가장 현저하게 실현되는 어떤 원초적 논리의 구현이기도 하다.

우리는 x의 존재론에 바탕을 둔 이상의 윤리학, 역사철학, 미학뿐만 아니라 『진리의 패권』 후반부에서 제시된 사회학과 신학이 어떻게 그런 온몸의 개체를 중심에 두고 동심원을 그리는지 검토해보아야 한다. 그러나 이것은 다시 복잡한 논의를 요구하므로 다음의 숙제로 미루도록 하겠다. 그 대신 우리가 앞에서 제기한 처음의 문제로 돌아가 보도록 하자. x의 존재론 혹은 3표론의 3표를 집약할 만한 사자성어로는 무엇이 있는가?

이상의 논의에서 x의 존재론을 압축할 사자성어는 '개체'라는 두 글자로 시작할 만하다는 점이 좀 더 분명해진 셈이다. 그렇다면 다음에 올 두 글자는? 이미 언급했던 것처럼 불교 화엄종에서 빌려온 무애(無碍)가 괜찮은 후보가 아닌가 한다. 무애란 인간이 만드는 구별이나 경계가 인위적일 뿐 실제로는 없다는 것이다. 좀 더 필요한 설명으로 나아가기 위해서 화엄종이 존재의 층위(=법계)를 나누는 방식과 관련된 다음과 같은 문장에서 시작해보자.

> "화엄교판에 따르면, 소승은 오직 생멸하는 사법계(事法界)만을 안다. 중관 내지 유식학파는 불생불멸의 이법계(理法界) 만을 안다. 천태종과 『대승기신론』에서는 이법계와 사법계가 아무런 장애 없이 섞임[理事無碍法界]을 안다. 화엄종에 이르러서야 바로 사(事)와 사(事)가 두루 섞여 아무 장애가 없음[事事無碍法界]을 안다."[6)]

존재의 첫 번째 층위(=법계)는 경험적 현상의 세계다. 이 세계는 생성소멸하는 개체 사물[事]들로 이루어졌다. 두 번째 층위는 현상계 저편의 세계, 영원한 순수 이치[理]의 세계다. 세 번째 층위에서는 경험적 개체와 선험적 이치의 구별이 사라진다. 개체를 떠난 이치는 없다는 것이고, 그래서 똥에도 불성이 있다는 언명에 이른다.

마지막 네 번째 층위에서는 오로지 개체 사물들만이 있되 그들 사이를 나누는 경계가 사라진다. 사물들이 서로 침투하고 어우러지면서 개체마다 전체를 이루기 때문이다. 마치 라이프니츠의 모나드들처럼 서로 비추고 함축하면서 각각의 사물이 우주 전체를, 그 속에 지속하는 과거와 미래를 현재 속에 재현하는 것이다. 화엄종에서는 이런 사사무애를 다시 상즉상입(相卽相入) 혹은 중중무진(重重無盡)이라 한다. 터럭 하나에 삼라만상이 들어있다거나 물방울 하나에 우주 전체가 들어있다는

---

6) 심재룡 편저, 『중국불교철학사』(철학과현실사, 1994), 151쪽.

언명은 이로부터 나온다.

거시적 구도에서 보았을 때 헤겔은 사법계를 존재-논리학에서, 이법계는 본질-논리학에서, 이사무애법계는 개념-논리학에서 다루었다. 헤겔이 감당하지 못한 사사무애법계는 이후 한편으로는 베르그손-들뢰즈의 개체론에 의해, 다른 한편으로는 데리다의 차연-흔적론에 의해 철학적 탐구의 중심에 놓인 바 있다. 그러나 이들 이전에는 라이프니츠가 있다. 라이프니츠의 모나드론은 불교 연기론의 마지막 진화 형태인 사사무애론과 유사한 존재론적 직관을 담고 있다.

라이프니츠의 모나드론은 박동환이 서양철학사를 내면화하는 과정에서도 중요한 이정표가 된다. 1967년 유학 시절에 작성되고 『안티호모에렉투스』(7장)에 실린 「Leibniz as Empiricist」 같은 논문, 그리고 1980년대 박동환의 대학원 강의가 이것을 말해준다. 라이프니츠는 화엄종의 사사무애론으로 가는 징검다리가 될 수 있는 것처럼, 박동환의 *x* 존재론으로 가는 징검다리가 될 수 있다. 따라서 라이프니츠의 모나드론을 가운데 놓고 *x*의 존재론과 사사무애론을 연결해 볼 가능성을 타진해 볼 수 있다. 우리는 무엇보다 박동환이 영혼을 설명할 때, 그것을 '개체성 *x*의 피상(皮相)'으로 풀이하기 위해 라이프니츠로 돌아가는 대목에서 그렇게 말할 수 있다.

> "그러니까 영혼은 그것이 소속하여 있는 몸을 통해서 한계를 알 수 없는 자연 또는 우주를 반영하며 자체의 관점을 표현, 대표하고 있는 행위자이다. 그리하여 알렉산더의 영혼 가운데에는 그에게 일어났던 모든 일들의 흔적, 그에게 일어날 모든 일들의 징표, 심지어 우주에서 일어나는 모든 일들의 흔적과 징조까지도 각인되어 있는데, 그러나 신만이

그것을 모두 인식할 수 있다고 라이프니츠는 말하였다."(『x의 존재론』, 277~278쪽. 그 외에도 286~287쪽, 337쪽 참조)

성급한 추론일지 모르겠지만, 영혼을 비롯한 개체 존재(=x의 아바타)를 라이프니츠의 모나드를 예로 삼아 설명하는 이런 문장을 근거로 우리는 화엄종의 사사무애와 박동환의 개체성 x를 겹쳐볼 수 있을 것이다. 그리고 그 겹치는 부분에서 '개체무애' 혹은 '개체무진'이란 사자성어를 만들어 볼 수 있을 것이다. 다만 이 경우 라이프니츠의 모나드론과 화엄종의 사사무애론이 전제하는 예정조화론은 완전히 폐기해야 할 것이다. 박동환의 x 존재론은 예정조화론 없는 개체무애론으로 집약할 수는 없는 것일까?

‘x의 존재론’에서 인간척도주의의 위상 문제

유헌식*

1. 인간의 척도 vs. 우주의 척도
2. 능동적인 총괄자로서 X
3. ‘인간’은 우주의 별종 또는 특이점이 아닌가?
4. 문화: 인간을 위해 인간이 만든 ‘유리 집’
5. ‘x(또는 $x\&\neg x$)$\rightarrow X$’는 어떻게 가능한가?
6. 타자가 인간의 척도에 반응한다는 놀라운 사실
7. 인간의 척도는 어디에서 출현했나?
8. 인간척도주의에서 벗어나는 길이 가능한가?

이 글은 ㅂㄷ의 ‘x의 존재론’을 인간척도(尺度)주의의 관점에서 반성적으로 살피는 데 목적이 있다. ‘그’**의 저서 『안티호모에렉투스』가 암시하듯이 ‘그’는 인간 본위의 관념과 논리로 ‘타자’를 무차별적으로 자기화(自己化)하려는 철학적 태도들에 강력히 저항한다. ‘그’에게 타자는 인간이라는 주체의 객체가 아니다. 오히려 타자가 주체이고 인간이 객체이다. 이러한 관점 전환을 통해 ‘그’는 기존의 관념론에 대해서는 물론 실재론에 대해서도 그 이름과 실질이 부합하지 않는다고 그 진정성

* 단국대학교 철학과 교수로 퇴직했다. 독일 프랑크푸르트 괴테대학에서 철학박사 학위를 받았고, 대표 저서로는 『역사이성과 자기혁신』, 『행복한 뫼르소』, 『나를 찾아가는 철학여행』 등이 있다.

** 여기서 ‘그’란 대외적으로는 ‘박동환’이라 불리지만 스스로는 ‘ㅂㄷ’으로 표기하는 인물을 가리킨다.

을 의심한다. 기존의 철학 일반이 '타자'를 말하지만 인간을 기준으로 규정한 타자는 인간을 위해 가공한 '가짜 타자'이다. 그리하여 기존의 철학들은 결국 타자의 위력을 과소평가하여 인간과 타자의 공정한 관계를 설정하는 데 실패했다고 그는 주장한다.

반(反)인간중심주의로도 읽을 수 있는 그의 타자 존재론에 나타난 기본 논조를 나는 수긍하면서도, 그가 설정한 타자와 인간의 관계에 대해 이 자리에서 재고하는 시간을 갖고자 한다. 타자와 인간의 '관계'를 그의 타자 존재론은 실존적인 배반과 사회학적 갈등 그리고 우주적 주종 관계 등으로 풀고 있는데, 이 과정에서 인간과 타자가 만나는 '접점'의 특성과 의미에 '그'가 얼마나 충분히 주목하고 있는지, 나는 의구심을 갖고 있다. 여기서 나는 특히 현대의 철학적 인간학이 제시하는 '인간'에 대한 이해를 축으로 삼아 '인간'이라는 존재가 우주 또는 자연에서 처한 특수한 위치 그리고 생존을 위해 인간 스스로 구비한 인간척도주의의 특성을 부각하여 '그'가 말하는 '$X \rightarrow x$'의 방향이 아니라 '$x \rightarrow X$'의 방향의 의미를 긍정적으로 살리고자 한다. 나의 의문에 'x의 존재론'은 어떻게 답할지 궁금하다.

1. 인간의 척도 vs. 우주의 척도

프로타고라스의 'Homo Mensura' 명제와 관련된 해당 대목은 이렇다. "인간은 만물의 척도이니, 존재하는 사물의 척도이기도 하고, 존재하지 않는 사물의 척도이기도 하다."[1] 'homo mensura'는 사실 '인간은 만물

---

1) 프로타고라스의 생각은 엠피리쿠스의 『피론주의 개요』(*Outlines of Pyrrhonism*)에서

의 척도다'라기보다 '인간이 척도다'라는 뜻이다. 존재하는 것이든 존재하지 않는 것이든 그것을 재는 자(尺) 혹은 기준이 '인간'이라는 말이다. 초점은 '척도로서의 인간'에 있다. 모든 지식은 궁극적으로 '인간'이라는 기준에 맞추어 성립한다고 할 때, 사물이나 사태에 대한 모든 인식의 결과에는 '인간의 특성'이라는 변수가 항상 수반되기 때문에 '척도로서의 인간'을 고려해야만 인식의 결과를 제대로 이해하고 평가할 수 있다는 것이다. 사물 혹은 사태의 판단에는 항상 '인간적인 것'이 수반할 수밖에 없다. 대상 그 자체가 아니라 '인간의 시각에서' 혹은 '인간에 맞춰' 대상을 파악할 따름이다. 인공물을 생산할 때에는 물론 자연물을 인식할 때에도 '인간'이 주체로서 이미 항상 작동하고 있다는 것이다.[2] 따라서 무언가를 판단하거나 제작할 때 그 기준과 내용은 '인간'과 떼어놓고 생각할 수 없다.[3]

이렇게 전해진다: Protagoras holds that "Man is the measure of all things—of things that are, that they are; of things that are not, that they are not." Man is the measure of all things: of the things that are, that they are, of the things that are not, that they are not.(이상, Google 검색 'Protagoras: Fragments') 또한 프로타고라스의 인간척도론과 관련하여 아리스토텔레스는 도구(척도)를 매개로 한 측정과 실제 지각의 차이를 이렇게 설명한다: For perceptible lines are not the kind of things the geometer talks about, since no perceptible thing is straight or curved in that way, nor is a circle tangent to a ruler at a point, but the way Protagoras used to say in refuting the geometers."(Aristotle, *Metaphysics*, 997b34-998a4) 인간의 잣대를 통한 사태인식은 불가피하게 실재를 왜곡한다는 사실을 여기서 확인해야 한다.

2) 글라이저(M. Gleiser)에 따르면 "현재의 과학은 인간이 세계를 보고 설명하는 방식대로 지어낸 이야기"이며, 그런 의미에서 "과학은 우리의 과학일 뿐 많은 사람들이 생각하는 것처럼 보편적으로 진실한 것이 아닐지 모른다." 그러면서 그는 현재 과학이 무언가를 해내고 있지만 한계에 부딪쳐 결국 "더 인간적"이 될 것이라고 말한다.(브록만 편, 『위험한 생각들』, 254쪽 이하)

3) 'homo mensura' 명제를 철학사에서는 보통 상대주의로 취급하여 회의주의와 불가지론으로 연결시킴으로써 프로타고라스를 소위 '소피스트'로 분류하는 근거로 삼는데,

이러한 인간척도주의(homomensuraism)에 '그'는 반기를 든다.[4] '그'가 'x의 존재론'을 "혁명"이라고 일컬을 때, 거기에는 절대타자 X에 대한 인간척도주의적 해석의 안일함과 무실함에 대한 엄격한 경고가 서려 있다. "자연과 사람이라는 '영원에 말미암은 실재'를 우연한 문화의 시공간 틀에 묶인 범주들과 추론체계 곧 인간 본위의 척도를 가지고 이해하고 통제하려는 생각으로 일관해 왔기 때문이다. … 칸트가 상상했던 물자체 x란 무엇인가? 그가 생각해 낸 감성의 형식과 판단의 범주라는 이성의 질서가 매겨지기를 조용히 기다리는 침묵의 대상인가? 그것은 도대체 인간 이성이 만들어낸 질서로 매길 수 있는 '대상'이 아니다. 그것은 모든 탐구의 집요한 질문에도 마지막 판단을 숨기며 자신의 시나리오를 따라 움직이는 '주체' X( )다. 언제나 마지막 판단은 인간의 몫이 아니다. 마지막 판결까지 숨기며 펼쳐가는 영원의 시나리오에 초대된 이슬 같은 운명의 존재, 그대 이름은 인간이다."[5]

타자존재에 대해 인간척도주의가 저지른 죄는 단순히 타자에게 인간적 규정의 폭력을 행사한다는 데 그치지 않고, '인간'이라는 미미한 존재가 타자를 향해 속절없이 벌이는 윤리적 문제까지 함축한다. 그의 책 『안티호모에렉투스』가 이미 암시하고 있고, 『x의 존재론』을 구성하는 장의 소제목들, 곧 '삼켜도 삼키는 자의 것이 되는 것은 아니다', '존재하는 모든 것을 인간으로부터 해방시켜라' 그리고 '한계 밖에서 움직이는 마지막 심판자에 대하여' 등에서 '그'의 철학적 사고가 기본적으로 존재

그보다는 오히려 인간주의의 시각에서 조명해야 합당하다고 본다.

4) 인간척도주의에 대한 '그'의 회의는 청년기부터 시작되었다. "인간적인 발견과 해결은 결국 언제나 미완성으로 끝날 수밖에 없는 대화의 형식 속에서 맴도는 것이다."(박동환, 「논리·역사방법 논고」, 201쪽)

5) 박동환, 『x의 존재론』, 435-6쪽.

(타자)에 대한 인간 본위적 이해의 타파에 있다는 사실을 확인할 수 있다.[6]

여기서 '그'는 '인간의 척도'를 '우주의 척도'와 대비시킨다. "자연 자체로부터 다가오는 메시지는 '우주의 척도'(cosmic measure)라고 할 만한 것이다. … 세상에 한계 지어져 존재하는 모든 것들의 한계해법 또는 한계초월로서 작동하는 이 '우주의 척도'는, 기존 문명권 안에서 이루어진 일상의 범주들과 그에 의존하는 추론체계들에 다름 아닌 '인간본위의 척도'(homo-centric measure)와는 서로 공유하는 것이 없으므로 같은 생각과 행위를 할 수 없게 하는 것이다."[7] '그'의 표현을 빌리면 '인간의 척도'는 기지의 것으로 미지의 것을 설명하려는 태도인 '환원주의 제2'에 속하는 반면, '우주의 척도'는 미지의 것으로 기지의 것을 설명하려는 태도인 '환원주의 제1'에 속한다.[8]

그리하여 인간의 척도로 타자존재를 재서는 안 된다는 절실한 문제의식이 '그'의 사유의 본령을 이룬다. '타자'를 타자'로서' 정당하게 대접하지 못한 동서양의 철학사상 일반에 대해 '그'는 '타자'에게 그의 진정한 자격을 부여하고자 한다.[9] 그런 한에서 그는 '가짜 타자'를 만들어 그

---

6) 이 대목에서 '그'가 인용한 레비스트로스의 말을 경청할 필요가 있다. "세계가 시작하였을 때, 인류는 존재하지 않았고 세계가 끝날 때에도 인류는 존재하지 않을 것이다."(같은 책, 419쪽에서 재인용) 소위 '인류세'의 시작과 종말을 언급할 만큼 인간척도주의가 존재(타자)에 대해 저지르는 횡포를 저지하고자 하는 '그'의 지적 의지는 확고하다.

7) 같은 책, 169쪽.

8) 같은 책, 525-6쪽 참조.

9) 소위 '타자 문제'는 박동환 철학의 초기 구상에서 핵심을 차지한다. 이는 그의 『서양의 논리, 동양의 마음』에 붙인 소제목들 '타자로 이어지는 경험의 논리'나 '파국의 논리' 등에서 서양인과 달리 극동의 한민족이 사태를 경험하는 방식에서 얼마나 '타자'에 얽매어 살아왔는지 밝힌다.(박동환, 『서양의 논리, 동양의 마음』(1987), 129쪽 이하 및

것을 '진짜 타자'로 오해하거나 둔갑시키는 모든 철학적 시도와 결실에 저항한다. 그래서 '그'는 인간의 눈과 사고에 어긋남, 비껴감, 벗어남, 뒤틀림 등 소위 '脫정상'(abnormal)으로 비치는 것들의 존재론적 의미를 정당하게 평가하고자 한다. 이들은 인간의 척도로는 잴 수 없을뿐더러, 오히려 인간의 척도가 틀렸다는 사실을 드러내는 징표로서 우주의 척도가 들어설 수 있는 빌미를 제공한다.

'그'가 사태를 바라보는 시각은 지상에 알려진 어떤 철학자보다 포괄적이고 근원적이다. 누가 감히 전지적(全知的) 시점인 '우주의 척도'를 말할 수 있었겠는가? 하지만 그는 철학의 역사에서 소위 불가지론에 대항하는 엄청난 지적 모험을 감행한다. 특히 칸트를 겨냥하여 그의 물자체는 말없이 순종하는 자가 아니라고 주장한다.[10] 물자체 x는 기지의 어떤 것으로도 대체/대변되지 않으면서 기지의 것에 말없이 스며들어 자기를 관철하는 절대 권력자 X의 분신이다. 그 점에서 X는 우주에서 최상의 포식자이다.[11] 초월적인 절대권력 X의 지배 아래 있으면서도 현

169쪽 이하 참조)

10) 적어도 이 지점에서 '그'는 헤겔의 칸트 물자체 비판을 닮아 있다. 헤겔은 칸트의 물자체에게 입(口)을 만들어준 인물이기 때문이다. 다만 그 '입'이 '그'의 시각에서 볼 때는 지극히 인간적인 입이라는 게 문제다. 헤겔의 『정신현상학』은 물자체가 어떻게 현상하는지—'그'의 용어를 빌리면 $X(x\&\neg x)$가 어떻게 가능한지—, 그리고 그의 『논리의 학』은 물자체의 구성원리는 무엇인지—'그'의 용어를 빌리면 X와 x의 관계구조가 어떻게 되어 있는지—살피지만, 이러한 헤겔적 시도의 중심인 '개념'이 인간의 척도에 기반한다는 사실이 '그'는 못마땅하다. 이 점에서 헤겔의 객관적 관념론은 x의 존재론에 대해 대척점에 서있다고 볼 수 있다.(유헌식, 「미디어로서의 '생각하는 기계'와 인간척도주의」, 철학연구 124집 참조)

11) '그'는 청년기의 짧은 글 「논리·역사방법 논고」에서 중심부에 대하여 주변부를 논리와 역사의 '타자'로 파악하고, 이 타자를 존재론으로까지 확장하여, 개체나 공동체로 모습을 드러낸 존재자들을 포괄하면서 이들의 상위에 군림하는, 정체를 알 수 없는 우주적 존재로 규정한다. "논리와 역사는 모두 보다 커다란 하나의 우주적 과정을 반

상계의 개별존재에 작동하는 미지의 것을 '그'는 *x*라 칭한다. '그'가 미지 것으로 제시하는 *X*와 *x*는 "인간의 관점 너머의 사물 자체, 또는 인간의 이해력 너머에서 이해력 안의 사물들에 관여하여 움직이는 자가 행사하는 침묵의 행위를 대표"[12] 한다. *X*와 *x*를 축으로 삼아 그는 다음과 같이 '우주의 척도'를 압축적으로 제시한다.[13]

X	초월의 독립변수 / 절대 무언의 미니멀리스트
x	개체존재를 대표하는 변수 / 영원의 기억 또는 영원의 현재를 대표
¬*x*	*x*를 지양하는 변수 / 무한의 상상으로 지양과 반전의 시나리오를 대표
Xx	포섭과 통분 또는 공명과 공감
X(*x*&¬*x*)	불일치해 있음에도 하나일 수밖에 없는 동거양식, 협상
X(~~*x*&¬*x*~~)	모든 유한의 존재들이 예측불가능하게 겪는 절대 결정권자의 재단/심판

우주의 척도는 제1언어로서 인간의 척도에서 기원하는 제2언어와 구별된다. 제2언어는 제1언어에 종속된다. 타자(초월)의 언어인 제1언어는 인간의 언어에 선행하며, 그 언어의 밑바닥에서 이미 항상 흐르고 있

영하는 부분에 불과"하다." 여기서 '보다 커다란 하나의 우주적 과정'은 '그'의 철학적 사유를 핵심적으로 서술한 『*x*의 존재론』에서 제시한 *X*와 *x*의 초기 형태라 할 수 있다.(박동환, 「논리·역사방법 논고」, 201쪽)

12) 박동환, 『*x*의 존재론』, 220쪽.

13) 이상, 같은 책, 특히 375쪽 이하 참조. 이들을 '그'는 "우주적 한계 해법의 패턴들"이라고 부르기도 한다.(같은 책, 174쪽)

다. 제2언어는 인간을 기준(척도)으로 고안된 언어라는 점에서 제1언어와 같은 보편성을 띠지 못하여 우연적이고 우발적이다. 그런데도 제2언어로 제1언어를 재단하려는 우를 철학사는 범해 왔다. "언어는 존재하는 모든 것들에게 인간이 휘두르는 하나의 폭력이다."[14] 우주의 척도로 볼 때, 인간의 언어는 숨어서 작동하고 있는 X와 x의 뜻에 거슬러 존재를 오해하고 왜곡한다.

x는 특정 개체가 아니라 특정 개체를 가능하게 하는 준거점으로서, 수학의 f(x)에서처럼 특정한 함수의 기능을 수행하는 변수이다. 그렇지만 x가 X의 권역을 벗어날 수 없는 한에서, 즉 x가 "영원의 한 단위 기억체계"[15]인 한에서 x에 대해 $\neg x$의 출현은 불가피하다. $\neg x$는 "x로 말미암은 무한상상의 프로젝트"[16]로서 "x로 하여금 자체 지양을 하도록 움직이는 또 하나의 미지의 변수"[17]이다. 결국 "우주 안에 등장한 한 개체존재는 x와 그로 말미암은 $\neg x$로써 움직인다."[18]

2. 능동적인 총괄자로서 X

'그'는 'x의 존재론'을 구상하는 변(辯)에서, '그'의 '타자의 존재론'을 뒷받침하는 버팀목으로 사용하던 고르기아스와 칸트의 불가지론 시각에 불만을 표시한다. "알 수 없는 그 자체 x라는 것이 다만 저편에 머물

---

14) 같은 책, 167쪽.
15) 같은 책, 242쪽.
16) 같은 곳.
17) 같은 책, 225쪽.
18) 같은 책, 242쪽.

러 있기만 하는 것일까? 다만 머물러 있지 않고 쉼 없이 우리들의 삶과 운명을 향해 움직이고 있는 것이라면, 바로 이것이 외면할 수 없는 문제로 다가오는 것이다."[19] 이 지점에서 '그'의 관심은 고고인류학과 고생물학 그리고 분자생물학 등으로 관심을 확대함으로써 급기야 '철학'을 '인문학'에서 해방시킨다.

그렇다면 절대타자 *X*는 개체 *x*에 어떤 방식으로 개입하는가? 즉 *X*( )는 어떻게 작동하는가? 이 문제는 대표적으로 독일 관념론자 셸링과 헤겔이 시도하였다. 그러나 '그'는 *X*와 *x*의 접점에 대해 이들과 생각을 달리한다. 셸링은 그의 자연철학에서 절대자 *X*에 감춰진 역학(力學)의 원리가 x에 투사된다고 보았고, 헤겔은 *X*가 실체인 동시에 주체로서 자기활동성을 띠면서 자기의 분신 *x*로 드러난다고 본 반면, '그'는 셸링의 객관(자연)과 헤겔의 주체(정신)가 인간의 주관적 활동이 반영된 관념(개념)에 지나지 않는다고 보아 그들이 파악한 '*X* → *x*'가 허구적인 유희라고 거부한다.[20]

*X*와 *x* 간에, 일반적으로는 자연과 인간 사이에 대체 어떤 일이 벌어지는 것일까? 이와 관련하여 주목해야 할 '그'의 논제는 '*x*에 *X*의 영원의 기억이 쌓여 있다'는 점이다. 그래서 *x*를 단순히 현재적 인간의 의식적인 사유 활동과 동일시해선 안 된다. '그'가 *X*( )로 표기하여 '*x*의 *X*로의 함몰'이라고 말할 때 거기에는 *X*와 관계하는 *x*에는 이미 항상 *X*의 기억 또는 숨결이 작동하고 있기 때문에, 사유(*x*)의 독자적인 활동이란 애초부터 어불성설이다.

---

19) 같은 책, 36쪽.

20) 관념론은 '그'에게 최대의 적이다. 관념론이야말로 인간척도주의의 표본이기 때문이다.

'그'는 *Xx*와 *X*( )를 통하여 *x*가 어떻게 무력하게 *X*의 능동적인 작용에 영향을 받는지를 설파한다. '그'에게 *X*로의 *x*의 함몰은 *X*에의 *x*의 붙음살이(寄生), 즉 특화(特化), 변이(變異), 입몰(入沒)로 나타난다.[21] 이렇게 붙음살이 하는 *x*를 '그'는 '마디'(分節)라고 부르는데, 무수한 개체로서의 마디들은 *X*에게서 저마다 고유한 특성을 부여받아 자기의 마디로 만들면서 또한 다른 마디와의 관계 속에서 새롭게 풀려나간다. "나의 몸을 이루는 마디들은 무한에서 무한으로 흐르는 자연의 마디로서 움직이며 그 자연의 마디가 나의 마디로 움직이도록 만들어 간다. 그러니까 한 개체 생명의 이 마디지음 활동은 곧 마디나눔의 활동이다. 무한을 흐르는 자연의 마디를 나의 마디로 만들기(마디나눔으로 마디지음)에 애쓰는데, 그럼에도 나의 마디는 다시 (다른 마디나눔으로 마디풀음이 되어) 나를 떠나며 무한의 바다로 흘러간다. 한 개체 존재 *x*는 그의 경계 곧 마디나눔의 접점(tangential point)에서 무한의 흐름 *X*를 만난다. 마디나눔의 접점에서 한 생명은 개체화 또는 특화 *Xx*가 이뤄지고 그 마디나눔이 풀리며 무한의 마디가 되어 다른 마디나눔의 과정으로 새로운 마디지음 활동에 참여한다."[22] 이렇듯 개체 *x*는 이미 항상 *X*의 울타리 안에 갇혀 있어서 *x*가 어떤 활동을 하든 *X*( )의 굴레를 벗어날 수 없다. 타자 *X*는 '*X*( )'로서 "( ) 안의 어떤 것도 전혀 그 자체로 남기지 않는 격파의 형식"[23]으로 작동/기능한다.

*X*는 대상화할 수 없는 최종적 보루이며 총괄자이다. '대상화할 수 없

---

21) 박동환, 『안티호모에렉투스』(2001), 124-5쪽 각주 참조.

22) 박동환, 「*Xx*에 대하여」, 2쪽.

23) 박동환, 『*x*의 존재론』, 327쪽.

다'는 점에서만 볼 때 *X*는 칸트의 '자아'(Ich)나 셸러의 '정신'과 다를 바 없다. "정신은 스스로를 **대상화할 수 없는**(gegenstandsunfähig) 유일한 존재이다. 순수한 활동성으로서 정신은 자신의 행위를 자유롭게 수행하는 데에서만 자신의 존재를 지닌다. 정신의 중심인 '인격'(Person)은 따라서 대상적이거나 사물적인 존재가 아니라 끊임없이 자기 자신을 완수하는 (**본질**적으로 규정하는) **행위의 질서구조물**(Ordnungsgefüge von Akten)이다. 인격은 이러한 행위 **안**에서, 행위를 **통해서**만 존재한다. … 모든 心적인 것은 대상화될 수 있으나, 정신의 행위, 즉 의향(Intentio)이나 '心적인 진행 자체를 지켜보는 자'는 대상화될 수 없다. … 우리는 인격의 존재를 대상화할 수 없다. 타인의 인격 역시 인격인 한에서 대상화될 수 없다."[24)]

이렇듯 셸러는 인간의 '정신'을 인간의 지적 활동의 최종근거 혹은 더 이상 물러날 수 없는 최후의 보루로 간주한다.[25)] 그리하여 셸러는 정신이 하필 그렇게 활동할 뿐 달리 활동하지 않는 근거 또는 원인을 따질 수 없다고 말한다. 여기서 '그'의 '*Xx*' 혹은 '*X*(　)'가 힘을 얻는다. 정신이든, 정신의 작용태인 인격이든, 그것은 '그'의 '*x*'에 귀속된다. 따라서 칸트의 자아와 셸러의 정신은 독자적/자립적 주체일 뿐만 아니라 어디로도 환원 불가능한 개체인 데 반해, '그'에게 그것들은 단지 *X*로 귀결되는 한낱 익명/미지의 개체존재 *x*에 지나지 않는다. '그'에게 칸트나 셸러의 철학적 인간학은 *X*와 *x*의 존재 또는 작용을 도외시한 인간끼리의 공모에 지나지 않는다.

---

24) M. Scheler, *Die Stellung des Menschen im Kosmos*, S. 48.

25) 이러한 시각을 셸러는 칸트에게서 빌려온다. 칸트는 『순수이성비판』에서 '선험적 자아'의 대상화 불가능성에 대해 이미 서술했기 때문이다.

3. '인간'은 우주의 별종 또는 특이점이 아닌가?

하지만 의문은 남는다. 인간의 정신(의식)은 어떻게 출현한 것이며, 정신(의식)은 다른 존재와 질적으로 구별할 필요가 없는 것인가? 고전적인 철학적 인간학은 하나같이 문제를 둘러싸고 씨름했다. 결과의 선악을 떠나, 적어도 인간은 다른 생명체와 다른 방식으로 타자를 자기화하는 능력을 지닌다는 사실에 주목할 필요가 있지 않은가?

'그'가 말하는 우주의 척도에 따라 인간도 개체 생명으로서 $X(\ \ )$의 운명을 피해갈 수 없다면, 그 안에는 '인간'도 X의 작용결과로서 X가 일으킨 하나의 '현상'이 아닌가? '인간의 직립'도 X가 행하는 영원의 기억이 유발한 하나의 '사건'이 아닌가? 인간이라는 현상도 영원의 기억과 상상이 일으킨 x의 한 갈래라면, '인간'이라는 '현상'이 행하는 사유와 행동이 어떻게 자연에서 출현하게 되었는지를 해명하는 작업이 더욱 생산적이지 않은가? 자기와 타자를 대상화하는 존재로서 인간이라는 현상을 거부해야 할 '별난 종자'로 취급하기보다는 셸러처럼 그의 존재양식을 '특이'하게 파악하여 그에게 특별한 위치를 부여할 수 있는 길은 없는가?

x는 $X(\ \ )$에 종속되어 그 영원의 기억과 상상을 자기 안에 품고 있으며, 자연과 인간은 다시 x에 종속된다고 할 때, 인간이 x에 종속되는 방식을 자연의 그것과 동일하게 취급해도 괜찮은가? '그'는 말한다. "사람들이 세계를 향해 던지는 그물과 시나리오는, 그들 각자 가운데 **개체성으로 내재하는 고유한 영원의 기억과 무한의 상상으로 말미암아 일어나는 것**이며, 그렇게 주어지는 그들 자신의 한계를 초월하는 절대를 향한 질문이며 모험이다. 던져진 질문과 모험 그리고 그로부터 되돌아오는 응답

과 결과는 내재성과 초월성이 만나서 겨루는 대화이며, 그러한 대화로 엮어지는 시나리오들로 해서 온갖 투쟁과 창조의 역사가 펼쳐지고 있다."[26] 이러한 양상을 유발하는 기본적인 메커니즘은 '그'의 시각에서 볼 때 자연의 경우에도 다르지 않다.

하지만 '자기의 한계초월'과 '절대를 향한 질문' 그리고 '돌아오는 응답'이 진행되는 **방식**(메커니즘)과 **내용**에서 인간과 자연은 차이를 보이지 않는가? 그 다음의 '내재성(x와 $\neg x$)'과 '초월성($X(\cancel{x \& \neg x})$ 또는 $X(\ \ )$)'도 인간과 자연에서 그 수행방식이 같다고 할 수 있는가? 무엇보다 인간의 내재성은 다른 생명체의 내재성과 구별하여 설명해야 하지 않는가? 내재성을 구성하는 내용과 무관하게 양자는 모두 x의 논리를 따른다고 뭉뚱그려 설명하는 태도는 '인간'의 입장에서 볼 때 억울하지 않을까? 여기서 관건은 인간과 자연의 생존방식을 질적으로 구별하는 기준이 있는가 하는 문제이다.

'그'에 따르면 자연과 마찬가지로 인간의 의식도 미지의 X로부터 전달되는 신호의 수신자인 한에서 자기중심의 질서를 축조하려는 모든 전략과 시도는 결국 "그것을 향해 들어오는 초월의 관계 $X(\ \ )$ 또는 $X(\cancel{x \& \neg x})$에 의해 격파 당한다. … 한 개체존재는 어떤 공존의 질서 Xx 또는 $X(x \& \neg x)$에 소속하는 부분 x로서 순응하거나 적응하며 행동할 수 있다. 그럼에도 다만 결박된 부분이기를 거부하며, 다시금 탈주하는 자체의 고유한 시나리오를 추구하는 존재 $\neg x$로서 움직이는 영원한 내재성향을 결코 포기하지 않는다."[27] 인간도 '자기 고유의 시나리오(내재

---

26) 박동환, 같은 책, 302쪽.(강조는 인용자)

27) 같은 책, 304쪽.

성)에 따라 결박을 풀고 탈주하는 개체존재'라고 할 때, **인간에게는 '무엇'이 '적응'이고 '결박'이며, 결박을 푸는 '인간 고유의 시나리오'는 무엇일까?** 이 물음이 중요한 이유는 **인간에게는 '적응' 자체가 결박을 푸는 일이면서 동시에 적응 방식이 곧 인간 고유의 시나리오에 해당되기 때문**이다.

이와 관련하여 셸러의 철학적 인간학이 전하는 설명을 살펴보자. '그'와 비슷하게 셸러도 인간을 "무한정 '세계에 개방적으로' 관계하는 *X*"로 본다. 하지만 그에게 "인간이 된다는 것은 정신을 통해 세계 개방성으로 고양시키는 것이다."[28] 그에 따르면 인간은 정신이 활동할 수 있는 힘을 인간의 '저항체험'(Widerstandserlebnis)에서 확보한다. 정신의 활동력을 인간은 생명체의 원초적인 맹목적 충동에 맞서 저항하는 데서 습득한다. 정신은 자신의 활동력을 타자에 맞서는 저항을 통하여 '내적으로' 획득한다. "인간은 자신의 충동 에너지를 정신적 활동성으로 승화시킬 수 있다."[29] 개체로서 인간은 '그'가 서술하는 것처럼 외부의 익명적 타자 *X*에게만 의존하지 않는다. *X*로부터 방출되는 신호에 따른다는 수동적 측면을 수용한다고 해도 인간은 인간에게만 특별하게 주어진 과제의 해결책을 마련하기 위해 '인간 고유의 노동'을 수행한다. 인간의 '능동적인 노고'의 배후에서 작동하는 *X*와 *x*의 기억과 상상에서 독립하여 '인간'이기 때문에 부딪히는 문제 상황에 '인간만의 방식'으로 대처하여 극복한다. 정신의 활동성이 순전히 '인간적인 노고의 소산'이라는 주장에 '그'는 어떻게 맞설 것인가?

셸러의 '저항체험'은 겔렌(A. Gehlen)에게서도 나타난다. 그런데 겔

28) Scheler, 앞의 책, S. 40.
29) 같은 책, S. 56.

렌은 셸러의 단계적인 도식을 거부하면서 인간의 욕구와 충족 사이의 '틈'에 주목한다. 이 '틈'을 그는 '사이세계'로 규정하는데 이 '사이세계'는 '빈 공간'으로서 충동의 방향을 바꿀 수 있는 인간학적 근거라는 점에 나는 주목한다.[30] "기본적인 욕구와 그 욕구에 외적인, 즉 예견할 수 없고 우연적인 조건들에 따라 그때마다 바뀌는 충족들 **사이에** 세계 지향과 행위의 전(全) 체계가 끼어 있다. 이 체계는 말하자면 손과 눈과 촉각 그리고 언어를 경유하는, 의식적 실천과 사태경험의 사이세계(Zwischenwelt)이다. 바로 이 안에서 서로 연결되어, 결과적으로 개별자의 최초의 욕구와 그 충족 사이에 전반적인 사회연관이 개입하게 된다. 이것은 곧 본능퇴화를 뜻하는데, 이는 충분한 내적 자극에서 해당 유발자가 나타날 때 생득적인 반응을 억제하지 못하는 직접적인 자동주의를 무너뜨리는 한편, 본능의 억압에서 **벗어난** 행위방식의 새로운 체계를 자유로이 정립한다. 바로 언급한 체계에서 지각과 언어와 사유 그리고 가변적인, 즉 생득적이지 않고 학습되는 행위 패턴들은 **외부사물**의 변화 그리고 **다른 인간**의 태도 변화에 반응하는데, 여기서 인간과 인간이 **서로** 반응한다는 사실이 특히 의미가 있다. 달리 말해서, 행위 및 지각하고 사유하는 의식은 고유의 기본적인 욕구와 충동에서 저만치 독립하여, 이 욕구와 충동을 말하자면 '밖에 내걸어' '**간극**'을 드러내는 능력이 있

30) 여기서 인간이 다른 동물과 구별되는 특징으로 제시한 '간극'은 '빈 공간'을 전제한다. 욕구와 충동을 대상화/객관화하는 데서 요구되는 '빈 공간'은 겔렌 뿐만 아니라 셸러에게도 나타난다. "동물에게는 본래적인 '세계공간'(Weltraum)이 없다. 이 공간은 동물 고유의 운동에서 독립하여 고정된 배경으로 지속한다. 동물은 **시간과 공간의 '공허한 형식'**을 결여하고 있다."(Scheler, 같은 책, S. 45.)

게 된다."[31] 여기서 '사이세계'의 의미가 부각되어야 한다. 동물심리학자 톨먼의 견해에 따르면 기본적인 욕구와 충족 사이의 '간극'(Hiatus)은 "충동의 방향을 뒤집을 수 있는 엄청난 가능성"을 열어놓는다. "충동들을 자기 안에 품으면서도 이들과 독립하여 통찰적인 태도를 바꾸는 능력이야말로 비로소 '**내적인 것**'을 드러내는 것이고, 정확히 보면 이 간극은 영혼이라는 현상의 생동하는 토대이다."[32]

여기서 겔렌이 말하는 '외부사물과 타인의 변화에 따라 자신도 변화하는 양상'을 '그'는 $x\&\neg x$로 기호화한다. 그런데 겔렌과 '그'의 차이는 겔렌의 경우 충동과 행위의 간극을 인간은 본능에서 벗어나기 위한 방편으로 이해하는 데 반해, '그'의 경우 충동과 행위 사이의 간극 자체를 인정하지 않을 뿐만 아니라 간극이 있다고 해도 행동이 충동에 의해 조종될 만큼 의식적인 행동은 무의식적인 충동에 비할 바 없이 무력하다. 왜냐하면 '그'에게 개체로서의 인간은 x에 속하여 이미 항상 $X(\quad)$의 영향권 속에 있기 때문이다. 또한 겔렌이 '충동'이라 일컫는 것은 오히려 '그'가 말하는 X와 x의 영원의 기억에 속하는 외부의 압력으로서, 인간에게 고유한 '공간'이나 '간극'에 의해 극복되어야 하는 대상이라 할 수 있다. 만일 인간에게 주어진 '사이세계' 또는 '간극'도 이미 X의 시나리오 안에 들어 있다고 주장한다면, 이는 결과를 보고 원인을 내보이는 사후 정당화(*post factum*)의 태도가 아닌가?

다른 존재들과 구별되는, 다른 존재들의 운동원리로 환원되지 않는 인간만의 특성을 부각시키는 자리에서 겔렌은 다음과 같이 하르트만

---

31) Gehlen, *Der Mensch, seine Natur und seine Stellung in der Welt*, S. 53.

32) 같은 책, S. 54.

(N. Hartmann)의 존재 성층론(成層論)을 끌어들여 자신의 입지를 강화한다. "하위층의 범주들, 예를 들면 무기물의 범주는 상위층의 범주들, 예를 들면 유기물의 범주에 비해 더 강력하다. 하위층의 범주들은 상위층 범주들의 존속에 무관하게 존재하면서 상위층 범주들이 활동할 수 있는 공간을 마련해주기 때문이다. 그런데 상위층의 범주들이 하위 범주들에 의존하긴 하지만, 예를 들어 정신적인 것이 유기적인 것을 전제하고 유기적인 것이 무기적인 것을 전제하긴 하지만, 상위의 범주들이 하위의 범주들보다 더 풍부하다. 상위의 각 층은 '범주적으로 새로운 것'(kategoriales Novum), 즉 새로운 구조들과 원(原)현상들(Urphänomene)을 포함하는데, 이들은 하위의 층들에서 도출될 수 없다. 상위의 범주들이 '더 약하지만', 즉 전제된 하위 범주들의 존속에 의존하지만, 이들과 달리 자유롭고 자율적이다."[33]

하르트만의 계층적 구조론에서 나는 상위 범주와 하위 범주 사이의 '불연속'에 주목한다. 동물을 하층의 범주에, 인간을 상층의 범주에 귀속시킨다고 할 때, 인간과 동물 사이에 질적인 차이를 보이는 데에서 인간적인 것이 동물적인 것에서 도출될 수 없다는 서술이 흥미롭다. 인간이 동물과 연속선상에 놓이지 않는다는 사실은 단순히 인간이 동물보다 우월하다는 사실에 더하여, 인간이 동물과 달리 '새로운 세계'를 구축할 수 있는 역량을 스스로 갖추고 있다는 사실을 가리킨다. 하르트만이 '범주적으로 새로운 것'이라고 표현한 데서 드러나듯이, 인간은 생물학적 연결고리 밖으로 뛰어나와 이전의 동물계와는 질적으로 다른 새로운 세계의 창출에 관여하기 시작한다. 새로운 세계의 창출은 존재계

33) 같은 책, S. 67.

를 하나로 관통하여 설명할 수 있는 '끈'을 인간이 끊어버렸다는 것을 뜻한다. 존재자들끼리의 연쇄/연결고리를 단절함으로써만 인간은 자신을 보존할 수 있었다. 다른 존재자들과의 존재적 불연속성을 유지해만 생존이 가능했던 인간의 '내부에서' 의식과 사유가 출현한 것이다.

이상 언급한 철학적 인간학자들의 주장에 따르면 의식은 자연에 저항하는 데서 비롯한 순전히 인간적인 것이다. 그렇다면 인간의 사고와 행위를 '그'처럼 미지의 *X*에 축적된 기억의 산물로 볼 수 있는가? 오히려 의식은 신체의 역량 면에서 다른 생명체에 비해 절대적인 결핍을 지닌 인간이 자연을 자기 것으로 취하는 과정에서 자연으로부터의 저항을 극복하면서 스스로 습득한 인간만의 특성이 아닌가? 그런 점에서 '인간'을 '별종'(別種) 또는 '특이점'(singularity)으로 규정할 수는 없는가? '그'는 의식과 자연이 모두 *X*( )의 영향권에 있는 한 자기 부정성을 면할 수 없다고 한다. 하지만 인간 의식의 부정성은 인간이 생존을 위해 자연을 자기 것으로 삼는 데서 불가피하게 수행되는 내재적 특성이라면, 자연의 경우 부정성은 자연이 타자(환경)에 의존할 수밖에 없는 데서 불가피하게 겪게 되는 외재적 특성이라는 점에서 양자는 질적으로 구별해야 하지 않는가? 그리하여 *x*를 *x*와 *x*'로 구별해야 하지 않을까? 다른 개체존재를 대표하는 x와 인간 개체존재를 대표하는 *x*', 이렇게 둘로 구분해야 하지 않을까? 예를 들면, '*x*의 존재론'을 '말하는' 존재 *x*'는 그것을 '말하지 못하는' 존재 *x*와 구별하는 게 마땅하지 않은가? 그래서 *Xx*를 말할 때 *Xx*와 *Xx*'로 나누어 설명해야 하지 않을까?[34)]

---

34) *x*'에서 〈'〉는 '반짝!' 하는 '폭발'의 의미이다. 인간의 의식작용은 일종의 작은 폭발의 연속이기 때문이다.

4. 문화: 인간을 위해 인간이 만든 '유리 집'

'인간'에게 줄 선물을 마련하기 위해 아폴론의 마차에 달린 '불'을 훔쳐 인간에게 준 죄로 독수리에게 간을 쪼아 먹히는 형벌을 당하는 프로메테우스 신화에서처럼, 인간은 존재계의 질서를 어지럽힌 장본인이기는 하지만 그렇게 하지 않고는 인간 종족이 지구상에 살아남을 수 없었던 것도 사실이다. 인간은 자기보존의 역량을 자신의 외부가 아니라 내부에서 찾고자 한 데서 소위 '문화'라는 것을 창출하기에 이른다. '문화'는 인간과 자연을 잇는 매개자(medium)라는 점에서 양자의 중간에 위치한 것처럼 보이지만 실은 철저하게 '인간 편에 선 것'이다. "행위와 목표 사이에는 매개자(Mittelglieder)가 개입되는데, …먼 목적을 위한 도구의 생산을 우리는 인간적인 행위로 간주한다."[35] 이 사실을 누구보다 명료하게 설파한 인물은 카시러(E. Cassirer)이다.

"인간은 자기 자신이 이루어 놓은 것에서 벗어날 수 없다. 인간은 더 이상 한낱 물리적인 우주가 아니라 상징적인 우주에서 산다. 언어, 신화, 예술 및 종교는 이 우주의 부분들이다. 이것들은 상징의 그물을 짜고 있는 각양각색의 실이고, 인간 경험의 엉클어진 거미줄이다. 사고와 경험에서 나타나는 인간의 모든 진보는 이 그물을 개량하고 또 강화한다. 인간은 더 이상 현실을 직접적으로 마주칠 수 없어서, 말하자면 현실에 얼굴을 맞대고 볼 수 없다. 물리적인 현실은 인간의 상징적 활동이 전진하는 만큼 뒤로 물러서는 것 같다. **인간은 사물들 자체를 다루는 대신 어떤 의미에서는 끊임없이 자기 자신과 이야기한다.** … 인간은 인위적인 매개물의

35) Gehlen, 앞의 책, S. 64.

개입 없이는 아무것도 볼 수도 알 수도 없다. 인간의 이러한 형편은 이론의 영역에서뿐만 아니라 실천의 영역에서도 마찬가지다. 실천의 영역에서도 인간은 딱딱한 사실들의 세계에 살지 않으며 그의 직접적인 욕구와 욕망에 따라 살지 않는다. 오히려 상상적인 감정 속에서, 이를테면 희망과 공포, 환영과 환멸 그리고 환상과 꿈 속에서 산다."[36)]

카시러의 문화철학에 따르면, 인간은 다른 동물과 달리 사물(자연)과 직접적으로 관계하지 않고 매개적(우회적)으로 관계한다. 이 사실은 인간의 모든 지적(知的) 활동이 사물 자체가 아니라 사물과 관계하는 데 필요한 매개수단을 향해 있다는 점을 시사한다. 이 매개수단을 우리는 '문화' 또는 '문명'이라 부른다. 카시러의 시각에서 볼 때, 인간이 자신들의 문제를 해결하기 위해 기울이는 모든 노력은 세계와 관계하는 데 요구되는 매개항 즉 문화(문명)를 갈고 닦는 일이며, 이는 곧 인간이 자기 자신과 나누는 대화이기도 하다.

이와 같은 맥락에서 카시러에게 '기호(Zeichen)'는 인간의 산물이란 점에서 자의적인 것이다. "이렇게 매개적인 기호의 위력과 역량은 근원적인, 즉 의식의 본질 자체에 근거지어진 정신적인 방식에 그 최후의 뿌리를 두지 않는다면 수수께끼에 지나지 않게 될 것이다. 감각적-개별적인 것, 예를 들어 물리적인 발음이 순전히 정신적인 의미를 담게 되는 것은 결국 의미지시의 기본 기능 자체가 개별적인 기호의 정립 이전에 이미 존재하여 작동함으로써만 이해될 수 있으며, 따라서 기본 기능은 이러한 정립에서 비로소 생겨나는 것이 아니라 단지 개별적인 경우에 고정되어 적용되는 것뿐이다. … 모든 언어적 '기호', 모든 신화적 또

36) Cassirer, *An Essey on Man*, p. 25.(강조는 인용자)

는 예술적인 '형상'에는 그 자체로 모든 감각적인 것을 넘어서 감각적인 것, 즉 볼 수 있고 들을 수 있고 만질 수 있는 것으로 변형되는 정신적 내용이 나타난다. 여기에는 의식의 자립적인 형태구성 방식, 즉 의식 특유의 활동이 나타는데, 이 활동은 모든 직접적인 감각이나 지각의 소여(所與)성과 구별되면서, 이 소여성 자체에게 표현의 운반수단으로 봉사한다. 그럼으로써 우리가 의식의 기본특성 자체에 놓여있다고 생각한 '자연적' 상징성은 한편으로는 사용되고 확정되는 반면에, 다른 한편으로는 능가되고 정제된다. 왜냐하면 이 '자연적' 상징성에는 항상 일정한 의식의 부분이 들어있는데, 이 부분은 전체에서 나왔으면서도 바로 이 부분을 대변하고 이 대변을 통하여 어떤 의미에서는 전체를 반복하기 때문이다."[37]

카시러에게 상징형식이란 "그것을 통해 정신적인 의미내용이 구체적이고 감각적인 기호에 연결될 수 있고 이 기호에 내적으로 적합해질 수 있는, 그러한 정신의 에너지"이며, 다른 한편으로 "세계를 '이해'하는 다양한 기본형식들은 모든 임의의 대상에 적용될 수 있는 모든 상징형식들의 공통된 특징을 지닌다."[38] 이 점에서 카시러의 상징형식은 얼핏 아리스토텔레스와 칸트의 '범주들'과 흡사해 보이지만, 이들과 달리 카시러는 범주 개념 자체의 성질을 변경하고 확대한다. 상징과 표상은 '함축'(Prägnanz)이다. "함축은 항상 상징적이다." 상징은 주어진 것(소여태)을 그 이상으로 확장시킨다.[39] 상징의 표상/재현(Repräsentation) 기능이

---

37) Cassirer, *Philosophie der symbolischen Formen*, S. 43.

38) 같은 책, S. v.

39) Krois, "Problematik, Eigenart und Aktualität der Cassirerschen Philosophie der symbolischen Formen", S. 22f. Krois는 '함축' 개념을 카시러 철학 이해의 열쇠로 삼

없으면 어떠한 현재적-직접적 내용도 있을 수 없다. 상징은 단순히 정신과 실재를 잇는 매개자가 아니라 그 자체로 인간이 세계 또는 실재와 관계할 수 있는 전체이다. 여기서 함축의 성질을 지닌 상징은 '그'의 미니멈(minimum)에 해당한다고 볼 수 있다. 상징은 가장 작은 것으로서 그것과 관련된 가장 큰 것을 대변하기 때문이다. 하지만 '그'의 *X*와 *x*가 함축하는 미니멀적 특성은 존재론적인데 반하여, 카시러의 상징이 함축하는 미니멀적 특성은 인식론적이다.[40)]

카시러의 상징적 우주는 결국 '문화'를 뜻한다. 이러한 사정은 겔렌에게서도 드러난다. 겔렌은 철학적 인간학의 시각에서 인간이 왜 문화를 구축하게 되는지—정확히 말하면, 구축하지 않으면 안 되었는지—설명한다. "인간은 살아남기 위하여 자연을 개조하고 제압하는 쪽으로, 그리하여 세계를 **경험**할 수 있도록 만들어져 있다. 인간은 행위하는 존재이다. 인간은 전문화되어 있지도 않고, 본래부터 적응해 있는 환경도 없기 때문이다. 인간에 의해 삶에 도움이 되도록 개조된 자연의 총체를 **문화**(Kultur)라 부른다. 문화 세계는 인간 세계다. 인간에게는 변경되지 않고 '해독(解毒)'되지 않은 자연 속에서 생존할 수 있는 능력이 없다. 엄밀한 의미에서 **'자연인'(自然人)이란 없다.** … 요컨대 문화는 '제2의 자연'이다.

는다.

40) 인간은 '문화'를 매개자(media)로 하여 대상(타자)과 접촉할 때 접촉점을 최소화하고자 한다. 그럼으로써 결핍된 존재로서의 인간은 대상을 자기 것으로 삼는 데 요구되는 노고 곧 짐(부담)을 최대한 줄이고자 한다. 이를 겔렌은 부담면제(Ent-lastung)의 법칙이라 부른다. 부담면제의 특성은 다음과 같다. "인상의 직접성과 자극덩어리가 유발하는 영향력의 직접성이 깨지면서 그 직접성과의 접점이 최소점(ein Minimum)으로 축소/환원된다. 하지만 이 최소점에는 고도의 잠재적인 발전가능성이 담겨 있다. 여기서 지각질서는 간접적/우회적인 것(das Indirekte), 즉 인간이 현실의 미래 단계에서 취하게 될 행태와 일치한다."(Gehlen, S. 64)

문화는 인간이 자발적으로 가공한 자연으로서, 이 안에서만 인간은 살 수 있다. 이렇게 '非자연적인' 문화는 일회적이고 그 자체로 '非자연적인', 즉 동물과 반대로 세계 안에 구축된 존재의 산물이다. 동물의 경우 '환경'이 서 있는 **바로 그 자리에** 인간의 경우 **문화 세계**가 자리한다. … 인간만이 지구 어디에서나 살아갈 수 있다."[41]

인간은 투명한 '유리 집' 안에서만 살 수 있다. 어디를 가든지, 보이지 않는 '유리 집'이 인간 주변을 둘러싸고 있다. '유리 집'이라는 '옷'을 입고 다니는 셈이다. 이 '옷'이 찢어지거나 '옷'을 벗으면 인간은 바로 위험에 노출된다. 이 옷을 걸치기만 하면 어디든지 갈 수 있다. '만능 옷'인 셈이다. 인간은 이 유리 집이라는 문화체계에 자발적으로 갇힘으로써 주변의 무수한 위험요소에도 불구하고 자기를 보존하며 자유롭게 살아갈 수 있다.[42] 지금 온 인류가 겪고 있는 팬데믹 현상은 이 '옷'에 커다란 구멍이 생긴 경우라 할 수 있다. 인류를 감싸 보호하던 '문화'라는 '유리 집'이 관리 소홀로 인하여 부분 파손되면서 치명적인 상처를 입고 있다. 백신이라는 새로운 문화를 개발하는 일은 다시 인간의 몫이 되었다. 효능 좋은 백신이 개발되면 인류는 다시 새로운 '유리 집'에 거주하게 될 것이다. 팬데믹으로 인한 지구적 위기상황은 X와 x의 존재를 입증할 수는 있지만, 위기 극복을 위한 처방전은 인간의 소관이 아닌가? '인간의 처방'도 결국은 'x를 가지고, x로써' 한다고 응대한다면, 이는 다시 사후 정당화의 논리에 빠지는 것이 아닌가?

---

41) Gehlen, 앞의 책, S. 38.(강조는 인용자)

42) 헤겔의 법철학에 따르면 인간은 체계(system) 안에서만 자유로울 수 있다. 체계는 일종의 '유리 집'이다.

5. '$\mathcal{X}$(또는 x&¬x)→$\mathcal{X}$'는 어떻게 가능한가?

'그'가 제시하는 $\mathcal{X}$( ), $\mathcal{X}$(x&¬x) 그리고 $\mathcal{X}$(~~x&¬x~~)에는 크게 보면 '$\mathcal{X}$→x'의 방향이 주도적이다. 이러한 사실을 앞에서는 인간의 척도에 비해 우주의 척도가 압도적으로 우월하다고 설명하였다. 그래서 그 반대 방향 즉 'x→$\mathcal{X}$'의 측면은 상대적으로 부각되지 않았다. 그런데 후자의 방향을 가늠하게 하는 서술내용을 '그'의 텍스트에서 발견할 수 있다. 달리 말하면 영원의 기억과 상상이 개체존재에 개입하는 양상과 더불어 그 반대의 경우를 예상하게 하는 대목을 만날 수 있다. 여기서 나는 인간이 우주의 영원의 설계도 또는 청사진을 변경할 수 있는 가능성을 '그'가 열어두고 있는 대목에 나는 주목한다.

"설계도는 영원의 메신저 미니멀리스트의 작품이다." 설계도는 결국 $\mathcal{X}$와 x의 작품이다. 그런데 '그'는 여기서 "설계도에 명시되어 있지 않은 모든 가능한 미래의 선택과 학습은 영원의 기억과 그로 말미암은 상상에 의해 열어가야 하는 부분이다"라고 덧붙인다.[43] 설계도의 미완성을 내비치는 이 대목은 $\mathcal{X}$( )의 시나리오의 수정 또는 변경 가능성을 시사한다. 여기서 '설계도에 명시되어 있지 않은 미래의 선택과 학습'은 '영원의 기억과 상상'을 통해 열어간다는 서술이 나에겐 모호하다. 더구나 (유전) 설계도가 미완성으로 "열려있는 것"이라고 하면서 동시에 "설계도를 가지고 모든 가능한 상상을 발휘해서 학습하여 선택"한다고 설명한다. 설계도의 수정 변경이 어떻게 가능한가, 하는 문제가 지금 관건이다. 개체생명은 "영원의 기억과 상상을 그가 타고난 개체성과 관점으로

43) 박동환, 『x의 존재론』, 214쪽.

특화해 가는 한 미니멀리스트"이다.[44] **'타고난 개체성과 관점'은 앞의 설계도와 어떻게 다른가?** 설계도는 개체생명이 "부딪치는 현실의 상황에 따라 이루어져야 하는 가능한 선택과 그로부터 다가오는 반응"[45]에 의해 변경될 수 있다. 결국 환경에 대한 개체생명의 선택적 적응이 자신의 설계도에 기록되지 않은 것을 기록하게 만드는 셈이다. 문제는 이러한 선택적 적응의 수단 또는 방편으로 '타고난 개체성과 관점'이 수반된다고 할 때 개체성과 관점이 설계도와 어떻게 다른지 알 수 없으며, 또한 선택적 적응의 대상이 '영원의 기억과 상상'이라는 서술 역시 나에겐 모호하고 신비롭다.

'그'는 말한다. "서로 다른 모양과 다른 관점으로 요약된 설계도를 가지고 일생을 실현해 가는 개체생명들은 각각 영원의 한 조각 분신이다." "그(아이)는 그가 가지고 나온 설계도에는 명시되어 있지 않은 무한한 상상 가운데서 유일한 선택을 하는 한 조각의 내비게이터이다. 그는 영원의 기억과 상상을 그가 타고난 개체성과 관점으로 특화해가는 한 미니멀리스트가 된다."[46] **영원의 한 '분신'으로서 x와 유전 설계도의 변경자로서 x는 어떻게 양립할 수 있나?** 이 물음은 '타자→인간'의 방향뿐만 아니라 '인간→타자'의 방향을 x의 존재론이 얼마나 진지하게 고려하고 있는지 하는 의문과 관련하여, x의 존재론에서 인간척도주의의 위상을 재고해야 할 빌미를 제공한다.

---

44) 이상, 같은 책, 204쪽.
45) 같은 책, 203-4쪽.
46) 같은 책, 204쪽.

6. 타자가 인간의 척도에 반응한다는 놀라운 사실

'그'는 원시 인류의 돌도끼나 근대과학의 추상적 개념 모두 인간이 타자를 자기화하기 위해 타자를 향해 던지는 '도구'라는 점에서 작동원리상 차이가 없다고 말한다. 이러한 '그'의 발상은 혁신적이며, 나 또한 동의한다. 원시 인류도 반복적인 경험을 바탕으로 "추상적인 개념 조작의 방법"[47]을 습득했을 것으로 추측할 수 있기 때문이다. '그'의 표현에 따라 1차적 타자인 자연과 2차적 타자인 타인을 자기의 목적에 맞게 굴복시키기 위해 수행하는 타자의 자기화(自己化) 작업이라는 점에서 돌도끼와 추상적 개념 사이에 원리의 차이를 둘 수 없기 때문이다.

여기서 '그'는 도구 또는 개념에는 "아직 나타나지 않은 대상이나 사태에도 그것을 겨냥한 도구에도 감각적 직접성이나 구체성은 없고, 이미 겪은 일회적 격투현장의 경험들을 지양시킨 추상적인 사태구성 또는 예상이 숨겨져 있다."고 서술한다.[48] 이 문장에 포함된 직접성, 구체성, 지양, 예상이라는 용어를 통해 '그'는 인간이 행하는 매개와 추상화 그리고 지양과 예상을 비판한다. 하지만 나는 묻는다. 인간이 직접성과 구체성에 휘둘리면 생존할 수 없기 때문에 불가피하게 지양하고 예상할 수밖에 없었다면 이러한 처사를 비난할 수 있을까? 더구나 이러한 '인간적' 생존전략이 '그'의 표현에 따라 X(　)의 영향권에서, 영원의 기억과 상상 범위 안에서 진행되는 일이라면, 나아가 인간도 하나의 개체존재로서 응당 자기에게 정해진 몫에 따라 자기만의 생존전략을 구사

---

47) 박동환, 『동양의 논리는 어디에 있는가』, 46쪽.
48) 같은 곳.

하는 길 외에 다른 길을 찾지 못하여 매개성과 추상성의 길을 걸어야만 했다면, 그 인간의 처사에 과연 누가 돌을 던질 수 있을까? 도구와 추상화가 인간을 삶의 길로 인도했으며, 인간이 그 반대의 길로 갔을 경우 살아남을 수 없었다면 인간에게 후자의 길을 권할 수 있을까?

'그'는 인간이 고안하여 사용하는 도구(척도)는 자의적이고 우연적이며 추상적이어서 존재 자체, 곧 타자의 실상에 위배되어 필연적으로 불일치할 운명에 처한다고 진단한다. "도구라는 것은 존재로부터 밀려오는 저항을 도구 사용자 자신이 지닌 목적에 적합하도록 유도하는 역할을 하는 것이다. 사실 지상의 다른 종류의 추종을 불허한 인류의 우월한 발전은 이러한 도구로 쓰이는 것들이 여러 단계의 혁명을 거치는 사이에 이루어진 것이다. … 도구는 존재가 제공하는 풍부한 감성적 다양성의 유혹을 거부하고 오직 그 자신에게 이미 주어진 목적수행을 고집하는 것이다. 말하자면 그것은 존재 자체가 지닌 무한성을 자신의 삶의 실현이라는 편협한 목적으로 단순화하고 추상화하는 것이다. 여기서 목적수행자로서의 도구는 그가 지닌 숙명적 추상성 또는 자의성을 망각하고 그 도구에 의해 매개된 세계를 존재로부터 다가오는 사태 자체와 동일시하는 경향을 낳는다."[49]

'그'는 존재의 저항에 맞서 '인간이 수단을 통해 자신의 목적에 적합하도록 유도한다'는 사실에서 인간의 능동적인 사고와 행위가 도구적 획일성을 지향함으로써 존재의 본래성과 다양성을 왜곡하거나 위배한다는 사실에 주목한다.[50] 하지만 여기서 나는 인간이 도구를 통해 '자신

49) 같은 책, 51-52쪽.
50) 이 사실은 호르크하이머와 아도르노가 『계몽의 변증법』에서 주체성과 합리성을 추

의 목적에 부합하도록 유도한다' 또는 '존재가 인간의 의도와 목적에 따라 유도된다'는 사실에 주목한다. 인간은 존재/자연이 허락하지 않은 것을 수행할 수 없다.[51] 대체 인간이 어떤 도구를 사용했기에 존재가—그것이 비록 존재의 일부에 지나지 않더라도—유도될 수 있었을까? '그'의 말대로 인간은 어떻게 "자연으로부터의 동의(확인)"[52]를 얻어낼 수 있었을까? 인간이 자기보존을 위해 존재가 응답하고 반향을 일으킬 수 있는 길을 찾았다는 사실은 얼마나 놀라운 사건인가?[53] 이러한 사건을 일으킨 인간의 목적을 '그'의 표현대로 '삶의 실현이라는 편협한 목적'이라고 폄하할 수 있을까? 물론 *X*와 *x*의 시각에서는 '편협'하겠지만 '척도'가 '인간적'이라는 한계를 지님에도 타자가 반응할 수 있는, 그것도 타자와 개별적이 아니라 타자에 반복적으로—비록 잠정적이라 해도—적용이 가능한 유효성을 띤다는 사실은, '인간 척도'가 존재계에는 혼란의 주범일지라도 적어도 인간 자신에게는 생존과 질서 유지를 위한 최선의 방책이라는 의미 아닌가? 인간의 질서가 타자의 질서를 파괴한다

구하는 근대의 계몽주의를 오디세우스의 일화에 빗대어 설명한 것과도 통한다. 즉 호메로스의 『오디세이아』에서 오디세우스는 사이렌의 유혹적인 노래에 홀리지 않기 위해 뱃사공들에게 자기를 기둥에 묶도록 하는데, 이러한 행위가 바로 '도구적 이성'에 따른 책략이라는 것이다.

51) 플레스너(H. Plessner)는 이를 '자연적 인위성'(die natürliche Künstlichkeit)이라 칭한다. 인간이 인위적으로 제작한 것의 재료와 원리는 자연에서 온다. 그에 따르면 결핍의 존재인 인간은 태어날 때부터 脫중심성(Exzentrizität)을 띠고 있어서 중심(균형)을 잡기 위해 불가피하게 자연적인 것을 인위적으로 전환시켜야 한다는 것이다.(Plessner, *Die Stufen des Organischen und der Mensch*, S. 309f. 참조)

52) 박동환, 『동양의 논리는 어디에 있는가』, 47쪽.

53) (기술적) 도구가 객관성을 띠어 객관세계에 맞는 양상을 플레스너는 '매개하는 직접성'(die vermittelnde Unmittelbarkeit)이라 칭하는데, 그런 의미에서 그에게 도구의 객관성은 '발명되는 것'이 아니라 '발견되는 것'이다.(Plessner, S. 321 참조)

해도 그 질서만이 인간의 자기보존을 보장할 경우 인간에게 그 질서를 포기하라고 요구할 권리를 누가 가지고 있는가? 자기보존을 위한 질서 찾기의 지적인 여정은 '침묵으로 일관하고 있는 존재 *X*와 *x*'의 입을 조금이나마 열게 하는 인간의 노고가 아닌가? 결국 '그'는 타자가 반응/응답할 수 있는 접점을 찾기 위해 인간이 기울이는 노고를 너무 가볍게 여기고 있지 않은가? 그 접점을 최소화하여 인간이 타자에의 접근에 따른 위험을 점차 최소화하면서도 타자가 효율적으로 응답하도록 하는 데 인간이 기울인 엄청난 노고를 '그'는 과소평가하고 있지 않은가?

'인간과 타자의 접점 찾기'를 자기 철학의 중심 과제로 삼은 인물은 칸트이다. 그가 『순수이성비판』(이후 『비판』으로 약칭)에서 제기한 '선험적 종합판단은 어떻게 가능한가?'라는 인식론적 물음에는 근본적으로 '인간이 생각하는 것이 존재하는 것과 어떻게 일치할 수 있는가?'라는 존재론적 물음이 바탕에 깔려있다. 칸트는 수학의 공리와 자연과학의 법칙이 실제에 적용되어 활용되는 것을 보고는, 이런 일이 어떻게 가능한가를 해명하기 위해 『비판』 전반부를 할애한다. 인간이 생각하는 것은 주관적인 사태이어서 사유 바깥에 존재하는 사물들의 세계와 아무런 관계가 없을 수 있는데, 어떻게 양자가 조우하여 법칙이나 공리가 현실적으로 기능할 수 있는가 하는 문제의식이다. 사유하는 주관은 물질적인 객관과 질적으로 달라 주관과 객관은 각자 독자적인 영역을 확보한다는 데카르트의 주장에 칸트는 동의할 수 없었다. 질적으로 다른 것처럼 보이는 두 세계의 만남에서 유클리드의 기하학 공리와 뉴턴의 역학 법칙이 탄생하는 지점에 칸트는 확대경을 들이댄다. 그가 규명하고자 했던 '선험적 종합판단'에는 순수 수학과 순수 자연과학이 포함되는데, 이들이 모두 '종합적' 성격을 띤다는 사실을 입증하는 일은 곧 수학과 자연과학이 선험적으로 정립되면서 동시에 '존재 발견적'이라는 사실을 입증하는 작업이다.

이 사항과 관련하여 칸트는 『비판』의 '순수 오성의 종합적 원칙들의 체계적인 표상'이라는 소주제 아래 선험적 종합판단을 포함한 '모든 종합판단들의 최상의 원칙들에 대하여' 다음과 같이 서술한다. "대체 어딘가에 원칙들이라는 게 있다면 그것은 오직 순수 오성의 탓으로 돌려야 할 것이다. 오성은 규칙을 만드는 역량을 지닐 뿐만 아니라 그 자체가 원칙들의 원천이어서, 이 원칙들에 따라 모든 것(우리에게 단지 대상으로 나타날 수 있는 것)은 반드시 규칙 아래 놓여야 하는데, 그 이유는 이 **원칙들이 없으면 현상들은 결코 그에 상응하는 대상의 인식이 될 수 없을 것**이기 때문이다. 자연법칙조차도 경험적 오성사용의 원칙들로 간주될 때 비로소 필연성이라고 표현하는 일, 따라서 적어도 선험적으로 모든 경험에 앞서 타당한 근거들에서 규정한 것으로 추측하는 일이 가능하다."[54] 이렇듯 칸트의 '원칙들'은 자연에서 법칙이 가능할 수 있는 근거를 제공한다.

여기서 X와 x의 접점과 관련하여 칸트의 선험적 종합판단이 사유규정이면서 동시에 존재규정이라는 사실을 정통 독일관념론 연구자 크로너(R. Kroner)는 『비판』의 '원칙론'에 준거하여 다음과 같이 분명하게 설명한다. 오성의 원칙들은 경험과학의 조건들을 인식의 법칙이 아니라 자연의 법칙으로 진술한다. 그럼으로써 순수한 오성개념들과 도식들이 경험과학에서 사용될 수 있도록 만든다. 원칙들은 오성의 순수 형식적인 결합방식들을 판단들, 즉 경험을 통해 획득되지는 않았지만 경험 가능한 것(자연)을 대상으로 삼는 판단들로 표현한다. 칸트의 선험논리는

54) Kant, *Kritik der reinen Vernunft*, B198.(강조는 인용자)

결국 '존재자'의 선험적 논리성을 입증한다. 범주는 존재적인 것이 아니지만, 존재적인 것은 범주에 종속된다. 선험적으로 논리적인 결합은 곧 경험적으로 논리적인 결합의 토대이기 때문에 선험-논리적인 것을 통해서만 존재적인 것은 정당화될 수 있다. 따라서 선험적 판단들에서 범주는 존재적이다. 다시 말해 이 판단들은 범주들을 매개로 하여 존재자에 대해 판단한다. 결국 『비판』은 원칙들의 구성으로 넘어가면서 오성과 그의 대상들과의 관계를 반성하는 데 그치지 않고, 자연의 선험적인 인식 곧 '순수 자연과학'을 산출한다. 그럼으로써 『비판』은 경험적인 자연과학 곧 존재인식이 된다.[55)]

자연과학의 법칙들은 비록 오성의 원칙들을 토대로 성립하지만 현상들 곧 존재적인 것에 적용된다. 자연과학의 법칙들은 사유에서 비롯하면서도 '현실'에서 통용된다. 선험-논리적인 것은 주관적인 허구나 가상이 아니다. 그 법칙들이 통용되는 현실을 우리가 목격하고 있기 때문이다. 칸트의 '인간'은 선험적 통각의 주관 아래 직관의 형식, 구상력의 도식, 오성의 범주, 오성의 원칙들이 상호교섭하여 지식을 창출하는 현장인데, 이때 직관과 구상력의 활동은 대상과 관계하여 오성적 판단의 결과가 '종합적', 즉 '새로운 사실의 발견'이 되도록 유도함으로써 범주와 원칙들이 주관성에서 벗어나 객관성을 띠도록 견인한다. 비록 현상계에 국한되긴 하지만, 전적으로 이질적으로 보이는 주관적 사유규정이 객관적 존재규정으로 이어진다는 사실을 칸트의 『비판』은 입증하고자 한다. 광활 무궁한 우주의 한 구석에서 인간이라는 어떤 x가 펼쳐 보이는 주관과 객관의 동일성 지평은 기적에 가까운 사건이 아닌가?

---

55) Kroner, *Von Kant bis Hegel* I, S. 69f. 참조.

이러한 사실조차도 x의 존재론의 시각에서 X의 영원의 기억의 작용이나 소산으로 간주한다면 이건 사후 정당화 논리의 월권이 아닐까? 인간이 오성의 원칙들을 구성하여 이를 토대로 자연법칙을 정립하지 않으면 안 되었을 우주적 필연성이 전제되어 있다고 설명한다면, 이는 사실 인간의 지적 역량에 대해 아무것도 밝히지 않는 것이나 다름이 없다. 설사 x가 $X(\ )$에 종속되어 있고, x 자체도 무한한 변이 가능한 개연적 존재라 해도, 아니 바로 그렇기 때문에 이 개체 x가 행하는 법칙정립 행위, 즉 x가 사유를 매개로 존재를 술어화하여 실제로 존재에 변화와 운동을 야기하는 역량을 지닌다는 사실은 얼마나 불가사의한 일인가? 인간척도주의가 인간을 기준으로 사태를 파악하는 태도라고 할 때, 인간의 척도가 단지 사태를 왜곡하거나 가상을 창출하는 것이 아니라 사태(존재)를 실질적으로 움직이는 주체라고 한다면, 인간척도주의의 허약성을 비판만 할 일이 아니라 그 위대성도 칭송해야 마땅하지 않은가? 절대타자는 결코 인간의 척도에 잡힐 수 없다는 부정의식에 머물기보다는, 비록 인간의 척도로 타자를 파악하는 데 한계가 있더라도 그 한계 안에서 행하는 인간의 지적 행위를 인정함으로써 우주에서 인간이 차지하는 특수한 위치를 인정하는 방향으로 나아가야 하지 않을까? 타자 존재가 비록 인간에 의해 지적으로 고갈되지(erschöpft) 않는다 해도 극히 일부나마 인간의 지력(知力)에 의해 그 작동원리가 노출된다는 사실은 얼마나 엄청난 우주적 사건인가? 현재까지 밝혀진 바에 따르면 우주 안에서 인간만이 사유에 근거한 개념을 통해 자기와 타자를 객관적으로 파악하여 자기의 미래를 예측하여 준비한다고 할 때, 이러한 인간의 지적 역량을 과대평가해서도 안 되겠지만 과소평가해서도 곤란하지 않겠는가?

'그'는 "자연과 사람이라는 '영원에 말미암은 실재'를 우연한 문화의 시공간 틀에 묶인 범주들과 추론체계 곧 인간 본위의 척도를 가지고 이해하고 통제하려는 생각"[56]이라고 거부한다. 그런데 이러한 서술에는 인간이 '자신도 모르게' 또는 '우연히'—그러니까 인간이 달리할 수 있는데도—자연과 사람에게 인간적인 척도를 들이댐으로써 결과적으로 폭력을 행사한 것 같은 뉘앙스가 풍긴다. 하지만 인간의 관점에서뿐만 아니라 *X*의 관점에서 범주(개념)와 추론체계는 '우연적'일 수 없으며, 오히려 필연적이고 필수적이었다. 왜냐하면 인간의 주관에 입각한 타자(대상) 파악의 시도가 적어도 현상계에서는 성공했기 때문이다. 그렇지 않았던들 타자는 반응하지 않았을 것이다. 타자가 인간의 물음에 반응을 하는 한에서 타자의 입장에서도 인간의 지적 성과를 '우연적'이라고 단정할 근거는 없지 않은가?

7. 인간의 척도는 어디에서 출현했나?

인간의 주관적인 척도가 객관적일 수 있다는 사실을 칸트의 선험철학은 보여주었다. 그런데 이 척도는 어디에서 비롯한 것일까? 그 출처를 따지는 일은 인간의 척도가 인간에게 유리하게 사용되어 존재계의 질서를 어지럽히는 상황까지 초래한다는 점을 고려하면 중요한 과제가 아닐 수 없다. "호모 사피엔스는 그 자신이 의존해 살고 있는 자연에 대해서는 재앙이며 동시에 그 자신도 함께 재앙을 맞을 수밖에 없다."[57]

---

56) 박동환, 『*x*의 존재론』, 435쪽.
57) 같은 책, 215쪽.

'그'의 논리대로라면 인간의 직립과 더불어 자연은 혼란에 빠지게 되었다. 인간이 출현하기 이전에 존재하던 자연의 질서는 인간이 자의적인 척도로 자연을 인간 중심으로 정리하고 체계화하기 시작하면서 깨지게 되었다.[58)]

그런데 여기서 의문이 생긴다. 자연에 재앙을 야기하는 '인간의 출현'은 X( )의 시나리오에 없었던 것일까? '그'의 논리에 따르면, '인간'도 미지의 변수 x에 지배받을 경우 '인간의 출현'도 X( )의 시나리오 안에 포함되어 있어야 한다. 그렇지 않을 경우 X( ) 밖에서 활동하는 개체존재를 인정할 수밖에 없게 되고, 그럴 경우 절대 결정권자 X의 절대성이 의심받게 된다. 그런데 만일 '인간의 출현'도 X( )의 시나리오 안에 포함되어 있다면, 달리 말해 우주의 질서를 혼란시키는 인간의 의식과 질서도 X의 영원의 기억과 상상 그리고 그의 대리자인 x의 작용에서 비롯한다면, 자연지배와 혼란의 책임을 '인간'에게 물을 수 있는가? 인간은 출현하지 말았어야 할 귀태(鬼胎)인가? 인간은 자연을 인간의 언어로 이해하고 지배하도록 결정권자 X와 개체존재의 변수 x에 의해 지정되었다면 인간에게 그 책임을 물을 수 없지 않은가? **인간에게 도구를 준 자와 빼앗으려는 자는 동일한 주체가 아닌가?** 이 아포리아에서 어떻게 벗어날 것인가?

인간이 자기보존을 위해 인간의 척도로 인간을 위한 질서를 만듦으로써 우주의 질서를 무너뜨린다면, 그 인간 질서의 출처는 현재적으로

---

58) 이러한 설명은 장자의 『장자』「응제왕」 편에 소개된 혼돈 우화를 연상시킨다. 몸에 구멍이 한 개도 없는 혼돈에게 7개의 구멍을 내주어 그를 도우려 한 처사가 오히려 그를 죽음으로 몰고 갔으니 말이다.

는 x, 근원적으로는 X라고 할 수 있는가? 만일 그렇다면, 인간에게 우주 질서 파괴의 책임을 물을 수 있는가? 우주 질서 파괴의 책임은 궁극적으로 X에게 돌려야 하지 않는가? 그리고 만일 인간의 질서가 x나 X의 작용과 독립하여 인간에게 고유하게 주어진 개체적 특성에서 비롯한 것이라면, 이 특성은 대체 어디에서 출현한 것일까? X와 x의 권역을 벗어나는 개체존재가 있을 수 있는가? X( )에 의해 파국을 면치 못하는 x의 분신으로서의 개체존재 '인간'의 출현이 X의 청사진 안에 포함되어야 한다면, X는 x를 '자기의 부정태'로서 잉태(정립)해야 하며, 출생한 x를 다시 부정하여 자기 안으로 거두어들이는 전략을 구사해야 하지 않을까? 자기의 뜻에 거역하는 자를 스스로 낳고 이를 처단하여 다시 자기 품으로 들이는 행위야말로 절대권자에 걸맞은 온당한 처사가 아닌가? 헤겔이 그렇게 했듯이!

8. 인간척도주의에서 벗어나는 길이 가능한가?

철학자는 플라톤의 '동굴'에서 벗어나려는 자들이다. 그런데 동굴을 벗어날 수 있는 길이 있는가? 벗어나는 방식이 '인간적'이라면, 벗어난 결과는 다시 '동굴'이 아닌가? 이 뫼비우스적인 악순환의 고리를 끊을 수 있는 길이 있는가? x의 존재론은 이 고리를 끊으려는 시도이다. 인간의 척도가 만든 '가짜 타자'에서 벗어나 '진짜 타자'로서 우주의 척도를 제시함으로써 '인간→타자'가 아니라 '타자→인간'으로 관점을 전환시키기 때문이다. '그'는 칸트의 '코페르니쿠스적 전회'를 되돌려놓음으로써 주관적 관념론에 대하여 객관적 실재론의 입장을 취한다.

'타자→인간'의 양상을 '그'는 비교적 최근의 글 「진리의 패권이란?」

에서 "존재론적 위계질서"로 표현하면서 기존의 전통적인 진리체계를 비판한다. "문명권에 등장한 거의 모든 전통의 철학자들은 그들의 진리 탐구의 역량을 'Xx'로 대표할 만한 행위의 질서 또는 진리의 체계를 구축하는 데 투입해 왔다. 따라서 역대의 철학자들 또는 통치자들은 끊임없이 그러나 어느 것도 일시적인 Xx로서 대표하는 대안의 진리 체계 또는 대안의 행위 질서를 제안한다. 또 하나의 다른 방면에서 다가오는 도전과 투쟁의 과제는 x와 $\neg x$와 Xx로 대표하는 인간의 모든 가능한 존재와 행위 역량의 한계 밖으로부터 부가되는 절대 위계의 결정권자 X 또는 $X(\ )$이다. 이 절대 결정권의 행사자 X 또는 $X(\ )$는 인간 철학자들과 통치자들의 어떤 대안의 체제 또는 체제 Xx 그리고 그 밖의 어떤 집합적 역량 '$x\&\neg x$'에 의해서도 '완전하게 또는 영원히는' 방어할 수 없는 상위의 결정권자이다."[59]

여기에서 나는 '그'가 인간의 진리 탐구 역량으로 표시한 'Xx'의 의미와 역할에 대해 재고할 필요가 있지 않은가, 하는 의구심에서 Xx를 Xx와 Xx'로 구분할 것을 앞에서 제안하였다. 철학적 인간학의 시각에서 볼 때, 개체존재 인간은 다른 개체존재와 달리 '그'가 말하는 **¬x를 철저하게 자기 내적으로 산출한다**고 보기 때문이다. 자기 부정성의 내재적 산출의 근거는 태어날 때부터 결핍을 지닌 인간이 환경에 맞서는 데서, 곧 저항하는 데에서 불가피하게 요구되고 형성된 인간 고유의 의식과 정신이다. '그'의 설명대로 인간의 의식과 정신이 비록 '인간'에게 갇힌, '인간의 척도'로 세계를 재는 한계를 지닌 일시적이고 잠정적인 것이라 해도, 인간과 관련하여 출현한 Xx'가 인간에게는 자기보존을 위한 최상

59) 박동환, 「진리의 패권이란?」, 2쪽.

의 방책이었고, 거기에서 고안된 '문화'라는 '유리 집'이 지금까지 인류의 존속을 가능하게 했다면—그렇지 않았으면 인류는 이미 오래 전에 사라졌을 것이다—, 그리고 이러한 자기보존 전략이 인간에게는 다른 존재와 질적으로 구별되는 특징을 지닌다면, 이러한 인간의 노고 배후에서 작동하고 있는 최상위 결정권자 *X* 또는 *X*( )의 개입이 무슨 대수이겠는가? 인간은 인간의 일을 할 뿐이고, *X*는 *X*의 일을 할 뿐이다. 인간이 어찌할 수 없는 *X*의 개입이 현실을 배후에서 조종하는 **작동 원리**일 수는 있겠지만, 인간이 현실에서 실질적으로 필요한 **요청 원리**일 수는 없지 않은가?

하지만 문제는 여기서 그치지 않는다. *x*가 ¬*x*를 내적으로 산출한다는 사실은 오늘날 초미의 관심사로 등장한 인공지능의 출현과 관련하여 주목할 만한 시사점을 던진다. 최근 인공지능의 연구 동향은 '강한 인간척도주의'(strong homomensuraism)에서 '약한 인간척도주의'(weak homomensuraism)로 전환하고 있다.[60] 대표적으로 보스트롬의 '超지능'(superintelligence)과 커즈와일의 '특이점'(singularity)은 '생각하는 기계'로서의 인공지능이 더 이상 '유기체적인 인간'을 모델로 삼지 않는 데서 출현한다. 이제 '아날로그식의 생물적인 것'이 '디지털식의 비생물적인 것'으로 환원되면서 인류가 예측 불가능한 새로운 존재 즉 '포스트휴먼'

60) '강한 인간척도주의'와 '약한 인간척도주의'라는 용어는 지능적인 인공물로서의 '생각하는 기계'가 인간적 특성에 의존하는 정도에 따라 내가 고안한 용어이다. 생각하는 기계를 제작하는 데에서 '강한 인간척도주의'는 인간의 사고와 형태를 지향하여 모방하는 정도가 강한 경향성을 뜻하는 반면, '약한 인간척도주의'는 생각하는 기계의 기능을 얼마나 효율적으로 극대화시킬 것인가에만 관심을 기울여 여기에 필요한 인간의 논리적이고 수학적인 사고, 즉 지능에 의존할 뿐 인간의 의식 일반을 모방하려 하지 않을뿐더러 형태상으로도 인간을 지향하지 않는 경향성을 뜻한다.

이 등장이 점쳐지고 있다. '인간'은 더 이상 미래 문명 창출의 척도가 아니다. 유기체로서의 인간을 모델로 삼지 않음으로써 오히려 인간을 능가하는 존재의 출현이 가능해진 것이다.

커즈와일에 따르면 인간과 기계는 똑같이 '패턴'과 '개념'을 통해 대상을 인식하는데 이러한 인식작용은 기본적으로 '계층'에 기반을 두고 있다.[61] 패턴, 개념 그리고 계층은 모두 주어진 사태의 디지털화 가능성을 함축한다. 그에 의하면 인간의 뇌는 연산을 신경전달물질을 통해 아날로그 식으로, 그러니까 연속적으로 처리하지만, 뇌 전체는 병렬 처리 구조로 되어 있어서 연산과정을 디지털식으로 처리할 수 있다. "병렬 처리 구조는 패턴 인식 능력의 핵심이고, 패턴 인식 능력은 인간사고 능력의 중심이다." 그래서 뇌가 아날로그와 디지털 기법을 한데 쓰기는 하지만, "디지털 컴퓨터로도 디지털-아날로그 혼합망의 기능을 다 해낼 수 있다."[62] 기능만 같으면 그 기능을 수행하는 기계의 방식은 인간의 방식을 따를 필요가 없다. 컴퓨터는 생물학적 신경망을 그 구조(형태)가 아니라 그 기능의 측면에서 모방한다고 할 때, '기능적으로' 디지털 연산은 아날로그 연상과 같을 수 있어서 '기능'에 해당하는 '패턴'과 '개념'은 디지털로 전환할 수 있다. 더구나 뇌의 패턴 인식과 개념 인식이 계층구조를 이루기 때문에 연속성을 띤 아날로그의 영역도 불연속적인(미분적인) 디지털의 세계로 바꿀 수 있다.

이렇게 지능이 디지털 컴퓨터 안에 패턴과 개념으로 프로그래밍되는 순간 그때부터는 뉴런의 활동에 대한 수학적 모델링과 컴퓨터의 계

61) 커즈와일, 『마음의 탄생』, 206쪽 이하 참조.

62) 이상, 커즈와일, 『특이점이 온다』, 203쪽.

산 능력만이 문제가 될 따름이다. 생물적인 것의 활동이 비생물적인 실체(기계)의 연산으로 환원되고 나면 이제 문제의 해결은 인간이 아니라 기계 자신의 소관이 된다. 현재 뇌의 신경망에서 진행되는 뉴런의 운동 양상을 수학적 공식으로 설명하여 모델을 만드는 일은 상당한 성공을 보이고 있다.[63] 또한 뇌와 동일한 기능을 수행하는 데에서 '생각하는 기계'는 인간의 뇌보다 현저하게 정확하고 빠를 뿐만 아니라, 이제는 기계 자신이 심화된 자기학습을 통하여 스스로를 개선하여 제작자 자신도 그 결과와 역량을 예측할 수 없을 정도로 발전하고 있다. 하라리가 "지능에서 의식이 분리되고", "비의식적인 알고리즘이 인간의 의식보다 패턴 인식을 더 잘하게 될 것"으로 예측하면서 '신이 된 인간'(Homo Deus)을 말하는 것도 같은 맥락이다.[64]

보스트롬에 따르면, 인공지능은 인간 지능의 발생론적인 전 과정을 생물학적으로 모두 시뮬레이션할 필요는 없다. 왜냐하면 인간 지능의 "탐색과정에서 자연선택이 아니라 그보다 더 효과적인 선택방법으로 대체해서 오로지 지능의 발달만 탐색하기 위한 적절한 방법을 사용한다면, 자연적 진화과정을 무작정 억지로 복제하는 것보다 상당한 정도의 효율성을 확보할 수 있을 것"으로 보이기 때문이다. 그는 이 가능성을 디지털 지능체, 혹은 디지털 초지능적 에이전트(digital superintelligent

---

63) 커즈와일에 따르면 "피터 다얀과 래리 애보트는 수천 가지 실험에서 도출된 폭넓은 지식을 묘사할 수 있는 비선형 미분 방정식들을 한 가지에 모아 정리해 보였다. 뉴런 세포체와 시냅스의 생물리학, 망막과 시신경 등에서 발견되는 뉴런들의 앞먹임 망, 기타 가양한 종류의 뉴런들에 대한 탄탄한 모델이 이미 존재한다."(커즈와일, 같은 책, 231쪽)

64) 하라리, 『호모 데우스』, 425쪽.

agent)에서 찾는다. 그 이유를 그는 "기계 기반 잠재력이 생물체 기반 잠재력에 비해서 훨씬 더 크다"는 데에서 찾는다.[65] 뇌-컴퓨터 인터페이스 방식에 토대를 둔 지능은 하드웨어의 수행능력에서 디지털 지능에 비해 뒤떨어지며 또한 뇌-컴퓨터 시스템은 궁극적으로 컴퓨터에 의존하게 될 것이다. 나아가 기계(컴퓨터)에 기반을 둔 디지털 지능은 네트워크와 조직을 통해 집단적인 지능을 구축함으로써 개별적인 인공지능의 한계를 넘어서는 집단적인 초지능이 출현할 것이다. 여기서 인공지능은 소프트웨어와 하드웨어의 개선에 의해 현저히 향상될 수 있다.

나는 여기서 커즈와일의 주장 곧 생각하는 기계는 '인간 뇌의 생물학적 신경망을 그 구조(형태)가 아니라 그 기능의 측면에서 모방한다'는 점, 그리고 보스트롬의 주장 곧 '디지털 초지능적 에이전트를 통하여 자연적 진화과정의 복제에 따른 자연선택이 아니라 오직 지능의 발달만을 탐색할 수 있다'는 점에 주목한다. 이 사실은 '생각하는 기계'인 인공지능이 인류세(Anthropocene)를 대체하여 포스트휴먼(post-human)의 자리를 차지하게 된다고 할 때, 이 이행이 철저하게 인간 내적으로 진행된다는 사실을 시사하기 때문이다. 달리 말하면, 이 '이행'에 '그'가 말하는 '영원의 기억과 상상'이 인간의 외부에서 어떻게 끼어들 수 있는지 의문이기 때문이다. 포스트휴먼은 인간의 자식이다. 커즈와일이 예견하는 '특이점'에 이르면 인간 스스로 창출한 '생각하는 기계'는 진화의 역사에서 '인간'의 다음 단계, 즉 포스트휴먼을 이끌 것이다. 포스트휴먼은 인간의 유기체적 특성이 아니라 비유기체적 특성을 기술적 또는 기계적

---

65) 보스트롬, 『슈퍼인텔리전스』, 103쪽.

으로 파악한 결과이다.[66] 특히 (인간이 개발한) 나노기술은 포스트휴먼의 출현을 가속화하고 있는데, 나노 기계는 '보편적인 어셈블러'로서 '유기적인 것'과 '기계적인 것'의 구분을 흐리게 한다. '인간'을 대체하여 인간을 이어갈 포스트휴먼을 인간 스스로 창출하기 위해 지금 애쓰고 있는 것이다.

그렇다면 앞으로 출현할 포스트휴먼은 인간척도주의에 입각한 것인가, 아니면 척도로서의 인간을 벗어나는 것인가? 이 물음은 '인간의 척도'를 어떻게 이해하느냐에 따라 달라진다. 포스트휴먼의 '출처'에 근거한다면 인간척도주의에 해당하지만, 포스트휴먼의 '제작방식'에 근거하면 인간척도주의에 해당하지 않는다고 말할 수 있다. 인간에게서 출현하지만 인간을 모방하지 않은 새로운 존재에 대해 x의 존재론은 어떤 설명을 내놓을까?

---

66) "특이점은 물질세계에서 벌어질 현상이다. 우리로서는 피할 수 없는 진화의 단계로서, 생물학적 진화 및 인간이 이끌었던 기술 진화가 뒤를 이을 것이다."(커즈와일, 『특이점이 온다』, 539쪽)

참고문헌

박동환(1979), 「논리·역사방법 논고」, 『현상과 인식』, 1979년 봄호.

______(1987), 『서양의 논리, 동양의 마음』, 서울: 까치.

______(1993), 『동양의 논리는 어디에 있는가』, 서울: 고려원.

______(2001), 『안티호모에렉투스』, 강릉: 도서출판 길.

______(2007), 「Χx에 대하여―'Χ-ography'의 재현 탐구」(미발표 글)

______(2017), 『x의 존재론』, 고양: 사월의책.

______(2020), 「진리의 패권이란?」(미발표 글)

유헌식(2019), 「미디어로서의 '생각하는 기계'와 인간척도주의」, 철학연구 124집.

보스트롬, 닉(2017), 『슈퍼인텔리전스』, 조성진 옮김, 서울: 까치.

브록만, 존(2007), 『위험한 생각들』, 이영기 옮김, 서울: 갤리온.

커즈와일, 레이(2017a), 『특이점이 온다』, 김명남(외) 옮김, 서울: 김영사.

__________(2017b), 『마음의 탄생』, 윤영삼 옮김, 서울: 크레센도.

하라리, 유발(2017), 『호모 데우스』, 김명주 옮김, 서울: 김영사.

Aristotle(2001), "Metaphysics", in: *The Basic Works of Aristotle*, ed. by R. McKeon, N.Y.: The Modern Library.

Cassirer, E.(1947), *An Essey on Man - An introduction to Philosophy of Human Culture*, New Haven: Yale University Press.

________(1973), *Philosophie der symbolischen Formen* I, Darmstadt: Wissenschftliche Buchgesellschaft.

Gehlen, A.(1986), *Der Mensch, seine Natur und seine Stellung in der Welt*, Wiesbaden: Aula Verlag.

Hegel, G. W.(1986), *Phänomenologie des Geistes*, Frankfurt/M.: Suhrkamp Verlag.

Horkheimer, M. & Adorno, Th.(1978), *Dialektik der Aufklärung*, Frankfurt/M.: Fischer Verlag.

Kant, I.(1956), *Kritik der reinen Vernunft*, Hamburg: Felix Meiner Verlag.
Krois, J. M.(1988), "Problematik, Eigenart und Aktualität der Cassirerschen Philosophie der symbolischen Formen", in: *Über Ernst Cassirers Philosophie der symbolischen Formen*, hg. v. H.-J. Braun, H. Holzhey u. E. W. Orth, Frankfurt/M.: Suhrkamp Verlag.
Kroner, R.(1977), *Von Kant bis Hegel* I, Tübingen: J.C.B. Mohr.
Plessner, H.(1975), *Die Stufen des Organischen und der Mensch*, Berlin: Walter de Gruyter.
Scheler, M.(1988), *Die Stellung des Menschen im Kosmos,* Bonn: Bouvier.

Google 검색, 키워드 'Protagoras fragments'.

한국철학과 ㅂㄷ철학

박소정*

1. 인연

1987년 가을인 것으로 기억한다. 연세대 백양로를 올라가는데 나이 지긋한 선배가 상기된 얼굴로 "박동환 교수 책이 나왔어!"라며 하얀 바탕에 아래 위 노란색 테를 두른 그리 두껍지 않은 책 한 권을 눈앞에서 흔들어댔다. 까치에서 나온『서양의 논리 동양의 마음』(이하『서양』)이었다. 그 길로 구내서점에서 책을 사가지고 올라와 읽기 시작했는데, 한 달음에 읽을 수가 없었고 보다가는 덮고 다시 꺼내 보고 생각하다가 덮곤 했다. 철학책이라기보다 시집처럼 느껴졌다. 그해 갓 입학한 풋내기로서는 천여 개의 수수께끼 같은 질문으로 이루어진 단편들에 숨어있

* 성균관대학교 한국철학과 교수. 연세대학교 철학과에서 박사학위를 받았다. 저서로는『流动的音乐思维—先秦诸子音乐论新探』과『东南亚与东北亚儒学的建构与实践』(공저), 옮긴 책으로는『한국인의 영성』(돈 베이커)이 있다.

는 사유의 맥락을 남김없이 읽어내기에 역부족이었다. 아마 뜨겁고 혼란하던 시기여서였을까? 어쩐지 한가롭게 느껴졌던 것도 같다. 책을 읽고 나서 그저 한마디 깊이 새겨진 것이 있다면 '우리말'이었다.

박동환 선생님(이하 ㅂㄷ로 약칭, 존칭 생략)의 논리학 수업을 들은 것은 그해 1학기였지만, ㅂㄷ철학을 생각하면 가장 먼저 떠오르는 것은 그 장면이다. 그 이듬해 방법논리학 수업까지 배움의 기회가 더러 있었으나 수업시간에는 정작 배운 내용보다 "동양에 논리가 있느냐"는 독백 같은 질문에 당장 답할 길은 없고 마음속에 반발만 무럭무럭 자라났던 기억이 더 선명하다. 그러다 1993년 여름에 나온 『동양의 논리는 어디에 있는가』(고려원, 이하 『동양』)를 읽고 나서야 무심한 것으로 여겼던 질문 뒤에 얼마나 치열한 고민과 끈질긴 사색이 있었는지 알게 되었다. 그리고 그 고민은 우리의 사유 방식을 이해하기 위해서는 자꾸만 앞을 가로막는 중국철학을 먼저 해결해야겠다고 결심한 나의 고민이기도 했다. 이듬해 석사논문의 심사를 맡아주셨는데 첫 질문이 "장자의 자유가 공자가 칠십 세에 도달한 종심소욕불유구(從心所慾不踰矩)와 어떻게 달라요?"였다. 도달하는 데까지 거쳐 간 길은 다르나 경지는 다르지 않다고 생각한다고 대답했던 것 같다.

1995년에 박사 과정에 들어가서는 한동안 정식으로 청강 등록을 해서 제법 진지하게 수업을 들었다. '비교철학사', '중국고대철학발상론'과 같은 제목의 수업이었는데 수강생보다 청강생이 많았던 듯하다. 수업시간만이 아니라 앞뒤로 늘 삼삼오오 모여서 열띤 토론이 이루어졌고, 마음이 맞는 사람들끼리 소모임을 만들어 이런저런 책들을 읽기도 했다. 청강생으로서 귀동냥만 하던 어느 날 "청강생도 기말 페이퍼를 내야 해요." 부드럽지만 거역할 수 없는 한 마디에 그만 속이 얹히고 말았다. ㅂ

ㄷ를 가까이에서 만나본 사람이라면 싱긋 웃으며 반짝이는 눈빛을 기억할 것이다. 그리고 천진하게 반짝이는 그 웃음 뒤에 숨어 있는 집요함을 알 것이다. 그 학기는 속절없이 지나갔는데, 이후로는 따로 마주칠 때마다 예의 그 싱글거리는 웃음과 함께 "나한테 빚이 있어요."라는 말을 들어야 했다. 오래 묵은 체증에 손을 따는 심정으로 "장자의 언어관—말 아닌 말하기"라는 글을 기말보고서로 냈다. 학계에서 통용되는 방식과는 전혀 다른 글이었기에 될 대로 되라는 마음이었다. 마침 방학이 되어 슬슬 피해 다니다 인문관의 어느 모퉁이에서 딱 마주쳤는데, 보기 드물게 활짝 밝은 얼굴로 "그렇게 중국철학사 전체를 다시 써보라고요!" 하셨다. 이제는 빚을 좀 갚은 건가 싶었다. 본격적인 박사논문 준비에 들어가면서 나의 외도는 중단되었다.

2. 빚 혹은 덕

그동안의 글이 길 출판사에서 『안티호모에렉투스』(이하 『안티』)로 묶여 나왔다는 소식을 들은 것은 2001년 내가 둘째 아이를 낳고 박사논문을 마무리하고 있을 무렵이었다. 이미 여기에 엮인 글들을 대부분 따로 읽었고 상황도 상황인지라 이번에는 앞의 두 권처럼 열심히 읽지는 않았고 듬성듬성 읽었다. 한창 공부하던 때에 ㅂㄷ를 바짝 따라붙는 선후배들에게 늘 둘러싸여 있었으나 한 발짝 물러나 바라볼 수밖에 없었던 것은 마음에 뭔지 모르지만 해소되지 않는 불편함이 있었기 때문이다. 하지만 내가 아직 가지 않은 길과도 같았던 '장자의 예술철학'이라는 주제로 박사학위 논문을 완성할 수 있었던 데는 ㅂㄷ의 문제의식을 공유하고 있던 선후배들의 힘이 컸다. 풀리지 않는 문제들을 붙들고 씨름하고 있을 때마다 이들은 가장 가까이에서 언제나 기꺼이 거침없는 비판과 꼬장꼬장한 지적으로 더할 나위 없는 대화상대자가 되어주었다.

돌아보면 모교에서 한 때나마 서양철학에 소속된 무리와 동양철학에 소속된 무리 사이에 격의 없이 토론하는 시절이 무르익을 수 있었던 것은 전적으로 ㅂㄷ의 덕이었다. 내가 중국 고전을 읽고 해석하는 능력을 키우고 학계 전문가로서의 훈련에 숙달하여 중국철학에 깊이 들어가면서도, 그에 매몰되지 않고 거리감을 유지하며 주변인의 시각을 키울 수 있었던 것 역시 ㅂㄷ의 덕을 크게 입었다. 어찌 보면 ㅂㄷ의 철학에 접속한다는 것은 기존의 철학에 안주할 수 없다는 의미이므로, 덕을 입었다는 사실은 편안한 삶은 영 글렀다는 뜻으로도 읽을 수 있겠다. 하지만 애초에 기존 철학에 안주할 수 없었던 사람으로서 ㅂㄷ의 탐험이, 그리고 ㅂㄷ의 모색에 호응한 사람들이 만들어낸 담론의 장이 얼마나 도움이 되었는지 모른다. 늘 마음의 빚으로 남아 있었다.

이런 생각이 더 분명해진 것은 말이 통하는 무리를 떠나게 된 뒤의 일이었다. 2006년 12월부터 2018년 2월까지 한국을 떠나 싱가포르에 머물게 되었는데, 나름으로는 한국 학계에서 이루어지는 논의들과 학문 방법론에 비판적 시선을 견지해왔다고 생각했기에 내 자신이 한국이라는 지역에 국한된 철학이 아닌 보편적인(?) 철학을 하고 있다고 믿었지만, 한국인 그리고 한국어라는 맥락을 떠나니 그동안 벼려왔던 철학적 문제의식 자체가 전혀 문젯거리가 되지 않는 상황을 마주하게 되었다. 이제와 생각해보면 영미권 주류학계의 엘리트적 축소판인 싱가포르 학계의 특수성에 기인한 상황이었다고도 할 수 있지만, 당시로서는 철학적 문제의식을 이해하는 사람을 얻는다는 것이 얼마나 어려운 일인지, 그리고 공감이든 반박이든 나의 문제의식을 알아듣고 참여하는 대화자

없이 혼자서는 철학을 할 수 없다는 것을 절감하게 되었던 남다른 경험이었다.

중국음악철학이라는 미답지에 대해 가진 지식 덕분에 점차 호응을 얻고 대화 상대를 넓혀가며 철학적 삶을 근근이 이어가게 되었다. 그러나 타지에서 중국철학자로 행세하며 살 만하게 되자 우리 사유의 길의 탐색에서 점점 멀어지고 있다는 자괴감이 밀려왔다. 이 무렵 책장 한 구석에 자리하고 있던 ㅂㄷ의 책들은 답은 주지 않지만 질문을 놓지 않게 하는 조그만 등불과도 같은 것이었다. 그러던 중 우연한 계기로 다시 붙들게 된 "동학"과, 아마도 음악과 언어와 사유에 대해 비교철학적인 조명을 번갈아 드리우는 과정에서 얻어진 것이라 해야 할 "한국어의 철학"이라는 화두가 만나게 되었고, 이 교차점은 나에게 다시 "한국철학이라는 사유의 모험을 감행"[1]할 수 있으리라는 용기를 주었다.

그런데 이러한 방황과 방랑의 과정에서 나는 까맣게 잊은 줄만 알았던 이를테면 ㅂㄷ의 다음과 같은 말들이 그동안 뇌리에 단단히 박혀 있었다는 것을 알게 되었다.

> "우리말의 맥을 이어온 정신과 방법은 바뀌는 것들을 그때그때 담아주는 그릇노릇을 하거나 그것들을 다시 잇고 엮고 짜는 틀노릇을 하는 논리어(論理語)에 있다. 우리말은 일상적인 감각어(感覺語)에 넉넉하고 학술에 쓰일 수 있는 논리어에 가난하다는 견해는 고쳐져야 하는 것이

---

1) 박소정, 「박동환 철학선집 V 리뷰: 한국철학의 전망으로서의 "진리의 패권"」, 『웹진 한국연구』(2020).

다.”(『서양』, 10쪽)[2)]

3. 실감

한국에 돌아와 ㅂㄷ의 새로운 저술 『X의 존재론』(사월의책, 2017)과 『진리의 패권은 사람에게 있는 것이 아니다』(사월의책, 2019, 이하 『진리의 패권』)를 만나게 되었다. 그리고 ㅂㄷ철학이 열어놓은 담론장의 수혜자라고 스스로 느끼면서도 아무래도 동조할 수 없게 만들었던 마음 속 불편함의 정체에 대해 알게 되었다. 이른바 동양철학을 하는 사람들이 대개 원전의 해독에 파묻혀 있느라 오히려 큰 숲을 보지 못하기 쉽다면, 중국철학의 논리를 고대 한어로부터 재구하여 “반구(反求)의 논리”라고 명명하고 이를 서구의 “정체쟁의”(正體爭議)에 대비되는 “집체부쟁”(集體不爭)”이라는 표(表, 기준)로 분석해내는 ㅂㄷ철학의 제안[3)]은 현대의 중국철학자들에게도 지침이 될 만한 것이고 상당한 설득력을 지니는 것이었다. 그럼에도 불구하고 내가 이러한 솔깃한 해결책에 좀처럼 설득되지 못했던 이유는 ‘실감’에 대한 고려가 빠져 있었기 때문이다.

한어의 어법에서 그리고 중국철학사에 남겨진 문헌들의 분석을 통해 “반구의 논리”를 추출해낼 수 있는 것은 사실이나, 중국 철인들이 ‘반구’, 즉 타자에게서 자기에게 요구된 것을 찾고 **자기 내면의 소리에 귀 기울여**[4)]

---

2) 「선집」에는 ‘틀그릇’으로 되어 있음. ㅂㄷ철학 저술의 인용은 모두 2017년(『진리의 패권』의 경우 2019년)에 나온 「박동환 철학선집」(사월의책, 이하 「선집」)에 실린 쪽수를 따른다.

3) 『안티』, 65-136쪽 참조.

4) ㅂㄷ철학에서 “자기 내면의 소리에 귀 기울인다”는 부분이 충분히 고려되는지는 의문

타자에게 응답하는 형태의 열린 논리를 구사하는 것은 자기와 타자 사이의 관계를 조절하여 집체를 실현하기 위해서가 아니라,[5] 서구의 '정체쟁의' 혹은 증명의 논리로는 포섭되지 않는 '실감'을 포착하기 위해서일 것 같다. 이것이 맹자와 맹자를 공자의 계승자로 생각하는 유가 사상가들이 "타인의 아픔에 공명하느냐"(惻隱之心)"에 그토록 매달렸던 이유일 것이다. '친친'(親親)이라는, 논리적으로는 도무지 공공성(公共性)에 귀결되기 어려울 것 같은 정감적 요청을 끝끝내 포기하지 않고 고수하는 유교 사상가들의 결연한 선택[6]과 같은 것이 자타 관계에서 자타의 성분을 조절하여 전체 구조에 기여하는 논리구조로 설명될 수 있는 문제일까? 오히려 자타 관계를 통한 실감의 확대와 이를 통한 자기 변화가 유교 사상가들을 추동했던 핵심적인 원리가 아닐까?

이를 간과하는 ㅂㄷ철학을 중국철학의 용어로 달리 말하자면 수양론에 대한 고려가 없다고 할 수 있다. 수양론은 개체와 전체 사이 혹은 현실과 이상 사이를 논리적으로 해명하는 대신에 주체의 실감에 근거한 실제적 변화를 요구하여 이 둘 사이를 일치시키려는 데서 생겨난다. 서양철학으로 따지면 윤리학이자 미학에 해당한다고 할 수 있는 수양론

이다.

5) 오늘날의 중국의 사회주의가 '반구의 논리'로 풀이될 수 있는 집체주의적인 면모를 띤다(『안티』, 81쪽 참조)는 점에 대해서는 동의한다. 그러나 그것이 공자 혹은 유가가 실현하려고 했던 이상적인 모습인지에 대해서는 재고가 필요하다.

6) 유가의 '친친' 개념과 그에 대한 묵자 및 도가의 비판에 대해서는 박소정, 「도가적 공존: 벗으로서의 가족」, 『중국학보』 84집(2018) 참조. 유가의 '친친' 개념과 공공성의 관계에 대해서는 朴素晶, "韩国东学对儒教公共性的革新与实验", 『东南亚与东北亚儒学的建构与实践』(2016) 혹은 같은 논문의 영어 번역인 PARK, So-jeong, "Donghak's Transformation and Experimentation of Confucian Publicity," *Concepts and Contexts in East Asia*, No. 4 (2015), pp. 79-97 참조.

의 부재는 ㅂㄷ철학의 장자 이해에서도 나타난다. 「선집」 곳곳에는 "만물과 하나가 된다"(萬物與我爲一)[7]는 것이 장자가 추구한 목표인 것처럼 서술된다. 그러나 『장자』 「제물론」에 등장하는 이 구절은 장자가 주장하려는 명제가 아니라 논리적인 방식으로 세계가 하나임을 증명하려는 명가(아마도 직접적으로는 혜시?!)의 방법이 헛수고라는 점을 지적하기 위해 시작되는 문단의 첫마디[8]일 뿐이다. "천지만물과 한 몸"이라는 명제를 내놓은 것은 장자(莊子)가 아니라 혜시(惠施)[9]이며, 장자는 각각의 개체들이 시시각각 변화하는 세계에서 맞닥뜨리는 문제들에 대해 어떻게 자신의 편견을 제거하여 주어진 한계를 극복하고 생명력을 실현해 나가는가, 그럼으로써 어떻게 참된 자신을 발견할 수 있는가를 고민한다. 물론 장자가 장밋빛 전망을 제시하는 것은 아니다. 그러나 번번이 실패하면서도 계속해서 자기 변화를 추구하는 인간상을 제시[10]한다는 점을 상기할 때, 장자가 "망각으로 만물과 일체가 되는 경지"를 추구했다는 것은 평면적인 독해일 것이다.

---

7) 이러한 언급은 특히 『X의 존재론』에 여러 차례 보인다. "만물여아위일(萬物與我爲一)의 자연관을 펼쳤던…장자"(60쪽)라든지, "장자는 천하의 만물과 하나 되기를 추구"(90쪽)했다든지 "망각으로 만물과 일체가 되는 경지"(329쪽) 등을 장자의 핵심 주장으로 여기는 것을 볼 수 있다.

8) 『장자』 「제물론」 "天地與我並生, 而萬物與我為一. 既已為一矣, 且得有言乎? 既已謂之一矣, 且得無言乎? 一與言為二, 二與一為三. 自此以往, 巧歷不能得, 而況其凡乎! 故自無適有, 以至於三, 而況自有適有乎! 無適焉, 因是已."

9) 『장자』 「천하」 "惠施多方, 其書五車, 其道舛駁, 其言也不中. 歷物之意, 曰: …氾愛萬物, 天地一體也."

10) 끊임없는 자기 변화의 요구를 압축적으로 보여주는 구절로서 『장자』 「則陽」 "蘧伯玉行年六十而六十化" 및 『장자』 「寓言」 "孔子行年六十而六十化"를 참조.

4. 진화하는 정체성

앞에서 언급한 것이 ㅂㄷ의 3표론 가운데 2표인 중국철학에 대해 가졌던 의문이라면, 한국에 돌아와 새로이 『$\mathcal{X}$의 존재론』과 『진리의 패권』을 읽고 나서 좀 더 명확해진 것은 내가 오랫동안 품고 있었던 의문이 3표에도 있었다는 점이다. ㅂㄷ의 3표론은 '한국(인과 한국어)'을 변화하지 않는 원주민으로 잡는다. 3표론은 "철학의 동쪽에 거주하는 원주민의 존재를, 그들의 엄연한 권리를 천명"[11]한다는 점에서 현재 패권을 휘두르는 1표와 2표가 아닌 제3의 길을 모색할 수 있는 출구를 열었다. 그러나 2표를 검토하면서 개체의 실감과 수양론의 문제를 배제하고 통과한 3표론은 철학사를 아직 가지지 않은 이들에게 원시로 소급하는 것 외의 철학을 허용하지 않는다.

한반도에 들어온 철학들이 모두 완성형으로 들어와 우리 사유를 지배하고, 한반도에 살았던 사람들은 아무런 분투 없이 텅 빈 채로 있고, 각각의 철학들이 그저 스쳐지나간 것이 아닐 터인데, 이러한 철학들이 한반도에 들어왔을 때 일어난 변용들을 살펴서 어떠한 연속성이 발견되는지를 찾는 대신, 『안티』에서 붙음살이로 규정되었던 '3표'는 몸을 잃어버리고 '$\mathcal{X}$의 존재론'으로 갑작스럽게 도약한다. 3표 철학의 결론으로 제시된 '$\mathcal{X}$의 존재론'에서 x와 $\mathcal{X}$의 관계는 개체적 삶의 실제 내용이 비어 있다는 점에서 흡사 혜시의 소일(小一)과 대일(大一)의 관계[12]와도 같다. 개체생명이 참여하여 동시에 만들어가는 행위의 궤적을 통한

11) 김상환, 「박동환의 3표론과 현대 차이의 철학」(『안티』 수록), 310쪽에서 인용.
12) 『장자』「천하」"至大無外, 謂之大一: 至小無內, 謂之小一."

생생한 경험에서 관심을 거두고 인간 경계의 밖이라는 추상적인 영역에서 보편을 논한다는 점에서 그렇다.

한반도에서 이어져온 사유의 모험의 구체를 들여다보기보다는 한국어에 나타나는 특징을 우랄알타이어의 공통적인 특성으로 환원하여 거기에서 보편을 찾아내려는 것은, 아마도 그동안 한국철학사를 서술해온 사람들이 저지르는 잘못을 그대로 받아들여 한국철학의 전개를 다음과 같이 평면적으로 이해하기 때문일 것이다.

> "불교를 정신적 지주로 받아들였다가 유교로 바꾸어 그것을 우리 삶의 바탕으로 숭상했고 그것을 다시 바꾸어 기독교와 서구문물에 적응해온 것"(『동양』, 229쪽)

우리 자신을 생각해보자. 생각할 줄 아는 인간이라면 어떻게 자기분열증에 걸리지 않고 불교를 믿었다가 유교로 갈아타고 다시 기독교로 갈아타는 일이 가능한가? 한반도에 들어온 '불교'를 수백 년 동안 사유했다면, 어떻게 그러한 사유가 흔적도 남기지 않고 '유교'로 바뀔 수 있는가? 응당 끈질기게 캐물어야 할 질문을 생략하고 위와 같이 도식적으로 설명하는 것은 물론 한국철학을 서술하는 이들이 가진 고질적인 병폐라고 할 수 있다. 그러므로 어쩌면 그것을 바로잡는 것은 ㅂㄷ철학의 책임은 아닐 수도 있겠다.

한반도에 들어온 그 어떤 것도 원형 그대로를 가지고 그저 들렀다 간 적은 없다. 불교를 들여왔지만 중국불교와는 다른 모습으로 발전시키고, 이러한 사유의 실험을 통해 얻어진 사고의 틀과 지향점으로 인하여 주자학의 수용에도 관점의 변화와 독특한 중심이 생겼으며, 이후로도 성리학 논쟁의 심화와 동시에 이로부터의 탈주를 예감하는 문화적 경계 밖의 새로운 지식에 대한 호기심과 탐구가 이어지는 등 지적 탐구는 끊임없이 계속되었다. 그러므로 한국철학을 말하기 위해서는 한반도에 살아온 '우리'가 문화적 경계 밖의 것들을 어떤 방식으로 수용하여 내면화하고, 기존에 그어진 한계를 어떻게 타파하며, 또 어떻게 변용시켜 왔는지의 과정을 연속적으로 살펴야 한다.

조선 성리학의 성취[13]가 우리의 시야를 가리어 그것만이 한반도에서 일어난 철학적 모색 가운데 유일하게 볼 만한 내용인 것처럼 여기는 것도 문제이지만, 성리학은 중국에서 들어온 신유학이므로 으레 그랬듯이 외래 사상을 숭상했던 또 하나의 사례일 것이라 단정하여 우리의 시선을 다른 데로 돌리게 만드는 것은 더욱 심각한 문제이다. 중국에서 들어왔다고 생각하는 순간 우리 것이 아니라고 생각하는 것은 "한국=고유 vs. 중국=외래"라는 대립 구도가 암암리에 작동하기 때문인데, 이는 문화의 교섭과 전개양상을 제대로 담아내지 못하는 잘못 놓인 관념이다. 폐쇄적인 문화 수호는 죽음의 길이다. 찬란한 문화가 꽃핀 자리를 자세히 들여다보면 어김없이 새로운 문화의 수용 위에서 피어올린 혁신이 발견된다. 이 점을 염두에 두고 보면 이제까지 지겹게 보고 들어온 사례들이 달리 보일 수 있다.

13) 조선성리학에 대해서는 자랑스러운 학술적 성취라는 인식도 있지만 동시에 다양한 사상 발전을 가로막은 장애물이라는 인식도 있다. 아래의 인용에서 조선 성리학의 학술 독과점 현상에 대한 착잡한 심경을 읽어낼 수 있다. "유학, 그것도 성리학만이 사회 유일의 철학 이론이자 가치 규범으로 자리하여 국민의 지적 능력이 그 한 곳으로 집중되었다 해도 과언이 아닐 조선시대…." 『자료와 해설 한국의 철학사상』(서울: 예문서원, 2001), 381쪽.

가령 나는 퇴계와 고봉의 논변에서 핵심 논제로 등장하는 '천명도'(天命圖)[14]가 중국철학과는 다른 조선성리학의 탄생과 전개를 상징적으로 보여주는 사례라고 생각한다. 주자학에서 들여온 '태극도'(太極圖)[15]가 세계의 궁극적 실재와 개체와의 관계를 제3자의 시선에서 개괄하여 보여주는 형태를 띤다면, 천명도는 개체가 궁극자를 품은, 혹은 궁극자 편에서 개체를 투사하는 형태를 띰으로써 영적 응시 혹은 종교적 일치를 요구하는 자아와 세계 이해를 보여준다. 'X의 존재론'의 언어를 빌어 말하면 '천명도'가 그려내고 있는 X와 x의 관계는 '태극도'가 그려내는 세계인식과는 다르다. 「태극도설」(太極圖說)에서는 (논란이 가득한) 궁극자인 태극으로부터 음양, 오행, 건곤남녀라는 단계를 거쳐 "만물이 생겨난다"(萬物化生)는 원리를 설명해준다. '태극도'에서 개체의 문제는 중심적인 것이 아니며 굳이 따지자면 만물 가운데 하나로서 그저 관찰자의 역할을 할 뿐이다. 그러나 '천명도'는 주자학의 어휘를 수용하면서도 '태극도'의 객관적 구도를 (당시에는 '天'으로 표현되었던) 궁극자와 주체의 문제로 전환시킨다. 중국 사유의 영향이라는 틀로 바라보는 사람에게는 이것이 천리(天理)라는 도덕적 요구를 단순히 개체에 부과한 형식

---

14) 천명도의 다양한 판본에 대해서는 방현주, 「천명도의 판본문제 고찰」, 『한국철학논집』 40집(2014) 및 김상현, 「'천명도'와 '천명도설'의 판본문제에 대한 재검토」, 『대동철학』 86집(2019) 참조. 퇴계의 천명도에 담긴 새로운 해석과 그 의도에 대해서는 강경현, 「퇴계 이황의 천명도에 대한 분석—천명권을 중심으로」, 『퇴계학보』 131집(2012) 참조. 조선의 천명도설과 송나라 유학의 태극도설과의 비교에 대해서는 김우형, 「천명도설에서 우주론과 도덕론의 문제—태극도설과의 비교를 중심으로」, 『퇴계학보』 139집(2016) 참조.

15) 남송의 주돈이(周敦頤, 1017~1073)가 「태극도설」(太極圖說)이라는 그림과 글을 지었지만, 북송의 주희(朱熹, 1130~1200)의 재평가와 적극적인 수용으로 말미암아 주자학의 핵심원리가 되었으므로 여기서는 편의상 '주자학'이라고 개괄한다.

[16]으로 읽힐 수도 있겠으나, 앞서 말했듯이 이 그림은 궁극자 편에서도 개체 편에서도 읽을 수 있다는 점을 잊어서는 안 된다. 사단칠정론이라는 논쟁 자체가 조화로운 세계상을 설명하려던 것이 아니라, 도덕적인 이상을 승인하고자 해도 현실적으로는 좌절할 수밖에 없는 이유 그리고 반복되는 실패의 경험을 어떻게 이해할 것인가 라는 문제와 씨름한 데서 비롯했다[17]는 점을 되짚어보면, 한국유학이 중국과는 다른 사상적 계보를 형성하게 된 유래를 짐작할 수 있다.

멀리서 보면 모두 "거의 중국으로부터의 영향 가운데서 좌우되어" (『동양』, 123쪽) 온 것으로 보일 수도 있다. 그러나 가까이 들어가서 보면 문화의 경계에서 진화하는 정체성[18]이 보일 것이다. 한반도에서 발전시켜온 철학적 탐구를 검토하기 위한 중요한 증거가 한국어에 남아 있다는 데에 동의한다. 다만 한국어의 철학이 제대로 이해되기 위해서는 한

16) 김상환, "성리학의 사단칠정론에서 볼 수 있는 것처럼 유가 철학은 자연의 생명을 이미 도덕적 성분으로 가득한 것으로 설정한다. 인간의 도덕적 실천은 그 도덕적 생명의 실현이자 확충으로 이해된다." 『한국연구원 제1회 학술심포지움 발제집』(2020. 12. 22) 25쪽.

17) 사단칠정 논쟁에 참여한 모든 사람들이 순수하게 철학적 문제에 매달렸던 것은 아니므로 옥석을 가리는 일이 필요하다. 정치적 당파와 얽혀서 논쟁을 위한 논쟁으로 고착화된 후에는 당파적 이익에 따라 소속당파의 정론만을 되풀이했던 경우에는 우리의 관심 대상으로 둘 필요가 없을 것이다.

18) 나는 'Introduction to Korean Philosophy'라는 온라인 강좌에서 한국적인 것을 고정불변한 것이 아닌 진화하는 정체성으로 보는 관점을 "Korean Matrix"이라는 이름으로 설명하고 시각화한 바 있다. 관련 내용은 다음 웹페이지 참조. https://www.futurelearn.com/admin/courses/what-is-korean-philosophy/1. Coursera의 'Introduction to Korean Philosophy and Culture'는 앞의 강좌의 확장판이다. 다음 웹페이지 참조. https://www.coursera.org/teach/introduction-to-korean-philosophy-and-culture/course/overview.

자로 쓰인 문헌들을 중국의 것으로 동일시하는 잘못된 가정에서 벗어나야 하며, 한문과 한글 세계라는 문화적 경계에서 일어나는 변용을 면밀히 살펴야 할 필요가 있다.

5. 한국어의 철학

아직 철학사를 가지지 않은 이들이 자기 철학사 서술을 포기해야 할 이유는 없다. 철학이 '지혜에 대한 사랑'으로 정의할 수 있는 인간 활동을 의미한다면 그것이 반드시 근대에 들어와서 패권을 휘두르기 시작한 서유럽의 사유방식을 본받아야 할 필요는 없고, 문화권의 주체를 국민국가의 주체와 혼동하면서 오늘날 세계 학계에서 영향력을 넓혀 가고 있는 중화주의(혹은 천하주의)에 기댈 필요도 물론 없다. 다시 말하지만 ㅂㄷ철학의 탁월한 점은 이들 1표와 2표를 대립시키고 이 모두를 다시 상대화하면서 제3의 길을 모색할 수 있는 창조적 여백[19]을 만들어냈다는 점이다. 그러나 아이러니하게도 ㅂㄷ철학은 인간에게 허락된 선택지를 결국 1표와 2표에 한정하고 아직 철학사를 가지지 않은 변방의 주민에게는 아무런 실질적 추구도 허락되지 않는 안티호모에렉투스적 진리[20]를 맡긴다.

김동규(2020)는 "인간이 안티호모에렉투스적(반-인간중심주의적) 진리를 묻고 말해야 할 아무런 이유가 없다"고 말하지만, 그보다는 인간에게 안티호모에렉투스적 진리를 추구한다는 것이 가능하지가 않은 것이

19) 박소정, 앞의 글(2020) 참조.

20) 김동규, 「물음의 책임—박동환 철학의 지렛목」, 『철학탐구』 58집(2020), 147쪽.

다. 이는 '인간'과 대립적인 것으로 설정되는 '자연'(自然)이 실은 단일한 것이 아니기 때문이며, "인간 vs. 자연"이라는 대립구도는 편의상 임시로 사용되는 것일 뿐 세계의 실상을 결코 반영하지 못하기 때문이다. 개념적 허상으로부터 세계의 실상으로 돌이켜보면 기껏해야 하나의 생물학적 종에 불과한 인간이 그 자신이 속해 있는 세계 전체인 자연을 대변하는 것이 어떻게 가능한가? 과대망상에서 벗어나 생각하는 인간은 하나의 생물학적 종으로서의 인간에게 허용된 자리를 겸허하게 깨닫고 그럼에도 불구하고 인간의 가능성과 한계 사이에서 분투할 따름이다. 그러므로 만일 안티호모에렉투스적 진리가 인간 종의 분화 이전으로 돌아가 자연생태계의 눈으로 보라는 제안이라면, 이는 ㅂㄷ철학이 '자연'을 인간과 대립적인 것으로 설정하는 서구 철학의 개념사에 친숙하다는 점을 다시금 보여주는 것이 된다.

나는 새로이 기술되어야 할 한국철학 혹은 한국철학사 역시 인간중심주의적인 것이어야 한다고 주장하려는 것이 아니다. 한국의 문화예술에서 발견되는 많은 지표들이, 한국인이 추구해왔던 마음이 통상적인 인간중심주의[21]에서 비껴서 있었음을 보여주기 때문이다.[22] 여기서는 다만 1표도 2표도 아닌 제 3의 길이 반드시 반-인본주의라는 규정에 의해 제한될 필요는 없다고 말하고 싶다. 동아시아 문화권에 깊이 닿을 드

21) 김동규, 위의 글, 137쪽 각주 참조.

22) 무계획의 계획, 무기교의 기교로 정의되는 '자연'이라는 개념, 리얼리즘적 우화소설, 자연물에 대한 의인적 표현 등으로부터 한국 문화예술에 통속적인 인간/자연의 대립구도를 적용하기 어렵다는 것을 알 수 있다. 또한 구전시가 및 판소리에 나타나는 미완의 개방구도로부터도 통상 말하는 인간중심주의에 대한 거부를 읽어낼 수 있다. 한국음악에 보이는 "미완의 개방구도"에 대해서는 김선영, 『한국 문화의 철학적 해석』(서울: 여유당, 2018) 참조.

리운 채 그러나 동시에 주변자로서의 정체성을 발전시켜온 우리에게는 기존의 철학사 서술과는 다른 방법론이 필요하다. 그런데 제3의 길이란 1표와 2표의 방법론을 철저히 배제하는 데에서 찾아지는 길이 아니라, 1표와 2표를 모두 참조하되 1표로도 2표로도 도무지 후련해지지 않는 나머지를 1표와 2표와 더불어 끈질기게 사유하는 데서 드러나는 새로운 길일 것이다.[23)]

우리는 '철학'이라는 학문이 고대 그리스에서 시작되어 줄곧 이어져 내려왔다고 배운다. 그러나 이는 근대 철학사가들의 철학사 서술의 성공에 의한 착시 현상이며, 사실 고대 그리스 철학은 기나긴 중세 시대에 거의 잊혔다가 르네상스 시대에야 이슬람 문헌으로부터 라틴어로 중역됨으로써 유럽 사회에 유행할 수 있게 된다. 당시의 공통어(共通語, lingua franca)였던 라틴어 세계에서 유럽 각 지역의 모국어/세속어 세계로 전환되는 과정에서 생겨난 자의식이 처음으로 모국어로 된 철학서를 낳고 다시 각 언어로 사유의 모험이 시도되기까지 수세기에 걸친 모색을 거쳐 지역성을 뛰어넘는 보편을 주장하는 철학사의 서술로 귀결됨으로써 비로소 진리의 패권은 중세의 신학에서 근대의 철학으로 완전히 넘어가게 된다. '철학'이라는 학문이 탄생하게 된 과정[24)]으로부터 우리가

---

23) 이렇게 보면 내가 말하고자 하는 제3의 길이란 1표와 2표의 포섭과 상호교차를 어느 정도 허용했던 3표(『안티』 '질문과 응답', 184-222쪽 참조)의 기본적인 취지에는 동의하되 3표의 과격한 결론이라 할 수 있는 '*X*의 존재론'이 유일한 답이라고 볼 수는 없다는 주장이 된다.

24) ㅂㄷ철학은 1표와 2표가 "각각 굴절어와 고립어의 특성을 자각하고 반성"(『안티』, 215쪽)하는 데서 생겨났다고 간주한다. 굴절어를 사용하는 모든 언어가 철학을 가지는 것이 아니고 고립어를 사용하는 모든 언어가 철학을 가지는 것이 아니라면, "자각하고 반성"한 사람들의 역사가 "철학"을 탄생시켰다고 말할 수 있을 것이다. 1표가 보

배울 수 있는 것은 한국철학사를 서술하기 위해서는 무엇보다 먼저 한문 세계[25]에서 한국어 세계가 수직적으로 공존하던 시간을, 그리고 기나긴 교섭의 과정을 거쳐 동아시아 공통 언어와 문화로부터 싹튼 자각이 독자적인 사유로 이어지는 변곡점을 자세히 들여다볼 필요가 있다는 점이다.

'한국철학'은 한반도에 수용된 '철학적(?) 전통'을 시대 순으로 나열한다거나 이러한 전통 사상가들을 단순히 소개하는 데서 그칠 것이 아니라 '한국어의 철학', 즉 '한국어에 바탕을 둔 자각적 사유방식'이 싹트고 발달하는 과정을 추적함으로써 다시 쓰여야 할 것이다. 그런데 여기서 '한국어'는 한자어와 그 배후에 깃든 한어적 사유를 배제한 '순우리말'이라는 뜻이 아니다. '한국어'란 한반도에 살아온 사람들이 수용하고 발전시켜온 세계 인식의 표현방식 전체를 의미하며, 그러므로 '한국어의 철학'은 그것을 생각하는 이들이 동아시아 문화권에의 참여와 정체성의 자각 사이를 오가며 그려낸 궤적들을 상호참조하면서 구상해야 할 것이 된다.

언어란 끊임없이 변화하는 혹은 발전하는 과정 중에 있다고 본다면 동아시아 문화권에 참여하면서 수용하고 소화해낸 세계관과 개념어들은 중국의 것이 아니라 '한국어의 철학'을 위한 자양분임을 알 수 있다. 그러므로 3표에 허락되는 어법의 특징이 한국어의 철학이 가지는 가능성을 이루 다 설명할 수는 없다. 허나 2표의 부단한 침입에도 먹히지 않

편을 주장하며 탄생하는 과정과 2표가 재구성되는 과정은 서로 다르다. 이 둘을 한국에서 일어난 자각과 반성의 역사와 비교하는 것은 상당한 지면을 요하는 일이므로 이 글에서는 생략하기로 한다.

25) 사족이지만 여기서 말하는 한문 세계를 중국어 혹은 현재의 중국문화와 혼동해서는 안 된다.

고 한반도에서 끝내 살아남은 '철학적' 자각을 재구성하기 위해서는, 한문과 한글 문헌 사이[26]에서 드러나는 차이와 변이는 물론 구전문화와 그에 담긴 한국어법의 탐색에 이르기까지 기존의 '한국철학'이라는 분야에서 주목되지 않았던 확장된 범위를 샅샅이 수색하는 노력이 요구된다.[27]

한국어가 발달되어 온 과정을 살피고 그 결과로서 오늘날 사용되는 한국어의 구체적인 현실을 들여다보면서 그로부터 한국어의 철학에 기초가 되는 한국어법을 찾아내는 일은 어느 한 사람이 하루아침에 해낼 수 있는 일이 아니라 우리가 보유한 지적 자원을 모두 그곳에 집중시켜야 겨우 형체를 그려낼 수 있을까 말까한 일로 여겨진다. 다만 여기서는 한국어의 철학이 "어떤 특정의 문화와 일상 언어에도 매이지 않은 제1언어"[28]로서가 아니라 '진리의 패권을 쥐어본 일이 없는 이들이 의지하는 어법으로서 인간중심주의적 철학의 패권을 격파하여 어디에도 진리의 패권이 머무는 일이 없도록 판도를 재편'[29]할 가능성을 보이는 사례를 생각해볼까 한다.

가령 ㅂㄷ철학에서는 한국어의 특징을 설명하며 우랄알타이어가 가진 공통적인 요소로 소급시키며 '주어 없음'을 논한다. 우랄알타이어계

26) 한글전용 세대의 눈에 한문과 한글 문헌은 완전히 다른 두 가지 별개의 매체로 보이겠지만 과거로 눈을 돌려보면 한문과 한글 사이에는 구결, 향찰, 이두 등 다양한 형식의 표기법으로 된 문헌이 존재하고, 한문을 한국어로 이해하기 위하여 각필에서부터 석독(구결), 그리고 한글이 창제된 이후에는 언해에 이르기까지 다양한 수준의 번역이 존재한다.

27) 구전문학과 한국 어법에 대해서는 김선영(2018), 19-157쪽 참조.

28) 『진리의 패권』, 53-54쪽.

29) 박소정, 앞의 글(2020) 참조

의 언어가 가지는 공통점은 한국어와 한국어법에 다가가는 하나의 실마리는 될 수 있겠지만, 이것이 한국어의 특징을 이해하는 전체 틀로 작용해서 한국어의 구체적인 현실을 살피는 일을 압도해서는 곤란하다.[30] 전체 서구어의 어법과 비교해보았을 때 응당 등장해야 할 자리에 주어가 숨는 것은 '우리'가 한국인의 자아 지칭의 기본값이기 때문이라고 생각한다. 나아가 문장에서의 주어 없음이 사유에서의 주체 없음과 혼동되어서는 안 된다.

그동안 '우리'는 곤혹스러운 언어습관으로 여겨져 왔다. 근대에 들어 서구적인 세계관과 어법을 접한 이후 한국어를 서구적 근대문법에 의해 설명하고자 했던 학자들은 '우리'를 '나'의 복수형으로 간주하였고, "우리 마누라" "우리 그이" 등을 비문법적인 표현이라고 판단하기 시작했다. 하지만 학자들이 비문법적, 비합리적이라고 판정했던 이러한 표현들은 사라지기는커녕 더욱 강화되는 양상을 보였고, 철학적인 분석이 요구되는 상황을 맞이하였다. 현재 철학계에서 대체로 동의하는 것은 정대현(2009)[31]의 견해인 것으로 보인다. 그는 "우리 마누라"라는 표현은 비문법적인 것이라기보다는 한국인이 가지는 일종의 세계관, 즉 한국인의 일종의 어법이라고 본다. 그러나 이러한 어법이 형성된 이유를 설명하면서 그는 '나'에 대한 마땅한 자리 부여가 없었던 시대에 생겨난 두레 공동체적인 세계관을 버리지 못하고 부분적으로 긍정하면서 애용하게 되었다고 해석하였다. 이 말은 '나'라는 말은 개인의 소유랄 것이

30) 우랄알타이어 계통의 언어에 모두 '우리'에 해당하는 단어와 개념이 있는지에 대해서는 추후 탐구해볼 만한 문제이다.

31) 정대현, 「"우리 마누라"의 문법」, 『철학적 분석』 20집(2009) 참조.

없었던 전통시대에는 거의 쓰이지 않았고, 공동체의 소유라는 의미에서 '우리'라는 말을 사용하던 것을 현대에도 사용하는 것이라는 뜻을 함축한다.[32] 국어학에서 1인칭 복수의 사용오류로 간주하는 것보다는 진전된 해석으로 보이지만 이러한 해석은 여전히 잘못된 가정 위에 서 있다.

'우리'는 서구어에도 중국어에도 없는 자아지칭이다. '우리'는 개별자들이 모여서 이루어지는 1인칭 복수형 'We'('I's)나 이것의 중국어 번역어인 '我們'(我+們)이 아니다. 즉 '우리'는 '나+들'이 아니다. '우리'가 '나'의 복수형이라면 '우리들'이라는 표현 역시 비문법적일 것이다. 그러나 우리들은 대개 실수 없이 '나'와 '우리'와 '우리들'을 구별하여 쓴다.[33] 친근하게 여기는 이에게 '우리'라는 말을 붙인다는 견해도 있지만 자기 혼자 이야기하면서 불특정다수를 '우리'라고 표현하는 것 역시 여전히 자연스럽게 받아들여진다. 이러한 습관이 전근대사회에 형성된 것이고 전통적인 공동체 사회에서는 '우리'가 사용되었고 개인을 표현하는 '나'라는 개념은 없었다는 것은 오류이다. 다행히 천여 년 전의 향가에서도 '우리'와 '나'의 구분을 찾아볼 수 있으며 오늘날의 쓰임과 다름없다.[34]

---

32) '우리'를 유연하게 자아를 잡는 방식이 아닌 격파될 수 있는 공동체로 간주한다는 점에서 ㅂㄷ철학 역시 정대현과 유사하게 '우리'를 이해하고 있다고 추측한다. "하나의 더 큰 '우리'라는 생명의 관계망을 구축하는 논리적 작업에서 관념적으로는 성공한다 하더라도 현실적으로는 항상 그 임시의 관계망을 향해 밖으로부터 다가오는 격파의 충격을 예고 없이 맞이할 수 있다." 『진리의 패권』, 187쪽.

33) 물론 모든 한국인 화자가 실수 없이 구별할 수 있다는 말은 아니다. 오늘날 '우리'의 잘못된 사용, 존댓말의 잘못된 사용("저에게 여쭤보신 분", "제가 아시는 분") 등을 보면 한국어법이 해명되지 않은 상태에서 잘못된 사용이 점점 늘어나고 있다는 점은 인정해야 한다.

34) 한문으로 기록된 문헌에서 자아를 지칭하는 글자로 쓰였던 '吾'나 '我' 등이 우리말로 어떻게 읽혔을지를 추적하는 것은 쉽지 않은 일이다.

예를 들어 「보현십원가」의 "吾里心音"은 "우리 마음"이라고 읽어야 하지만 「제망매가」의 "吾隱"은 "나는"이라 읽어야 한다. 「제망매가」에서 한국어 자아지칭의 기본값인 '우리' 대신 '나'라는 지칭이 등장한 것은 「제망매가」가 죽은 누이를 그리며 지은 노래로서 너와 나를 구분해서 일컬어야 하는 상황에서—죽은 누이의 입장에서—발화하기 때문이다. 즉 '우리'는 한국인이 평소에 자아를 잡는 방식이고, '나'는 나와 너를 구분해야 할 경우에 등장하는 이차적이고 임시적인 주어이다.

'우리'가 한국어의 철학이 가지는 자아 인식을 보여준다면, '우리'와 연관되어 있는 '이-그-저'는 한국어의 철학이 가지는 세계 인식을 보여준다. '이-그-저'라는 특수한 지시어 계열 역시 서구어에도 중국어에도 보이지 않는다. 한국어에서 '이-저'에 해당하는 영어의 'this-that'이나 중국어의 '這個-那個' 외에 '그'라는 구분을 두는 것은 '우리'라는 자아 지칭과 깊이 관련된다. 흔히 오해하듯 '저'는 '가까운 that'이고 '그'는 '먼 that'이 아니다. 평소에 '우리'로 자아를 잡는 한국어에서는 '우리'로 잡을 수 없는 경우 '그'를 필요로 한다. 즉 우리(한국어 화자)는 혼자 있든 옆에 누가 있든 '우리'라는 자아로 인식한다. 이 경우 사용되는 지시어는 이것 혹은 저것이다. 가까이 있는 것은 이것, 멀리 있는 것은 저것이다. 그러나 똑같은 자리에 놓여 있는 '저것'을 그 옆에 있는 사람에게 달라고 할 때에는 "그것 좀 주세요."라고 말해야 한다. 주고받기 위해서는 나(요청하는 자)와 너(요구받는 자)가 구별되어야 하기 때문이다. '저'와 '그'를 나누는 기준은 평소의 일차적인 자아 지칭인 '우리'라는 단위에서 사용하는 지시사('저')인지 아닌지('그')이다.

'나'와 '너'는 소유권을 가려야 할 경우나 주고받는 위치, 혹은 대립적인 위치에 놓일 때 사용되는 이차적인 관계이기 때문에 자연히 주어가 불분명하거나 숨는 경우가 많다. '나와 너'라고 상대적으로 잡아야 할 경우에서조차도 우리말에서는 "엄마가 해줄게" "삼촌이 그런 거야" 등 서구의 어법에서라면 3인칭에 해당할 법한 단어로 채워 넣는 경우가 많다. 이렇게 보면 한국어에서 서구어와 같은 인칭대명사적인 주어를 전제로 하는 '문장'이 가능하냐 아니냐는 것은 잘못 놓인 질문일 수도 있다. 우리말의 기본은 '대화', 주고받으며 건네는 말이기 때문이다. '우리'를 주어로 삼되 드러내지 않고 함축한다는 점에서 그러하다. 그러므로 문장에서 '주어 없음(혹은 생략)'이 사유하고 행동하는 '주체 없음'으로 오해되어서는 안 되며 '주어 없음'은 문장이 아닌 대화 속에서 분석되어야 한다고 본다.

어떤 이는 내가 한국철학의 패권을 꿈꾸는 것으로 오해할 수도 있겠다. 그러나 만일 우리에게 철학이 영토 싸움이 아니라 함께 가야 할 길이라면, 한국철학의 길이 해명되고 나서는 한국인만이 이 새로운 철학을 전유할 필요도 없을 것이므로 '한국'이라는 말이 떨어져나가도 무방하다. 우리가 이른바 서구 철학을 받아들여 이해하고 그에 따라 사유하는 일도 가능하듯이 우리가 길어 올리게 될 한국철학이 새로운 자아와 세계인식의 방법을 보여줄 만큼 성장했을 때 한국인이 아닌 사람들이 받아들이지 못할 것도 없다.

참고문헌

박동환, 『서양의 논리 동양의 마음』(1987), 고양: 사월의책, 2017.

______, 『동양의 논리는 어디에 있는가』(1993), 고양: 사월의책, 2017.

______, 『안티호모에렉투스』(2001), 고양: 사월의책, 2017.

______, 『*X*의 존재론』, 고양: 사월의책, 2017.

______, 『진리의 패권』, 고양: 사월의책, 2019.

강경현, 「퇴계 이황의 천명도에 대한 분석—천명권을 중심으로」, 『퇴계학보』 131집, 2012.

고려대 민족문화연구원 한국사상연구소 편, 『자료와 해설 한국의 철학사상』, 서울: 예문서원, 2001.

김동규, 「물음의 책임—박동환 철학의 지렛목」, 『철학탐구』 58집, 2020, 147쪽.

김상환, 「박동환의 3표론과 현대 차이의 철학」, 『안티호모에렉투스』, 고양: 사월의책, 2017.

김상현, 「'천명도'와 '천명도설'의 판본문제에 대한 재검토」, 『대동철학』 86집, 2019.

김선영, 『한국 문화의 철학적 해석』, 서울: 여유당, 2018.

김우형, 「천명도설에서 우주론과 도덕론의 문제—태극도설과의 비교를 중심으로」, 『퇴계학보』 139집, 2016.

朴素晶, "韩国东学对儒教公共性的革新与实验"『东南亚与东北亚儒学的建构与实践』, 南洋理工大學中華語言文化中心, 2016; (English) PARK, So-jeong, "Donghak's Transformation and Experimentation of Confucian Publicity," *Concepts and Contexts in East Asia*, No. 4(1), 2015.

박소정, 「도가적 공존: 벗으로서의 가족」, 『중국학보』 84집, 2018.

박소정, 「박동환 철학선집 V 리뷰: 한국철학의 전망으로서의 "진리의 패권"」, 『웹진 한국연구』, 2020.

방현주, 「천명도의 판본문제 고찰」, 『한국철학논집』 40집, 2014.

장자 지음, 이강수 역, 『장자』 1, 서울: 길, 2005.

장자 지음, 이강수 역, 『장자』 2, 3, 서울: 길, 2019.
정대현, 「"우리 마누라"의 문법」, 『철학적 분석』 20집, 2009.

x의 존재론에 대한 인류학적 고찰
너머의 형이상학은 어떻게 가능한가?

차은정*

1. 'x의 존재론'에 대한 방법론으로서 민족지적 비교

'x의 존재론'은 2017년 출간된 『x의 존재론』에서 사상체계가 종합적으로 제시된다. 그렇지만 『서양의 논리 동양의 마음』(1987년 초판, 2017년 재출간)에서부터 그 문제의식은 박동환 선생(이하 존칭 생략)의 학문 활동을 일관되게 관류해왔다. 내가 그의 철학을 일찍부터 안 것은 아니다. 나는 「박동환 철학선집」이 출간된 2017년에야 'x의 존재론'을 처음 접했다. 그 전에 이 선집의 저자와 교류한 적이 없고 그의 철학을 전혀 몰랐다. 그런데도 'x의 존재론'이 낯설지 않을뿐더러 친숙하기까지 했다. 그것은 'x의 존재론'이 최근 인류학계에서 전개되는 서구 중심의 근

* 서울대 사회과학연구원 선임연구원. 서울대학교에서 인류학 박사학위를 받았다. 대표 저서로는 『식민지의 기억과 타자의 정치학: 식민지조선에서 태어난 일본인들의 탈향, 망향, 귀향의 서사』(선인, 2016), 옮긴 책으로는 『숲은 생각한다』(에두아르도 콘), 『부분적인 연결들』(메릴린 스트래선)이 있다.

대사상에 대한 비판적 논의와 놀라울 정도로 맞닿아있기 때문이다.

21세기 인류학은 근대유럽 중심의 형이상학, 넓게는 5천 년의 인류 문명사를 관통하는 인간 중심의 지식체계를 지양하고 '사고의 탈식민화'(the decolonization of thought)에 기반한 새로운 존재론을 탐색하고 있다. 인류학계의 이러한 움직임은 갑작스러운 변화라기보다 유럽 밖의 비근대(non-modern; extra-modern) 사회를 다뤄온 인류학 자체의 학문적 속성에서 비롯된 것이며, 특정하게는 레비스트로스의 민족학적 전통이 시대적 요청에 부응한 결과라고 말할 수 있다. 서양철학의 자민족중심주의를 비판하고 '야생의 사고'에 서양의 형이상학과 동등한 사상적 지위를 부여하고자 한 레비스트로스의 민족학(ethnology)은 그 후예들에 의해 계승되어 오늘날 다중심성의 존재론으로 이어지고 있다.[1] 존재론의 인류학이 문제의식을 레비스트로스의 구조주의까지 거슬러 가는 것과 마찬가지로, 'x의 존재론'은 『x의 존재론』에 한정해서 그 문제의식을 논할 수 없다. 또 존재론의 인류학과 'x의 존재론'이 공명한다면 분명 각각에 이르는 사상의 계보 역시 대응할 것이다. 존재론의 인류학과 상호 교차하는 'x의 존재론'은 문제의식을 이미 20세기 민족학과 병행해 왔다고 가정해볼 수 있다.

그런데 막상 'x의 존재론'을 현대 인류학과 교차 대조하는 작업에 돌

1) 유럽 밖의 민족 집단을 서양철학의 인식론적 대상이 아닌 각기 다른 존재론적 세계들로 접근하고 그와 동시에 서양철학을 상대화하려는 21세기 인류학의 동향과 그 문제의식인 '사고의 탈식민화'에 관해서는 다음의 글을 참조. Peter Skafish & Eduardo Viveiros de Castro, "The Metaphysics of Extra-Moderns: On the Decolonization of Thought—A Conversation with Eduardo Viveiros de Castro," *Common Knowledge* 22(3), 2016. 9.

입하고 보니 이 작업이 만만치 않음을 깨달았다. 우선 『x의 존재론』을 포함하여 박동환의 저서에서 나타나는 글쓰기 방식이 근대 학문의 주요 장르인 논문의 형식과는 거리가 멀어 보였다. 얼핏 보면, 자기 고백으로 시작해서 시처럼 세상을 읊조리다가 선문답으로 끝을 맺는다. 무엇보다 이 책의 저자가 '무명의 x'로 남고자 하듯이, 'x의 존재론'은 이론의 이름이기를 거부한다. 보통 이론에는 '명패'가 있다. 예를 들어 레비스트로스의 친족과 신화 연구는 '구조주의'라는 명패를 달고 있다. 구조주의라는 명패를 따라 이론의 장에 들어서서 레비스트로스 연구의 시대적·학문적 맥락을 파악하고 방법론을 분석한 다음에 지금 우리 사회의 인류학적 현상에 그것을 적용해서 설명하는 것이 이론에 대한 통상적인 접근법이다. 이에 반해 'x의 존재론'은 특정 이론의 명패가 아니므로 이러한 접근법을 허용하지 않는다.

결국, 나는 이 작업을 위해 '가상의 세트'를 마련하기로 한다. 가령 내가 인류학을 학문의 업으로 삼으려는 초심자들에게 'x의 존재론'을 소개하고자 한다면, 어디서부터 어떻게 풀어낼 수 있을까? 여느 이론에 대한 보통의 이해방식으로 그것에 접근할 수 없다면, 그러한 경우에 인류학자가 대응하는 방식으로서 참여관찰(participant observation)이 가능한 '가상의 세트'를 임의로 설치해서 이를 매개로 그것에 접근해볼 수 있다. 이 글에서 'x의 존재론'의 해설자는 저자와 사적인 친분이 없고 저자의 동료와 집단을 모른다. 저자를 알았더라면 해설자는 책 이외의 경로를 통해 그 문제의식을 접할 기회가 있었을지 모르고, 이러한 경험을 토대로 'x의 존재론'을 풀어냈을지도 모른다. 게다가 해설자는 한국 철학의 연구사적 계보에 대해서도 무지하다. 그렇다면 마치 인류학자가 '아무것도 모르는' 어느 부족을 현지 조사한 후에 자기 언어와 지식체계로 기술하는 것과 마찬가지로, 해설자는 'x의 존재론'을 낯선 곳에서 처음 만난 어느 현자에게서 들은 이야기처럼 초심자들에게 말해줄 수 있지 않을까? 현자는 인간과 세상과 우주에 관한 삶의 지혜를 인류학자에게 전해주었고, 인류학자는 그것을 자기 세계가 당면한 어떤 문제를 풀어 나갈 실마리로 삼는다.

물론 이러한 민족지적 기술에는 한계가 명확하다. 인류학자가 태어나고 자란 곳이 아닌 낯선 곳을 참여관찰해서 작성한 민족지(ethnography)가 그곳에 관해 제대로 말해줄 수 있느냐의 근본적인 문제가 제기될 수 있다. 타문화에 대한 민족지적 기술이 인류학자 자신의 지식 세계로 환원되지 않았는가? 이 문제는 1980년대 이후 인류학계를 중심으로 근대 유럽의 지식 패권주의에 대한 자각과 더불어 '재현의 위기'로서 표출되었다. 실은 '재현의 위기'는 서구의 지식을 객관적으로 보편타당한 것으로 간주해왔던 서구 자신의 관점으로부터 서구 아닌 세계를 기술해왔음을 뜻하기 때문에 단지 인류학에만 해당하는 것은 아니다. 즉 '재현의 위기'는 지식의 절대적 객관성을 독점해왔던 근대유럽의 형이상학에 대한 근본적인 의문에까지 다다른다. 현대 인류학에서는 이에 대한 방법론적 해결책으로서 세계를 복수화·다중심화하고 세계들 사이의 관계를 구축하여 그 속에서 생성된 지식을 가지고 자신의 위상을 재정립하는 길을 제시한다. 이에 따라 타문화에 대한 민족지적 기술은 자문화와 타문화 사이의 접촉과 관계에서 생성되는 지식을 포괄함으로써 한계를 넘어서려 한다.

그리하여 지금 여기 'x의 존재론'에 대한 접근법으로 도입되는 민족지적 기술 또한 'x의 존재론'과 인류학 사이의 교차적 접촉 가운데 생성되는 지식에 주목한다. 'x의 존재론'은 인류학과의 대화 속에서 근대사상에 대한 비판의식을 공유하고 또 다른 형이상학의 가능성을 되물을 것이다. 이것은 'x의 존재론'에 대한 인류학적 번역 작업이라 할 수 있으며, 인류학의 학문적 바람이 그러하듯이 근대 세계의 주변부에 자신을 스스로 묶어두는 식민화에서 벗어나는 학문의 길을 찾으려는 것이다.

2. 유럽 형이상학의 근본 논리와 'x의 존재론'

철학자 박동환은 'x의 존재론'을 그 자체로 말하기까지 유럽 형이상학의 바깥에서 그 대안이 될 만한 것을 찾아내기 위해 우선 그 내부를 탐색하고 분석했다. 박동환의 이 전략은 인류학이 '비서구의 앎을 기술하는 서구의 학문'이라는 자신의 정체를 탈피해서 비서구의 앎을 서구의 앎과 대칭에 놓고 그 자체의 학문으로 정립하려는 지향과 맞닿아 있다. 인류학은 근대유럽의 형이상학이 누리는 보편적 진리의 독점적 지위를 부정하고 그것이 아닌 앎들에도 형이상학으로서의 정당한 권위를 부여하고자 한다. 그 이유는 무엇일까? 레비스트로스에 의하면, 이것은 서구 자신이 원하는 바다. 서구가 자신도 아는 자신의 결점들이 어떻게 존재하게 되었는지를 원주민의 관점에서 설명하게 하여 원주민이 서구를 도와주기를 바라기 때문이라는 것이다.[2] 박동환도 말했듯이, 서양철학은 20세기에 이르러 자신을 송두리째 비판하거나 갈아엎고자 했다.

---

2) "서구가 민족학자들을 만들어내었다면, 그것은 서구가 양심의 가책을 몹시 받았기 때문에 자신의 이미지를 다른 사회의 이미지와 비교해보지 않을 수 없었기 때문이다. 그리고 서구는 민족학자들로 하여금 이와 같은 결점들이 어떻게 존재하게 되었는가를 설명하게 하여, 서구를 돕기를 희망하였던 것이다" 레비스트로스, 『슬픈 열대』, 박옥줄 옮김(서울: 한길사, 1998), 698쪽.

바로 그러한 작업을 인류학은 원주민의 관점으로부터 수행하고자 했다. 그래서 인류학은 원주민의 관점을 서구의 관점에 포섭되지 않는, 서구의 관점과 대등한 것으로 만들어야 했다.

서양철학이 왜 자기를 스스로 비판하고 갈아엎으려 했는지 또 지금도 그러려고 하는지는 후술하는 것으로 하고, 그에 앞서 원주민의 사고에 서양철학과 동등한 지위를 부여하려 한 인류학의 의도가 서구 자신에게 향해 있다고 한다면, 인류학에서 비서구에 관한 민족지적 연구는 필연적으로 서구 자신에 관한 민족지적 연구와 병행할 수밖에 없다는 점을 논해보겠다.

서구 인류학자는 비서구 원주민들을 이해하기 위해 그들의 삶에 몰입한다. 낯선 문화를 이해하는 최상의 방법은 그 문화를 직접 경험해봐야 한다는 것이다. 그렇지만 이러한 참여관찰은 연구자가 연구대상인 타문화와의 거리를 완전히 좁히지 못해 연구자 자신의 자문화만큼 깊이 파고들지 못한다는 점에서 한계가 있을 수밖에 없고, 오히려 연구자가 자문화를 좀 더 '객관적으로' 바라볼 수 있게 한다는 데 부수적이지만 결정적인 효과가 있다. 다시 말해 타문화에 대한 민족지적 연구는 타문화와 자문화 사이의 좁힐 수 없는 거리를 드러냄과 동시에 연구자와 자문화 사이의 거리를 만든다. 그에 따라 자기 세계로 되돌아온 인류학자는 서구가 예전의 서구와 같지 않다. 인류학자가 이번에는 참여관찰의 방법론으로 서구를 연구하면 타문화를 대하듯 서구에 접근하게 된다. 이제 인류학자의 자문화 연구는 자신의 결점이 드러나고 해명되기를 바라는 서구의 기대를 더욱 충족시킬 수 있다. 그 대표적인 사례가 프랑스 인류학자이자 레비스트로스 3세대[3)]를 대표하는 브뤼노 라투르의 연구[4)]이다. 라투르는 자연과학 분야에서 학문 활동의 전개 양상을 분석하기 위해 민족지적 방법론을 가지고 과학자들의 일상적인 연구 행위에 접근한다. 그의 실험실 연구는 과학자들의 연구 행위가 과학적 사실의 구축과 어떻게 연관되는지를 고찰하였고, 그 결과 자연과학이 근대유럽의 구성적 담론이라는 것을 발견하며 그 자체가 안고 있는 근본적인 문제를 직시한다.

라투르는 1977년부터 2년간 미국 캘리포니아에 소재한 소크 연구소의 로제 기유맹 교수의 생리학 실험실을 현장 연구했다. 그는 실험실을 '오지'로 간주하고 그 안에서 이뤄지는 연구 행위를 '원주민'의 낯선 문화를 대하듯이 관찰했다. 그렇게 해서 그가 얻어낸 것은 소위 과학적 사실이 실험실 장비와 실험도구 그리고 과학자들의 세세한 공정을 거쳐 구성되는 것처럼 보이지만, 실제로는 일련의 논리적 추론에 의한 인식론적 설명이 소위 과학적인 공정과정을 대체한다는 것이다. 달리 말해 실험실에서 무질서와 혼동으로부터 도출되는 질서정연한 설명은 실험실 밖에서 역사적으로 주어진 몇 가지 논리적 대안 중에 선택된다는 것이다.[5] 여기서 라투르가 문제 제기하는 것은 과학자들과 더불어 실험실의 장비와 도구 등의 사물들이 과학적 사실을 구성하는 일을 골고루 분

---

3) 레비스트로스가 20세기 프랑스 인류학(민족학)의 포문을 연 이래 레비스트로스의 사상은 프랑스 고등사범학교(Ecole Normale Supérieure)를 중심으로 면면히 이어져 오고 있다. 레비스트로스 자신을 1세대로 본다면, 2세대 그룹을 대표하는 인류학자로는 피에르 클라스트르와 모리스 고들리에를 들 수 있고, 브뤼노 라투르와 필리프 데스콜라는 3세대 그룹에 해당한다. 프레데릭 켁은 프랑스 인류학에서 레비스트로스를 계승하는 가장 젊은 4세대 인류학자 그룹을 대표한다.

4) Bruno Latour and Steve Woolgar, *Laboratory Life: The Construction of Scientific Facts* (Beverly Hills, CA: Sage Publications, 1979); 브루노 라투르, 스티브 울거, 『실험실 생활: 과학적 사실의 구성』, 이상원 옮김(파주: 한울아카데미, 2018).

5) Bruno Latour and Steve Woolgar, pp. 40-41.

담하고 있는데도 왜 그 일이 그것들과 별개인 인간의 사고과정으로 환원되는가이다.[6] 그래서 라투르는 인간의 사고과정으로 환원되는 근대과학의 자기 논리를 파헤치고 그것을 넘어서는 '비환원'(irreduction)의 원리로 사물들의 행위성—실험실의 진상—으로서 실재를 규명하고자 한다.[7]

이 점에 관해 박동환은 어떤 원리로도 실재는 인간의 사고체계에 결코 포섭될 수 없다고 반박한다. 그에 따르면, 환원주의는 '모든 것의 이론'을 지향하는 근대과학의 자기 논리와 직접적으로 맞닿아 있지만, 그 원천은 "모든 미지의 것(the unknown)을 기지(the known)의 세계 틀 가운데로 집어넣으려는"[8] 인류의 지적 경향에 있다. 인류의 험난한 지적 여정은 과학이 탐구하는 궁극의 실재가 인간의 사고체계로 수렴되기를 겨냥해왔다. 그렇지만 지난 수천 년의 지적 여정은 그러한 시도가 오히려 인간의 사고체계를 실재라는 미궁에 빠뜨린다는 것을 여실히 보여주었다. 여기서 한 가지 의문이 생긴다. 인류는 왜 이러한 '실패'를 반복하는 것일까? 박동환은 과학혁명을 이룩한 근대유럽의 합리성에서 이 질문의 답을 찾는다.

알다시피 근대의 과학혁명은 서구적 합리성에 기반을 둔다. 박동환은 서구적 합리성의 고유한 특징이 근대의 과학혁명 자체의 논리적 방법에 스며있다고 말한다. 그는 근대의 과학혁명에 직접적인 공헌을 한

---

6) Bruno Latour, *The Pasteurization of France*, trans. by Alan Sheridan and John Law (Cambridge, Mass.: Harvard University Press, 1988), p. 153.

7) 그레이엄 하먼, 『네트워크의 군주: 브뤼노 라투르와 객체지향 철학』, 김효진 옮김(서울: 갈무리, 2019), 21-24쪽.

8) 박동환, 『*x*의 존재론』(고양: 사월의책, 2017), 62쪽.

것으로 피타고라스학파의 합리주의 사상을 꼽으면서 그것의 핵심은 순수논리적 일관성의 추구에 있다고 지적한다. 예를 들어 피타고라스 정리는 직각삼각형에서 두 변의 제곱의 합이 빗변의 제곱과 같다는 것인데, 이 세 변이 3:4:5와 같이 정수들 사이의 비율로 이루어진다는 것을 발견해낸다. 그런데 가령 1:1:$\sqrt{2}$와 같이 비율이 정수가 아닌 경우는 수의 원자가 1이라는 수 원자론의 논리적 일관성을 벗어난다. 수 원자론의 '잉여'(remainder)가 발생한 것이다. 이에 따라 1:1:$\sqrt{2}$를 설명할 수 있는 또 다른 논리가 요구되고, $\sqrt{2}$는 정수의 비율로서가 아닌 이웃하는 두 변의 대각선이라는 기하학적 성질로서 유추된다. 이처럼 순수논리적 일관성의 추구는 그 일관성으로 인해 자기 논리에 어긋나는 현상에 반드시 부딪히게 되고 이 현상을 설명할 수 있는 또 다른 논리를 궁리하게 된다.[9] 이러한 근대과학의 논리적 전개 방식은 라투르가 참여관찰한 실험실에서 무질서에서 질서가, 질서에서 무질서가, 다시 무질서에서 질서가 창출되는 양상과 정확히 부합한다. 무질서한 실험 과정과 결과가 실험실 밖의 명제에 의해 정합적으로 질서화되고, 이 정합적인 명제에 벗어나는 무질서는 실험실 밖의 또 다른 명제에 의해 질서화되기를 기다린다.

박동환은 이러한 유럽의 합리성을 중국의 합리성과 대조하는데, 유럽의 합리성이 연역적 일관성에 따라 스스로 극한까지 밀고 나가 한계와 위기를 맞닥뜨리게 하고 그러한 예외적 사태를 발전의 계기로 삼는다면, 중국의 합리성은 자연의 운동 궤도를 벗어나지 않으면서 그 뿌리로 반복적으로 되돌아온다는 것이다. 그는 전자를 주변유도(periphery-

9) 박동환, 『동양의 논리는 어디에 있는가』(고양: 사월의책, 2017[1993]), 214-219쪽.

leading)의 논리로, 후자를 중심유도(center-leading)의 논리로 규정하면서 이 둘이 대칭적인 관계를 이룬다고 주장한다.[10] 그의 주변유도의 논리에 따르면, 서구적 합리성의 특징을 이루는 연역적 일관성에 의해 주변이 생겨나고 생겨난 주변이 다시 연역적 일관성으로 포섭되는 논리적 전개 과정에서, 관찰과 실험은 공리를 극한까지 밀어붙여서 실재—과학적 사실—를 구성하게 만드는 작용이다.

라투르는 실험실에서 과학적 사실의 실재성(reality)이 실험도구와 장비 그리고 과학자들의 세세한 공정에서 구현되는 듯하다가 막상 실험실 '외부'에서 주어지는 어떤 과학적 진술이 실험결과와 일치하는 순간에 확정된다는 것을 알아냈다. 라투르가 참여관찰한 "과학 활동은 '자연에 관한 것'이 아니라 실재성을 구성하기 위한 치열한 싸움"[11]이었던 것이다. 즉 과학적 사실은 자연에 있지 않다. 만일 '외부'에서 주어진 과학적 진술이 실험결과와 맞지 않는다면 실험결과가 그 진술을 대체하는 것이 아니라 '외부'에서 또 다른 진술이 요구된다.[12] 이때 실험실에 있는 도구, 장비, 시료, 시약 등의 사물들은 각각의 가능성 혹은 잠재성을 따라서 제각기 움직이지 못하고 오직 연역법(deduction)의 인과관계에 묶이게 된다. 그렇게 원인과 결과의 연쇄 사슬에 묶인 사물들의 가능성은 계속해서 어딘가로 환수되고 최종적으로 인간의 심리적인 환원주의에 포박된다.

그런데 과학적 사실이 인간 사고로 환원되는 과정의 논리는 이율배

---

10) 같은 책, 219-225쪽.

11) Latour and Woolgar, p. 243.

12) 같은 책, pp. 252-258.

반적이다. 왜냐하면 근대과학은 실험실이라는 장치를 통해 과학 자체의 작동방식을 드러내려는 것이기 때문이다. 여기서 실험실의 사물들은 과학적 현상을 곧이곧대로 알려주는 행위자들이다. 인간의 의지는 과학을 방해할 뿐이며, 인간은 사물들의 대리자 역할에 만족해야 한다. 그리고 이렇게 과학에서 배제된 인간의 의지는 그 순수성을 정치에서만 발산할 수 있다. 라투르가 '근대헌법의 대분할'이라고 명명한 과학(자연)과 정치(사회)의 구획은 사물을 (과학을 증명하는) 행위자로 등극시키고 인간의 역량을 (자유 의지를 발산하는) 정치에 국한하는 듯하다. 그러나 라투르가 말했듯이, 홉스의 정치철학이 궁극적으로 도달하려 했던 '만인의 힘의 비가역적인 결합으로서 주권자'야말로 사물들의 대리자라는 과학자의 위상에 맞대응한다.[13] 즉 주권자에게 권력을 위임하는 인간들은 과학자에게 목소리를 내주는 사물들의 유비와 다름없다. 뒤집어 말하면 사물들은 인간들처럼 사회를 만든다. 인간들이 사물들과 분리되는 순간 사물들은 인간들의 사회적 관계의 핵심으로 동원된다.[14]

실재를 밝히기 위해 인간들과 사물들을 분리했지만 그 분리가 오히려 실재를 밝힐 수 없게 만들었다는 것은 다만 근대과학의 논리적 모순으로만 설명되지 않는다. 18세기 선험주의 인식론이 등장한 이래 근대 유럽의 형이상학은 실재를 말할 수 없음을 실토한다. 칸트의 물자체는 그러한 고백과 마찬가지다. 그런데 라투르의 분석에 따르면, 사물에 대한 인식을 인간의 사고로 환수하고 사물을 인식 너머로 던져버린 칸트

---

13) 브뤼노 라투르, 『우리는 결코 근대인이었던 적이 없다』, 홍철기 옮김(서울: 갈무리, 2009), 82-87쪽.

14) 같은 책, 105쪽.

의 순수이성은 '근대헌법의 대분할'에서처럼 사물을 사회화할 뿐만 아니라 인간을 사물화한다. 인간과 사물의 역전(reversal)은 서구의 연역법이 주체에 의한 사고형성과 연관된다는 박동환 철학의 주장을 소환한다.

박동환은 니체와 러셀을 빌어 "주어가 주축이 되어 술어 또는 풀이말들을 통솔하는 인도유럽어의 문법은 주체, 자아, '나'라는 허구의 존재론을, 그리고 속성들을 지닌 실체, 현상들 너머의 실재라는 허구의 형이상학을 만들어낸다."[15]고 말한다. 서양철학의 연역적 논리는 인도유럽어 자체에 내장된 주어 중심의 사고방식에 기인한다는 것이며, 이렇듯 주어가 통솔하는 문법 구조는 인식주체와 인식대상에 대한 허구의 존재론을 만들어낸다는 것이다. 즉 주어 자리에 오는 그것은 술어를 통솔함으로써 술어에 의해 자신의 존재를 허구적으로 드러낸다. 그러니까 주어 자리에 오는 그것은 어차피 허구이므로 인간이든 사물이든 상관이 없고, 주어 자리를 두고 인간과 사물의 상호 대체가 가능하다.

그의 생각에 따르면, 칸트가 규정한 범주 개념이야말로 근대유럽의 형이상학이 허구의 존재론이라는 것을 방증한다. '술어들의 분류'라고 하는 칸트의 범주 개념은 대상에 앞서 이미 인간 이성에 갖추어져 있는 것이기에 대상 자체와 무관하다. "우리들의 인식과 판단은 우리들이 세계 또는 자연에 질서와 법칙을 매기는 행위이지, 사물 자체 또는 자연 자체의 성질을 인식하거나 판단하는 것이 아니다."[16] 이것은 범주를 대상에 내재하는 속성으로 규정하는 고대 유럽의 전통적인 형이상학과 대립하는 것처럼 보인다. 그렇지만 "현상 세계의 다양한 사물들을 이루

---

15) 박동환, 『x의 존재론』, 64쪽.
16) 같은 책, 129쪽.

고 있는 보편의 성분들을 추적 분석하는"[17] 플라톤의 이데아가 결국은 현상 세계에서 파악되는 것이 아니듯이, 대상에 내재하는 속성이든 인간에게 선험적으로 주어지는 범주든 고대 유럽의 형이상학 또한 우리가 대상의 실체를 알 수 있다고 주장하지 않는다. 역설적이게도 유럽의 형이상학에서 대상에 대한 철학적 방법론은 대상을 알 수 없게 만들면서도 대상이 무엇인지를 끊임없이 탐구하게 만든다. 박동환은 이것이 대상을 실체화해서 장악하려는 주어 중심의 인도유럽어의 문법 구조에 배태된 판단형식 때문이라고 단언한다.

그렇다면 대상화가 아닌 대상 그 자체의 실체는 무엇인가? 혹은 우리는 그 실체를 무엇이라고 말할 수 있는가? 박동환은 인도유럽어와 다른 문법 구조를 가진 한국어에서 제3의 판단형식을 찾아낸다. 한국어는 인도유럽어와 달리 주어가 없어도 문장이 성립한다. 인도유럽어는 주어 자리에 주어를 놓고 주어에서 풀려나오는 술어들의 조합을 통해 주어를 해명한다. 이를 통해 주어는 존재의 주체성을 확보한다. 이에 반해 한국어의 판단형식은 주어가 아닌 술어가 쥐고 있다. 한국어에서는 주어가 생략됨으로써 문장의 뜻이 문장이 끝날 때까지 유보된다. 인도유럽어에서 술어는 주어진 단 하나의 주어에 매어있지만, 한국어에서 술어는 주어 자리를 열어둠으로써 그 자리에 오는 복수의 주어가 술어를 나눠 가지게 한다. 그렇게 같은 술어를 나눠 가진 주어들은 '우리가 남이가?'를 연발한다.[18]

게다가 인도유럽어와 한국어 사이에서 주술관계의 특징적 차이는 이

17) 같은 책, 24쪽.
18) 같은 책, 351쪽.

뿐만이 아니다. 전자에서 술어는 주어의 실체적 속성으로 환원되지만, 후자에서 술어는 주어 자리의 비어있는 그것의 형상을 끊임없이 되먹임한다. 그래서 한국어에서 술어는 생략된 주어, 곧 '미지의 *x*'의 움직임을 주시할 수밖에 없다. 한국어의 문법 구조에서 실재는 술어를 통솔하는 실체가 아니라 술어에 의해 되먹임되는 움직임에서 잠시 잠깐 스치는 그것이다. 무언의 움직임으로 자기 존재를 잠시 잠깐 드러내는 바로 그것이 '*x*의 존재론'에서 *x*다.

3. 파국 그리고 주체의 용해로서 *x*

먼저 한 가지 짚어야 할 점은 인도유럽어 계통의 형이상학에서 나타나는, 주어의 자리에 인간 아닌 것들을 배치해서 그것들을 사회화하는 논리는 근대유럽에만 있지 않다는 것이다. 인간이 비인간으로부터 사회적 관계를 참조한다는 관념은 레비스트로스가 아메리카 원주민의 토테미즘을 논하면서 그것의 특징인 비인간의 인간사회 유비화로서 이미 언급한 바다. 또 직업 카스트의 사례에서처럼 기술 발전에 의한 직능의 분화는 동식물을 대신해서 특정 직능을 상징하는 인공물이 토템으로서 인간집단의 사회적 관계를 대변하게 하기도 한다.[19] 근대유럽의 특징적인 논리는 그것이 인간주의(humanism)라는 용어로 정의되고는 하듯이 이 역전을 조작할 수 있는 권능을 신을 소거하면서까지 인간에게 부여한다는 것이다. 근대인들은 "자신들의 사회를 만들고 허물 자유를 갖는

19) 레비스트로스, 『야생의 사고』, 안정남 옮김(서울: 한길사, 1999), 196쪽.

다."[20] 근대 세계에서 인간이 신적인 의지를 가진 자유로운 존재, 곧 주체(subject)일 수 있는 것은 바로 사회—인간들, 비인간들, 사물들 각각의 사회와 모두의 사회—를 만들고 허무는 역사에 의해서다.

그런데 레비스트로스는 이 인간이 사라질 것이며 사라지고 있다고 단언한다. 근대유럽의 인간주의 관점에서 레비스트로스의 주체 비판은 도발적이며 문제적이다. 레비스트로스가 "세계는 인간 없이 시작되었고 또 인간 없이 끝날 것"이며 인간의 "헛된 노력은 하나의 보편적인 몰락과정을 저지하는 방향으로 진행될 것"이므로 인간의 "해체 과정을 연구하는 학문의 이름은 인류학(anthropologie)이라기보다는 엔트로폴로지(enthropologie)라고 써야 할 것"[21]이라고 말한 것은 역사 속에서 등장한 인간 주체가 유럽의 역사와 지구 세계를 동일시함으로써 자신의 역사

---

20) 브뤼노 라투르, 『우리는 결코 근대인이었던 적이 없다』, 105쪽. 물론 라투르의 연구는 '근대인'을 변명하기 위한 것이 아니다. 라투르는 대상 또는 객체를 인간 이성에 의해서만 존재하게 만드는 칸트의 물자체를 넘어서려 하고, 사물의 본질이 현상 너머에 있다는 플라톤의 이데아를 배격한다. 라투르에게 사물은 행위자(actor) 또는 행위소(actant)로서 인간과 동등한 존재론적 자격을 갖는다. 이러한 사물들을 연결하는 수단은 번역과 동맹이며 이것들이 구축하는 진리는 연역적이지 않다.(그레이엄 하먼, 『네트워크의 군주』, 27-47쪽) 그러나 앞서 말한 것과 같이, 주어 자리에 인간이 오든 비인간이 오든 주어를 중심으로 하는 인도유럽어 계통의 논리에서는 술어의 모든 진술이 주어에 귀속될 수밖에 없고 움직임으로서 실재를 보지 못하게 만든다.

21) 레비스트로스, 『슬픈 열대』, 742-743쪽. '엔트로폴로지'는 문자 그대로 엔트로피(entropy)의 학문이라는 뜻이다. 여기서 레비스트로스는 질서의 창조는 더 큰 무질서를 낳는다는 엔트로피의 법칙을 상기시키며, 서구 세계가 역사 생성의 에너지를 끌어와서 발전의 원동력으로 삼으면서 그렇게 사용된 많은 에너지 중 쓸모없어진 에너지가 거꾸로 더 큰 무질서를 가져오는 사태를 꼬집는다. 그래서 레비스트로스는 역사 없는 민족과 그 외의 민족으로 구분하기보다 역사적 요인이 사회의 안정과 연속성을 위해 제거되는지 아니면 생성의 에너지로 사용되는지에 따라 '차가운' 사회와 '뜨거운' 사회로 구분하자고 제안한다.(레비스트로스, 『야생의 사고』, 335쪽)

에 절대성과 보편성을 고집하는 바람에 몰락해갈 수밖에 없는 서구 세계를 겨냥한 것이다. 레비스트로스는 구체적으로 역사 속에서 자유를 실현하는 주체를 형상화한 사르트르의 『변증법적 이성 비판』의 치명적인 착오가 프랑스 혁명을 근대의 시작을 알리는 역사적인 사건으로 명시하고 프랑스 혁명을 인간사고의 보편성이라는 새로운 코기토의 원천으로 변경해서 결국은 폐쇄사회의 특징인 왜소성을 드러낸 것이라고 꼬집는다.[22]

프랑스 인류학자이자 레비스트로스 4세대를 대표하는 프레데릭 켁은 인간 주체의 출현과 서구 세계의 몰락을 동시에 이야기하는 엔트로폴로지에 대해 레비스트로스가 그것을 자연에 관한 인간사고와 함께 논한다는 점에서 생태적 파국(ecological catastrophe)과 관련지을 수 있다고 말한다.[23] 생태적 파국이란 우리가 흔히 '자연의 역습'이라고 이야기하듯이 인간이 조절하고 통제할 수 있다고 간주해온 자연이 인간의 힘을 초월해서 인간뿐 아니라 비인간의 생명체들까지도 파멸에 이르게 하는 국면을 가리킨다. 그러므로 생태적 파국은 (인간의 나약함과 어리석음을 질타하는) 자연과 (그에 맞서는) 인간의 대결로 표출된다. 그리고 작금의 인류는 인간이 자연에 맞서면 맞설수록 자연은 더 큰 재앙을 가져온다는 것을 목격하고 있다.

어떻게 보면 지구상에 인간이 출현한 이래 생태적 파국은 언제나 있었고, 인간은 생명 활동의 연장선에서 파국을 받아들이고 헤쳐 왔으며,

---

22) 같은 책, 357쪽.

23) Frédéric Keck, "Dissolution du sujet et catastrophe écologique chez Lévi-Strauss," *Archives de Philosophie* 76, 2013.03, p. 375.

바로 그렇게 역경을 딛고 일어서는 과정에서 주체가 출현한 것이라 말할 수 있다. 그래서 켁은 인간과 자연을 연속적으로 보느냐 불연속적으로 보느냐—인간을 자연의 부분으로 보느냐 자연과 독자적으로 보느냐—에 따라서 인간 주체와 생태적 파국의 관계를 두 측면에서 논할 수 있다고 말한다. 연속적인 측면에서 인간 주체는 생태적 파국으로 등장한 파국으로서 스스로 용해한다. 불연속적인 측면에서 인간 주체는 생태적 파국을 저지하기 위한 또 다른 파국이면서 생태적 파국을 재촉한다.[24)]

레비스트로스는 파국으로 치닫는 서구 세계의 인류학자인 자신과 같은 운명에 처한 인간으로서 아마존 원주민에게 동병상련의 감정을 품는다. 서구 인류학자와 아마존 원주민은 모두 여하간 파국에 직면해 있고, 이 파국을 어떻게 헤쳐 나갈지를 고민한다. 이처럼 레비스트로스에게 아마존 원주민의 사고는 원시생활의 야성이 아니라 야만적인 환경 속에서 살아남은 지성이다. 다시 말해 레비스트로스가 아마존에서 찾아낸 '야생의 사고'는 (연속적인 측면에서) 생태 파국 속에서 등장하여 (불연속적인 측면에서) 생태적 파국을 저지하는 사고였다. 그리고 이러한 '야생의 사고'의 관점에서 서구 세계의 '변증법적 이성의 사고'는 (불연속적인 측면에서) 생태적 파국의 길을 재촉하며 (연속적인 측면에서) 스스로 해체의 길을 걷고 있다. 그래서 레비스트로스는 머지않아 가장 현대적인 과학을 통해 이 '야생의 사고'의 원리가 정당화되기를 바란 것이다.[25)]

'x의 존재론' 또한 생태적 파국 속에서 등장한 '야생의 사고'와 크게 다르지 않다. 박동환은 6.25 전쟁을 겪으면서 철학자가 되기로 마음먹

24) 같은 글, p. 377.
25) 같은 글, pp. 382-383.

었다고 회고한다. 그 자신은 "전쟁의 상흔을 안고 왜 공상에 지나지 않는 철학을 하겠다고 철없이 뛰어들었는지 지금 돌이켜 보면 이해가 가지 않는다."라고 고백하지만, 전쟁으로 인해 그가 철학의 길에 들어선 것은 분명하다. 전쟁은 그의 말대로 "전혀 상상하지 못했던 새로운 세계의 생생한 체험과 관찰"을 선사한다.[26] 어찌 보면 전쟁은 자연재해와 같다. 아니, 오히려 전쟁은 인간에게 자연재해보다 돌이킬 수 없는 더한 상처를 남기기도 한다. 전쟁은 제어 불가능한 감정 없는 기계와 같으면서도 인간에게 온갖 감정으로 전쟁 기계에 동참할 것을 호소한다. 젊은 박동환이 철학을 하려 한 것은 파국으로 인해 미쳐 날뛰는 현실 세계를 진정시킬 수 있는 사고를 찾으려 한 것이 아닐까?

실제로 박동환은 자신에게 가장 큰 영향을 준 철학서로 구약 「전도서」를 꼽는다. 「전도서」의 저자는 당시 유대전통과 헬레니즘의 격돌이 일으킨 파국과 혼돈 속에서 개체들이 현실을 통제할 수 없는 상황을 목격하고, 개체들의 삶을 격파하고 운명을 좌우하는 초월의 존재가 있다고 하는 믿음을 갖게 된다. 헬레니즘은 기원전 334년 마케도니아의 알렉산더 대왕이 제국을 건설한 이후 약 300년간 그리스 문명을 중심으로 동서의 문화가 통합된 시대를 가리킨다. 한마디로 헬레니즘은 그리스 문명의 세계화를 추진한 시대이다. 이때부터 인류 문명은 역사의 외피를 두르고 인간중심의 세계관을 확립하기 시작한다. 「전도서」의 저자는 그러한 철학과 역사가 과연 우리에게 주어진 고난과 역경을 해결해 줄 수 있는지를 회의한다. 고작 헬레니즘은 인간 사고를 그러한 철학과 역사로 덧씌우는 '식민화'로 이끌고 파국에 대한 근본적인 처방을 회피

---

26) 박동환, 『x의 존재론』, 9-10쪽.

하는 것이 아닌가? 기원전 2세기경에 쓰인 것으로 추정되는 「전도서」는 헬레니즘의 절정기에서 헬레니즘이 인류에게 가져다줄 파멸의 씨앗을 본 것이다. 나는 이것이 바로 파국의 대응으로서 철학을 고심해온 박동환이 「전도서」를 전범으로 삼은 이유라고 생각한다. 그는 "전도서를 읽을 때마다 나에게 떠오르는 결론은 고대로부터 현대에 이르기까지 모든 철학자의 존재론과 역사철학과 도덕론이 얼마나 안일한 처방인가 하는 물음이다."[27]라고 하면서 「전도서」의 한 마디 한 마디를 되뇐다. 파국의 철학을 구상하는 이 철학자는 유럽 형이상학의 뿌리인 헬레니즘을 탈피하는 것, 즉 '철학의 탈헬레니즘화'[28]에 마침내 가닿았고, 헬레니즘이라는 사고의 식민화에 온몸으로 저항한 「전도서」를 철학의 이정표로 삼았다.

그렇게 해서 박동환은 자신과 같이 한계에 가두어진 개체 x와 이 개체들이 파국의 초월성으로 체험하는 X의 관계 논리를 집중적으로 파고든다. 인류 문명을 옹호할 뿐인 헬레니즘의 철학과 역사의 틀을 넘어서서 x와 X, 그리고 이 둘 간의 관계 논리를 통해 격파 혹은 파국에 직면한 존재들의 진상을 드러내고 그 실재를 해명하고자 한다. 개체들에 격파를 날리는 초월자 X는 개체들에 잠시 잠깐 우주의 척도로 현전하지만, 그 앞에서 개체들의 사고란 개체들이 속하는 체제의 안정을 위하여 도입되는 X와 x의 통분해법인 Xx가 최선일 뿐이다. 가령 레비스트로스가 "역사적 변화의 구조적 적응"이라고 논한 토테미즘 또한 예상치 못한 전쟁이나 천재지변과 같은 X의 현전으로부터 인간의 질서를 보호

27) 같은 책, 12쪽.

28) Peter Skafish & Eduardo Viveiros de Castro, 앞의 글, p. 414.

하려는 최소한의 방어기제에 불과했다. 토테미즘은 생태적 파국에 대응하는 '야생의 사고'인 $\mathcal{X}x$인 것이다. 다시 말해 '야생의 사고'는 x가 $\mathcal{X}$의 격파를 체험한 후에 그에 맞서는 x의 움직임 그 자체이다.

여기서 간과하지 말아야 하는 것은 야생의 사고가 변증법적 이성의 사고와 달리 인간 본위의 사고를 지양한다는 점이다. 변증법적 이성의 인간 사고는 사고의 모든 대상에 '인간 본위의 척도'로서 단 하나의 결정 수준을 지정하고자 한다. 변증법적 이성을 실천하는 인간 주체는 단 하나의 수준에서 결정된 세계를 단 하나의 전체로서 구축한다. 가령 인간 주체의 사고 능력은 하나의 사건으로부터 그것의 데이터를 가지고 하나의 전체를 구축한다. 마찬가지로 또 다른 사건이 발생하면 또 다른 전체가 구축된다. 이에 따라 변증법적 이성에 의한 전체화 작용은 둘 이상의 전체를 가능하게 만든다. 그러니까 주체는 하나의 개체에 하나의 인격만을 허용하고 그 개체의 경험을 전체화해서 단 하나의 전체를 지향하는데, 이러한 주체의 폐쇄적 독점성으로 인해 주체는 또 다른 전체를 허용하는 반전에 노출될 수밖에 없다. 그런데도 주체는 폐쇄적인 본성 때문에 반전의 논리를 포섭하지 못하고 또 다른 전체를 주장하는 사건을 실재 너머로 밀어버린다. 그 결과 너머로부터 주체에 들이닥치는 사건은 주체를 격파하게 된다.

이에 반해 야생의 사고는 모든 현상을 $\mathcal{X}$의 초월성과 x의 내재성이 중층적으로 결정되는 각각의 수준에 복수로 놓는다. 너머에서 사건으로 현전하는 $\mathcal{X}$와 격투하는 변증법적 이성의 주체와 달리, x는 $\neg x$로 자신을 스스로 지양하며 $\mathcal{X}x$라는 통분 해법에 따라 자신을 용해한다. x는 생태적 파국에 맞설지라도 $\mathcal{X}$를 넘보지 않는다. x는 파국 속에서 등장하여 파국을 저지하려 하지만 결국 파국을 재촉할 뿐이며 파국 속으로 사라지는 자신의 운명을 내재성으로 본성화한다. 진리의 패권이 *x*에 있지 않다는 것을 철학자 박동환은 알고 있었다.[29)]

4. 너머의 형이상학으로

'*x*의 존재론'은 '존재론의 인류학'을 주창하는 학자들과 마찬가지로 '비서구에 대한 서구 학문의 비적실성'에서 그 문제의식이 발현되었다. '존재론의 인류학'을 이끄는 브라질의 인류학자 비베이루스 지 카스트루는 서구 세계의 지식체계가 어째서 아마존의 관점과 어긋나는지를 분석함으로써 그것의 논리적 한계를 지적한다. 그와 함께 서구와 아마존의 차이를 통해 서구 학문의 한계를 돌파하는 아마존의 사상체계를 정초해내었다. 그의 전략은 서구의 소진된 노모스(*nomos*)의 개념과 용어의 술어를 바꿔 끼우는 식으로 그것들을 재활용하는 것이다.[30)]

박동환은 서구 학문으로부터 소외된 자신의 처지를 노골적으로 드러내며 그것 자체를 학문의 원동력으로 삼았다. 그리하여 그는 서양철학과는 독자화된 동양의 논리를 찾아 나섰고, 마침내 인류 보편의 사고를 탐색하는 데까지 이르렀다. 그는 이렇게 말한다. "일반 철학사는 서양이 주도하는 세계 철학사의 판도에서 소외된 동양 철학사의 자리를 회복시키며 문명인과 석기시대의 원시인에게도 동등한 논리적 능력을 부여

29) 박동환, 『진리의 패권은 사람에게 있는 것이 아니다』(고양: 사월의책, 2019), 97-119쪽 참조.

30) 에두아르두 비베이루스 지 카스트루, 『식인의 형이상학: 탈구조적 인류학의 흐름들』(서울: 후마니타스, 2018) 참조.

하는 길을 찾는다."[31] 박동환의 철학이 한국 학계에 시사하는 점은 다음의 두 가지로 이야기해볼 수 있다.

첫째, 21세기 학문의 조건과 방향은 인류 문명사의 철학 및 역사와 절단함으로써 재연결하는 데에 있다. 이제는 서양철학이 곧 보편 철학이라고 주장하기 어려운 시대가 되었다. 21세기 서구 철학자들마저 서양철학은 왜 보편 철학이 아님에도 불구하고 보편 철학을 주장해왔는지를 논증한다. 그렇지만 이 논증이 서양철학을 한국철학—만약 '한국철학'이라는 것이 있다고 한다면—으로 대체하는 것으로 귀결되지 않는다. 그래서 둘째, "원시인에게 동등한 논리적 능력을 부여하는 길을 찾는" 것은 수천 년의 인류 문명의 사고로도 풀리지 않는 "미결정과 모순의 이행성을 드러내는 논리적 구조"[32]를 밝히는 것이라는 이야기를 귀담아 들을 필요가 있다. '존재론의 인류학'이 비인간 존재, 인공물, 비인공물(자연물), '생존 활동의 사변적 부분', '문화라는 조작된 장벽', '자연이라는 독점적 관념' 등에 주목하는 것 또한 이제까지 서구의 학문이 주목하지 않았던 '잉여'를 드러내서 그것의 모순을 논하고 이를 통해 그 너머의 형이상학을 제시하려는 것처럼, 박동환은 21세기 인류가 당면한 문제를 풀어가기 위해서는 수천 년의 철학보다 더 멀리 그리고 더 깊이 파고들어야 한다고 말한다. 지금의 철학은 그래야 철학이라고 말이다.

---

31) 박동환, 『동양의 논리는 어디에 있는가』, 93쪽.

32) 같은 책, 같은 곳.

참고문헌

그레이엄 하먼, 『네트워크의 군주: 브뤼노 라투르와 객체지향 철학』, 김효진 옮김, 서울: 갈무리, 2019.

레비스트로스, 『슬픈 열대』, 박옥줄 옮김, 서울: 한길사, 1998.

레비스트로스, 『야생의 사고』, 안정남 옮김, 서울: 한길사, 1999.

박동환, 『x의 존재론』, 고양: 사월의책, 2017.

박동환, 『동양의 논리는 어디에 있는가』, 고양: 사월의책, 2017(1993).

박동환, 『진리의 패권은 사람에게 있는 것이 아니다』, 고양: 사월의 책, 2019.

브뤼노 라투르, 『우리는 결코 근대인이었던 적이 없다』, 홍철기 옮김, 서울: 갈무리, 2009.

에두아르두 비베이루스 지 카스트루, 『식인의 형이상학: 탈구조적 인류학의 흐름들』, 박이대승, 박수경 옮김, 서울: 후마니타스, 2018.

Keck, Frédéric, "Dissolution du sujet et catastrophe écologique chez Lévi-Strauss," *Archives de Philosophie* 76, 2013. 3.

Latour, Bruno and Steve Woolgar, *Laboratory Life: The Construction of Scientific Facts*, Beverly Hills, CA: Sage Publications, 1979. (한글판) 브루노 라투르, 스티브 울거, 『실험실 생활: 과학적 사실의 구성』, 이상원 옮김, 파주: 한울아카데미, 2018.

Latour, Bruno, *The Pasteurization of France*, trans. by Alan Sheridan and John Law, Cambridge, MA: Harvard University Press, 1988.

Skafish, Peter and Eduardo Viveiros de Castro, "The Metaphysics of Extra-Moderns: On the Decolonization of Thought—A Conversation with Eduardo Viveiros de Castro," *Common Knowledge* 22(3), 2016. 9.; 에두아르두 비베이루스 지 카스트루, 「'엑스트라 모던'의 형이상학: 사고의 탈식민화에 관하여—에두아르두 비베이루스 지 카스트루와의 대담」, 『인디오의 변덕스러운 혼』, 차은정 외 옮김, 옥천: 포도밭출판사, 2021.

서양철학사의 맥락에서 본 ㅂㄷ철학

김귀룡*

1. 예비적 논의: 같음의 길과 다름의 길
2. 동일성 논리(철학)의 전개
3. 동일성 철학에 대한 비판적 흐름
4. ㅂㄷ철학에서 세상에 있는 것(x)들은 무엇인가?
5. 세계 초월적인 격파자 X
6. 맺음말: 질문

인간 생각(마음)에는 두 가지 길이 열려 있다. 같음과 다름이다. 같음의 길로 가도 파국이고 다름의 길로 가도 파국이다.[1)] 따라서 같음의 길로 가도 안 되고 다름의 길로 가도 안 된다. 일어난 생각을

---

* 연세대학교 철학과 대학원에서 박사학위를 받았고, 1999~2021년 충북대학교 철학과 교수, 교무처장, 대학원장 등으로 재직했다. 대표저서로는 『고대와 현대의 철학적 대화』, 『고대 그리스 논리사』 등이 있다.

1) 어차피 (모든 것이) 파국에 봉착할 수밖에 없다는 것이 ㅂㄷ의 주장으로 여겨진다. 존재의 운명은 파국이고, 인간은 그걸 단지 서술할 수밖에 없다. x의 존재론은 파국에 봉착하게 되는 존재의 운명에 대한 서술이라고 할 수 있다. 이에 대한 의문과 예상되는 대답은 이러하다. 문) 왜 파국에 봉착할까? 왜 죽을까? (답) ㅂㄷ: 죽는 건 당연한 거야, '왜 죽을까?'라는 의문이 필요 없어. / 파르메니데스: 맞아, 죽음에 대해 의문을 가질 필요가 없어. 죽지 않으니까.
그러나 ㅂㄷ이나 파르메니데스의 답이 모두 무전제는 아니다. 세상에 당연한 건 없다(세상에 문제 삼을 수 없는 건 없다). 이에 대해 예상되는 반응은, ㅂㄷ: 아냐 당연한 게 있어서 죽게 되어 있어. / 파르메니데스: 당연한 거? 있다는 거지, 그것이 없어질 수는 없으니 있는 건 당연한 거야. 이처럼 ㅂㄷ과 파르메니데스는 離散과 unify의 차이일 뿐 전제가(당연한 것이) 있다는 점에서는 같다.

출발지로 삼아 근원을 추적해 들어가도 안 되고 일어난 생각을 부수고 가도 안 된다. 일어나지(태어나지) 않는 것이 최선이다.

1. 예비적 논의: 같음의 길과 다름의 길

같음의 길과 다름의 길, 이는 동일성 논리와 차이성 논리로 명명할 수 있다.[2)]

파르메니데스는 있음의 길과 있지 않음의 길을 제시함으로써 서양철학사에서 처음으로 같음(있음)의 길과 다름(있지 않음)의 길이 인간 사유에 제시되어 있음을 밝힌다.[3)] 있음의 길과 있지 않음의 길은 상호 배타적이다. 곧 있거나 있지 않다(is or is not).

'있거나 있지 않다'는 건 어떤 의미인가? 100% 결정(사유)할 수 있거나 전적으로 비결정적이라는 말이다.[4)] 인간 사유에는 무언가로 결정할

---

2) 같음의 길(동일성 논리)에 귀속되는 것들: 있음(존재) – 낮 – 빛 – 긍정 – 자아 – 통합(unity, integration) – 하나 – 명확성(clarity) – 중심 – 기지(known)
다름의 길(차이성 논리)에 귀속되는 것들: 있지 않음(무) – 밤 – 어둠 – 부정 – 타자 – 이산(離散, differentiation, dissemination) – 여럿 – 애매성 – 모호성 – 비결정성 – 주변(여백) – 미지(unknown)

3) "자, 이제 내가 말할 터이니, 그대는 이야기(*mythos*)를 듣고 명심하라. 탐구의 어떤 길들만이 사유를 위해(*noēsai*) 있는지. 그 중 하나는 있다(*esti*)라는, 그리고 있지 않을 수 없는 길로서, 페이토(설득)의 길이며(왜냐하면 진리를 따르기 때문에), 다른 하나는 있지 않다는, 그리고 있지 않을 수밖에 없는 길로서, 그 길은 전혀 배움이 없는 길이라고 나는 그대에게 지적하는 바이다. 왜냐하면 바로 이 있지 않는 것을 그대는 알게 될(*gnoiēs*) 수도 없을 것이고(왜냐하면 실행 가능한[완결될 수 있는] 일이 아니니까) 지적할(*phrasais*) 수도 없을 것이기에." 탈레스 외, 『소크라테스 이전 철학자들의 단편 선집』, 김인곤 외 옮김(서울: 아카넷, 2005), 275쪽.

4) 이 원리는 있음(is)과 있지 않음(is not)이 배타적이라는 걸 말하고 있다. 두 선택지 중

하나를 선택하면 나머지 하나는 배제되어야 한다는 뜻이다. 하나가 등장하면 나머지는 사라진다는 걸 의미한다. 이 경우, 있지 않음(is not)은 말할 수도 없고 언급할 수도 없으며, 완결되지도 않는다. 곧 말하거나 생각하기 위해서는 있음의 길을 따라야 한다. 곧 있음(is)은 언설, 사유, 판단 등이 성립하기 위한 조건이 된다. 언설 사유, 판단이 성립하기 위한 조건은 무엇일까? 그것은 한정성(*peras*)이다. 한정성이란 경계가 있다는 것, 또는 정체성을 지니고 있다는 것을 의미한다. 있음(is)과 있지 않음(is not) 사이에서 생기는 대립은 서로 아무런 연관도 지닐 수 없다. 그것은 전적으로 이거나 전적으로 아닐 수밖에 없다.(πμπαν πελναι χρεν ἐστιν ἢ οὐχ. 8. 11, ἔστιν ἢ οὐκ ἔστιν. 8. 16) 있음(is)을 부정한다고 해서 있지 않음(is not)이 '나타나거나 생기는' 것이 아니며 또 있지 않음(is not)을 부정한다고 해서 다시 있음(is)이 나타날 수 없다. 따라서 양자 사이의 대립은 매개가 불가능하다.

있음의 길을 따를 때 등장하는 것이 있는 것(*to on*)이며, 있지 않음을 따를 때는 있지 않은 것(*to me on*)이 주제가 된다. 있지 않은 것은 있음(is) 길에서 출현하는 존재하는 것(*to on*)에 대비되는 하나의 항으로 정립되지 않는다. 존재하지 않는 것은 어떤 경우에도 말하거나 사유하거나 언급하는 것이 불가능하다. 그것은 하나의 항으로 정립될 수 있는 것이 아니라 하나의 항으로 성립하는 것 자체가 불가능한(전적으로 비결정적인) 것이다.

이렇게 보면 있음(is)과 있지 않음(is not)을 배타적으로 정립하는 있거나 있지 않다(is or is not)는 원리는 어떤 것(한정성을 지닌 것)과 아닌 것(한정성을 지니지 않은 것, 비결정적인 것)으로 배타적으로 나누는 원리이다. 이 원리는 어떤 영역을 두 영역으로 구분하는 것이라기보다는 하나의 항을 확정함으로써 확정된 것과 그렇지 않은 것을 구분하는 기능을 한다고 할 수 있다. 우리가 백지에 하나의 원을 그릴 때, 그 원의 내부를 확정된 영역이라고 한다며 외부는 다른 하나의 확정된 영역이라고 말하기는 어렵다. 단지 그 영역은 확정되지 않은 영역(원에 포섭되지 않은 영역)일 뿐이다. 이런 방식으로 하나의 영역을 확정함으로써 확정된 것과 그렇지 않은 것을 구분시켜주는 기능을 이 원리가 담당하고 있는 것이다. 있거나 있지 않다(is or is not)는 원리는 존재, 사유의 근원적인 조건, 곧 한정성을 절대화(명확화)하는 원리라고 할 수 있다. 세상에 드러나 있는 것의 경계나 정체성을 가능하게 하는 것만이 사유 가능하다고 말하고 있는 것이다. 그래서 사유할 수 있는 것과 존재할 수 있는 것은 같은 것이다. 다시 말해 있는 것과 사유는 동일성을 기준으로 밀착되어 있어서 서로 분리할 수 없다. 존재하거나 사유하는 건 100% 존재하거나 사유할 수 있는 것이지 정도 차는 있을 수 없다. 존재-언설-사유가 성립하기 위해서는 100% 한정적이어야 한다. 90%가 한정적이고 10%가 무한정적이라거나 5%만이라도 한정적이면 생각할 수 있다는 건 파르메니데스에게 허용되지 않는다.

수 있는 길과 아무것도 결정되지 않는 길이 열려 있는데 두 길 사이의 관계는 배타적이다. 곧 100% 결정되거나 아예 안 되는 것이지 어느 정도 결정이 되거나 결정되기도 하고 결정 안 되기도 한다는 건 없다. 결국 있거나 있지 않다는 건 결정의 길로 가든 비결정의 길로 갈 수밖에 없다는 의미이다.

그렇다면 100% 결정의 길로 가면 어떻게 될까? 파국이다. 첫째, 현실 세계가 사라진다.

있지 않음은 언급 자체가 불가능하다.

생성은 없다가 있게 되는 것이다.
생성은 언급할 수 없다.(생성은 논리적으로 불가능한 사건이다.)

소멸은 있다가 없게 되는 것이다.
소멸은 언급할 수 없다.(소멸은 논리적으로 불가능하다.)

존재하는 것이 변화한다는 건 존재하지 않게 된다는 것이다.
변화는 불가능하다.

존재하는 것을 구분하려면(쪼개려면) 비존재가 필요하다.
다수성은 불가능하다.

오로지 하나만이 가능하다.(있는 것은 오직 하나이다.)

이상의 논변에 따르면 현실세계가 사라진다. 생멸변이(生滅變異)가 없는 순일(純一)한 하나(homogeneous one)만이 남게 된다. 여럿의 세계, 곧 차이를 기반으로 하는 현실 세계가 사라지고 만다. 이런 점에서 파국이다.

둘째, 100% 결정의 길로 간다는 것은 미결정(다름의 사태)을 일절 받아들이지 않는다는 걸 의미한다. 이렇게 가면 완전한 파국에 봉착한다. 자신의 존재와 인식 가능성까지도 사라지게 되어 자가당착적 파국에 봉착한다.[5)]

있지 않음의 길을 선택하면 어떻게 될까?

서양의 철학사에서 완전한 있지 않음의 길을 간 사람은 없다. 헤라클

---

5) 1. 하나가 있다고 해보자.

1-1. 하나는 다수가 아니다.(하나일 뿐 다른 어떤 것도 아니니까.) 하나는 차이를 가지지 않기 때문에 분할될 수 없고, 그것은 다수가 될 수 없다. 이로부터 다음과 같은 결론에 도달한다.

1-11. 하나는 아무것도 아니고(존재에 참여하지도 않고), 이름을 지닐 수도, 기술할 수도, 인식할 수도, 생각되지도 않는다.

어떤 것이 존재하려면 그것은 과거에 있거나 현재에 있거나 미래에 있어야 한다. 하나는 시간 안에 있지 않기 때문에 그것은 과거에 있었거나, 과거로부터 있어 왔거나, 과거에 존재하지도 않았고, 현재에 있지도, 현재에 존재하게 되지도, 현재에 있는 중이지도 못하다. 마찬가지로 그것은 존재하게 되지도, 존재하는 중일 것이지도, 있을 것이지도 않다. 곧 하나는 과거-현재-미래에 있었으며, 있으며, 있을 것이라고 말할 수 없다. 따라서 그것은 존재에 참여하지 않는다. 곧 존재할 수 없게 된다.(하나는 아무것도 아니게 된다.) 하나가 존재하지 않는다면 그것은 하나라고 부를 수도 없게 된다. 그것이 하나라면(하나라고 정해진다면) 그것은 있어야 하기 때문이다. 하나는 있지도 않고 하나도 아니게 된다. 존재하지 않는 것에는 속하는 것도 없기 때문에 하나는 이름도 가질 수 없다. 또한 그것은 그에 속하는 것이 아무것도 없기 때문에 그걸 기술할 수도 없고, 알 수도 없으며, 지각할 수도 없고, 그에 대해 의견을 가질 수도 없게 된다.

레이토스도 완전한 있지 않음의 길을 간 사람은 아니다. 100% 미결정의 사태는 대립과 투쟁도 허용하지 않는다. 뜨거움과 차가움과 같은 대립은 뜨거운 성질(규정)과 차가운 성질(규정)이 확립되어야 가능하다. 곧 무언가로 결정되어 항으로 정립되어야 대립될 수가 있다. 있지 않음의 길을 가면 어떠한 규정도 불가능하게 된다. 따라서 헤라클레이토스적 대립과 투쟁도 불가능해진다. 헤라클레이토스도 있지 않음의 길을 간 사람은 아니다.

고르기아스도 있지 않음의 길을 철두철미하게 따라간 사람은 아니다. 고르기아스는 헬렌을 옹호하면서 말이 외부의 강력한 힘을 전달하여 인간의 사유를 마비시키거나 미결정의 상태에 빠뜨린다는 걸 논증한다. 곧 무언가를 명확하게 결정하게 하는 것이 아니라 역으로 외부에서 강력하게 쳐들어와 인간 사유를 애매하고 모호하게 만들어 생각을 흔들어 놓음으로써 자신의 주장이나 의견을 사라지게 하는 기능을 한다고 말한다. 곧 인간 사유가 결정의 방향으로 가는 것이 아니라 미결정의 방향으로 가는 것이 더 현실적이라고 본다. 이런 점에서 보면 고르기아스는 명확성의 논리(같음의 길)를 옹호한 사람은 아니다. 있지 않음이 갖는 미결정성이 인간 사유에 강력한 영향을 미칠 수 있다고 본다. 이런 점에서 그는 있지 않음의 길에 대한 감각을 갖고 있다.

비존재에 관한 논증에서 그는 파르메니데스의 원리를 수용한다. 존재하지 않는 것이 존재한다고 하면 같은 것이 존재하면서 존재하지 않을 수 있게 되는데 이는 수용할 수 없다. 따라서 존재하지 않는 것은 존재하지 않는다. 있지 않음의 길을 간다는 것은 있음의 길이 불가능함을 보인다는 걸 의미한다. 곧 세상에 있는 것들의 존재성이 철저하게 허구적이거나 불가능한 것임을 말해야 한다. 고르기아스의 논증은 결정 불가능성을 토대로 하고 있지 않다는 점에서 철저하게 있지 않음의 길을 가고 있지는 않다.

서양철학에서 있지 않음의 길에 가장 가까운 철학은 경험주의 철학이다. 그리고 ㅂㄷ철학은 급진적 경험주의(radical empiricism) 철학이라는 평가가 가장 어울릴 수 있을 것으로 본다. 곧 경험주의를 급진적으로 발전시키면 ㅂㄷ철학에 가장 근접하면서도 있지 않음의 길에 가까운 철학이 나타날 수 있을 것으로 본다.

인간 정신은 모든 것을 같은 것으로 보려는 경향이 있기 때문에 믿을 수 없으며 언제나 자연이 간직하고 있는 부정적 사례에 의해 인도되거나 수정될 필요가 있다고 하는 베이컨의 주장은 자연세계가 인간 정신을 부정하는 역할을 할 수 있음을 함축하고 있다. 곧 단순히 인간 정신이 자연을 인식할 수 없다고 하는 소극적인 입장을 넘어서 자연이 적극적으로 인간 정신의 산물을 부정(격파)할 수 있다는 생각을 담고 있다. 흄은, 신, 자아, 외부 대상의 실체 등은 인간 정신이 부당하게 상정한 형이상학적 대상으로서 엄밀하게 따져보면 그 근거를 찾을 수 없다고 말한다. 더 나아가 자연세계에 있다고 여겨지는 인과법칙도 사실은 인간의 습관적 관념 연합에 불과하다고도 한다. 이는 자연세계가 인간 정신의 규정을 수용하지 않는다는 것을 함축한다. 인간 정신은 자신과 다른 것을 같은 것으로, 또는 자연세계의 서로 다른 개체를 같은 것으로 통분해보려는 일반적인 성향을 갖고 있는데, 자연은 이를 따르지 않는다는 걸 보여주고 있다.

세상의 어떤 개체도 같지 않다는 유명론의 철학이나, 인간 정신이 만들어내는 원리는 가급적이면 적은 것이 좋다는 사유경제의 원리(principle of parsimony)를 통해 보편자의 실재성을 거부함으로써 인간 이성과 자연, 이성과 신앙의 길을 완전히 갈라놓은 오캄의 철학을 급진적으로 발전시키면, 가장 발전된 차이의 논리를 구성할 수 있을 것 같긴 하다. 이렇듯 경험주의 철학이 가장 근접해 있기는 하지만 서양의 철학에서는 있지 않음의 길을 가는 극단적인 논리를 찾기는 쉽지 않다.

엄밀히 따지면 있지 않음의 길을 간다는 건 가능하지 않다. 무언가 결정되지 않으면 말할 수도 없고 있을 수도 없기 때문이다. 파르메니데스가 말한 것처럼 그건 생각하는 것도 불가능하고 아예 언급할 수조차 없다. 하나의 항으로 정립되는 것이 없기 때문에 모든 것이 미결정의 상태에 빠지고 만다. 그래서 이 길로 가도 파국이다.

2. 동일성 논리의 전개

어느 길로 가든 파국이지만 파르메니데스는 있음(결정)의 길을 선택한다.

> 있거나 있지 않다(is or is not).
> 있지 않음의 길은 불가능하다.
> 왜? 있지 않음은 생각할 수도, 말할 수도,
> 　언급할 수도(완결될 수) 없어서.
> 왜? 있음과 사유는 같은 것이기 때문에.
> 　(있음과 사유는 딱 달라붙어서 떼어낼 수 없기 때문에)

이렇게 파르메니데스는 두 가지 가능한 길 중 하나의 길 곧 있음의 길을 선택한다. 있는 것만이 논의의 대상이 될 수 있다. 위의 인용에서 볼 수 있는 것처럼 100% 있거나 아예 없고, 마찬가지로 100% 사유할 수 있거나 아예 사유할 수 없다. 그래서 있는 것은 100% ~으로서 있으며, 있지 않은 것은 ~으로 정립한다는 게 아예 불가능하다. ~으로 정할 수 없기 때문에 생각할 수도 없고, 그래서 (경계가 없기 때문에) 있을 수도 없다.

100% 결정의 길로 가면 파국이다.

— 파르메니데스적 방식으로 있음의 길을 선택하면 현실세계가 사라질 뿐만 아니라 논리적으로도 자가당착적 파국에 봉착한다. 곧 스스로 배척한 모순에 봉착하게 된다.

있음의 길로 가도 파국이지만 앞에서 본 것처럼 있지 않음의 길로 가도 파국이다. 이 말은 둘 중의 하나를 선택하고 나머지를 완전히 배제하면 파국에 봉착한다는 말이다. 서양철학에서는 있음과 있지 않음의 길을 적당하게 수정, 결합하여 파국을 피하는 길을 간다. 서양철학에서는 양자를 동등하게 수용하는 것이 아니라, 있음의 길을 기반으로 그에 포함될 수 있는 있지 않음(다름, 부정)을 고안하는 방식으로 전개된다. 곧 동일성 논리를 기반으로 차이나 부정을 흡수하는 방식으로 물꼬를 튼다. 이런 점에서 서양의 철학은 동일성 논리의 길을 간다.[6]

파르메니데스에서는 여럿(차이, 부정, 있지 않음)은 부정되고 순일한 하나의 세계만이 가능하다. 이 선택의 결말은 파국이다. 하나만을 인정하면 각종 차이와 부정, 미결정의 상태가 혼재하는 현실세계를 살려낼 수 없기 때문이다. 그에 따라서 하나와 여럿의 세계를 동시에 인정해야

---

6) ㅂㄷ철학에서 서양철학의 이런 특성은 *Xx*로 압축 정리되고 있다.

만 하나도 살릴 수 있고 현실세계도 살릴 수 있다. 있음의 길과 있지 않음의 길을 처음으로 그리고 거의 모든 것을 갖춘 형태로 결합시킨 사람은 플라톤이다.

있음과 있지 않음의 길만을 대비시키면 구도가 비교적 단순할 수 있다. 문제가 복잡해지는 것은 탈(脫)세속적 사유(혹은 초월적 사유)가 출현하기 때문이다. 서양철학에서 현세적 삶의 근본에 문제를 제기하는 탈세속 철학은 소크라테스로부터 출현한다. 소크라테스는 인간 삶의 방식에 문제를 제기한다. 세속적 삶은 검토되지 않은 삶이며 이는 살 가치가 없다. 가치 있는 삶은 검토된 삶이다. 검토한다는 것은 자신이 내세우고 사는 것들이 과연 그럴 만한지를 살펴보는 것이다. 사람들은 검토 없이 스스로를 대단한 존재, 곧 현자(賢者)로 생각하고 산다. 그러나 진정한 현자인지를 검토해보면 인간 중 어느 누구도 지혜로운 자는 없다. 사실 인간적 지혜가 보잘것없고 아무것도 아닌데 인간들은 자신을 정말 지혜로운 자로 생각하고 거기에 자신을 실어서 스스로를 대단한 존재로 착각하고 산다. 소크라테스적 검토를 해보면(논박을 시도해보면) 어느 누구도 지혜로운 자는 없다. 소크라테스도 지혜롭지 않다. 다만 그는 자신이 지혜롭지 않다는 걸 자각하고 산다는 점에서 스스로를 현자라고 생각하고 사는 사람보다는 낫다.

소크라테스가 추구하는 삶은 세속적인 영화를 누리는 삶이 아니다. 그가 추구하는 삶은 영혼을 돌보는 삶이다. 영혼을 돌본다는 것은 스스로의 무지를 자각한다는 것을 의미한다. 무지를 자각한다는 것은 자신의 삶의 방식을 검토하여 그것이 무근거하다는 것을 깨닫는 것이다. 곧 세속적인 삶을 살아가기 위해 붙잡고 매달리고 있는 것이 사실은 자신의 삶을 전혀 지탱해주지 못한다는 것을 자각하는 것이다. 사람들은 자신들이 믿고 있는 바가 영구적인 것처럼 생각하고 그것을 금과옥조처럼 떠받들고 산다. 그렇지만 그걸 검토해보면 소크라테스적 논박에 걸려들지 않는 것이 없다. 곧 허물어지지 않는 것이 없다. 무지를 자각한 삶은 자신의 세속적인 삶을 지탱해주는 근본적인 원리가 깨진 상태이다. 곧 세속적인 삶을 위해 마련하는 방편(돌파구)이 다 막혀 있는 상태(*aporia*)이다. 무지를 자각한 삶은 허구적인 안락함을 벗어던지고 실재의 잔인함을 감내해야 하는 고난의 가시밭길로 들어선 삶이다. 불안을 피하지 않고 감내하는 강인한 삶의 방식이긴 하지만 안락하고 편안한 삶은 아니다.

소크라테스의 관심은 인간 삶(*ethos*)에 쏠려 있다. 그는 천상과 지하의 일에 관심이 없다. 플라톤은 소크라테스의 인간 삶의 문제에 존재론(형이상학)의 문제를 결합한다. 세상의 존재론적 지위는 무엇인가? 그건 있는지 없는지 불명확하다. 있는지 없는지를 결정할 수 없는 불안정한 상태가 현실 세계이다. 헤라클레이토스의 세계처럼 변화와 모순이 상존하는 투쟁의 세계가 현실이다. 이는 그 안에서 살아가야만 하는 세계가 아니라 벗어나야 하는 세계이다. 왜? 항상성이 없기 때문이다. 어디로 가야 하는가? 모든 것이 명확하게 결정된 항상적인 초월의 세계로 가야 한다. 이 세계가 그 자체적인(*auto kath auto*) 이데아의 세계이다. 그리고 궁극적으로는 초월적인 이데아 세계의 인식의 근거이자 존재의 근거인 선의 이데아(파르메니데스적 一者 존재)로 나아가야 한다.

소크라테스에게 검토되지 않은 삶은 살 가치가 없다. 가치 있는 삶은 검토된 삶이다. 검토된 삶이란 무엇인가? 스스로의 무지를 자각한 삶이다. 무지를 자각한 삶은 아포리아에 빠져 있는 삶이다. 아포리아에 빠진 사람은 스스로가 정말 보잘것없고 아무것도 아니라는 걸 뼈저리게 느끼고 산다. 아포리아의 상태는 판단할 수 없는 상태, 곧 미결정에 빠져 있는 상태이다. 검토되지 않은 삶은 평안하고 안락한 삶이다. 어떤 사태든 자신의 판단능력으로 재단하고 사는 삶이다.

플라톤에게 이 세상에 사는 사람은 동굴 안에 갇혀 사는 죄수이다. 그는 죄수로서 동굴 벽에 비친 그림자만을 보고 살 뿐 실상을 보지 못한다. 가치 있는 삶은 동굴 밖의 자체적인 불변의 동일자인 이데아를 인식하고 사는 삶이며, 가장 가치 있는 삶은 파르메니데스적 일자인 선의 이데아를 인식하고 사는 삶이다. 이런 방식으로 플라톤은 미결정의 상태를 세속적인 삶의 방식으로, 자체적인 동일자의 세계를 가치 있는 순수 초월의 세계로 설정한다. 더 나아가 파르메니데스적 순수존재에 대한 이해를 삶의 최고 목표로 설정한다.

플라톤에게 오면 있음의 길(동일성의 논리)과 있지 않음의 길(차이의 논리) 사이에는 위계가 성립한다. 곧 동일성의 세계는 가치 있는 순수 초월의 세계이고 차이의 세계는 벗어나야 할 세속적인 세계가 된다. 소크라테스의 세속적인 삶은 차이성의 논리에 귀속되고 탈세속적인 삶은 순수이데아의 세계에 할당된다. 소크라테스에서 탈세속의 삶은 결정할 수 없어서 혼란스럽고 불안한 상태의 삶이지만, 플라톤에서 탈세속적인 삶은 현세적인 삶을 가능하게 하는 안정적이고 근거가 갖춰진(참된) 삶을 보장한다. 플라톤에서 이데아는 이 세상의 근거이자 바탕(*aitia*)이다. 곧 자체적인 불변의 동일자가 없다면 이 세계가 있을 수 없게 된다. 곧 같음이 다름의 성립 근거가 된다.[7] 이로부터 서양의 철학사에서 차이가

7) 하나가 없으면 여럿을 셀 수 있는 단위인 1이 성립되지 않기 때문에 하나가 여럿의 근

같음에 종속되는 전통이 수립된다.

아리스토텔레스는 플라톤적인 동일자를 초월의 세계에서 끌어내려 세상에 심는다. 곧 개체 안에 동일자(형상)를 심어 놓는다. 이렇게 되면 세상의 다름이 불안정하기 때문에, 곧 현실세계에서 진리라고 할 만한 것(동일성을 보존 유지하고 있는 것)을 찾을 수 없어서 초월의 (이데아) 세계로 가야 한다고 하는 플라톤적인 탈세속적인 성향도 사라지고 만다. 세계는 다름(질료)이 있기는 하지만 동일성(형상)도 있고, 형상이 질료를 통제하고 조정할 수 있기 때문에 세계 안에서 진리라고 할 만한 것을 찾을 수 있게 된다. 세속으로부터 벗어날 필요 없이 세계 질서를 밝히면 그것이 곧 진리의 세계가 된다. 곧 세계 내의 동일자가 세상을 통제, 조정, 인도할 수 있게 된다. 물론 형상 계열의 최고 정점에 있는 순수형상은 그 안에 어떤 차이(질료)도 받아들이지 않는 순수존재로서의 파르메니데스적 일자이다. 여전히 파르메니데스적 존재가 세계의 최고 정점이자 목표가 된다.

근대에 오면 플라톤의 이데아와 현실 세계 사이의 위계는 주체와 객체의 위계로 전환된다. 이데아의 질서는 수학적 질서로, 선의 이데아는 자의식으로 전환된다. 데카르트는 방법적 회의를 통해 인간의 내적인 세계(주체)와 외적인 세계(객체)를 분리시킨다. 데카르트는 인간의 감각적 지식에 대한 회의를 통해 경험이 대상을 있는 그대로 받아들인다는 입장을 회의하고, 내 앞의 대상이 존재한다는 걸 회의함으로써 나와 세상을 단절시킨다. 더 나아가 그는 수학적 지식의 오류가능성을 제기함으로써 인간 정신이 내적으로 산출하는 이성적 인식에 대해서도 회의

거가 된다.

한다. 곧 이제까지의 인간 이성에 대해서도 비판의 칼날을 들이댄다.

그렇지만 아무리 회의를 해도 내가 회의하고 있다는 사실은 회의할 수 없다. 따라서 회의하는 '내'가 있다는 건 의심할 수 없다.[8)] 이로부터 생각하는 나를 생각하는 '내'가 등장한다. 의심을 통해서 깨지는 나와 의심을 통해서도 깨지지 않는 절대적인 '나'가 생긴다. 이 절대적인 '나'가 파르메니데스적 존재를 대치한다. 그건 깨지지 않고 대상과 직접적 관계를 맺지 않는다는 면에서 절대정신이자 순수존재(일자)이기도 하다. 타자(대상)의 세계? 그건 인간이 이성 가운데서 만들어낸 질서—*cogito ergo sum*의 직관적 확실성의 정도 차에 따라서 성립하는 질서—를 덮어씌울 수 있는 공간적(extensional) 존재일 뿐이다. 곧 타자의 세계는 자아의 질서를 그대로 감내하는 수동적인 대상이 된다. 이로부터 자아(주체)가 타자(객체)를 지배하는 틀이 형성된다. 내적인 동일성이 외적인 다름의 세계를 덮어씌우는 패러다임이 성립된다. 이 원리도 논리적으로 보면 여전히 같음이 중심이 되고 다름이 주변에서 지배를 받는 플라톤의 구조를 그대로 이어받고 있다고 말할 수 있다.

3. 동일성 철학에 대한 비판적 흐름

서양철학사에는 동일성 논리(철학)에 대해 다양한 문제제기가 있어왔다. 이 가운데 가장 결정적인 문제 제기는 동일성과 타협하지 않는 순

---

8) 회의 작용(생각)이 있다고 해서 그걸 행사하는 주체가 있다고 생각하는 건 근대적인 발상이다. 사르트르에 따르면 순간순간 대상을 향해 터지는 의식 작용(지향적 체험)들만이 있을 뿐 그것들을 행사하는 주체는 없다. 인간의 자아와 같은 것은 불필요하게 상정된 관념적 실재일 뿐이다.

수 다름의 논리에서 가능할 것이며 이를 ㅂㄷ철학에서 찾아볼 수 있다. 서양의 최첨단 비판 이론을 넘어서는 순수 차이성의 논리를 제시하고 있다는 점에서 서양철학의 시각에서 보면 ㅂㄷ철학은 최첨단이라고 할 수 있다.

왜 최첨단이라고 할 수 있을까? 동일성에 대한 비판 철학을 살펴보자. 서양철학에서의 동일성 논리에 대한 비판은 대체로 다음의 과정을 거친다. 1. 동일성의 바탕에 타자성이 있다는 것을 밝히고(동일성이 다름 곧 타자에 의존적이라는 점을 드러내고), 2, 타자(다름)의 바탕에 인식, 사유를 넘어 있는 절대타자가 자리하고 있으며, 3. 그래서 동일성은 와해될 수밖에 없다는 수순을 밟는다.

ㅂㄷ철학은 위의 수순을 밟지 않는다. 동일성과 완전히 독립적인 차이성의 길에서 전개되는 철학이라고 말할 수 있을 것 같다. 적어도 내가 파악한 바로는 ㅂㄷ철학에서 차이성은 동일성의 적극적(긍정적) 근거가 되지 않는다.

3-1. 라이프니츠

라이프니츠 철학에서, 세상에 있는 개체들은 왜 이 세상에 있게 된 것일까? 세상에 있는 개체들은 현실화된 세계에 존재한다. 현실화된 세계 외에 다양한 가능한 세계가 있는데 그 중에서 이 세계가 현실화되어 실재적인 세계가 된다. 왜 이 세계가 현실화되었을까? 그건 최대한의 가능성을 실현할 수 있기 때문이다. 다른 가능한 세계는 지금 실현된 세계보다 적은 가능성만을 갖고 있기 때문에 실재적인 세계가 되지 않은 것이다. 한 개체가 이 세상에 실현된 것은 그것이 가장 많은 다른 개체와 공존이 가능하기 때문이다. 곧 내가 이 세상에 실현된 것은 자신 때문이 아니라 다른 개체들과의 공가능성(compossibility)이 크기 때문이다. 세상에 있게 된 이유는 내가 아니라 타자와의 공존 가능성이다. 곧 개체의 존재근거는 내 안에 있는 것이 아니라 타자에 있는 것이다. 라이프니츠는 개체의 존재 근거가 자신이 아니라 타자에 있다고 본 점에서 동일성 비판의 첫 번째 관문은 넘고 있다. 그렇지만 절대타자(신)가 세상에 일어나는 모든 사건을 분석적인 것으로 만드는 주체로 등장한다는 점에서, 다시 말해 세상에 일어나는 모든 사건에서 우연성을 제거할 수 있는 최종적인 근거로 등장한다는 점에서 동일성 논리의 근본 틀을 견지하고 있다. 그에 따라서 라이프니츠의 개체는 궁극적으로 해체(와해)될 필연성을 갖추지 못하게 된다.

3-2. 소쉬르

소쉬르는 '기호체계 밖에는 아무것도 없다'고 함으로써 언어학을 철학(형이상학)으로부터 독립시킨다. 철학적 의미론에서는 언어가 의미를 갖기 위해서는 언어 내적인 논리적 일관성, 진릿값 또는 허위값(T/F)이나 언어 외적인 개체나 형이상학적 실체에 의존해야 한다고 본다. 그러나 인간의 발화 현상(parole)의 내적 구조라고 할 수 있는 언어(langue)를 들여다보면 외부적인 것에 의존하지 않는 기호체계로 규정할 수 있다. 여기서 외부적인 것에 의존하지 않는다는 건 언어가 의미를 갖기 위해 언어 외적인 대상(현실적 개체이든 형이상학적 대상이든)을 필요로 하지 않는다는 것이다. 언어의 의미는 언어(langue)의 내부 구조에 의해서 결정된다. 언어의 내부 구조를 기호체계라고 할 수 있는데, 이는 기표(signifier)와 의미화 작용(signification), 기의(signified)로 구성되어 있다. 개념의 의미, 곧 개념의 정신적 부분인 기의는 기표에 의해서 결정된다.

이 경우 기의는 기표들의 차이에 의해서 결정된다. 기표들의 차이 작용(play of difference)이 언어의 의미나 가치를 결정한다. 개념의 의미를 결정하는 의미화 작용(signification)은 동일화(identify) 작용이 아니라 차이의 유희작용이다. 예를 들어 '고양이'라는 말의 뜻은 언어 밖에 있는 대상이 아니고, 고양이라는 소리(청각기호)와 모양(시각기호)이 고향, 고양, 고장, 고용 등과 같은 다른 기표와 다르기 때문에 네발 달린 귀여운 짐승이라는 기의로 결정될 수 있는 것이다. 영어의 cat은 우리말의 고양이나 고향, 고장, 고용과 비교하여 결정되는 것이 아니고 이와 유사한 발음이나 형태를 갖지만 서로 다른 fat, hat, bat, cab, cad, car 등과 다르기 때문에 cat의 의미가 결정된다. 이렇게 소속되는 기표 군(群)이 다르기 때문에 각 언어권과 문화권마다 의미를 결정하는 방식(signification)이 달라진다. 그래서 언어의 의미 결정 방식이 자의적이고 역사적인 산물이 된다. 이른바 전 세계 문화권이나 언어권에 공통적으로 통용되는 보편적이고 필연적인 의미 결정방식이 없게 된다. 구조주의적 방법론이 문화권에 고유한 방법론을 적용하는 최초의 패러다임이 되는 건 이 때문이다.

라이프니츠나 소쉬르는 동일자의 근거가 개체나 의미의 내부가 아니라 다른 것이나 차이 작용에 의해서 결정된다고 본 점에서는 같다. 그러나 여전히 차이나 타자가 동일자를 결정할 수 있는 근거라고 본다는 점에서 결정론자라고 할 수 있다. 곧 개체의 존재나 의미 결정이 가능하다고 본다는 점에서 동일성 논리의 패러다임 안에 들어 있다고 할 수 있다. 이들은 3번에까지는 이르지 못하고 있다.

3-3. 하이데거

하이데거는 존재론적 차이(ontological difference)를 되살려 내야 한다고 말한다. 존재론적 차이란 존재자와 존재의 차이를 의미한다. 곧 아리스토텔레스로부터 시작된 존재 망각의 역사로서의 형이상학의 역사를 바로 잡아야 한다고 말한다. 존재자에게는 존재가 현현하지 않는다. 존재자를 중심으로 생각하면 존재를 사유할 수 없다. 곧 존재의 의미를 이해할 수 없다. 존재론적 차이를 살려낸다는 건 잊혀진 존재의 의미를 다시 이해해야 한다는 말이다. 존재자가 존재의 의미를 이해한다는 건 존재자의 존재자성을 잃는다는 말, 곧 존재자의 죽음을 의미한다. 존재가 거기에 나타난 존재(dasein)는 존재자가 아니다. 곧 개체성을 상실한 것이다. 하이데거의 철학에서는 존재의 현현이 존재자성을 잃게 한다는 점에서 개체동일성이 무근거하다는 걸 말하고 있다. 존재가 존재자의 근거가 되는 것이 아니라 존재의 현현이 존재자의 동일성을 상실하게 한다는 점에서 하이데거의 존재론은 2와 3의 조건을 충족한다. 그러나 세 가지 문제점이 있다. 첫째, 하이데거의 존재는 자신이 밝히고 있는 것처럼 동일성 논리의 시조라고 할 수 있는 파르메니데스의 존재이다. 여전히 동일성을 최종 목표로 하고 있다는 점에서 동일성 논리 비판의 최종판은 아니다. 둘째, 존재가 존재자에게 선이해된다고 하는 주장은 완전한 타자로서의 자격 여건을 갖추고 있지 못하다. 불안은 나에게 들어와 여러 가지 일상적인 사유를 뒤흔들어 놓지만 여전히 나에게는 느낌으로 들어온다. 그런 점에서 존재는 여전히 존재자에 내재적이라고 말할 수 있다. 셋째, 하이데거의 존재(Sein, Being)는 대문자로 나타난다. 대문자와 소문자의 위계 차이를 여전히 인정하고 있다는 점에서 존재론적-존재신학적 지배권을 행사하고 있다. 존재가 모든 것의 최종적인 근거이자 지배권을 행사하고 있다는 점에서 하이데거는 형이상학적 사유를 벗어나지 못하고 있다.

3-4. 데리다

데리다는 소쉬르에게 묻는다. 기호체계를 가능하게 하는, 곧 의미 결정을 가능하게 하는 차이(작용)는 기호체계 안에 속하는가? '고양이' - '고장' - '고양'은 서로 다르다. 우리가 고양이라고 읽을 때 고, 양, 이는 소리를 낸다. 그런데 고양이와 고장이 다르다고 할 때 고, 양, 이와 고, 장은 소리 나지만 고양이와 고장의 다름은 소리가 나지 않는다. 곧 청각 기호로서의 기표에 기표들의 차이는 포함되어 있지 않다. 그 차이는 기호체계 안에 있지 않다. 시각기호로서의 '고양이 고장'의 차이는 띄어쓰기에 의해서 표기되고 있지만 그 띄어쓰기는 보이지 않는다. 다시 말해 차이는 들리지도 않고 보이지도 않는다. 들리지도 않고 보이지도 않는 건 기표에 속하지 않고 따라서 기호체계에 포함되지 않는다. 기호체계가 작동하려면 차이가 있어야 하고, 그 차이가 기호체계 안에 속하지 않는다면 기호체계 밖에 아무것도 없다는 소쉬르의 주장은 수정되어야 한다. 곧 기호체계는 기호체계 밖과의 얽힘(차이)이 있어야 작동할 수 있게 된다.

기호체계에 속하지 않는 차이는 아무런 이유 없이 하늘에서 뚝 떨어진 것이 아니다. 그것은 차이보다 오래된(기호체계가 그것 때문에 가능하기 때문에 당연히 기호체계보다 오래된) '기원'(origin)에서 연유된 것이다. 이런 차이는 différance(差延)에서 '연유'한 것이다. 차이는 산출된 것으로서 결과이고 이런 결과는 들리지도 않고 보이지도 않는 절대타자(absolute alterity)에 '기원'을 두고 있다. 절대타자는 결코 밖으로 드러나지 않는다. 곧 언제나 밖으로 드러나는 것을 드러나게 하면서 스스로는 드러나지 않는다. 곧 차이를 산출하는 작용은 드러나게 하면서(차이나게 하면서, différence) 침묵한다. 곧 모든 différence는 différance이다. 그에 따라서 어떤 것의 정체성을 갖게 하는 작용으로서의 différence는 발음을 하는 순간 스스로는 발음하지 않는(자신의 목소리를 지니지 않는) différance가 된다. 모든 différence가 différance라고 하는 건 무언가를 현전하게 하는, 고유성을 갖게 하는 작용이 곧 현전하지 않는, 스스로의 목소리를 지니지 않게 하는 작용이 된다는 걸 의미한다. 곧 세상에 무언가를 드러나게 하는 작용은 그걸 밖으로 드러나게 하는 작용을 늦추거나 지연하는 작용이 되기 때문에 자명한 것, 당연한 것, 절대 확실한 것이 되지 않는다. 곧 모든 구성(construction)은 해체적 구성(deconstruction)이 된다.

데리다에 오면 동일성 와해(해체)의 세 단계가 모두 등장한다. 곧 차이성이 동일성의 근거가 되고, 그 차이성을 가능하게 하는 절대타자가 등장(?)하고, 그 때문에 더 이상 동일성을 유지할 수 없게 된다. 적어도 내가 공부한 한에 있어서 서양철학에서는 데리다가 최신이다.

3-5. 경험주의

ㅂㄷ철학의 기초는 ㅂㄷ이 이야기하고 있는 것처럼 경험주의적 사고이다. 경험주의의 핵심은 긍정적인 지식의 체계가 경험(적 지식의 축적)을 통해 구성될 수 있다는 주장에 있지 않다. 경험, 또는 경험을 가능하게 하는 외부 대상(자연)이 언제나 인간 정신의 산물인 이론이나 가설에 위배되는 사태를 간직하고 있다고 생각하는 데 있다. ㅂㄷ에 따르면 자연(타자의 세계)이 인간 정신의 산물에 위배된다는 것은 인간의 생각

을 부순다는 말이다. 그래서 물자체는 알 수 없다는 칸트의 주장은 부족하다. 경험주의에 충실하려면 칸트는 물자체가 인간의 감성이나 생각의 틀에 순응하는(끼워 맞춰지는) 것이 아니라 오히려 그것들을 부순다고 말했어야 한다. 플라톤도 『파이돈』에서 세상에 대한 해명에 직접 뛰어드는 건 눈으로 태양을 직접 보는 것과 같아서 정신의 기능을 파괴한다고 말한다. 타자가 인간 정신을 부정할 수 있다는 발상은 경험주의적 사고에서 나타난다. 오캄은 '사유경제의 원리'를 통해 인간 정신에 대한 불신을 드러내고, 유명론의 원리(세상의 어떤 개체도 같은 것은 없다)를 통해 개체의 통약불가능성을 주장한다. 주체의 타자 규정, 더 나아가 인간의 다른 인간에 대한 규정은 타자의 자신에 대한 파괴력을 무시하고 있다는 점에서 미진하다.

ㅂㄷ철학은 경험주의 철학에 뿌리를 두고 있다. 그러나 서양의 경험주의 철학은 자신의 뿌리를 근원적으로 살려내고 있지 못한다. 적어도 차이의 논리에 관한 한 경험주의 철학은 가다가 말았다고 할 수 있다. 경험주의적 사유를 근본주의적으로 급진화시켜 보면 ㅂㄷ철학이 출현하고, 이는 적어도 서구의 동일성 논리(철학) 비판에 관한 한 최첨단이라고 할 수 있다.

ㅂㄷ철학은 서양철학의 맥락에서 보면 최첨단의 비판 철학이다. 이런 결론에 도달하는 과정은 단순하지 않다. 단순하지 않은 이유를 찾아보면 크게 두 가지를 생각해볼 수 있다. 그 하나는 세상에 몸을 드러낸 것들의 규정이 바뀌고 있다는 것이고, 다른 하나는 인간(사유, 우주) 밖(초월)의 문제가 개입되어 있기 때문이다.

4. ㅂㄷ철학에서 세상에 있는 것(x)들은 무엇인가?

예전에는(이미 지나가 버린 낡은 사고방식 속에서는) 이 세상에 있는 것들을 개체나 자아로서의 동일성으로 파악하였다. 개체? 그건 종의 유지를 위한 도구일 뿐이다. 자아? 그런 건 원래 없다.

ㅂㄷ철학은 x로부터 시작한다. x란? 일단 그건 ㅂㄷ이다. ㅂㄷ철학에서 ㅂㄷ은 나다.[9)]

> 도대체 '나는 누구인가?' 영원의 시간에 빠져 있는 한 개체 존재의 물음이다.[10)]

ㅂㄷ으로 쓰는 걸 저자 자신이 원하지 않을 것 같으니 여기서는 x라고 하자. x는 수학에서의 변수(variable)를 나타낼 때 쓰는 표현이다. 아직 정해지지 않았지만 특정의 것 곧 상수(a, b, c)로 정해질 가능성을 가지고 있는 것을 변수라고 한다. 정해지지 않았지만 정해지는 방향으로 움직이는 것이 수학에서의 x라면 ㅂㄷ철학에서의 x는 규정되는 방향으로 가지 않는다. x는 미지의 무엇으로서[11)] 언제든 우연히 닥쳐와 한 사회

---

9) ㅂㄷ의 글을 읽으면 너무나 추상적이어서 '이런 것들이 나하고 무슨 상관이며 삶하고는 무슨 연관이 있는 거야?'라는 의문이 든다. 이 글이 ㅂㄷ 자신에 대한 해명이라고 생각하고 읽으면 그런 쓸데없다(無用하다, 의미 없다, 무가치하다)는 생각으로부터 어느 정도 벗어날 수 있다. 한 인간의 인생을 건 사색(자신에 대한 탐색)의 결과라고 생각하면 약간의 비장함과 더불어 실감이 조금은 난다. 그 길이 철학적으로 유일한 길인지 여부는 차치하고라도.

10) 박동환, 『x의 존재론』(고양: 사월의책, 2017), 39쪽.

11) '어떤 것'(something)이라는 표현으로 쓰지 않는 건 something이 아직 정해지지 않았

또는 그보다 넓은 지역의 체계를 완전히 바꿔놓거나 붕괴시킬 수 있는 절대의 동력이라고 한다. 수학에서의 변수는 확정되는 방향으로 가지만 ㅂㄷ철학에서의 x는 정해지지 않는 방향으로 가면서 (무엇이든) 바꾸어 놓거나 붕괴시킬 수 있는 힘과 기능을 갖고 있다.[12)]

> x는 영원의 시간에 빠져 있는 존재다.

무슨 말인가?

> 세상에 몸을 드러내 존재하는 것들은 그 끝을 따라가 볼 수 없는 영원의 시간 가운데로 빠져 들어가 있다. 현재로서 몸을 드러내 있는 모든 것들의 깊은 속에는 그 뿌리를 쫓아가 캐어내 볼 수 없는, 그래서 영원한 미지의 x라고 부르는 흐름, 곧 영원의 기억이 통과해 가고 있는 것이다.[13)]

영원의 시간에 빠져 있다는 건 영원의 기억이 통과해 가고 있는 것이

지만 여전히 thing이기 때문이다. anything도 마찬가지이다. 그리스어 정관사 *to*로부터 벗어나 있어서 정해지지 않기 때문에 어떤 무엇으로 표기한다.

12) 수학에서의 변수(variable)는 a, b, c… 등의 상수(constant)가 된다. 반드시 그렇게 되는 걸까? 그렇지는 않다. 사실 어디로 갈지 모른다. 그런데도 수학에서의 x는 상수화되는 방향으로 간다. 왜? 그건 x가 같음(규정)의 길에 올라타고 있기 때문이다. ㅂㄷ철학에서 x는 수학에서의 x처럼 미지이다. 그런데 그건 상수가 되는 방향으로 가지 않는다. 그보다는 변화와 붕괴의 방향으로 움직인다. 왜? 거기에도 반드시 그렇게 되어야 하는 이유는 없다. x가 수학에서 상수가 되는 것이 필연적인 이유가 없는 것처럼 x가 미지의 무엇으로서 부정과 붕괴의 방향으로 가야만 할 필연적인 이유는 없다. 그럼에도 x를 변화, 우연, 붕괴로의 방향성을 갖는다고 보는 건 ㅂㄷ철학이 다름의 길로 가고 있기 때문이다.

13) 박동환, 『x의 존재론』, 48쪽.

다. 영원의 시간이나 기억이란?

> 「전도서」에서 하나님이 사람의 마음에 심어주셨다고 말하는 '영원'에 대하여, 히브리 원어를 주석하는 학자들은 그 대안의 뜻으로 '어둠'(darkness), '무지'(ignorance), 또는 '미지'(the unknown)를 제시하고 있습니다.[14)]

동일성 철학의 최종적인 목표는 빛과 앎의 세계이다.[15)] 최종 목표가 빛과 앎의 세계라는 건 이 세상에 존재하는 것이 그에 합당한 가능성(내재적 특성)을 간직하고 있다는 걸 의미한다. 동일성 철학에서 현실세계 개체의 존재 의의는 깨어 있는 의식이다. 명확하고 뚜렷하며 분명한 인식 능력을 갖고 있다는 것이 인간의 본질이다. 이에 비해 ㅂㄷ철학에서의 x는 어둠, 무지, 미지를 근본으로 한다. 영원에 빠져 있는 개체가 x인데 영원이 어둠과 무지, 미지를 나타낸다고 하는 건 x가 어둠(미지)에서 비롯하여 어둠(미지)으로 향해 가는 흐름이라는 걸 의미한다.

일반적으로 기억이란 무엇인가? 과거를 현재화하는 것이다. 과거란 지나가 버려서 없는 것인데 그것을 현재에 되살리는 것이 기억이다. 현재를 과거로 확장하는 것이 기억이며 이것이 서구적 정신작용[16)]의 최대

---

14) 같은 책, 82쪽.

15) 플라톤의 선의 이데아나 아리스토텔레스의 순수형상은 앎의 근거이자 존재의 근거로서 밝음을 상징한다.

16) 아우구스티누스에서 과거를 현재화하는 기억, 현재를 파악하는 직관, 미래를 현재화하는 예측은 모두 정신 속에서 일어나는 현상이다. 과거는 지나가 버려서 없고, 미래는 아직 오지 않아서 없으며, 현재는 폭을 지니고 있지 않아서 있다고 말할 수 없다. 세상에서의 (시간의) 흐름은 무→(현재)→무의 흐름을 지닌다. 곧 무로의 경향성을

특징이라고 할 수 있다. ㅂㄷ에서 기억은 이런 것이 아니다.

> 현재로서 몸을 드러내 있는 모든 것들의 깊은 속에는 그 뿌리를 좇아가 캐어내 볼 수 없는, 그래서 영원한 미지의 *x*라고 부르는 흐름, 곧 영원의 기억이 통과해가고 있는 것이다.[17)]

(영원의) 기억이란 그 뿌리를 좇아가 캐내어 볼 수 없는, 영원한 미지의 *x*라고 부르는 흐름이다. 영원한 미지의 *x*의 흐름이 기억인데, 그 흐름은 뿌리를 좇아가 캐내어 볼 수 없는 것이다. 이렇게 보면 세상에 드러나 있는 것들의 깊은 속을 관통해 흐르는 알 수 없는 흐름이 기억이라고 볼 수 있다. 영원의 기억이란 거세고 도도하게 흐르고 있는 미지의 바다로서 세상에 있는 것들의 바닥에 놓여 있는 것이다. 영원의 기억은 암흑(미지)에서 암흑(미지)으로의 흐름으로 읽힌다.

지니는 것이 세상의 시간이다. 인간의 정신은 이런 무로의 경향성을 극복하게 해주는데, 그건 현재를 확장함으로써 가능하고 그건 정신의 집중(기도)을 통해서 가능하다. 그리고 이렇게 말하려면 존재(현전)가 최고의 가치를 지니며 존재(현전, 실존)의 최종 근거가 신이 되어야 한다. 영원한 현재인 신이 무로의 경향성을 지니는 시간의 흐름에 개입함으로써 없어짐의 벌로부터 벗어날 수 있는데, 그럴 수 있으려면 인간 정신이 매개가 되어야 한다. 곧 깨어 있는 정신이 필수적이다. 인간 구원의 근거는 신에게 있지만 사실은 인간 정신이 없으면 안 된다. 곧 인간 구원의 근거가 인간 안에 있는 것이다.

ㅂㄷ은 이런 패러다임을 전면적으로 부정한다. 일단 인간 구원? 이건 가능하지 않다. 오히려 죽음이 인간의 한시적인 동일성을 벗어나는 방편일 수 있다고 보는 점에서 죽음은 벌이 아니다. 어떤 면에서 영원의 기억에 동참할 수 있게 하는 사태라고나 할까? 따라서 절대타자(*X*)는 죽음으로부터 벗어나는 영생의 근거가 아니다. 죽음(파국)으로부터 벗어날 수 있다는 믿음을 가차 없이 깨부수고 결국 파국에 돌아가게 하는 근원이라고 할 수 있다.

17) 박동환, 『*x*의 존재론』, 48쪽.

그렇다면 이런 흐름 가운데 현재 세상에 드러나 있는 것은 무엇인가?

> 미지의 x는 변신을 거듭하여 언제나 새로운 '현재'를 끊임없이 만들어 가고 있는, 그러나 x 밖의 다른 무엇으로도 잡히지 않는 어떤 것이다. 현재라는 것은 그래서 영원한 기억이 쉼 없이 새롭게 시도하는 자기의 상상이며 자기의 재현이다.[18]

일단 현재는 x가 변신하여 나타나는 것이다. 현재 있는 것들은 미지의 암흑(있다고 할 수 없는)의 흐름에서 출현하여 빛의 세계로 나온 것이다. 현전은 배반의 결과이다. 곧 미지의 x를 부정함으로써 출현한다. 그래서 그건 기억의 부정형 $\neg x$로 표기된다. $\neg x$는 기억에 뿌리를 두고 있는 상상 활동이다. 실재적인 것은 영원의 기억이며 현재는 무한의 상상물(재현)일 뿐이다.

이렇게 읽는다면 다음 구절은 어떻게 해석해야 할까?

> 언제나 한계 너머로부터 다가오는 메시지로서 우주의 척도는 어떻게 움직이는 것인가? 세상에 몸을 드러낸 한 개체 존재 x는 그의 한계해법으로서 (1) 그의 영원한 기억체계에서 발산하는 파격행위로서 상상의 프로젝트 $\neg x$를 실행하며, 그리고 (2) 그의 한계 너머로부터 다가와 겪을 수밖에 없는 파국 또는 격파 $X(\ \ )$ 가운데로 지양되어 들어가는데, 그러나 현실의 영토에서 한 개체 존재 x는 (3) 그 자신과 그가 소속하는 체제의 내적 화해와 안정을 위하여 그들 고유의 통분(commensuration) 해

---

18) 같은 곳.

법 Xx를 시도한다.[19]

여기서 x는 개체 존재로 표현되고 있다. 개체 존재로서의 x와 영원의 기억으로서의 x가 같은 것인가? 같은 x로 표기되고 있는 걸 보면 다른 건 아닌 것 같다. 미지의 암흑의 흐름으로서의 영원의 기억에서 파격행위로서의 상상으로 드러난 $\neg x$가 바로 현존재 아닌가? x는 영원의 기억과 무한의 상상을 다 포괄하는 것인가? 미지의 흐름으로서의 영원한 기억과 현재를 의미하는 무한의 상상이 같은 것일 수는 없을 것 같다. x와 $\neg x$로 표기되고 있는 걸 보면 그러하다. 그런데 위의 구절에 따르면 x는 $\neg x$를 실행함과 동시에 X에 대해 통분을 시도하는 개체로 표현되고 있다.

개체 존재(x)의 핵심적 특징이 미지의 흐름인 영원의 기억(x)이고(그래서 개체 존재와 영원의 기억은 같은 것이 되고), 영원의 기억 자체인 x가 이런 기억을 토대로 무한의 상상($\neg x$)을 실행한다고 읽으면 어떨까? 이렇게 읽으면 개체 존재인 x는 현재 드러나 있는 것이 아니게 된다. 현재 드러나 있는 것들은 무한 상상의 결과물인 $\neg x$가 된다.[20]

---

19) 같은 책, 170-171쪽.

20) 이게 아니라면 이 글은 다시 써야 한다. 이해는 남의 철학이고 오해는 자신의 철학이다. 글을 쓰는 과정에서 X가 세상의 긍정적인 근거가 될 수 있느냐를 놓고 최세만 교수와 설전을 벌였다. 내가 ㅂㄷ의 철학 저서를 철저히 읽지 않아서 그런지 X가 세상에 있는 것들의 적극적이고 능동적인 근거가 될 수 있다는 걸 찾기 어려웠다. 그리고 아마도 이는 ㅂㄷ철학을 다름 논리 구현의 대표로 보고자 하는 내 의도 때문일 수도 있다. 사실상 논리적으로 엄밀하려면 X는 세상의 적극적인 근거나 산출 원천이면 안 된다. 최세만 교수는, ㅂㄷ이 X가 이 세상의 근거라고 말씀하셨다고 했다. 그럴 경우, 내가 한 말은 그럼 데리다(나 소쉬르, 라이프니츠)와 다를 것이 없어서 독창성이 없어진다고 항변한 기억이 난다. 한참을 싸운 후—그 때문에 사이가 잠시 소원해지기까

기억은 과거의 현재화, 곧 지나가서 없는 것을 현재화하는 것이 아니다. 기억은 영원한 (암흑의) 흐름인데 전혀 알 수 없는 흐름일 뿐이다. 그럼 과거를 현재화하여 없는 것을 있게 만드는 기억이나 미래를 현재화하여 역시 없는 것을 있게 만드는 예측은? 미지의 암흑으로부터 현재를 이끌어내는 건 ㅂㄷ의 기억이 아니다. 기억은 미지의 암흑 흐름이며 이를 부정하는 상상-재현이 기억으로부터 출현하는 현재이다.[21]

그렇다면 현재 이 세상에 있는 것(현존, 현전)의 지위는?

(영원의 기억) 위에 떠 있는 상상(재현)이 현재이다. 현재는 지금 드러나 있는 직접적(immediate)인 것이 아니다. 현전(presence)은 직접적이지도 않고 그에 대해 어떤 의문도 허용하지 않는 자명한 것이 아니다. 현전은 기억의 자기 상상과 재현일 뿐이다.

상상과 재현의 근거는 어디에 있는가? 상상과 재현의 뿌리는 영원의 기억에 있지만 부정, 배반(¬)의 형태로 등장하기 때문에 그에 대한 (적극적이거나 긍정적인) 근거는 없다. 현재에 있는 것들, 현전하는 것들은 괜히 이유 없이 나타나는 것이다. 실체가 없는 허구적인(가면적인) 동일

지 했다—내가 한 말이 이것이다. 이해를 했다면 ㅂㄷ철학이고 오해라면 내 철학이라고. 이론적 완결성을 갖추기 위해 어울리지 않는 것도 넣을 수는 있다. 그렇지만 논리에 충실하기 위해 이론적 완결성을 포기하는 것이 나을 수도 있다. *X*가 능동적이고 적극적인 근거가 절대 아니고 완전 파괴나 절멸의 최종 근거로 보인다는 나의 독해는 ㅂㄷ철학이 아닐 수도 있다. 그렇다면 이 글은 반쪽짜리다.

21) 상상은 사르트르가 말한 것처럼 파르메니데스적 존재(관성)로부터 탈출하는 의식의 부정성이 아니다. 곧 존재로부터의 일탈이나 벗어남, 곧 존재를 부정하는 부정성은 의식에 기초해 있는 것이 아니다. 부정성의 기초는 무의 흐름에 뿌리를 두고 있는 인간의 상상이나 재현일 뿐이다. ㅂㄷ의 책에 명확하게 밝혀져 있지는 않지만, '상상'은 '예측'으로 '재현'은 '기억'으로 읽어도 되지 않을까 싶다.

자가 현재에 있는 것들이다.[22)]

---

22) 이 세상에 태어나 있다는 것이 어떤 의미를 지니는 걸까? ㅂㄷ철학은 자연적 삶을 영위하는 인간의 상태에 대한 시각이 여타의 철학자들과 다르다. 플라톤에게 자연적 삶을 영위하는 인간은 죄수이다. 곧 동굴 안에 갇혀서 동굴 벽에 비치는 그림자를 보고 실재라고 착각하고 사는 존재이다. 사슬에 묶여서 참된 세계를 보지 못하는 부자유스러운 삶을 영위하는 것이 인간의 처지이다. 사슬을 풀고 방향을 틀어 동굴 밖으로 나가면 자유로워질 수 있는 존재가 죄수이다. 절망스럽지만 희망이 있는 존재. 이미 자기 안에 새로운 삶을 살아갈 가능성(상기적 인식)을 갖고 있는 존재가 플라톤이 본 인간의 처지이다.

기독교에서 자연적 삶을 영위하는 인간은 죄인이다. 곧 원죄를 안고 태어나 살아가는 것이 인간이다. 왜 죄인인가? 신이 만들지 않은 자아를 중심으로 살아가기 때문이다. 죄의 끝은 사망이다. 생존하기 위해 죽을 고생을 하고, 새로운 생명을 출산하기 위해 고통을 감내해야 하는 삶을 살다가 궁극적으로는 흙으로 돌아가는 것이 인간의 처지이다. 죄인의 처지는 죄수의 처지보다 더 절망적이다. 죄인은 죽지 않으면 타락 이전의 상태로 되돌아갈 수 없다. 스스로를 자존적인 존재라고 착각하게 하는 자아를 없애지 않으면 본래적인 상태인 의존적인 상태로 돌아갈 수 없다. 곧 죄의 뿌리인 자아를 절멸시키지 않으면 구원받지 못한다. 인간은 스스로 노력해서 죄를 벗어던질 수 없다. 곧 죄인에게는 구원의 가능성이 갖춰져 있지 않다. 잊고 있었던 지식을 떠올리고, 일정한 방법(변증술)에 따라 가면 절대 진리에 도달할 수 있는 죄수와는 차원이 다른 절망적 존재가 죄인이다. 그래서 예수는 십자가에 못 박혀 죽음으로써 다시 태어난다. 죄인이 죽어야 의인이 태어난다.

부처가 보는 인간의 처지는 죄인보다 더 절망적이다. 인간은 업보의 산물이다. 세상에 태어나 사는 인간들은 업보를 안고 살아가며 업을 끊임없이 지으면서 산다. 산다는 것이 먹고 먹히는 사이클에 들어가는 일인지라 살면 살수록 업장이 두터워지는, 곧 악화되는 삶을 살게 되어 있다. 인간을 이 세상에 태어나게끔 한 업을 깨끗이 씻지 않는 한 태어나고 죽고를 반복해야 한다. 자아의 상태를 벗어던진다고 해서 구원에 이르렀다고 할 수 없다. 곧 의존적 존재로서의 인간의 처지를 깨닫는다고 해서 생멸의 고리로부터 벗어나는 건 아니다. 죄인의 상태로부터 벗어난다고 업장이 소멸되었다고 말할 수 없다. 인간은 죄인보다 더 뿌리 깊은 비본래적 상태에 빠져 있다. 죄인이 죽는다고, 곧 신을 믿는다고 해도 완전한 구원이 보장되지 않는다. 탄생 – 죽음 – 탄생 – 죽음의 연결고리를 끊지 않는 한 지긋지긋한 이 사이클을 계속 반복해야만 한다. 그럼에도 생사의 연결고리를 끊을 수 있는 가능성은 있다. 곧 업을 벗어던질 수 있는 가능성은 열려 있다. 곧 안 태어날 가능성이 있다.

가면적인 동일자? 동일자(현전해 있는 것)가 허구적이고 무근거하다는 걸 보이기 위한 표현으로 읽힌다. 상상과 재현의 뿌리가 영원의 기억에 있다는 말이 현재에 출현하는 것들의 근거가 영원의 기억에 있다는 말일까? 그렇게 읽히지 않는다. 영원의 기억과 상상-재현은 모순되기 때문이다. 상상과 재현은 일어나기는 하는데 일어날 수 없는 작용, 곧 영원의 기억에 모순되는 작용이다. 가면적 동일자는 현재 있는 것들의 모순성을 말하고 있는 것으로 읽힌다.

가면적 동일자는 일어날 수 없는 것이 일어나 있다는 말로 읽힌다.[23] 존재의 본질은 모순이라는 말로 해석된다. 생기면 안 되는 것이 생겨나 있는데 이게 세상이다. 동일자의 무근거성이 동일자 와해의 조건인데, 그건 일어날 수 없는 것이 일어나 있기 때문이다.[24]

ㅂㄷ철학에서 이 세상에 있는 것들의 처지는? 일단 왜 태어났는지 모른다. 그냥 영원의 기억 흐름으로부터 뛰쳐나와 던져져 있을 뿐이다. 왜 뛰쳐나왔는지 모르는, 아무 근거 없는 모순적인 존재가 인간이다. 산다는 것은 끊임없는 현재화인데, 그건 영원의 기억 흐름을 부정함으로써 일어나는 상상활동일 뿐이다. 세상에 드러나 있는 것(동일자)의 근거를 도저히 찾을 수 없는, 있는 것 같기는 한데 있다고 할 수 없는 가면적 동일자이다. 위에서 죄수, 죄인, 업보도 태어난 산다는 것의 무망함을 이야기하고 있는 것과 마찬가지로 가면적 동일자도 산다는 것의 근거 없음을 말하고 있다. 그런데 가면적 동일자에게는 돌아갈 본래적인 상태가 없다. 그건 절멸됨으로써(죽음으로써) 비로소 안식(고향)에 돌아갈 뿐인 임시적인 존재일 뿐이다. 절멸된 이후에 어떻게 되냐고? 그에 대한 그림은 없다. 절망적이지만 구원의 그림이 없는 존재가 가면적 동일자로 보인다.

23) 일어날 수 없는 건 일어나지 않아야 하고 일어나지 않는다. 일어난 것은 일어난 것이다. 불가능한 것이 가능하게 되어 생긴 것은 아니다.

24) 달리 읽어보면 영원의 기억과 무한의 상상이 x인데 기억과 상상은 서로 모순된다고 말하는 것으로 보인다. 세상의 단위인 x는 모순된 것이고 그래서 세상은 모순이라고 읽힌다.
일어난 것은 이유가 있어서 일어난 것이고 그래서 이유를 없애지 않으면 일어난 것을 없앨 수 없다.

가면적 동일자, 곧 현재 있는 것들이 영원의 기억의 무한 상상이라는 표현은 최신의 동일성 비판 이론으로부터 벗어나기 위한 시도로 보인다. 이 표현은 동일자가 차이에 근거하고 있다는 걸 말하고 차이가 절대타자에 근거하고 있다는 걸 보임으로써 동일자가 와해될 수밖에 없다는 걸 말하고 있지 않다. 차라리 차이가 동일성의 근거이며 차이가 절대타자에 (긍정적이든 부정적이든) 뿌리를 두고 있다고 하면 동일자 와해의 불가피성이 확보되는데,[25] 이는 그걸 말하고 있지는 않은 것 같다. 사실 데리다를 따라서 위와 같이 말하면 절대타자의 기능과 역할은 동일적 존재로부터 완전히 자유롭지 않다. 그래서 '텍스트 밖에는 아무것도 없다'는 데리다의 선언에 대해 ㅂㄷ은 묻는다: 그 밖의 것은 없는가? 텍스트에 기생해서만 역할과 기능을 하는 절대타자의 해체 기능은 미약하다고 말할 수 있으며, 더 나아가 절대타자에 연원('origin')을 두고 있는 현재 있는 것들의 의미와 가치를 어느 정도 확보할 수 있게 해준다. 가면적 동일자의 존재에 대해 ㅂㄷ의 초월자(X)는 그 존재성을 어느 정도 허용해줄까? 그렇지 않다는 것을 말하기 위해 현재 있는 것들을 무한의 상상(가면적 동일자)으로 설정한 것으로 읽힌다.

5. 세계 초월적인 격파자 X

세계란 무엇인가? 영원의 기억과 무한의 상상($x \& \neg x$)이다. 형식적으로 봐도 알 수 있듯, 세계는 모순이다.[26] 모순이 있으면 안 되나? 합리

25) 데리다의 '텍스트 밖에는 아무것도 없다'는 말은 모든 차이(difference)는 차연(差延, différance)라는 것이며, 이것이 동일자 와해의 불가피성을 말하고 있다.

적으로 생각하면 모순은 허용되지 않는다. 합리적으로 생각한다는 건 동일성 논리에 따른다는 것이다. 차이성 논리에 따르면 모순도 가능할(?) 수 있다(혹은 허용된다). 만약 모순이 불가능하다면 모순된 세계는 자체로 와해된다. 곧 자기 파괴의 근거를 자기 안에 가질 수 있다. 모순이 있어도 견딜 수 있다면 파국의 근거를 따로 마련해야 한다. 모순을 허용한다면 모순을 근거로 일어나는 것들도 가능하다. x와 $\neg x$가 모순이며, ㅂㄷ철학에서는 x가 모순적 존재이기도 하다. 이럴 경우, 동일자가 와해되려면 모순을 격파하는 제3자가 필요하다. 이 제3자가 세계 격파의 최종 근거로서의 X이다.

ㅂㄷ철학을 해명하기 어렵게 만드는 또 다른 계기로서의 초월자 X는 이렇게 등장한다.[27]

---

26) 주석가들은 「전도서」 안에서 온갖 모순과 파격의 모양으로 가득한 상상과 예감의 표현들을 발견한다. 하느님이 인간의 마음에 심어놓으셨다고 하는 영원, 어둠, 무지, 미지의 경계에 잠긴 내재성(?)이 모든 가능한 모순과 파격을 상상하거나 예감할 수 있도록 허용하기 때문이다. (x는 $X(\ )$에서 비롯된다. $X(\ )$는 x에서 소급 추정된 격파의 경험이다.)

27) 내가 철학과 종교에서 알아본 초월성의 계기는 소크라테스, 데리다, 기독교, 부처에서 찾아볼 수 있다.

가. 소크라테스: 소크라테스는 인간 삶을 검토한다. 산다는 것이 자체로 가치 있는 일인지를 묻는다. 그는 검토되지 않은 삶은 살 가치가 없다고 한다. 검토해야만 의미가 있는 삶이다. 검토한다는 건 무엇인가? 질문과 답변을 통해 자신의 생각을 끝까지 들여다본다는 말이다. 질문은 생각을 파는 기능을 한다. 소크라테스의 거듭된 질문은 자신이나 다른 사람의 생각 깊숙이 있는 자신의 삶을 지탱해주는 최종적인 원리로 파고 들어가게 한다. 그것이 과연 근거가 있는 절대 확실한 것이냐를 검토해보면 아니라는 답이 나온다. 자신의 삶을 지탱하고 있는 궁극적 원리에 대해 자신은 아니라고 말하지 않는다. 그건 자신을 지탱하고 있는 원리이기 때문에 나 자신이 그에 대해 아니라고 할 수는 없다. 곧 자신은 자신을 부술 수 없다.

논박은 상대가 있는 검토의 방식이다. 나는 스스로 질문함으로써 내 생각을 깊이 파고 들어갈 수 있다. 그렇지만 그건 한계가 있다. 내가 나에게 하는 질문은 나에게 가혹하지 못하다. 그래서 나 혼자 나의 생각을 깊이 파고 들어가지 못한다. 어느 선에 도달하면 자기가 더 이상 파고 들어가는 걸 거부하거나 들어가지 않아도 되는 이유를 찾아낸다. 상대가 있는 대화에서 상대는 내가 예측할 수 없는 질문을 할 수 있다. 타인은 나의 예상 범위 안에 있지 않다. 언제 어떻게 어떤 방식으로 치고 들어올지 전혀 예상할 수 없다. 타자로부터의 질문이 나의 생각을 파고 들어가기에 더 효과적이다. 소크라테스의 논박처럼 자기 삶에 직접적인 메스를 들이대는 검토일 경우에는 특히 그러하다. 그리고 그렇기 때문에 논박은 급진적인 검토, 또는 부정의 방식이 될 수 있다.

자신의 삶을 지탱하고 있는 최종적인 원리를 스스로 부술 수 없기 때문에 그걸 부정하는 계기는 자신 안에 있지 않다. 소크라테스에게는 그것이 의식 밖에서 들려오는 다이몬의 목소리이다. 그래서 소크라테스 논박의 최종적인 근거는 다이몬이다. 다이몬은 소크라테스의 의식 밖에서 쳐들어와 소크라테스를 아포리아의 상태로 몰아간다. 아포리아는 탈출구가 없는 상태, 자신이 세상을 살아가기 위해(자신을 지키기 위해) 찾아내는 온갖 방편들이 다 무력화된 상태를 말한다. 더 이상 판단이나 결정을 할 수 없는 미결정의 상태, 불안하고 두려운 상태를 말한다. 그건 어느 누구도 스스로 찾아 들어가고 싶어 하지 않으며 찾아 들어가지도 않는 상태이다. 다이몬은 초월적인 부정의 소리로서 인간에게 밀고 들어와 모든 안정감을 빼앗아버린다.

ㅂㄷ철학과 대비시켜보자. 소크라테스가 생각하고 있는 무가치한 삶, 곧 검토되지 않은 삶은 모순적이지 않다. 근거가 없어서 허구적이라고 할 수는 있어도 편안하고 안정된 삶이다. 깨지기 이전의 상태는 모순적이지 않다. 깨지고 나면 불안하고 견디기 어려운 상태에 빠진다. ㅂㄷ철학에서 세상에 있는 것들의 처지는 모순적이다. 그런 모순된 처지를 견디는 삶도 결국 초월자 *X*에 의해서 격파당함으로써 제 갈 길을 찾아가게 되지만. 격파당하는 건 불편한 일일까? 그렇지 않은 것 같다. 격파의 정당성을 인정하는 것으로 보인다. 소크라테스는 자신이 불운한 악령에 사로잡혀 사는 것에 대해 아주 못마땅하게 생각한다. 논박당한 삶은 정당화된 삶은 아니다. 그렇지만 그는 검토되지 않은 안온한 삶의 상태로 절대로 되돌아가지 않는다.

소크라테스의 논박은 맞춤형 논파의 방법이다. 대화 상대자에게 적합한 방식을 찾아간다는 점에서 맞춤형(man to man)이다. 일반적이거나 보편적인 방식으로 그럴 수밖에 없다(그렇게 된다)고 말하지 않는다. 다이몬, 소크라테스, 대화 상대가 있을 뿐, 존재론이나 형이상학이 있지 않다. 사람은 자기만의 자물쇠로 자신을 닫아놓는다. 그걸 열 수 있는 열쇠는 하나밖에 없다. 이런 의미로 소크라테스의 논리는 맞춤형 실행논리(man to man performative logic)이다.

소크라테스의 논박은 ㅂㄷ철학만큼 급진적이지는 않은 것 같다. 그의 삶의 방식이 그

랬던 것처럼 삶 전체를 인식론적으로나 존재론적으로 완벽한 무의미로 몰고 가지는 않는다. 바닥까지 파고 들어가 검토하지 않았기 때문에 그럴 수도 있을 것으로 보인다.

나. 기독교: 기독교에서 이 세상에 현재 태어난 것들은 죄의 산물이다. 원래 신이 창조했을 때는 세상은 선했다. 기독교의 신은 창조한다. 곧 이 세상에 존재하는 것들의 존재 근거가 된다. ㅂㄷ철학에서 X는 창조하지 않는다. X는 이 세상에 존재하는 것들의 파괴나 소멸의 근거이지 생성이나 존재의 근거가 아니다. 이 세상에 존재하는 것들이 무근거하고 허구적인 것은 이 때문이다.

피조물이기 때문에, 곧 신이 만든 것이기 때문에, 인간 자신이 피조물이라는 것, 곧 자신의 근거가 자신 안에 있지 않다는 걸 알고 살 때는 세상은 신과 어울려 잘 지냈다. 세상에 자존적인 것은 없고 모든 건 신에 의존적이었다. 자존적인 존재는 신 이외에는 없었다. 그런데 인간이 스스로 자존적인 존재가 되고 싶어서 선악과를 따먹는 순간 상황은 급변한다. 선악과는 신과 인간 사이를 멀어지게 한다. 신이 자존적이고 인간이 의존적인 존재일 때는 신과 인간은 잘 어울렸다. 이 경우, 자존적인 존재인 신과 의존적인 존재인 인간 사이에 파괴나 격파의 관계는 없다. 인간이 선악과를 따먹는다는 건 인간이 신처럼 자존적인 존재가 될 수 있다는 생각을 한다는 걸 의미한다. 곧 신이 창조하지 않은 자존적인 존재가 등장한다는 걸 의미한다. 자존적인 인간은 원래 없는 것, 곧 허구적인 존재이다. ㅂㄷ철학에서 상상의 산물인 현재 있는 것은 허구적이지는 않다. 그건 영원의 기억에서 산출되는 것이기 때문이다. 다만 영원의 기억을 부정함으로써 출현하는 자체 모순적인 존재라고는 할 수 있다. x가 됐든 $\neg x$가 됐든 그것이 원래 상태를 벗어남으로써 출현하는 건 아니다. 개체 존재의 실상이 그럴 뿐이다.

기독교에서 인간은 인간의 자존성을 실재적인 것으로 착각하고 산다. 자존적인 존재는 의존적인 존재의 변신이다. 사탄이 천사장의 변신인 것처럼. 원래는 선하지만 변신해서 죄인이 되었기 때문에 구원의 가능성은 언제나 있다. 신이 항상 피조물로서의 그의 곁에 있기 때문에. ㅂㄷ철학에서 상상이나 재현의 산물로서의 현존재들은 구원의 가능성을 갖지 않는다. 그저 죽음으로써(격파당함으로써) 자신의 운명에 순응할 뿐이다.

기독교에서는 자존적인 존재가 태어났다는 그 이유로 인간은 죽어야 한다. 죽는다는 건 죄에 대한 벌이다. 의존적인 존재가 자존적인 존재가 되고자 하는 건 죄이고 죽음은 그에 대한 대가이다. 신은 죄인을 창조하지 않았고 피조물의 죽음을 의도하지 않는다. 곧 신은 피조물 죽음의 근거가 아니다. 신은 피조물을 참으로 살아있게 만드는 근거이지 없어지는 근거가 아니다. 신은 죄인을 죽일 수는 있지만 죽음의 근거는 신에게 있지 않고 인간이 지은 죄에 있다.

현실 가운데에서 내재성은 어째서 파격의 모양으로 나타나는가? 무궁한 상상과 불확실한 예감은 언제나 온갖 모순과 불가능한 것들을 포함한다.[28)]

우리들의 타고난 그리고 저장된 기억과 그로 말미암은 상상의 한계 밖에서 누구에게나 거부할 수 없게 다가오는 '그것'[29)]

범주와 판단의 한계 밖에서 이 모든 것들을 무너뜨리며 넘어오는 무차별의 힘(X), 그것은 언제나 절대 무언으로 압도해 다가오는 것이다.[30)]

여기서 '그것'은 세상에 몸을 드러내 움직이는 모든 것들(이것들은 내재적인 것으로서 모순과 불가능한 것들을 포함한다)을 향해 격파해오는 초월의 힘 X이며, (그것은) 우리들이 애써 일으킨 인식과 감상을 무색하게 비웃으며 그런 것들에 붙여진 이름들과 풀이말들을 뭉개서 지우고 압도해오는 절대 무언의 '그것'으로서 그건 우리들에게 다음과 같은 세 가지 패턴만이 가능하다는 것을 각인시킨다.

$x, \neg x, X(\ \ )$

여기서 새롭게 등장하는 $X(\ \ )$란 무엇인가?

---

28) 박동환, 『x의 존재론』, 116쪽.

29) 같은 책, 126쪽.

30) 같은 책, 130쪽. 괄호는 필자 첨언.

그건 한 존재를 향해 거부할 수 없게 닥쳐오는 것으로서 사르트르의 의식의 부정성이나 하이데거의 불안과 같이 반복적으로 경험할 수 있는 무와 같은 것이 아니다. 그건 존재의 운명을 송두리째 일회적으로 바꿔놓을 수 있는 이름 없는 무차별의 힘으로서 무한한 힘을 지닌 절대 무언의 것이다.

ㅂㄷ철학에서 죽는다(격파당한다)는 건 죄에 대한 벌이 아니다. 기독교에서처럼 죄에 대해 벌을 받는다는 건 죄를 벗어나면 벌을 받지 않을 수 있다는 걸 의미한다. ㅂㄷ철학에서는 영원의 기억의 흐름(x)에 대한 배반($\neg x$)으로 태어나기는 하지만 그것이 죄는 아니다. 그리고 x와 $\neg x$가 모순된다는 것도 문제는 아니다. 이건 다만 세계의 내재적 모순일 뿐이다. 세상이 원래 모순되니까. 다만 이 세상에 현존하는 것들이 아무런 근거를 갖지 못하는 모순적 존재라는 걸 의미할 뿐이다.

ㅂㄷ의 초월적 X는 x이든 $\neg x$이든 어느 편에 서지 않고 무차별적이다. 무근거한 세상의 현존이든, 그것이 배반한 영원의 기억의 흐름이든 모두 격파한다. 기독교의 신은 죄인은 죽이지만 믿는 자는 죽이지 않는다. ㅂㄷ철학에서는 죄 이전의 상태와 죄 이후의 상태가 별도로 있지 않기 때문에 X는 다 격파한다.

그것을 ㅂㄷ은 $X(\quad)$로 표기한다. X 앞에 모든 것은 공집합이라는 걸로 읽힌다. 세상의 내재적인 질서는 $x\&\neg x$인데 그것이 궁극적으로는 $X(\cancel{x\&\neg x})$의 틀로 변환된다. 모든 것이 부서진다는 말이다. 영원의 기억이든 무한한 상상이든 X에 의해서 모두 격파당하는 세상의 궁극적 모습을 표현한 도식이다.

세상은 모순적이다. 곧 $x\&\neg x$로 표현된다. 모순적인 세상은 궁극적으로는 초월적 X에 의해서 파국에 봉착한다(격파당한다). 곧 X(~~$x\&\neg x$~~)로 표현된다.

세상은 x와 $\neg x$이다. 곧 내재적으로 모순적이다. 그리고 x와 $\neg x$는 모두 독립변수 X(또는 X(　))의 종속변수가 된다.

x와 $\neg x$가 X의 종속변수라는 건 무슨 말인가?

기독교의 신은 창조한다. 그래서 세상에 있는 것들은 신에게 종속된다. 신에게 의존된 존재이다. 이런 의미일까? ㅂㄷ의 X는 세상에 존재하는 것들의 긍정적인(positive) 근거로 등장하지 않는다. 곧 X는 x(와 $\neg x$)의 존재 근거일 수 없다. X는 $x\&\neg x$를 격파하는(~~$x\&\neg x$~~) 작인으로 등장한다. 기독교의 신이 창조하지 않고 부수기만 한다고 하면 X는 이에 가장 가깝다.[31] 창조하지 않고 파괴만 하는 신은 기독교의 신일 수 없다. 따라서 x와 $\neg x$가 X에 종속된다고 하는 건 기독교적인 의미에서 창조주와 피조물의 관계는 아니다.

데리다의 절대타자(absolute alterity)는 말하지 않는다. 말하지 않는다는 점에서 고유한(proper) 목소리를 내지 않는다. 그건 침묵이자 무덤, 죽음을 상징한다. 절대타자는 자신의 목소리를 지니지 않은 채 차이에 개입하여 차이의 동일성 구성 작용(construction)을 지연하고 연기(dis-)시

---

31) 창조하지 않을 수 있지만 창조되어 있다. 곧 피조물은 있다. 창조되지 않았다면 없었을 텐데 있다는 건 창조했다는 것이다. 창조하지 않고 격파만 하는 신은 기독교의 신이 아니다. 「전도서」의 신도 창조한다.
"너는 청년의 때에 너의 창조주를 기억하라 곧 곤고한 날이 이르기 전에, 나는 아무 낙이 없다고 할 해들이 가깝기 전에."(전도서 12:1)

킨다. 그에 따라서 모든 차이(différence)는 발음하는 순간(차이작용이 작동하는 순간) 차연(différance)이 된다. 세상에 무언가로 결정되려면 차이의 작용이 선행되어야 한다. 그런데 차이는 구조의 내부에 있지 않다. 예를 들어 different play가 작동하려면 different와 play는 서로 달라야 한다. 그런데 우리 눈앞에 등장한 것은 different와 play 뿐이다. 둘 사이의 차이는 보이지 않는다. 곧 둘 사이의 차이는 시각기호나 청각기호로 등장하지 않는다. 차이는 보이지도 않고 들리지도 않는다. 그래서 둘 사이의 차이는 구조 내부의 의미나 가치를 결정하는 기능을 하지만 구조 내부에 속해 있지 않다.

그 차이는 무언가의 결과물로서 구조 내부의 동일성을 결정하는(형성하는) 역할을 한다. 동일성 구성 근거인 차이는 절대타자(différance의 'a')에 뿌리를 두고 있다. 데리다에서 동일성은 차이에 종속되고 차이는 절대타자('a')에 종속된다. 그래서 절대타자는 구성하면서 구성 작용을 해체하는 이중 작용을 한다. 곧 차연(差延, differ-defer) 작용이다. 데리다의 절대타자는 차이와 동일성을 가능하게 하면서 또한 그 작용을 늦추는 기능을 한다. 동일성이 차이에, 차이가 절대타자에 종속되기 때문에 구성도 불가피하지만 해체도 불가피하다. 곧 세상의 모든 것은 생기면서 와해의 계기를 갖게 된다.

이렇게 간략하게만 살펴봐도 데리다의 해체적 구성은 ㅂㄷ의 격파와 다르다. 현재하는 상상의 산물은 영원의 기억에 대한 부정이라는 점에서 데리다에서처럼 동일자가 차이에 의해서 가능하다고 할 수 없다. X는 x의 원천(origin)일 수 없으며 x가 $\neg x$의 근거일 수도 없다. 더 나아가 X가 x와 $\neg x$의 근거가 되는 일은 더더욱 없다. X는 언제나 $(x \& \neg x)$의 계기만을 갖는다. 곧 X의 이 세상과의 관계는 $X(x \& \neg x)$이다. 세계 내 존재의 긍정적인 근거이자 실현을 가로막는 두 가지 역할을 동시에 하는 데리다의 차연(différance)일 수 없는 것이 X의 작용이다. 애써 관계를 짓고자 한다면 모순된 세계의 근거가 되는 (모순적) 파괴력 정도로 읽힌다.

소크라테스의 다이몬과는 어떨까? 소크라테스의 대화에서 소크라테스와 대화 상대, 그리고 다이몬의 관계는 어떨까? 소크라테스는 대화 상황에서 주체적이지 않다. 그는 다이몬에 의해 깨져 있는 상태, 곧 주체가 와해된 상태이다. 소크라테스의 대화 상대는 아직 주체가 와해된 상태는 아니다. 그는 소크라테스와 대화하면서 논파당함으로써 주체적 판단 능력을 상실하게 된다. 소크라테스는 대화 상대의 입장을 세우는데 기여하지 않는다. 곧 대화상대의 주체성을 확립해주지 않는다. 이런 점에서 소크라테스는 대화 상대를 부정한다. 그러나 소크라테스는 주체적인 입장에서 대화 상대를 논파하지 않는다. 그래서 소크라테스와 대화 상대는 모순적이지 않다(투쟁하지 않는다). 소크라테스는 다이몬에 의해 와해된 상태에서 와해된 상태를 상대에게 전염시키는 역할을 한다. 이렇게 보면 다이몬은 (소크라테스&대화상대)를 와해시키는 역할을 한다.

논박의 타깃인 주체 확립에 어느 누구도 개입하지 않는다는 점에서 주체에 대한 긍정적인 근거가 없다. 소크라테스도 대화 상대도 어쩌다 보니 주체가 확립된 채로 살고 있을 뿐이다. 그것이 어떻게 그렇게 됐는지에 대한 의문은 없다. 주체 확립의 과정에 대한 의문이 없다는 점에서 이는 ㅂㄷ과 다르다. ㅂㄷ철학에서는 현재적인 존재($\neg x$)의 출처에 대한 의문이 있다. 그것의 출처는 영원의 기억 흐름인 x이고 x의 상상과 재현이 현재 존재이다. 근거 물음이 있다는 점에서 소크라테스와 ㅂㄷ은 다르다.

다이몬이 소크라테스와 대화 상대의 공통 와해 요인이라는 점에서 세계 내 존재를 논파만 하는 소크라테스의 다이몬은 $X(x\&\neg x)$와 유사한 구조를 가지는 것으로 보인다. 하지만 유사할 뿐 같다고 말할 수는 없다. 물론 다이몬 역시 소크라테스의 긍정적이고 적극적인 근거로 작용하는 것은 아니다. 곧 소크라테스로 하여금 무언가를 긍정적으로 하게끔 하지 않고 다만 아니라고 하는 부정적인 기능만을 수행한다. 그렇다고 해서 소크라테스의 일거수일투족을 다 부정하지는 않는다. 주체의 정당화나 주체에 대한 믿음만을 부정할 뿐이다. 모든 걸 격파하는 기능과 역할을 하지는 않는다는 점에서 세계를 절멸시키는 역할을 하는 X와는 같지 않다.

다이몬은 소크라테스와 대화 상대 모두를 와해시키는 계기로 등장하지만 소크라테스를 매개로 해서만 그렇게 한다. ㅂㄷ에서 X는 x나 $\neg x$ 중에서 어느 하나를 통해서 격파시키지 않는다. 이런 점에서 세상에 있는 것들 중 어느 것에 대해서도 친밀한 태도를 갖지 않는다. 야박한 무차별적 파괴의 힘이라고나 할까? 소크라테스는 ㅂㄷ처럼 결국 무차별적으로 모두가 파국을 맞이할 수밖에 없다는 보편적 주장을 하고 있지는 않다. 다만 대화해보면 견뎌내는 사람이 없다는 걸 확인할 뿐이다.

이렇게 보면 ㅂㄷ철학은 부정이나 다름, 비판에 대해서 이야기하는(적어도 내가 이해한 범위 안에서는) 어떤 철학이나 신학과도 다르다. 가장 급진적이고 부정적이며, 다름의 논리(길)에 가장 충실한 격파의 철학으로 보인다. 살아 숨 쉬는 파괴력을 간직한 철학? 무차별적 격파력을 지니고 구성하지 않는 X, 미지와 암흑의 흐름으로서의 영원의 기억인 x, x에서 출현하지만 x의 배반일 수밖에 없는 상상과 재현으로서의 $\neg x$. 현재하는 것들, 지금 눈앞에 있는 것들($\neg x$)은 배반으로 출현한, 곧 어떤 근거도 가질 수 없는 상상의 산물로서 바람 앞에 등물처럼 사라질 운명을 가지고 있지만 그나마 아직도 남아 있는 긍정적인 무엇으로 여겨진다. 논리적 순서로 보면 가장 후속적인, 우선성에서 가장 뒤지는 것이 현재 세상에 태어나 있는 것들(상상의 파격)이다.

ㅂㄷ철학에는 발생의 과정과 결과론적인(논리적인) 구성의 과정이 있다. ㅂㄷ철학은 충격적인 경험이 바닥에 깔려 있다. 안정적이고 예측 가능한 일상을 허용하지 않는 전쟁의 경험이 x를 구성하고 있으며, 이로부터 상상의 파격(학문)을 시도하고 그나마도 초월적인 X에 의해 격파당하는 과정이 발생의 과정이다. 논리적으로 보면(태초의 순서에서 보면) 격파의 경험 $X(\ )$ ⇨ 영원의 기억 x ⇨ 상상의 파격 $\neg x$의 과정을 거친다. 태초의 순서는 어떻게 나왔는가?

> 태초의 순서는 영원의 한 단위 기억체계 곧 개체 생명 x의 내재성 구축 과정에 대한 미시분석에서 소급 추정된 격파의 경험에서 시작하는 것이다.[32)]

x가 $X(\ )$에서 비롯된다는 걸 어떻게 알았을까? $X(\ )$는 x에서 소급 추정된 격파의 경험이다. 이게 무슨 말인가? 소급추정된 것은 추정되었다는 점에서 경험은 아니다. x가 경험을 하고 그걸 내부적으로 미시적 분석을 해서 역으로 $X(\ )$가 추정(추론)된 것이 아닐까? 그로부터 거꾸로 소급하여 논리적으로 제시된 것이라고 하는 것이 맞지 않을까? 격파

32) 박동환, 『x의 존재론』, 446쪽.

(x)를 겪고 논리적으로 그 전에 있어야 할 것으로 $\mathcal{X}$( )를 태초의 것으로 제시한 것이 아닐까? 그런데 x의 내부 구조 구축과정 분석에서 '소급 추정된 격파의 경험'이 $\mathcal{X}$( )라고 한다. 논리적 추론이 아니라 경험이라는 게 무슨 말인지 모르겠다. 그에 가장 가까운 말은 통찰이라고 할 수 있을 것이다. 모순된 존재들의 자기와해 가능성을 배제할 경우 그것들의 격파를 가능하게 하는 작인에 대한 통찰이라고 읽는 것이 가장 그럴듯하다(reasonable).

가면적 동일자의 배반성과 그의 출처라고 할 수 있는 영원한 기억의 흐름(미지의 암흑), 그리고 이들 모두를 격파하여 무화하는 초월적 $\mathcal{X}$. x $\neg x$ $\mathcal{X}$( ): 이것으로 세상의 모든 변화와 모순, 격파를 다 설명한다. 이것보다 더 단순한 도식이 있을 수 있을까? 내가 아는 한 가장 단순하면서도 가장 일관적인 차이의 논리(철학)라고 할 수 있다.

6. 맺음말: 질문

지금까지의 독해가 맞는지 잘 모르겠다. 맞는다는 걸 전제로 해서 몇 가지 의문을 제기하는 것으로 마무리하고자 한다.

초월자 $\mathcal{X}$에 관해서

x나 $\neg x$는 $\mathcal{X}$에 대해 모두 수동적이다. 그것들은 격파당하고, 격파하는 자는 $\mathcal{X}$이다. 유일의 능동자가 $\mathcal{X}$이다. 그리고 $\mathcal{X}$는 x나 $\neg x$의 긍정적 근거가 아니다. 다만 격파할 뿐이다. 플라톤의 선의 이데아는 하나라는 특성을 갖는다. 파르메니데스의 존재처럼 순수한 하나인 빛의 존재이다. 플라톤의 선의 이데아가 이런 특성을 갖는 건 그의 방법(수학, 변증

술)이 같음의 길을 가고 있으며 그것이 같음의 길의 최종적인 종착지이기 때문이다. 다시 말해 같음 길의 연장에 의해서 나타나는 것이 차이를 전혀 갖지 않은 순일(純一)한 존재로서의 선의 이데아이다. 같음의 길은 다름을 배제하면서 가는 길이기 때문에 최종 목표인 플라톤의 선의 이데아는 같음의 논리에 종속된다. 이런 점에서는 차이의 원리인 질료를 제거해가는 아리스토텔레스의 순수형상 인식 방법도 마찬가지이다. 그래서 초월적이라고는 하지만 같음의 길의 연속선상에 있다는 점에서 완전히 초월적일 수 없다는 것이다. 기독교에서의 선의 이데아 비판도 이런 논리를 따른다. 곧 신에 이르는 방법(길)이 있기 때문에 그건 기독교의 절대 초월적인 신이 아니라는 것이다. 곧 신과 인간의 공통분모가 있다는 점에서 그건 인간적인(관념적인) 신이지 세상을 창조하는 초월적인 기독교의 신일 수 없다.

ㅂㄷ철학에서 세상은 모순적이다. 암흑이자 미지이기도 하다. 다름의 길을 선택하면 출발점이 그럴 수 있다. *X*는 절대적으로 인식 불가능하다. 그것으로 접근해 가는 것도 불가하다. 곧 절대적으로 초월적이다. 이는 이 세상과 절대적으로 다르다는 말이다. 세상에 있는 것들과 *X*는 전혀 같지 않다. *X*의 기능은 세상과의 공존이 아니라 세상의 격파이다. 세상을 가능하게 하는 것이 아니라 격파하는 자로서의 초월적인 *X*도 그것이 다름의 길의 연속선상에서 출현하기 때문에 그렇게 등장하는 것이 아닐까? 같음을 계속 배제하면서 생각하다 보니 공존조차도 불가한, 곧 세상과 완전히 다른 모순적인 *X*가 출현하게 되는 것 아닐까? 선의 이데아에 대한 비판의 논리가 초월적인 *X*에 대해서도 적용될 수 있지 않을까? 초월자 *X*가 왜 그렇게 등장하며 왜 격파만 하는 걸까? 그건 다름의 길에서의 종착점으로 등장하고 있기 때문이 아닐까? 다름의 사다리를

타고 가다 보면 완전히 다른(같음이 완전히 배제되어 공존이 불가능한) 것이 출현하고, 그것이 초월자 X가 아닐까? 같음의 사다리의 연속에 있는 최종적인 종착지인 선의 이데아와 다름의 사다리를 타고 가면 최종적으로 등장하는 X는 마찬가지 아닐까?[33)]

세상의 내재적 차이와 초월적 차이는 같을까, 다를까?

인간의 한계 너머와 씨름하는 사람들이 염두에 둬야 할 원칙이 있다. 세상의 질서와 초월의 질서가 같지 않다는 것이다. 이 세상의 경쟁에서 이겨 부자가 됐기 때문에 천국에 가는 티켓을 달라고는 할 수는 없다. 신이나 나나 잘난 자들이니까 잘난 자들의 말을 들어주는 것이 당연하지 않느냐고 물어보면 신이 천벌을 내릴 것이다. 신과 인간 사이의 차이는 인간들 사이의 차이와 같지 않다. 세상의 선악 기준과 하늘의 선악 기준이 다른 것도 마찬가지이다. 신의 권위를 인간이 가지면 왕권신수설이 되어 인간에 대한 절대 지배체제가 등장하게 된다.

x와 $\neg x$가 모순되고 X와 $x\&\neg x$가 모순된다. 이 경우, 내재적인 모순($x\&\neg x$)과 초월자와 이 세상 사이의 모순[$X\&(x\&\neg x)$]은 어떻게 다를까? 이 질문을 던지면 ㅂㄷ는 다르다고 할 것이다. 어떻게 다를까? 단지 강도(强度)의 차이일까? 내재적 모순은 공존이 가능한 모순이고 초월적 모순은 공존이 불가능한 모순일까? 둘 다 공존이 가능한 모순으로 보인다. $\neg x$는 x로부터 (배반적으로) 출현하면서 세상의 구성요소

---

33) 어떤 사다리를 타고 가느냐는 다르지만 최종적으로는 같음의 방식으로 추론하거나 다름의 방식으로 추론한다는 점에서 동일한 틀로 볼 수 있다. 결국 선의 이데아(또는 순수형상)나 X 모두 추론의 결과나 산물이 아닐까?

인 점을 보면 하나가 나타난다고 다른 하나가 불가능한 것 같지는 않다. X가 힘을 발휘하면 $x\&\neg x$는 사라지는 걸까? 그렇지는 않은 것 같다. 왜? 아직도 세상은 있기 때문이다. X는 이 세상에 대한 절대적 초월적 격파자이기 때문에 X를 상정한다는 건 세상의 절멸을 의미한다. X 상정이 세상의 절멸을 함축한다면 X와 세상의 공존은 불가하다. 그리고 공존이 불가하다면 이 세상, 특히 현재하는 것들($\neg x$)은 없어야 한다. X가 절대적인 격파자라면 세상이 존재할 수 없다는 것이다. 그럼에도 X가 아직도 현재하는 이 세상을 없애지 않는 건 왜일까? $\neg x$는 무근거하고 그 근거를 추적할 수 없는 배반자(허구적, 가면적 동일자)이기는 하지만 그럼에도 현재 이 순간에 있다. 그건 X가 이 세상을 파괴하지 않을 때가 있다는 말이다. 파괴할 수도 있고 파괴하지 않을 수도 있는 것이 X일까? 절멸시키지 않고 그냥 놔둘 수도 있는 걸까? 그건 기독교의 신이다. 창조할 수도 있고 없애버릴 수도 있으니까. 내재적 모순과 초월적 모순 모두가 모순항이 공존할 수도 있다고 하면 양자의 차이가 없게 된다. 내재적 모순과 초월적 모순이 같다고 하면 한계 너머와 씨름하는 사람들이 어겨서는 안 되는 규칙을 어긴 것이 된다. 다르다면? 어떻게 다른지 잘 모르겠다.

특히 X가 x의 긍정적 근거이자 격파자라고 하면 x가 $\neg x$의 출처이자 $\neg x$가 x의 부정이자 배반이라고 하는 것과 다를 것이 없게 된다. 이럴 경우, 특히 내재적인 관계와 초월적인 관계가 다를 것이 없게 되어 심각한 난점에 봉착하게 된다. 세상의 선과 악이 있다고 해보자. 선과 악은 다르다. 선은 행하고 악은 배제되어야 한다. 세상의 윤리 기준은 이에 맞춰져 있다. 그런데 선과 악은 다르다(different 1). 이 세상과 초월자는 같지 않고 다르다(different 2). 여기서 different 1과 different 2는 같으면 안 된다. 이것이 같다고 하면 신이 선하다고 말하는 것과 세상이 선하다고 말하는 것이 같게 된다. 다시 말해 세상의 선악 판정 기준이 신과 이 세상 사이에 적용된다는 것이다. 신은 선하고 세상은 악하게 되는데 그것이 인간 사이에서 선악을 가르는 기준에 따라서 선악이 갈라진다는 것이다. 세상의 기준에 따른 선한 인간을 신도 선하다고 판단할 수밖에 없다는 것이다. 신의 인간 기준에의 종속 현상이 나타나게 된다. 이건 거꾸로 적용해도 마찬가지이다. 신이 선하다고 판정하는 기준을 인간이 갖는다고 하면 그 인간은 무소불위의 권한을 갖게 된다. 신은 어떤 경우에도 신과 동등한 권한을 인간에게 부여하지 않는다. 스스로 자신을 버리고 신의 기준에 맞추는 의존적인 존재가 되기 전에는. 이는 인간의 기준을 버려야 신과 함께 할 수 있다는 말이다.

차이가 우선일까, 동일성이 우선일까?

ㅂㄷ철학에서 동일성은 차이와 동등한 자격을 지니지 못한다. x의 본래적 특징은 미지의 암흑 흐름이다. 세상에 현전하는(present) 것들은? 그건 x의 부정 배반일 뿐이다. 무근거한 출현, 있을 수 없는 것의 출현 정도로 읽힌다. 이렇게 규정하면 위의 질문은 쓸모가 없다. 어떤 것이 우선인가라는 질문은 둘 사이의 논리적 순서나 근거 관계를 설정할 때 필요한 것이다. 일단 $\neg x$는 x를 출처로 하지만 x 때문에 $\neg x$가 가능한 것은 아니다. 논리적 근거 관계가 성립하지 않는다. 논리적 근거 관계는 성립하지 않지만 차이가 동일성에 대해 우선권을 갖는다는 건 ㅂㄷ철학의 기본 입장으로 읽힌다.

위의 질문에 대해서는 두 가지 방향의 답이 가능하다. 첫째는 차이가 동일성의 근거가 된다는 것이며, 둘째는 동일성이 차이의 근거가 된다는 것이다. 자-타 관계의 맥락에서 보면 자아가 있어야 타자가 가능하다고 할 수도 있고 타자가 있어야 자아가 가능하다고 말할 수 있기도 하다. 라이프니츠 - 소쉬르 - 데리다에게 자아가 가능하기 위해서는 타자가 전제되어야 한다. 그리고 타자는 절대타자의 매개자로서 자아의 동일성을 유지할 수 없게 한다. 자아는 절대타자의 흔적으로 구성되기 때문이다.

자아가 있어야 타자가 있을 수 있다는 답도 있을 수 있다. 가령 세상에 있는 모든 개체들은 다 자기이다. 내가 없으면 타자도 없고 타자도 각기 자기일 뿐이다. ㅂㄷ에서 모든 개체들이 각기 서로 다른 모순을 구현하고 있는 것과 마찬가지로.

기독교에서는 자아가 생김으로써 인간 사이에 거리가 생겨 타자가 나타난다. 자-타 구분이 생겼다는 건 자아가 생겼다는 걸 의미한다. 자-타 구분이 생겨서 문제가 일어나면 자아를 없애야 문제가 해결이 된다. 타자에 의해서 자아가 격파당한다는 사실을 적시하는 건 자-타 구분을 전제로 한다. 타자나 절대타자에 의해서 자아가 격파당할 수밖에 없다고 말하는 건 자아를 없앰으로써 자-타 관계를 사라지게 하는 방법은 아니다. 곧 근본적인 해결책은 아니다. 근원적으로는 자아를 없애야 문제가 해결된다. 자아를 없앰으로써 자-타 구분이 사라져야 문제가 근원적으로 해결될 수 있다. 그래서 남의 탓이 아니라 내 탓이라고들 한다. 자아를 스스로 없앨 수 없기 때문에 믿음을 통해 자아를 없애고 그리하여 자-타의 패러다임으로부터 벗어나야 한다. 이것이 기독교의 문제해결 방식이다.

자아가 없으면 타자도 없다는 데 대해 타자가 있어야 자아도 있을 수 있다고 응대할 수 있다. 이 논쟁은 결론이 나지 않을 것 같다. 그러나 두 가지 방향이 있다고는 말할 수 있다.

죽을 수밖에 없다는 건 당연한 것일까?

세상에 당연한 건 없다. 태어난 자들이 죽는 건 맞는 것 같다. 그렇다고 죽는 것이 당연한 것일까? 그것이 당연하려면 왜 죽는지를 묻지 말아야 한다. 그런데 누군가는 왜 죽느냐고 물었다. 기독교에서는 왜 죽느냐고 묻고 죄 때문에 죽는다고 한다. 그래서 죄로부터 벗어나면(구원을 받으면) 영생을 얻는다(죽지 않는다). 그러면 죄로부터 벗어나는 방법은? 믿음이다. 믿기 위해서는 참회해야 한다. 곧 자아를 중심으로 하는 삶의 방식이나 사고방식을 전면적으로 바꿔야 한다. 여기도 자아가 죄의 뿌리이기 때문에 자아를 없애는 방법이 핵심이 된다.

부처도 묻는다. 왜 죽는가? 태어났으니까 죽는다.[34] 안 죽으려면? 태어나지 않으면 된다. 태어난 자들이 죽는 건 불가피하다. 그러나 안 죽을 수 있다. 태어나지 않으면 된다. 격파당하면 죽는다. 그리고 ㅂㄷ철학에서 그건 살아 있는 자들이 가야만 할 고향과 같은 사태다. 그런데 격

---

34) 부처는 죽음에 이르기까지의 12단계를 연기(dependent arising)를 통해서 설명한다. 왜 태어날까? 있으려는 작용(bhava, 取)—씨앗을 뿌리면 몸이 불어나는 작용과 같이 모으는 힘—때문에. 왜 태어나려고 하는 경향이 생길까? 갈망하는 마음(tanha, 愛) 때문에. 갈망하는 마음은 왜 생길까? 느낌(vedana, 受) 때문에. 느낌은 왜 생길까? 분별작용(phassa, 觸) 때문에. 분별은 왜 생길까? 분별기관(salayatana, 六入) 때문에. 분별기관은 왜 생길까? 정신과 육체(nama-rupa, 名色)—유무형의 체—때문에. 명색은 왜 나타날까? 식체(vinnana. 識) 때문에. 식은 왜 생길까? 무의식적 의지 작용(sankhara, 行) 때문에. 행은 왜 생길까? 무지함(avijja, 無明) 때문에. 궁극적으로는 무명을 밝혀야 안 태어난다. 무명을 밝히지 않으면 계속 태어나고 죽는다. 이 경우는 죽음이 필연적이다. 업(業)의 영향력 아래 있게 되는 것이다. 업이 X일까? 업은 존재 소멸의 최종 근거이기도 하지만 탄생의 원인이기도 하기 때문에 그렇게 볼 수는 없을 것 같다.

파당하려면 먼저 살아 있어야 한다. 살아 있지 않다면 죽을 일 곧 격파당할 일이 없다. 그럼 X도 할 일이 없게 된다.

위의 사례들에서는 죽음이 당연하지 않다. 왜 죽느냐고 물으니까? 그렇게 묻는 사람은 죽음을 당연한 것으로 여기지 않았다. 그것이 당연한 것, 더 이상의 질문이 필요 없는 것이 아니라고 생각하고 질문을 던지고 그에 대해 해결책을 모색해보는 사람이 있는 한 격파는 필연적이지 않을 수 있다. ㅂㄷ철학에서는 이렇게 이야기하는 사람들을 Xx를 시도한 사람으로 치부한다. 그러나 아무리 생각해도 태어나지 않으면 죽을 수 없다. 곧 격파의 전제는 태어남이다. 태어나지 않으면 격파의 최종적인 근거인 X는 불필요하다. X는 태어난 자(있는 것)들만의 초월자 아닌가? 혹시 태어나지 않는 자들이 있다면 이들에게 X는 무엇을 할 수 있을까?

박동환과 원효(元曉)의 사유 비교 시론

이상수*

1. 들어가는 말: 박동환과 원효의 문제의식—주변자의 생존논리

서로 발생 배경이 다른 두 사유를 비교 연구하는 일은 자칫 잘못하면 비교 대상이 된 두 사유를 모두 미궁에 빠뜨릴 위험이 있다. 그러나 비교할 항목이 잘 조율된 적절한 비교는 두 사유에 대한 우리의 이해를 함께 심화시켜줄 수 있다. 원숭이와 인간의 해부학적 비교는 두 생명체의 신체구조와 골격변화에 대한 우리의 이해를 도울 수 있다. 사유의 비교 또한 비교 대상이 되는 A와 B 두 사유에 대해, A를 B의 언어로 설명하고 B를 A의 언어로 설명함으로써 쌍방에 대한 우리의 이해를 풍요롭게 만드는 긍정적인 효과를 기대할 수 있다.

---

* 연세대학교 사학과를 졸업하고 연세대 철학과 대학원에서 박사학위를 받았다. 한겨레 신문에서 기자로 일했으며, 현재 서울시교육청 공보관으로 있다. 대표 저서로는 『운명 앞에서 주역을 읽다』『아큐를 위한 변명』『한비자, 권력의 기술』 등이 있다.

지은이는 박동환 교수(이하 존칭 생략)의 저서들을 읽으면서 그의 문제의식과 해결방안이 1,400년 전 통일신라 시기에 활동한 승려 원효(元曉, 617~686)가 가졌던 문제의식과 해결방안과 매우 유사성이 있다고 느꼈고, 그래서 박동환과 원효의 사유 전개방식을 비교해볼 필요성을 느꼈다. 이 비교 연구를 통해 박동환의 문제의식으로 원효를 더 깊이 이해하고, 원효의 해법을 통해 박동환의 해법에 대한 이해의 심도를 높이는 결과를 낳기를 기대한다.

박동환과 원효는 지금까지 세상에 나와 있는 모든 해법에 대해, 어떤 것에도 포섭당할 수 없으며 만족할 수 없다는 매우 근본적인 문제의식에서 출발해 자신들의 탐구를 시작했다는 공통점을 지닌다. 박동환은 다음과 같이 말한다.

> 나는 철학하는 자로서 세계를 향해서 긍정할 것이라고는 하나도 가진 것이 없는 역사의 자각과 반감을 날려버리려는 몽상을 가지고 오늘의 나이에 이른 것이다.[1)]

> 만약 문명권을 넘나드는 이러한 방황 끝에도 자신이 모색하는 문제의식과 해답이 정착할 만한 처소를 찾을 수 없다면 다음으로 나아가야 하는 길은 어디에 있는가?[2)]

박동환은 서양철학이나 동양철학의 여러 철인들이 해법으로 내놓은

---

1) 박동환, 「머리말」, 『x의 존재론』(고양: 사월의책, 2017), 10~11쪽.
2) 박동환, 「들어가기 · 무엇을 묻는 것인가?—풀이말」, 같은 책, 41쪽.

철학 체계 가운데 어떤 것에서도 해답을 찾을 수 없었으며, 만족할 수 없었다. 그 지점에서 그는 서양철학사나 동양철학사를 넘어서는 사유를 모색한다.

불교의 가르침에서 길을 찾으려던 원효 또한 당시 중국 당나라에서 성행하던 지의(智顗, 538~597)의 천태종(天台宗)이나 법장(法藏, 643~712)의 화엄종(華嚴宗) 등 불교의 어떤 종파에도 귀의하거나 안주할 수 없었다. 그래서 원효는 다음과 같이 말한다.

> 여래가 세상에 있을 때에는 중생이 한결같이 그의 원만한 소리를 따라 이해하고 (판단하여 별 문제가 없었으나), 이제는 허다한 이론이 구름같이 치달아 혹은 나는 옳고 남은 그르며 나의 학설은 옳고 남의 학설은 그르다고 말하는 단순한 이론만이 횡행하고 있어 드디어 건너기 어려운 큰물이 되어버렸다.[3)]

원효는 당시의 사상계를 "혹은 나는 옳고 남은 그르며, 나의 학설은 옳고 남의 학설은 그르다고 말하는"(或言我是, 言他不是, 或說我然, 或說他不然) 상황이라고 파악하고 있었다. 이는 박동환이 서양철학사와 동양철학사의 모든 거장들의 사유체계가 자신의 사유로써 세상의 다른 모든 사유를 재단하고자 하는 '자기중심주의' 또는 '인간중심주의'라고 비판하는 것과 일맥상통한다. 박동환은 다음과 같이 비판한다.

---

3) 如來在世, 已賴圓音, 衆生等 (…) 雨聚, 空空之論雲奔, 或言我是, 言他不是, 或說我然, 或說他不然, 遂成河漢矣. (元曉,『十門和諍論』,「序文」)

어떤 형태의 환원주의에도 빠지지 않고 그로부터 완전하게 탈출하는 길은 어디에 있는가? 세계를 자기 중심으로 이해하며 관리하려는 이른바 '자기중심주의'(egotism) 또는 '인간중심주의'(homeocentrism)에 다름 아닌 환원주의는 결국에 모든 미지의 것(the unknown)을 기지(the known)의 세계 틀 가운데로 집어넣으려는 시도이다.[4)]

박동환은 서양철학사와 동양철학사의 어떤 거인들이 제시한 사유 체계도 모두 거부한다. 이들의 체계는 자신의 세계 인식의 틀로 주변자들의 모든 사유를 '통분'하려는 기도에서 기획된 것들이기 때문이다. 그러나 박동환이 보기에 이런 시도들은 패권주의적인 시도이며, 실패할 운명을 안고 세상에 나온 것이다. 박동환은 지네를 삼킨 살모사의 사례를 이런 패권주의적 사유가 걸어갈 운명의 메타포로서 제시한다. 마케도니아의 한 섬에서 발견한 사례에 대한 보고에 따르면, 한 어린 살모사가 거의 제 몸 크기만 한 지네를 삼켰으나 지네는 살모사의 몸 안에서 살모사의 내장을 모두 먹어치워 결국 살모사는 껍질만 남은 채 죽었고, 지네는 살모사의 배 껍질을 뚫고 머리를 내밀었다는 것이다.[5)] 박동환은 이렇게 기이한 메타포를 제시하며, 서양철학사나 중국철학사에서 주변부의 세계를 '통분'하려는 시도가 실패할 운명이라는 것을 「삼켜도 삼키는 자의 것이 되는 것은 아니다」라는 장에서 다음과 같이 말한다.

미미하게 보이는 것들, 무시해도 괜찮을 만한 것들, 아니면 버거워서 외

---

4) 박동환, 『x의 존재론』, 62쪽.
5) 같은 책, 137쪽.

> 면해버린 것들. 그래서 가에로 밀려난 그런 것들이 실은 그렇게 대우해서는 안 되는 것들이라는 것을 나중에 알게 된다.[6]

박동환의 이런 문제의식은, 서양철학사와 중국 중심의 동양철학사가 주변자에 지나지 않는 세계에 대해 패권주의적 지배의 대상으로 삼아온 지금까지의 세계철학사에 대한 주변자로서의 관찰과 반발을 배후에 깔고 있다.

원효 또한 "나는 옳고 남은 그르며 나의 학설은 옳고 남의 학설은 그르다고 말하는 단순한 이론만이 횡행"하는 당시 불교학계에서 어떤 학설에도 포섭당하는 것을 거부하고 모든 학설의 대립을 넘어서겠다는 문제의식에서 자신의 사유를 시작했다.

박동환과 원효는 기존의 주류 철학적 세계 인식의 틀에 포섭당하는 것을 전면적으로 거부하는 주변자의 문제의식에서 자신의 사유를 시작했다고 할 수 있다. 원효가 당시 불학의 테두리 안에서 사유를 전개했다면, 박동환은 인류의 '철학사'라고 하는 더 넓은 범위에서 사유했다는 차이가 있다고 할 수 있다.

2. 박동환의 인간중심주의 비판과 원효의 능소평등론

박동환은 서양철학사와 중국철학사에서 등장했던 무수한 철인들이 세계 인식의 틀로 제시한 사유가 '자기중심주의' 또는 '인간중심주의'에 지나지 않는다는 시각에서 비판한다. 박동환은 인간중심주의의 사유는

6) 같은 책, 같은 곳.

그 사유를 낳은 공동체의 언어 습관을 넘어서지 못한다며, 이는 인간의 모든 사유를 설명하는 틀이 되지 못하므로 이를 넘어선 보편의 언어를 모색한다.

> 사람들의 언어는 세상에 이미 주어져 굳어있는 사물들에 대한 이름이며 분류이며 묘사에 지나지 않는 것이다. 그러므로 사람들의 언어는 만차억별(萬差億別)로 분화되어 제각기 고유하게 다른 개체성들과 그로 비롯하는 억차조별(億差兆別)의 생각들을 깎아서 획일적으로 묶어 만들어낸 허구의 이름과 분류와 묘사의 방법이다.[7)]

원효 또한 각 종파와 학파를 중심으로 제시하는 세계 인식의 틀이란 '능소평등'(能所平等)에 이르지 못한 언어들로서, '능소평등'에 이르러야 비로소 세계의 실상을 그린 것이라고 인정할 수 있다며, "능소가 평등한 것이 세계의 실상과 같은 것"[능소평등왈여(能所平等曰如)]"이라고 말한다. 능소평등이란, 감각 지각의 주체[능(能)]와 감각 지각의 대상[소(所)]이 어느 쪽에도 치우치지 않고 평등해야 한다는 주장이다.

능소평등이라는 개념을 이해하기 위해서는 능소평등에 이르지 못한 논의를 검토하는 편이 수월할 수 있다. 예를 들어, 조선 중기의 문인 김만중(金萬重, 1637~1692)은 당나라 시인 방간(方干, 836~888)이 '새로 돋아난 달'[신월(新月)]을 노래하면서 "달이 물에 잠기니 물고기가 낚시미늘인 줄 알고 놀라네"[잠수어경구(蘸水魚驚鉤)]라고 노래한 것을 평하여, 다음과 같이 말했다.

---

7) 같은 책, 73쪽.

시인이 새로 돋아난 달을 읊은 시구에 "달이 물에 잠기니 물고기가 낚시미늘인 줄 알고 놀라네"(蘸水魚驚鉤)란 구절[8]이 있다. 이것은 실제 모습이 아니다. 사람이 물 위에 있으면서 물을 굽어 내려다보니까, 달이 물속에 잠겨있는 것처럼 보이지만, 물고기는 물 밑에서 달을 위로 쳐다보기 때문에, 달은 물 바깥에 있는 것으로 보인다.

이제 유리의 뒤쪽에 무엇을 붙이면 스스로를 거울처럼 비춰볼 수 있어 구리거울과 같이 쓸 수 있지만, 뒤쪽에 붙인 것을 제거하면 바로 안경이 되어버려서 안경 바깥의 사물을 뚫어볼 수 있게 되며, 안경 안에는 아무것도 보이는 게 없다. 사람이 물을 볼 때는 물 밑바닥에 땅이 있어서 그 이치가 구리거울과 같지만, 물고기가 물에서 올려볼 때는 물 바깥으로 뚫어보기 때문에, 그 이치가 안경과 같다.[9]

---

8) 이 시의 원작은 당나라 때의 시인 방간(方干)의 「초생달」(新月)이다. 원문은 다음과 같다. "밤이 되어 (초생달이) 하늘 서편에 보이니, 아름다운 눈썹이 차고 희게 빛나는구나. 못 속의 물고기는 낚시미늘이 떨어졌는지 놀라고, 구름 속 기러기는 활인 줄 알고 겁을 내네. 달빛은 은은하게 주렴의 구슬마다 비치고, 살금살금 분칠한 담장 위로 오르네. 보름날 저녁에는 더욱 가련하여라, 선계의 계수나무 향기가 둥글게 가득하여라."(入夜天西見, 蛾眉冷素光. 潭魚驚釣落, 雲雁怯弓張. 隱隱臨珠箔, 微微上粉墻. 更憐三五夕, 仙桂滿輪芳.) 방간의 시구에서는 "못 속의 물고기는 낚시미늘이 떨어졌는지 놀라고"(潭魚驚釣落)라고만 되어 있는데, "달이 갈고리 모양으로 물에 잠기니 물고기는 낚시미늘인양 놀라네"[월구잠수어경조(月鉤蘸水魚驚釣)]라는 구절은 조선 중기의 문인 하서(河西) 김인후(金麟厚, 1510~1560)가 초학자들에게 한시를 가르치기 위해 역대 칠언고시(七言古詩) 가운데 빼어난 100구절을 뽑아 엮은 『백련초해』(百聯抄解)의 49번째 구절에 이렇게 변형되어 실려 있다. 49번째 구절은 "달이 갈고리 모양으로 물에 잠기니 물고기는 낚시미늘인양 놀라고/ 물안개가 산허리를 가로지르니 새는 그물인양 두려워한다네"(月鉤蘸水魚驚釣/ 烟帳橫山鳥畏羅)이다. 이 때문에 이 구절은 조선 문인에게는 널리 알려졌던 시구이다. 누가 언제 이렇게 방간의 시구를 변형시켰는지는 상고할 수 없다.

9) 詩人詠新月有'蘸水魚驚鉤'之語. 此非實狀. 人在水上, 而俯窺之, 則月在水中. 魚自水底,

시인의 표현에 지나지 않는 시구를 가지고 무엇을 이렇게 정색을 하고 논의를 했느냐고 할 수도 있겠지만, 이 시평은 참으로 흥미롭고 의미심장한 비평이다. 시인 방간은 사람의 시야[능(能)] 편에만 서서 '달이 물에 비쳐 들어가면 초생달이 갈고리처럼 보이므로 물고기가 낚시 미늘인가 싶어서 놀라겠구나'라는 나름 참신한 상상력을 발휘했지만, 김만중은 그것이 사람의 중심에서 풍경을 볼 때 발생할 수 있는 인간중심주의의 오류일 뿐이고, 물 안에 있는 물고기[소(所)]의 눈으로 달을 볼 때는 그렇게 보이지 않음을 섬세하게 논했다. 김만중의 평론은 감각지각 주체[능(能)]와 감각지각 객체[소(所)] 사이의 평등이라고 하는 '능소평등'(能所平等)의 관점을 잘 설명해주는 글이라고 할 수 있다. 감각지각 주체인 시인은 물에 비친 달그림자가 낚시 바늘처럼 보여 감각지각 대상인 물고기가 놀랐겠다고 하는 시상을 떠올렸지만, 김만중은 이 시인에 의해 감각지각 대상이 된 물고기의 시야를 동시에 함께 확보함으로써, 물속에서 달을 바라보는 물고기의 시각에서는 전혀 달이 물에 잠기는 것으로 보이지 않기 때문에 이 싯구가 "실제모습"[실상(實狀)]이 아니라고 판단할 수 있게 된 것이다.

원효는 "감각지각 주체[능(能)]와 감각지각 대상[소(所)]이 평등한 것[능소평등(能所平等)]을 일러 '자기다움[여(如), 여여함]이라고 한다"[10]고 말했다. 김만중의 논의를 참조해 이를 다른 말로 하면, 능소평등을 이룸으로써 우리는 실제모습[실상(實狀)] 또는 자기다움[여(如)]

而仰觀之, 則月在水外. 今玻瓈之鏡貼底, 則可以自鑒, 與銅鏡同用. 去底則, 便成眼鏡, 洞見鏡外之物, 而鏡內則無物. 人之見水, 則水底有地, 故其理如銅鏡. 魚之見水, 則水外洞徹, 故其理如眼鏡也. (김만중, 『서포만필西浦漫筆』, 下-82)

10) 能所平等曰'如'. (元曉, 『金剛三昧經論』, 「入實際品」)

에 접근한다고 말할 수 있다.

능소평등을 요구하는 원효는 자기중심주의나 인간중심주의를 넘어서서 사유할 것을 요구한다. 그래야 그 사유가 세계를 '사실 그대로'[여(如)] 인식하는 진술이 될 수 있다는 것이다. 그러나 인간의 언어는 이런 능소평등의 세계관에 도달하지 못해왔다. 세계인을 '헬라스'와 '바르바로스'(야만인)로 양분하는 그리스인들이나, 세계를 '중화'와 '사방의 오랑캐'[사이(四夷)]로 나누는 중국인들의 시각은 모두 능소평등에 도달하지 못한 자기중심적 논의이다. 그들[능(能)]에 의해 대상화[소(所)]된 지역의 야만인들과 오랑캐들이 그들의 이분법을 인정할 리 없기 때문이다. 박동환 또한 "언어는 존재하는 모든 것들에게 인간이 휘두르는 하나의 폭력"[11]이라고 하여 인간의 언어가 능소평등의 매체가 될 수 없음을 지적하며, "주변 존재가 동의할 수 없는 어떤 것도 보편의 진리가 아니다"[12]라고 말한다.

능소평등에 대한 원효의 요구는, 인간중심주의와 자기중심주의의 패권주의를 넘어설 것을 요구하고 모색하는 박동환의 문제의식과 서로 통한다. 원효의 언어로 박동환의 문제의식을 다시 진술해보자면, 박동환은 지금까지 서양철학사와 동양철학사에 등장했던 수많은 철인들의 세계 인식의 틀이 능소평등에 도달하지 못한, 자기중심적 진술에 지나지 않았다고 평가한다고 할 수 있다.

11) 박동환, 앞의 책, 167쪽.

12) 같은 책, 509쪽.

3. 박동환의 '격파'와 원효의 '화쟁'(和諍)

동서 철인들이 제시한 세계 인식의 틀은 왜 보편의 언어에 도달하지 못하는가. 박동환은 이렇게 말한다.

> 그가 벗어나서 새로 잡았다고 주장하는 생각 또한 아직도 독단의 꿈이 아닐까 하는 그런 의문으로부터 비롯하는 것이 'x의 존재론'입니다. (…) 철학자들이 모색하며 제시해온 존재 이해 또는 행위의 규범이라는 것은, 고생물학자들이 설명하는 수십억 년에 걸친 생명의 존재양식과 그 변화의 거대한 틀에 종속하는 아주 미미한 한 순간에 끼어 넣은 임기응변의 안(案)일 수밖에 없다는 생각이 드는 것입니다. 그 나름의 우수하고 고유한 오랜 발전과정을 거쳐 왔음에도, 이렇게 한 순간의 고도근시에 갇혀버린 철학자들의 관점은 모두가 역시 한 독단의 꿈에 빠져있는 거나 다름없어 보입니다.[13)]

이렇게 우수한 철인들의 존재 이해가 모두 '독단의 꿈'에 빠져 있는 '고도근시에 갇혀버린 철학자들의 관점'으로 되어버리는 까닭은 인간의 모든 행위를 지배하는 '초월의 존재'가 인간의 모든 기획을 '격파'하기 때문이다. 박동환은 이렇게 말한다.

> 시간을 지배하는 알 수 없는 초월의 존재는 그의 행위로서 철학사에 등장하는 실제와 속성, 원인과 결과 또는 상반상성의 음양 관계 같은 연결

13) 같은 책, 78-79쪽.

고리를 구성하는 모든 범주체계를 무너뜨린다.[14]

박동환에 따르면, 인간이 만들어낸 모든 기획은 '시간을 지배하는 알 수 없는 초월의 존재'에 의해 격파당할 운명에 처해 있다. 이런 격파의 논리를 통해 박동환은 지금까지 세계철학사에 등장했던 모든 세계 인식의 틀을 거부한다.

박동환은 이라크 전쟁을 주도했던 미국 럼스펠드 국방장관의 발언에서 "모르고 있는 모르는 것들"(unknown unknowns)[15]이 있다는 발언이 "가상의 적국을 향해 전쟁을 막 수행하려고 하는 국가의 정책 결정에 작용하는 인간의 인식론적 한계"[16]라고 지적하며, "우리가 알고 있는 것들 아래에서 언제나 우리가 모르는 것들이 고개를 들고 나타난다"[17]며, "'증거에 토대한'(evidence-based) 정책 결정을 한다는 것은 이렇게 개개인의 건강과 질병에 관한 사안에서도 거의 불가능하다"[18]고 판단하는 지표의 하나로 들고 있다. 럼스펠드의 위 발언을 이런 맥락에서 인용하는 게 정당화될 수 있는가에 대해서는 의문의 여지가 있지만,[19] 박동환

---

14) 같은 책, 113쪽.

15) 박동환, 『진리의 패권은 사람에게 있는 것이 아니다』(고양: 사월의책, 2019), 31쪽.

16) 같은 책, 32쪽.

17) 같은 책, 같은 곳.

18) 같은 책, 35쪽.

19) 박동환이 럼스펠드의 발언을 'x의 존재론'을 위해 인용한 것에 대해서는 이견을 적어두고 싶다. 럼스펠드의 "모르고 있는 모르는 것들"(unknown unknowns)이란 발언은 결코 인간의 인식론적 겸손을 드러내기 위한 레토릭이 아니라, 미국이라는 나라에 적대하는 이슬람 세계에서 미국이 모르는지도 모르고 있는 일들이 벌어지고 있다는 주장을 내세워, 이슬람 세계와 전쟁을 벌이거나, 테러리스트 혐의자들을 불법 감금하는 관타나모 수용소와 같은 법외 기구를 만든다거나, 테러 정보 수집 등을 명분으로 이

은 인간의 모든 기획은 '절대의 격파'로부터 자유로울 수 없다고 못 박고 있다. 박동환은 다음과 같이 말한다.

> 절대의 격파, 때로는 회복할 수 없는 이런 꺾임의 경험을 피할 수 있는 생명은 없다. 이렇게 격파의 형식으로 부수며 들어오는 수직의 진리를, 인간이 구축하는 수평 위의 체계로 수렴하는 것은 불가능하다. 수직의 진리는 수평 위의 체계를 무너뜨리며 '다시 세우기'를 요구한다.[20]

원효 또한 『금강삼매경』에서 '금강 삼매'의 힘을 빌려, 불교에서 최고의 가치로 여겨온 모든 가치들을 격파한다. '금강 삼매'란 원효의 해설에 따르면 어떠한 것도 깨뜨리지 못함이 없는 삼매를 뜻한다. '금강삼매'(金剛三昧)에서 '금강'이란 어떤 물질도 깨뜨리거나 뚫고 들어가지 못함이 없는, 세상에서 가장 견고한 물질을 가리키며, '금강삼매'란 어떤 삼매도 남김없이 다 깨뜨릴 수 있는 가장 굳건한 삼매의 경지를 말한다. 원효는 『금강삼매경』의 제목을 풀이하면서, "모든 삼매가 다 스스로 갖춘 본성[자성(自性)]이 없음을 깨달아서 저 삼매로 하여금 스스로의 집착을 떠날 수 있도록 하여, 이 때문에 아무런 걸림이 없이 스스로 존재할 수 있도록 하기 때문이다."[21]라고 하였다. 요컨대 '금강삼매'란, 불제

슬람 세계에서 납치, 고문, 사형(私刑) 등 미국 중심의 맹동 자행을 은폐하고 합리화하기 위한 레토릭으로 봐야 할 것이기 때문이다. 미국은 "모르고 있는 모르는 것들"(unknown unknowns)과 같은 인식론적 겸손과는 거리가 매우 멀며, 자국의 안전을 위해 이슬람 세계에서 벌어지는 '미지(未知)의 일들'을 끝없이 자신들의 '기지(旣知)의 영역'으로 끌어들이기 위한 정보 수집 등 공작을 벌여온 대표적 공작정치의 국가이기 때문이다.

20) 박동환, 『x의 존재론』, 300쪽.

21) 達諸三昧皆無自性, 令彼三昧皆離自著, 由是無礙, 得自在故. (元曉, 『金剛三昧經論』)

자들이 어떤 삼매에도 집착하지 않도록 함으로써, 자기가 얻은 어떤 성취에도 머물거나 집착하지 않도록 남김없이 깨뜨려주는 가르침이라고 할 수 있다.[22]

『금강삼매경』은 또 다음과 같이 말한다.

> 열반에 늘 머무는 것은 열반이라는 번뇌에 묶이는 것(常住涅槃, 是涅槃縛)이다. (…) 깨달은 사람은 열반에 머물지 않는다(覺者不住涅槃).[23]

> 적막하고 고요한 열반 또한 깨달아 얻음에 머물지 말아야 하니(不住取證), 결정된 곳에 들어가 모습도 없고 행함도 없을 것이다.[24]

> 맑고 깨끗하여 머무름이 없어서, 삼매에도 들어가지 않으며(不入三昧), 좌선에도 머물지 아니하니(不住坐禪), 생겨남도 없고 행함도 없다.[25]

상식의 세계에서 우리는 불학(佛學)이 열반(涅槃)을 추구하는 배움이라고 이해하고 있다. 그러나 원효와 『금강삼매경』은 열반조차 집착이자 번뇌일 수 있으니 거기 머물지 말라고 말한다. 『금강삼매경』은 열반에만 머물지 말라고 말하는 게 아니라, 선(禪)이나 깨달음[취증(取證)]

---

22) 이상수, 『다르게 생각하는 한국 철학사』, 193-194쪽.

23) 佛言: "**常住涅槃, 是涅槃縛**. 何以故? (…) 無得涅槃, **涅槃無得, 云何有住**? 善男子, **覺者不住涅槃**, 何以故? 覺本無生, **離衆生垢**, 覺本無寂, 離涅槃動. 住如是地, 心無所住, 無有出入, 入唵摩羅."(『金剛三昧經』, 「本覺利品」. 강조는 인용자.)

24) "寂靜之涅槃, 亦**不住取證**, 入于決定處, 無相無有行."(『金剛三昧經』, 「無相法品」, 강조는 인용자.)

25) "淸淨無住, **不入三昧**, **不住坐禪**, 無生無行."(『金剛三昧經』, 「無生行品」, 강조는 인용자.)

에도 집착하지 말아야[부주취증(不住取證)] 한다고 말한다. 삼매나 좌선이나 깨달음, 열반 등 불교에서 최고의 가치를 두고 있다고 상식적으로 알려진 어떤 것에도 집착해서는 안 된다고 『금강삼매경』은 말하고 있다. 이런 발언을 통해 『금강삼매경』은 열반, 선, 삼매, 좌선, 깨달음 등 불교의 최고 가치들을 모두 격파하고 있는 셈이다. 『금강삼매경』은 또 다음과 같이 말한다.

> 비록 법복(法服)이 없고, 바라제목차계[波羅提木叉戒, 해탈을 얻도록 하기 위해 승려가 지녀야 하는 계율. '별해탈계'(別解脫戒)라고도 함]의 계율을 갖추어 지니지 않았으며, 포살[布薩, 출가한 승려들이 보름마다 참회하여 선을 기르고 악을 없애는 의식. '정주'(淨住)라고도 옮김]과 같은 승려의 모임에 들어가지 않더라도, 스스로의 마음으로써 무위하고 자재하게 하여 성인(부처)의 과보를 얻을 수 있으니, 두 가지 수레[이승(二乘), 성문승(聲聞乘)과 연각승(緣覺乘)을 말함]에 머물지 않고 보살도에 들어가 나중에 마땅히 여러 지위를 채워서 부처의 보리 지혜를 이룰 수 있을 것이다.[26]

원효와 『금강삼매경』은 우주의 섭리인 이치의 평등함을 제대로 보는 삼매를 닦는 사람이라면, 비록 출가하지 않은 재가 거사라 하더라도 언젠가는 깨달음을 얻은 이가 될 수 있다고 이야기한다. 이 진술은 당시

---

26) 經曰: "菩薩, 如是之人, 不在二相, 雖不出家, 不住在家故. 雖無法服, 不具持波羅提木叉戒, 不入布薩, 能以自心, 無爲自恣, 而獲聖果, 不住二乘, 入菩薩道, 後當滿地, 成佛菩提."(『金剛三昧經』, 「入實際品」)

불교 교단이 중시하는 계율, 법복, 승단 조직 등을 격파하는 진술이라고 할 수 있다.

원효와 『금강삼매경』은 나아가 집착을 버리겠다는 그 마음까지 버려야 한다고 요구하며, "머무름이 없음에도 머무르지 않는다"[부주어무지(不住於無止)]고 말한다. 경전은 다음과 같이 말한다.

> 그치게 함이 없음에도 머물지 않으며, 또한 머무름이 없음에도 머물지 않아야 한다.[27]

그치게 함이 없음에도 머물지 않고, 머무름이 없음에도 머물지 말라는 것이다. 지운다는 마음까지 지우라는 것이다.

이런 격파에 의해 원효는 열반, 좌선, 삼매, 깨달음, 머물지 않음 등 당대의 불교 종단이 긍정적으로 추구해온 모든 가치를 깨뜨림으로써 당대의 모든 종파의 이론을 상대화한다. 이처럼 원효는 『금강삼매경』을 통해 지금까지 있었던 모든 종파주의의 다툼을 넘어서서 모든 주장을 평등하게 화쟁(和諍)할 수 있는 기반을 마련했다. 그때까지 불교 종단에서 긍정적으로 인정되어온 가치들을 깨뜨림으로써 새로운 불교 철학을 아무런 전제 없이 전개할 수 있는 기반을 마련했던 것이다. 박동환 또한 세계 철학사에 등장했던 모든 입론이 격파당할 운명임을 설파하여, 기존의 입론 어디에도 포섭당하지 않을 수 있는 논의의 기반을 마련했다.

---

27) 佛言: "菩薩, 當止是生, 止已無止. 亦不住於無止, 亦不住於無住, 云何是生?"(『金剛三昧經』, 「無相法品」)

4. 박동환의 'x의 존재론'과 원효의 '여래장' 이론

박동환은 『x의 존재론』에서 x에 대해 다음과 같이 말한다.

> x의 존재론에서 말하는 미지의 x는 세상에 몸을 드러내 존재하는 모든 것들 안에서 움직이는 것이다. 세상에 몸을 드러내 존재하는 것들은 그 끝을 따라가 볼 수 없는 영원의 시간 가운데로 빠져 들어가 있다.[28)]

> 이렇게 앞으로도 뒤로도 끝을 확인할 수 없는 생명의 역사가 품고 있는 영원의 기억과 그로부터 비롯하는 무한 상상에 의지하여 살고 있는 종속 변수인 하나하나의 개체존재는 다만 x로써 대표할 수밖에 없다. x로써 대표할 때에만 비로소 거기에다, 그가 의지하여 살고 있는 그의 고유한 영원의 기억과 무한 상상의 움직임을 투시 직관할 수 있는 가능성을 담아놓을 수 있기 때문이다. 그러니까 인류라는 개체존재들 각각에게 주어질 수 있는 정체성과 지속성은 바로 영원의 매체 또는 메시지인 x 가운데에서 찾을 수밖에 없지 않을까?[29)]

박동환은 세계철학사에 등장했던 어떤 철인들의 해법도 거부한 채, 세계를 'x의 존재론'으로 파악한다. "생명의 역사가 품고 있는 영원의 기억과 그로부터 비롯하는 무한 상상에 의지하여 살고 있는 종속 변수인 하나하나의 개체존재는 다만 x로써 대표"한다는 것이며, 그럼으로

---

28) 박동환, 『x의 존재론』, 48쪽.

29) 같은 책, 57쪽.

써 "그의 고유한 영원의 기억과 무한 상상의 움직임을 투시 직관할 수 있는 가능성을 담아놓을 수 있"다고 말한다.

> 우리들은 기도를 하든 기투를 하든 아니면 어떤 운명의 시나리오를 따라가든 'x'를 가지고 'x'로써 하는 것이다. 따라서 x의 존재론의 방법론의 핵심은 'x'이다.[30]

칸트는 우리에게 직접 주어질 수 있는 대상은 오직 현상으로 드러난 것들뿐이며, 이렇게 감성적 직관을 통해 주어질 수 없는 저편의 건너에 있는 대상은 인간의 인식이나 경험의 대상이 될 수 없는 '물자체'로서 "알 수 없다"고 했다. 그러나 박동환은 그 물자체가 인간의 인식과 경험 건너편에 정재하고 있는 게 아니라, 우리의 삶에 개입해 들어오고 있다고 다음과 같이 말한다.

> 'x의 존재론'에서는 그 x라는 것이 미지의 영토에 조용히 머물러 있지 않고 현상계 또는 현재라는 삶과 운명의 격전지대로 뛰어나와 종횡무진으로 움직이고 있기 때문이다. 그 미지의 x는, 세상에 몸을 드러내 존재하는 것들의 하루하루의 삶과 변화무상한 시대의 운명을 판결하며 언제나 새롭게 일어나는 현재라는 영원의 흐름을 관통하고 있는 것이다.[31]

칸트도 "물자체는 알 수 없다"고 넘어간 존재의 근본을 박동환은 'x'

---

30) 같은 책, 21쪽.

31) 같은 책, 44쪽.

라고 파악한다. 이 x는 "생명의 역사가 품고 있는 영원의 기억과 그로부터 비롯하는 무한 상상에 의지하여 살고 있는 종속 변수인 하나하나의 개체존재"를 대표한다. 'x'인 우리들은 새로운 기획을 만들어내든 새로운 사유를 하든 "'x'를 가지고 'x'로써 하는 것"[32]이다. 이 유한자인 x는 '격파해오는 초월의 힘 X'[33]에 의해 운명 지어지는 존재이며, "그렇게 한계 지어진 자리에서 움직이는 x일 수밖에 없음을 철저하게 자각하고 있는"[34] 존재이다.

박동환은 세계의 모든 철인들이 제시하고 구성하는 기획이 x의 존재로서 영원의 기억과 무한 상상을 바탕으로 한 것이라고 설파함으로써, 이 세상의 모든 존재의 공통분모로서 x를 말하고 있다. 그럼으로써 인간의 모든 기획과 기투는 '격파해오는 초월의 힘 X'에 의해 붕괴되고 무너질 운명을 안고 있다. 박동환은 세계를 x의 존재로 파악함으로써 인류의 철학사에서 등장한 어떤 기획이나 기투도 초월의 힘 X에 의해 무너질 운명의 것으로 무력화시키고 있는 것이다.

박동환의 'x의 존재론'에서 x로 대표되는 우리들에게 "생명의 역사가 품고 있는 영원의 기억과 그로부터 비롯하는 무한 상상"이 내장되어 있다면, 원효는 현실 세계의 인간을 '여래장'(如來藏)을 지닌 존재로서 파악한다. '여래장'이란 모든 중생들에게 내장되어 있는, 이미 부처가 될 수 있는 본성을 말한다. 여래장 사상에 따르면, 모든 중생이 다 부처가 될 수 있는 여래장을 지니고 있으므로, 중생을 가볍게 여기거나 업신여

---

32) 같은 책, 21쪽.

33) 같은 책, 89쪽.

34) 같은 책, 같은 곳.

기는 일은 모든 중생이 지니고 있는 여래장을 꿰뚫어 보는 안목이 없음을 드러내는 일이 된다. 모든 중생이 여래장을 지니고 있으므로, 깨달은 사람의 눈에는 모든 중생이 부처로 보여야 마땅하다. 이는 지금 막 태어난 갓난아기가 비록 말도 하지 못하고 인간 세상의 어떤 규범도 알지 못하지만, 인간으로서 존엄을 지닌 인격적 존재로서 기본적 인권을 인정받는 것과 마찬가지의 논리라고 할 수 있다. 갓난아기도 어른과 동일한 인권을 지닌 존재이듯이, 비록 아직 깨닫지 못한 중생이라 하더라도 여래장을 지닌 존재인 이상, 깨달은 존재인 여래 곧 부처와 같은 존재라는 게 여래장 사상인 것이다.[35]

원효는 현실의 중생이 모두 '여래장'을 간직한 존재로 파악함으로써, 당시 존재하던 어떤 종파의 열반, 해탈, 깨달음, 참선에 대한 일방적인 주장도 무력화시켰다. 여래장 사상에서 깨달음이란 오로지 중생이 깨달음의 주체임을 깨닫는 것 이외에는 없기 때문이다.[36]

---

35) 이상수, 앞의 책, 196-197쪽 참조.

36) 원효는 『금강삼매경』의 「본각리품」(本覺利品) 들머리에서 이렇게 말한다. "모든 생명이 있는 것들은 시작이 없는 때로부터 밝음이 없는[무명(無明)] 긴 밤에 들어가 멋대로 상상하는 큰 꿈을 짓는다. 보살은 바르게 보는 수행[관(觀)]을 닦아 생겨나지 않음[무생(無生)]의 경지를 얻을 때, 중생이 본래 적막하고 고요하며[중생본래적정(衆生本來寂靜)], 이가 곧 본디 깨달음임[직시본각(直是本覺)]을 통달하게 되어, 한결같이 참된 일여(一如)의 침상에 누워 이 본디 깨달음의 이로움으로써 중생을 이롭게 한다. 이 마디는 이러한 도리를 드러내기 때문에 제목을 '본디 깨달음의 이로움에 관한 마디'[본각리품(本覺利品)]라고 한 것이다." 보살이 깨닫는다는 것은 다름 아닌 중생이 본래 적막하고 고요하며[중생본래적정(衆生本來寂靜)], 이가 곧 본디 깨달음임[직시본각(直是本覺)]을 통달하는 것이다.(이상수, 앞의 책, 202쪽 참조.)

5. 박동환과 원효의 새로운 철학에 대한 전망

박동환은 다음과 같이 말한다.

> 지금까지 내려온 전통의 모든 철학들이 스스로 폐기되어 갈 수밖에 없는 새로운 시대가 다시 오고 있다. 지금 지난 시대의 어떤 철학을 다시 집어 든다 해도 이것이야말로 오늘의 모든 문제를 이해하게 하며 해결해 줄 것이라고 장담할 만한 것은 아무것도 없다.[37)]

> '지금 겪고 있는 시대의 혼돈과 모순을 무엇으로 진정시킬 수 있는가?' 라는 문제의식이야말로 모든 새로운 시대에 태어나는 철학자들의 사색의 출발점이라고 볼 수 있다. 새로운 시대의 사색에서 자연 또는 세계를 향해 부풀려지는 온갖 인간의 자의들을 정리하며 진정시키기 위하여, 철학자가 추구하는 영원의 매체가 물리의 특수 언어보다 복잡해질 이유가 없다.[38)]

박동환의 이상과 같은 발언은, 그가 지금까지 인류의 역사에서 존재한 모든 철학자들의 기획과 해법을 거부한 이유를 짐작할 수 있도록 해준다. 인간의 자의와 그 철학자가 속한 공동체의 관습으로부터 나온 어떤 해법과 관점도 오늘날 우리가 부닥치게 되는 문제들의 해법이 될 수 없기 때문이다.

---

37) 박동환, 앞의 책, 57쪽.

38) 같은 책, 58-59쪽.

원효는『법화경종요』(法華經宗要)에서 다음과 같이 말한다.

> 부처의 가르침 다섯 수레에 속한 일체의 모든 선함과 이교도의 다른 선함까지도 모두 가르침의 한 가지 수레에 속함을 알아야 한다. 이 선함은 모두 깨달음이라는 본성에 의지하고 있으므로 그 몸이 다르지 않다.[39]

원효는 불교 탐구의 테두리 안에서 자기 문제의식을 출발시켰지만 불법의 테두리 안에 머물지 않고, 이교도[외도(外道)]에도 진리가 있을 수 있음을 인정하며, 이는 모두 우주의 섭리의 한 부분이므로 받아들여야 한다는 논리를 펴고 있다.

박동환은 미래의 철학자가 해야 할 과제로, 인간의 자의성을 잠재우기 위해 과거의 철학책을 집어 드는 게 아니라 우리가 살아가야 할 미래에 걸맞은 인간의 자의성에서 벗어난 새로운 사색을 모색해야 한다고 말하고 있다. 원효 또한 불법의 테두리 안에 안주하는 게 아니라 이교도의 선함까지 포섭해야 함을 말하여, 자기중심주의에서 벗어날 것을 일깨워주고 있다.

박동환과 원효가 전망하는 미래의 철학은 철학자가 자신이 속한 공동체의 자의성과 중심주의를 벗어던지고 새로운 사색을 모색할 것을 요구하는 것이라고 해도 좋을 것이다.

---

39) 當知佛法五乘諸善, 及與外道種種異善, 如是一切皆是一乘, 皆依佛性無異體故.(元曉,『法華經宗要』)

6. 나가는 말

박동환이 서양철학사와 동양철학사의 어떤 철인이 제시한 세계 인식의 틀에 대해서도 만족할 수 없고 안주할 수 없었던 것은, 원효의 언어로 설명하자면 그들의 세계 인식이 '능소평등'(能所平等)에 도달하지 못한 자기중심주의와 인간중심주의에 머물고 있기 때문이었다고 할 수 있다. 원효가 통일신라 시기 자신의 세계에서 등장한 모든 종파적 사조를 '화쟁'(和諍)이라는 방법을 통해 하나로 융합하였듯이, 박동환은 오늘날의 언어로 인류의 철학사에 등장했던 무수한 사조와 해법의 본질을 꿰뚫어 논의를 전개했다고 할 수 있을 것이다.

원효는 자기 시대에 불학의 다양한 학파들이 모두 격파될 수 있음을 보여주었고, 박동환은 동서고금의 철인들이 제시한 세계 인식의 틀이 모두 격파될 수 있음을 보여주었다.

지금까지 세상에 나온 어떤 해법 체계에도 포섭되지 않고 오늘 우리가 안고 있는 모순과 문제에 대한 해법을 구해야 한다는 원효와 박동환의 출발점은, 오늘날 "새로운 시대에 태어나는 철학자"들이 모든 인간중심주의와 자기중심주의에 대해 동의할 필요가 없으며, 능소평등에 도달하지 못한 어떤 진술도 받아들일 필요가 없음을 일깨워준다고 할 수 있을 것이다.

당대의 어떤 교법체계에도 포섭되기를 거부한 원효와, 오늘날의 수많은 철학사조에 포섭되기를 거부하는 박동환의 문제의식은 오늘날 이 땅에서 철학하는 이들의 출발점으로 삼아도 좋을 것이다.

이제 우리는 원효와 함께 박동환에게 질문을 던지는 것으로 이 비교연구를 마치고자 한다. 박동환의 'x의 존재론'에서 x는 능소평등의 언어인가? 박동환이 세계의 존재방식으로 파악한 'x의 존재론'은 세계를 능소평등의 방식으로 파악한 것인가? 이 질문에 대해 긍정적으로 답할 수 없다면, 박동환의 'x의 존재론' 또한 '격파해오는 초월의 힘 X'의 격파를 견디기 어려울 것이다.

'x의 존재론'을 통한 현대 예술의 이해

조성우*

1. 예술에 관한 두 개의 도식과 'x의 존재론'
2. 예술에 있어서 과거와 현재의 이종성(異種性)
3. 예술의 자기 회복과 'x의 존재론'

이 글의 목표는 오늘날의 예술이 그 과거로부터 어떻게 결별하고 또 어떻게 진화했는지를 'x의 존재론'을 통해 규명하려는 것이다. 생산적인 논의를 위해서 따라오는 질문들은 다음과 같다.

(1) '오늘날의 예술'이란 구체적으로 무엇을 말하는가? (2) 또한 '그 과거'라 할 때 그 범위와 대상을 어떻게 특정하고 있는가? (3) 우리는 왜 예술의 현재와 과거를 구별해야 하며, 그 중요성은 무엇인가? (4) 예술 담론에 갑자기 'x의 존재론'을 끌어들이는 이유는 무엇인가? 순서대로 간략하게 정리한 후에 글을 시작한다.

(1) '오늘날의 예술'이란 전통적인 의미의 예술 행위들과 확연히 차별화된 모습을 보여주는 현대의 예술 행위를 일컫는다. 전통적 의미로부터 확연히 구별되는 현대적 예술 운동의 사례들로서 20세기 초의 다다

* 철학박사, 영화음악작곡가, 전 연세대 겸임교수, 현 제천국제음악영화제 집행위원장.

(dada), 초현실주의 운동, 2차 대전 이후의 액션 페인팅(action painting), 음악에서는 쇤베르크의 무조성음악 등을 들 수 있다. 이들은 모두 전통과의 단절을 선언한 예술 운동에 해당한다.

(2) '과거의 예술'이란 지나간 시대의 예술을 통칭하여 지시하지 않는다. 새로운 운동이 일어나 과거를 지양하고 극복하기 위해서는 과거가 무엇인지 규정해야 한다. 하지만 '규정'일 뿐, 그 규정이 과거에 일어난 모든 사건을 총괄할 수 없다. '과거의 예술'이란 현대 예술의 관점에서 과거의 예술에 대해 내리는 규정과 그에 부합하는 예술행위들을 말한다. 구체적으로는 모사와 재현이라는 전통적 정의에 입각한 예술 행위들을 말한다.[1)]

(3) 예술의 현재와 과거를 **분명하게** 구분해야 하는 이유는 은연중에 과거로 돌아가는 경향을 차단하기 위해서이다. 우리는[2)] 예술의 과거에 대한 규정을 갖고 있지 않다. 과거의 예술이라 할 때, 그것은 우리의 과거가 아니라 남의 과거이다. 예술에 대한 정의는 18세기 유럽의 귀족과 지식인들에 의해 발명되었고 그들만의 취향이 반영된 것인데, 마치 시대와 지역을 초월해서 절대적인 것처럼 둔갑하여 우리의 예술을 억압해 왔다. 그것은 통념에 지나지 않고, 우리는 예술에 대한 서구적 통념들의 힘을 제압해야 한다. 과거를 타락으로 인식하며 예술이 자신의 본래성을 회복하는 길의 시작은 현재와 과거의 사이를 가로지르는 단절이 무엇인지 규명하는 것이다.

---

1) 예술을 모사 또는 재현으로 이해하는 통념은 실제로 긴 역사를 갖고 있지 않다. 18세기 유럽의 철학자들이 발명한 일종의 이데올로기인데, 그것이 통념으로 유포되고 굳어져서 마치 예술에 대한 정의(definition)인 것처럼 받아들여지고 있다.
2) '우리'란 한국을 뜻하기도 하고 현대에 속한 지금을 뜻하기도 한다.

(4) 예술의 현재와 과거 사이에 놓인 단절은 양편 사이에 교차점이 전혀 없는 근본적 이종성(異種性)을 띠고 있다. 그러나 지금까지 예술 담론을 지배해 온 철학 또는 미학의 개념과 범주들을 통해서는 그 이종성을 규명하지 못한다. 왜냐하면 철학 또는 미학의 개념과 범주들은 과거의 예술과 함께 탄생, 성장하였고, 과거에 갇혀 있기 때문에, 현재를 이해하는 과정에서 미학의 개념과 범주들은 끝없는 혼란과 장애를 일으킨다. 과거의 예술 행위와 현재의 예술 행위는 **근본적으로 다른 인간 행위**에 속한다. 근본적으로 행위의 목적 자체가 다르기 때문에 그 이종성을 규명하기 위해서는 예술 담론을 떠나서 삶에 대한 서로 다른 이해가 무엇인지 밝혀야만 한다. 이는 예술 담론이 아니라 존재론의 영역에 속한다. 필자는 'x의 존재론'을 통해서 그 이종성을 명백하게 드러낼 수 있다고 믿는다.

논의를 전개하는 순서는 다음과 같다. 1절에서는 예술에 있어서 과거와 현재의 이종성을 드러내어 줄 수 있는 명쾌한 도식(圖式)을 x의 존재론을 통해서 발견하려 한다. ㅂㄷ('x의 존재론'을 제시한 철학자 박동환을 가리키는 약칭)는 스스로 "우주의 척도"라고 부르는 존재의 도식을 공론화하는데, 필자는 그 중에서 상호 명쾌하게 구별되는 두 가지 도식을 추려서 현대 예술의 본질을 이해하는 데 적용하려 한다. 하나는 개체존재가 자신의 생명을 유지하기 위한 행위를 대표하는 수평의 도식이고, 다른 하나는 그것의 한계를 격파하는 상징인 수직의 도식이다.[3] x의 존재론에서는 두 가지의 도식 중에서 예술 행위와 연관된 모든 행위를 수

3) $x\&\neg x$의 도식과 Xx 또는 $X(\overline{x\&\neg x})$의 도식.

평적인 것으로 요약하고 있지만, 현대 예술에 대해 특별한 의미를 부여하고 조명하려는 필자의 입장에서 볼 때, 현대 예술은 과거와 달리 수평적 도식으로는 잡을 수 없는 전혀 다른 모습을 가진다는 입장을 취할 것이다. 이 같은 차이는 현대 예술에 대한 이해와 인식의 차이를 반영하는 것일 수도 있고, ㅂㄷ의 도식에 대한 이해의 깊이에 있어서 차등을 반영하는 것일 수도 있다. 그러나 이 글의 목표에서 볼 때, 이 두 가지의 차이를 놓고 시비(是非)와 심급(審級)을 따지는 일은 중요하지 않다. 중요한 것은 수평과 수직의 두 가지 도식이 자체적으로 가지고 있는 명쾌한 대조(contrast)에 있다. 두 가지 도식을 적용하여 과거의 예술과 현대의 예술 사이에 흐르는 서로 건널 수 없는 강(江)을 확인하는 것만으로도 우리의 논의는 90퍼센트 성공한 셈이다. 현대 예술에 대한 인식의 차이 또는 ㅂㄷ의 도식에 대한 이해에 있어서 심급의 차등을 좁히는 일은 지금 관문에서는 나머지 10퍼센트의 비중일 뿐이다. ㅂㄷ의 도식을 적용하여 예술에 있어서 과거와 현재의 이종성을 명쾌하면서 실재적으로 드러낼 수만 있다면, 현대 예술의 정의를 수정하는 나머지는 문제들은 얼마든지 추후 개선할 수 있기 때문이다.

2절에서는 현대 예술 행위들에 대한 사례를 분석함으로써 x의 존재론에 나타나는 도식들이 예술 행위를 설명함에 있어서 얼마만큼 보편성을 가지고 있는가를 보여 줄 것이다. 또한 현대의 예술행위들이 과거의 예술로부터 얼마나 단절적으로 변화했는가에 대해 설명할 것이다. 마지막 3절에서는 현대의 예술이 개체존재의 모든 행위 양식을 총괄하는 수평적 도식으로부터 완전히 빠져 나갔으며, 오히려 수직격파의 형식으로 이해될 수 있는 가능성에 대해 언급할 것이다. 이는 예술의 자기회복이라는 필자의 문제의식과 x의 존재론이 만나는 지점이다. 잘 전달

될 수 있다면, 필자는 현장의 예술가들이 자기를 실천하는 과정에서 척도로 이용될 수 있을 만큼 ㅂㄷ의 도식은 보편적인 설득력을 가질 수 있으리라 생각한다.

1. 예술에 관한 두 개의 도식과 'x의 존재론'

현대의 예술이 과거로부터 어떻게 단절하고 있는지, 또 그 이종성(異種性)을 밝히기 위해서, 과거의 예술 담론을 지배했던 철학과 미학의 개념이나 범주를 사용하는 것은 마치 '나무에 올라 생선을 찾는 일'(緣木求魚)에 비유될 수 있다. 서양의 철학과 미학의 바탕에는 동일한 존재론이 깔려 있고, 현대의 예술이 과거로부터 이탈할 수밖에 없는 불가피한 이유가 바로 그와 같은 인간중심의 서구 존재론에 있다고 보기 때문이다. 예술에 있어서 과거와 현재의 이종성을 명확하게 볼 수 있기 위해서는, 지금까지 예술 담론을 지배해 온 서양의 철학과 미학의 언어와 개념들을 모두 버리고 존재론의 문제로 들어가야만 한다. **개념적으로 불분명해 보이는 현대 예술의 새로운 자기 정립은 한 개체로서 인간의 새로운 존재 양식을 발견하는 것을 목표로 삼고 있다.** 이러한 인식의 타당성은 다음 절에서 사례를 통해 설명키로 하고, 지금은 'x의 존재론'을 통해 예술에 있어서 과거와 현재의 단절을 보여주는 존재론적 도식을 먼저 찾아 밝힐 것이다. 예술에 대한 이해에 있어서 이러한 도식적 구별이 가지는 타당성과 보편성에 대해서는 마지막 3절에서 논의키로 하고, 1절에서는 도식을 먼저 확정할 것이다.

x의 존재론은 예술의 과거와 현재 사이를 서로 넘을 수 없도록 가로

지르는 강의 지형을 알려주는 내비게이터 역할을 한다. 먼저 *x*의 존재론에 나타나는 예술에 대한 언급들과 ㅂㄷ가 필자에게 보내준 개별적인 코멘트를 통해 '*x*의 존재론'이 예술을 어떻게 이해하고 있는지, 또 ㅂㄷ가 이 문제에 관해 필자에게 던지는 질문과 화두에 대해 소개하려 한다. 그 과정에서 '*x*의 존재론'을 통해 예술을 이해하는 서로 다른 두 개의 도식이 분명하게 떠오른다.

'*x*의 존재론'에서 예술에 대해 언급하고 있는 몇 부분을 살펴보면, 통념적으로 받아들여지고 있는 예술의 관념들이 나타난다.

> 밖의 세계의 내면화된 그림, 그것이 이미지이다.(417쪽)[4]

> 밖의 실재들을 전적으로 부정하는 영상 또는 시나리오를 창조할 수 있다. 예술가들은 그런 영상 또는 시나리오의 창조자들이다.(418쪽)

> 고착된 '닫혀 있는' 행위 패턴이 있고, 이와는 별도로 '열려있는 행위 패턴 곧 밖의 세계로부터 해방된 내면의 세계에서 대안으로 가능한 시나리오를 만들어내는 상상의 기능이 장전되어 있다. 생명의 발현 수준이 높아갈수록 이렇게 열려있는 행위 패턴에 보다 넓은 선택의 폭과 독자의 이미지 구성 곧 시나리오의 창조 능력이 주어지는 것으로 볼 수 있다.(418쪽)

4) 박동환, 『*x*의 존재론』(고양: 사월의책, 2017)에서 인용. 이하의 인용문은 모두 같은 책의 쪽수만 표시함.

위의 언급들을 살펴보면, 예술은 인간의 내재성 안에서 실행되는 밖에 대한 상상과 창조 행위로 이해되고 있음을 알 수 있다. 이에 따르면, 예술은 인간의 내재성 안에서 실행되는 초월성의 그림자 같은 것이다. 모든 개체들이 실행하는 인식과 행위의 일반적인 패턴과 예술이 다른 점은 관습적인 반복이 아니라 '열려 있는 상상'으로서 창조성에 있다는 것이다. 하지만 예술 행위 역시 모든 개체들이 실행하는 기억과 상상이라는 내재성의 프로그램을 벗어나지는 못한다는 것이다. 여기서 언급되는 예술에 대한 입장은 이 글에서 '과거'의 예술이라고 부르는 유럽의 18세기 예술론의 통념들과 별반 다르지 않은 것으로 보인다. 필자가 그 통념을 요약하자면, 예술이란 초월성을 향한 내재성의 열망에서 나온 인간 행위이며 궁극적으로 내재성의 한계를 넘어설 수는 없는 것이다.[5] 예술을 재현이나 모사로 이해해 온 유럽 철학의 태도가 그 내재성의 한계를 그대로 나타내고 있다. 18세기 유럽의 철학자들은 '사실'(fact)에 대한 발견과 관찰, 그 재현에 치중한 고대 그리스의 사실주의에 주목했고, 그들이 바라보는 예술의 표본으로 삼았다. 그로 인해 예술을 재현 또는 모사로 이해하는 통념들이 생겨났고, 우리도 서구 예술사를 교본으로 삼는 교육을 받으면서 그와 같은 통념에 지배당하고 말았다.

*x*의 존재론을 통해 예술에 대한 이와 같은 입장을 정리하자면, 초월성을 향해 도전하는 예술가의 상상력과 창조력의 뿌리는 개체의 한계를 격파하는 초월의 힘 *X*( )의 경험을 축적한 영원의 기억 *x*이다. 한계

5) 칸트의 순수이성비판은 이성의 한계를 규정하고, 예술과 미학을 다룬 판단력 비판에서 초월적 실재인 물자체를 향해 다가서는 방법으로 예술을 이해하고 있다. 예술은 내재성에서 초월성을 향해가는 수단이다.

격파를 축적한 영원의 기억 x가 개체존재를 움직이며 x에서 그 파국으로서 $\neg x$로의 변형된 재현을 실행한다. x의 존재론은 예술가의 상상과 창조를 $\neg x$로서 그려낸다. $\neg x$는 x와 수평적 관계 위에서 실행되는 변형 또는 파국으로서 $x\&\neg x$를 위로부터 수직으로 격파하는 초월의 힘 X(~~$x\&\neg x$~~) 앞에 무력한 것이다. 'x와 그 변형된 재현으로서의 $\neg x$'($x\&\neg x$)는 결국 초월의 힘 X에 의해 함께 수직으로 격파되며 지워진다. 그것은 죽음에 해당하며 x의 존재론은 그것을 모든 개체존재의 불가피한 운명으로 도식화한다. 그 도식이 곧 X(~~$x\&\neg x$~~)이다. 바로 $\neg x$로서의 예술행위는 결국 개체 존재가 자신의 생명을 이어가기 위해 초월자 X와 통분과 조화의 관계를 표시하는 수평의 상태 Xx로 그려진다. $\neg x$로서 예술행위는 초월자 X와 통분관계를 유지하려는 Xx로서, 과학과 예술을 포함해서 개체의 모든 인식 및 행위와 같은 수평 상태 위에 있는 것이다. 이렇게 보면 현재와 과거 나눌 것 없이 예술은 초월의 힘 X(　)에 의해 모두 함께 지워져 버리는 인간의 가상(假想)이거나 상상일 뿐이다.

나는 이 글의 말미에서 예술에 대한 ㅂㄷ의 이와 같은 인식에 대해 작은 의문을 제기할 것이다. 현대의 예술이 위에서 언급한 x의 수평적 변형인 $\neg x$에서 그 한계를 격파하는 수직의 힘 X(　)의 형식으로 표현될 수 있는 가능성에 대한 질문이 남기 때문이다. 예술에 대한 ㅂㄷ의 이해는 필자가 이 글에서 '과거'라고 단정하는 예술의 전통에 머무른 것이며, 현대의 예술은 그것을 넘어서는 새로운 전이를 실행하고 있음에 대해 말할 것이다. 하지만 앞서 말했듯이 ㅂㄷ에 대한 이와 같은 반론이 이 글의 중요한 주제는 아니다. 현대의 예술이 과거의 예술과 '완전히' 다르다는 것, 또 그 다름을 ㅂㄷ의 존재론 도식을 통해 명쾌하게 밝혀낼 수 있다는 것이 이 글의 핵심 주제이다. 두 개의 도식이 궁극적으로 지향하는 차이성과 ㅂㄷ와 필자가 현대 예술을 어떻게 이해하고 있는가는 다른 문제에 속하기 때문이다.

확실히 ㅂㄷ의 도식은 현대 예술의 이해하는 과정에서 우리를 미로와 함정에 빠뜨리는 눈가리개에 불과한 관념철학의 한계를 명쾌하게 보여주는 위험표지판의 역할을 한다. 그렇다면 현대 예술이 과연 ㄱx를 벗어난 것인가? 현대 예술에 대한 인식의 차이는 있을 수 있지만, ㅂㄷ의 도식을 적용해서 재구성된 현대 예술에 대한 논의의 틀 자체는 지속되는 플랫폼으로 가치가 있다. 다시 말해 현대의 예술이 과거의 예술을 통틀어서 그와 어떻게 다른 형식으로 표현될 수 있는지, 또 과거는 어떤 형식으로 형상화할 수 있는가를 타진하는 작업은 ㅂㄷ의 도식을 플랫폼으로 삼아 수행될 수 있다는 것이다.

ㅂㄷ는 필자의 이와 같은 주장에 대해 개인적인 코멘트를 통해 예술에 대한 본인의 생각을 다시 한 번 확인시켜 준 바 있고, 또한 필자에게 질문과 과제를 남긴 적[6]이 있는데, 이에 대해 언급할까 한다. 이 언급을 통해서 예술의 과거와 현재를 가르는 이종(異種)의 두 형식이 명쾌하게 드러날 수 있다.

필자는 당시 ㅂㄷ에게 예술의 본질은 조형술(造型術)이 아닌 접신술(接神術)에서 찾아야 한다고 주장했고, 접신술로서의 예술 행위는 자기를 타자로 바꾸는 행위라는 점에서 x의 변종인 ㄱx와는 등급이 다른 초월의 힘 $X(\ \ )$가 될 수 있지 않겠냐는 질문을 했다.[7] 다음은 필자의 주

6) 2017년 12월 4일 김포의 한 카페에서 가진 작은 세미나.

7) 당시 필자의 질문은 ㄱx에 대한 좁은 이해에서 비롯된 것이라고 생각하게 되었다. ㄱx

장에 대한 ㅂㄷ의 코멘트로, 다소 길지만 모두 인용한다.

> 인간은 그 삶의 모든 방면에서 가상(假想) 또는 가설(假說)을 지어내고 그것을 실험하거나 모험한다. 일상의 인식과 행위에서 그리고 과학과 예술에서 그렇게 가상과 모험을 한다. 그 가상과 모험 가운데서 움직이는 것이 각각의 개체존재에게 축적되어 있는 영원의 기억과 그로 비롯하는 상상의 행위이다.
>
> 영원의 기억과 상상의 행위는 어디에서 비롯하는 것인가? 온갖 양식의 가상과 모험에 직접으로 관여하는 동력과 동기는 상상의 행위이다. 그런데 상상의 행위 자체는 어째서 그렇게 통제 불가능하게 또는 예측 불가능하게 움직이는가? 그것은 사람으로서는 역시 통제 불가능하고 예측 불가능하게 움직이는 그의 경계 너머의 행위자 또는 언제나 초월하는 결정권자 $X(\ )$에서 말미암은 것이기 때문이다.
>
> 인간이 발휘하는 상상의 행위 $\neg x$는 그 비롯하는 데를 소급해 끝까지 올라가 보면 인간의 경계 너머에서 결정권을 행사하는 자 $X(\ )$에 이르게 되는 것이다. 그래서 일상의 인식과 행위, 과학과 예술에서 수행하는 온갖 종류의 가상과 모함이 일어나는 뿌리와 그 열매를 요약하면 다음과 같은 모양의 그림이 된다.
>
> $X(\ ) \Rightarrow \neg x$

는 이미 자기의 타자화라는 의미로 사용되고 있었다.

이는 경계 너머로부터의 (무한히 반복된) 격파 $X(\ \ )$ ⇨ 영원의 기억 x ⇨ 상상의 행위 $\neg x$로 대표하는 '태초의 순서'를 요약한 것이다. 그렇다면 예술의 행위와 신비주의에서 일어나는 엑스타시스(*écstăsis*) 또는 망아(忘我), 영감(inspiration), 신내림 또는 신들림 같은 현상들은 $X(\ \ )$ ⇨ $\neg x$의 사례가 아닐까? 아니면 그 역순(逆順)인 $\neg x$ ⇨ $X(\ \ )$의 사례일까?

$\neg x$ ⇨ $X(\ \ )$는 '일생의 순서' x ⇨ $\neg x$ ⇨ $X(\ \ )$를 요약한 것이다. 이 순서의 피할 수 없는 결말은 죽음이다. 그래서 $\neg x$ ⇨ $X(\ \ )$는 가상과 모험으로 이루어지는 일상의 인식과 행위, 과학과 예술이 만들어내는 모든 종류의 존재 양식들이 격파당함으로써 미지의 경계 너머로 함몰해 들어가는 흐름을 가리킨다. 이는 세상에 몸을 드러내는 사물 사건들이 격파당해 그것이 이룬 온갖 드라마의 양식들이 미지의 영토 가운데로 소멸하는 단계를 대표한다. 풀이하면 모든 사물 사건들의 전개 과정 곧 일생에서 실현하며 펼치던 모든 드라마의 양식들이 종결되는 운명의 한 관문이다.

격파당하는 한 운명의 관문으로서 $X(\ \ )$는 이를테면 예수를 따르는 자들을 잡으려고 다메섹으로 달려가던 [바울이라 불리는] 사울이 갑자기 강력한 빛으로 둘러싸여 눈이 멀고 그때 이미 죽었다가 부활한 예수의 질책하는 음성을 듣는 '회심'(conversion) 사건에 해당한다. 그렇게 격파당함으로써 그때까지 펼치던 그의 일생은 끝난다. 또는 세상에 몸을 드러낸 누구도 통제할 수도 예측할 수도 없는 천재지변으로 한 생명의 계통이 멸종당하는 사건에 해당한다. 어쨌든 격파당함으로써 한 단막으로서의 일생은 끝난다. 이런 일생의 순서를 $\neg x$ ⇨ $X(\ \ )$로서 요약하고 있다.

그렇다면 세상에 몸을 드러내고 있는 한 존재의 일생 동안 실험하는 온갖 가상과 모험 행위는 태초의 순서를 따라 $X(\ \ ) \Rightarrow \neg x$로서 대표해야 한다고 말한다. 풀이하면 하나의 일생은 그 끝을 확인할 수 없는 수십억 년 동안 반복해서 축적된 격파 $X(\ \ )$의 경험을 압축하고 있는 영원의 기억 x와 그로 비롯하는 상상의 행위 곧 온갖 가상과 모험의 행위 $\neg x$에 의해 이루어지는 단막극들의 연속 현상이다. 일상의 인식과 행위, 과학과 예술은 모두 한계 너머로부터 무수히 반복해서 닥쳐온 격파의 경험이 쌓여서 이루어진 영원의 기억이 온갖 종류의 상상 행위에 따라 재현하는 다양한 단막극들이다. (중략)

한계 격파는 경계 너머에서 초월해서 움직이는 결정권자의 고유한 몫이다. 인간이 발휘할 수 있는 한계 격파는 기껏해야 이미 영원의 기억에 장전되어 있는 상상 행위로서의 가상과 모험에 그치는 것이다. 그렇다면 망아(忘我)의 경지에서 이루는 접신의 행위와 그에 버금가는 예술의 행위는 한 일생의 마지막 순간에 겪는 종말로서의 한계 격파일 수 없을 것이다. 접신의 경지에 이르는 과정은 일생의 한 단막극으로서 $X(\ \ ) \Rightarrow \neg x$이며 일생의 결말로서 $\neg x \Rightarrow X(\ \ )$일 수 없다. 경계 너머로 초월해서 움직이는 자에 부딪혀서 참으로 격파당할 때 그가 가지고 있는 일생의 무엇이 그대로 남아 있을 수 있을까?[8]

---

8) 2017년 김포의 작은 카페에서 열렸던 세미나에서 발표한 필자의 글에 대해 ㅂㄷ가 보내준 코멘트 중 일부를 발췌함.

ㅂㄷ의 코멘트를 보면, ㅂㄷ가 "한계 격파", "운명의 관문" 등으로 언급하는 $X(\ )$는 망아(忘我), 신내림, 깨달음 같은 자아이탈 행위보다 더욱 더 운명적으로 불가피한 사건으로서 죽음이나 절멸의 상황을 특정하여 형식화한 것임을 알 수 있다. 망아, 신내림 같은 사건은 영원의 기억 x의 상상을 통한 변이로서 수평적 변화에 해당하며, $X(\ )$라는 수직 격파와는 차원이 다르다. 예술 행위는 $\neg x$로서 x ⇨ $\neg x$ 의 변이는 무한히 반복된 격파 $X(\ )$의 경험이 x에 압축되어 있기 때문으로 풀이된다. 예술행위는 Xx로서 통분과 조화를 통해 수평적으로 일생을 이어가는 임시의 가설과 상상의 일종이다. 그 점에서 예술 행위는 개체존재의 다른 모든 인식과 행위의 양식이 빚어내는 온갖 다양한 존재양식 중 하나이며, 본질적으로 차이가 없게 된다. 요약해서 정리하면, 예술 행위의 형식은 $X(\ )$ ⇨ $\neg x$로 대변되며, 'x의 존재론'의 마지막 관문인 $\neg x$ ⇨ $X(\ )$의 형식을 가질 수 없다.

앞서 살펴보았듯이, 예술에 대한 ㅂㄷ의 인식은 필자가 말하는 '과거'의 예술에 근거하고 있다. 물론 ㅂㄷ는 이 글이 초점으로 삼고 있는 현대 예술을 특정해서 다루지 않는다. 다만 18세기 유럽의 철학자들이 조형술(造型術)에 기반을 두고 만들어 놓은 예술에 대한 통념과 원시예술, 동아시아 예술의 두드러진 특징인 접신술(接神術)을 따로 구별하지 않고 x ⇨ $\neg x$의 형식으로 대변하고 있음을 알 수 있다. 이를 통해 어떠한 유형의 예술 행위도 $\neg x$ ⇨ $X(\ )$ 라는 초월성의 형식을 가질 수 없다는 의미로 해석된다.

어쨌든 ㅂㄷ의 코멘트에서는 이 글의 논의에서 가장 결정적 의미를 가지는 두 개의 형식이 다음과 같이 나타난다.

(1) $X(\ ) \Rightarrow \neg x$

(2) $\neg x \Rightarrow X(\ )$

위의 도식 (1)과 (2)는 극적인 대조를 보여준다. (1)과 (2)는 화살표의 양항이 바뀐 형태를 이루고 있는데, 그 형식이 대변하는 사건은 서로 중첩될 수 없는 절대적인 차이를 지닌다. (1)은 한계 격파의 경험 $X(\ )$가 기억으로 저장되어 $\neg x$로 변이되는 초월성이 내재화하는 형식이고, (2)는 x의 변이 $\neg x$가 초월의 힘 $X(\ )$에 의해 격파되는 사건으로 내재성이 초월성에 의해 지워지는 형식이다. 그래서 (1)과 (2)는 내재성과 초월성의 대화 또는 관계의 서로 다른 형식을 통해 개체존재가 겪는 온갖 사건들 중에서 서로 중첩될 수 없는 두 가지 차원을 그리고 있다. (1)이 내재성의 유지로서 내재성의 형식이라면, (2)는 내재성의 절멸로서 초월성의 형식이다.

도식 (1)은 예술가의 실험과 상상, 창조 행위가 근거하고 있는 존재의 형식이다. (1)은 예술가의 상상력과 창조력의 근원에 대한 언급을 그 안에 담고 있다. 예술가의 실험과 상상을 대표하는 $\neg x$는 격파의 경험 $X(\ )$로부터 유래하는 영원의 기억 x가 개체존재에 내재하기 때문이다. 그러나 예술가의 상상력과 창조력은 내재성의 형식에 갇혀 있다는 점에서, 인간의 다른 인식과 행위, 과학적 실험과 가설과 같은 동일한 수평적 맥락에 놓여 있다. 현대 예술에 대해 내재성의 형식을 벗어나는 것으로서 특별한 지위를 부여하려는 필자에게 ㅂㄷ가 코멘트를 통해 던진 질문은 다음과 같다.

> 따라서 다시 해답해야 하는 것은 경계 너머로부터 닥쳐온 격파의 경험

에서 비롯하는 영원의 기억과 상상의 행위가 어떤 차등으로써 일상의 인식과 행위로 아니면 과학과 예술로 분화해서 세계의 무한히 다양한 드라마들 또는 존재양식들로 나타나는가 하는 질문이다. 특히 예술 행위에서 실현하는 영원의 기억과 상상의 행위는 일상의 인식과 행위 그리고 과학의 탐구과정을 움직이는 영원의 기억과 상상의 행위와 어떻게 다른 것인가? 이것이 해답을 기다리며 남아 있는 질문이다.[9]

ㅂㄷ는 필자가 강조하는 현대의 예술 행위가 인간의 다른 인식과 행위들로부터 어떻게 구별될 수 있는가에 대한 해명을 요구한다. 자기를 타자화하는 접신술이나 망아의 경험마저도 내재성의 형식에서 벗어날 수 없는 것이라면, 현대의 예술은 어떤 점에서 내재성의 형식에서 이탈하는 것인가?

이 질문에 대한 답은 간단하게 찾을 수 있는 성격의 것이 아니다. 여기서는 일단 'x의 존재론'을 통해서 내재성과 초월성의 대화 또는 관계를 상징하는 상호 대조적인 두 가지의 형식을 추려내는 것으로 논의를 끝낸다. 다음 절에서는 현대의 예술 행위를 대표하는 몇 개의 사례를 통해서 과거와 현재의 이종성을 살펴보려 한다. 그 후에 현대의 예술 행위가 내재성의 형식(1)을 이탈한 것이며 초월성의 형식(2)로 그려질 수 있는 가능성에 대해 타진해 볼 것이다.

---

9) 앞에 언급한 ㅂㄷ의 코멘트에서.

2. 예술에 있어서 과거와 현재의 이종성(異種性)

예술에 있어서 과거와 현재는 확연하게 구별된다. 오늘날 예술가의 인식과 행위는 과거 예술가들의 행위와 인식과는 완전히 다른 유형에 속하는 인간 활동이다. 현대의 예술이 과거와 가지는 이종성(異種性)은 수많은 예술가들의 작품 활동을 통해서 여실히 드러나고 있지만, 예술의 과거와 현재를 '실재적으로 구별'(real distinction)하는 개념 체계는 아직 없다. 'x의 존재론'은 그러한 구별을 명쾌하게 밝혀주는 개념 체계의 역할을 할 수 있다.

필자가 이 글에서 현재와 과거를 구분할 때, 현재라는 것은 특정한 역사적인 연도를 기점으로 해서 과거와 나누어지는 것이 아니다. 예술에 있어서 '현재'란 과거로부터 완전히 독립해 있음을 의미한다. 또한 예술에서의 '과거'란 시간의 순서에 따르는 연대기적 의미의 과거를 말한다기보다는 현대가 지양하는 것, 또는 현재의 관점에서 '이미 지나간 것'을 말한다. 예술에 대한 새로운 의식의 탄생은 어느 누구의 발명에 의한 것이 아니라 예술에 대한 인위적 통념들에 의해 억압되어 왔던 인류의 예술 본능이 스스로를 회복하는 과정에서 생겨난 것이다. 굳이 대표적인 사건을 역사적으로 꼽으라면 모사와 재현의 개념으로부터 완전한 이탈을 선언한 20세기 초의 다다(dada)를 좋은 사례로 들 수 있을 것이다. 그들은 예술 자체를 조롱했으며, 과거와의 완벽한 단절을 선언했다.[10)]

10) '다다'라는 말 자체가 예술을 조롱하는 말이다. 다다이스트들은 예술에서의 '의미'가 모방과 재현에서 발생한다는 입장을 거부하고 '무의미의 의미'라는 뜻에서 아무런 지시적 의미가 없는 '다다'를 썼다.

또한 예술의 현재가 지양하는 '과거'란 구체적으로 말해서 모사와 재현의 행위 패턴을 말한다. 예술을 모사와 재현으로 이해하는 통념은 18세기 유럽 철학자들의 발명품이다. 그것은 예술을 이해하는 임시적 이데올로기에 지나지 않는다. '예술'(fine art)이라는 말 자체가 이미 18세기 철학자들이 실용적 기술과 구별하기 위해 만들어졌고, 그때부터 이미 예술의 의미 안에 모사와 재현은 동전의 양면처럼 공존해 왔다. 역사적으로 그리스 예술이 주목받기 시작한 것도 유럽의 18세기였고, '모방'(*mimesis*)을 강조한 아리스토텔레스의 시학이 예술이론의 원조로 등극한 것도 그 무렵이다. 유럽의 18세기라는 특정 지역과 시대에서 발흥한 특수한 이념들이 마치 보편적 진리인 양 과거로 전이되어 역사가 만들어지고 통념화되어 예술가의 의식과 활동을 억압해 온 것이다. 원시 인류의 예술적 행위들이나 현대에 부활하는 예술 행위들은 그 같은 통념을 가지고서는 결코 이해되거나 설명될 수 없는 인간의 행위들임에도 불구하고, 그러한 통념들이 우리의 머릿속에 들어와 헤집고 다니는 것이다. 그래서 현대 예술의 본질에 대해 논의할 때 18세기 유럽 철학자들이 발명한 언어나 개념, 범주를 사용하는 것은 범주적 오류에 해당한다.

그렇다면 현대의 예술은 모사와 재현으로 특징지어지는 과거로부터 어떻게 결별하고 있는가? 사례를 통해 이 점을 설명해본다. 사례 분석의 목표는 현대의 예술이 과거로 다시 흡수될 수 없음을 명확하게 보이는 데 있다. 사례를 분석하는 핵심 관점은 내재성과 초월성의 관계에 있다. 내재성과 초월성의 관계에 있어서 과거의 예술과 현재의 예술은 전혀 다른 태도를 취하고 있다. 모사와 재현은 '초월성의 내재화'로 규정되는데, 그것은 일종의 함정이거나 미로와 같은 성격을 가진다. 초월성을 내재화한다는 것은 거짓 초월성에 빠진다는 뜻이다. 거짓 초월성에 빠져서 그것을 진짜라고 착각하기 때문에 함정 또는 미로인 것이다. 함정과 미로에 한번 빠지면 헤어나기 힘든 것처럼 거짓 초월성에 빠지면 진짜 초월성은 점점 멀어지게 된다. 현대의 예술이 과거와 완전히 결별하는 지점도 바로 거기에 있다. 현대 예술은 초월성의 내재화라는 함정을 명확하게 보고 그 함정으로부터 벗어나고 있다.

모사와 재현으로서 과거 예술이 '초월성의 내재화'라는 함정에 어떻게 빠져 있는가를 사례를 통해 살펴보자. 물에 비친 자신의 이미지와 사랑에 빠져 결국 죽음에 이른다는 나르시스의 신화는 '초월성의 내재화'가 무엇을 의미하는지 잘 설명한다. 카라바조의 작품(그림 1)은 자신의 이미지와 빠진 사랑의 느낌을 진짜인 것처럼 느끼게 만든다.

흔히 자기애(自己愛)로 해석되는 나르시스의 신화가 주는 참다운 교훈은 죽음에 이를 정도의 만족감을 주는 '착각'에 있다. 물에 비친 자신의 이미지를 향해 몸을 던졌다는 것은 그 이미지가 나르시스에게는 진짜 타자로 여겨졌음을 말한다. 실상 물에 비친 이미지는 타자가 아니라 자기 자신이다. 나르시스의 신화는 '초월성의 내재화'라는 함정의 사례이다. 나르시스는 죽음을 통해 함정으로부터 빠져 나온다. 죽음이라는 한계 격파가 없었다면 나르시스는 가짜를 진짜로 여기는 착각이 주는 만족에 머물러 있었을 것이다.

모사와 재현으로 특징지어지는 과거의 예술은 바로 나르시스와 같은 함정에 빠져 있다. 네덜란드의 사실주의 화가 베르메르의 작품 '우유를 따르는 여인'(그림 2)을 보자. 베르메르의 그림은 완벽한 사실성을 추구하고 있다. 여인의 무표정한 얼굴과 당시를 그대로 보여주는 옷차림에서부터 벽에 남은 못자리의 흔적까지 화가의 자의(恣意)가 일체 개입할

[그림 1] 카라바조, 〈나르시스〉, 1596~1596 추정

[그림 2] 베르메르, 〈우유 따르는 여인〉, 1658~1660 추정

수 없는 사실성을 추구한다. '사실'(fact)의 추구는 예술가에게는 초월성을 향한 열망과 같은 것이다. 화가에게 '사실'에 대한 관찰과 묘사는 자의성(恣意性)으로부터 스스로 해방하는 수단이다. 그래서 사실성이란 초월자의 메시지가 되고 초월의 메시지에 순응함으로써 예술가는 초월성에 이른다고 생각한다. 그것이 바로 나르시스가 빠진 '착각'이고 '함정'이다. 왜 그런가?

예술가들이 자의성으로부터 벗어나는 해법으로 삼는 '사실성'이란 실상 내재성에서 오는 것이며, 물성(物性)을 상실한 이미지 또는 관념에 지나지 않는다. 모사와 재현의 또 다른 사례로서 뭉크(그림 3)와 칸딘스키(그림 4)의 작품을 보자. 시각적 관찰의 측면에서 볼 때, 베르메르와 달리 뭉크와 칸딘스키의 작품은 사실성을 추구하지 않는 것처럼 보인다. 하지만 그것은 사실성의 의미를 시각에 한정하여 좁게 이해하기 때문

[그림 3] 뭉크, 〈절규〉, 1893

[그림 4] 칸딘스키, 〈추상 수채〉, 1910

에 생기는 편견이다. 모사와 재현은 그 대상이 무엇이든 상관없이 모두 사실성을 추구한다. 베르메르가 추구하는 사실성이 시각적인 것이라면, 뭉크가 추구하는 사실성은 정서적인 것이며, 칸딘스키가 추구하는 사실성은 청각적인 것이다. 뭉크는 고통이라는 정서적 사실을 이미지화하고 있으며, 칸딘스키는 음악적 리듬이라는 청각적 사실을 이미지화하고 있다. 그들의 예술 행위는 '사실성'(事實性)을 통해 '자의성'(恣意性)으로부터 해방하려 한다는 점에서 모두 동일하다.

모사와 재현이 가지는 한계를 명확히 이해하기 위해서 '사실성'의 개념이 무엇인지 정확하게 이해할 필요가 있다. '사실성'이란 작가의 '자의성'(恣意性)으로부터 배제된 채 스스로 있는 성질을 의미한다. 그래서 '사실성'의 추구는 초월성을 향한 열망이 되는 것이다. 하지만 사실성을 통해 초월성을 실현코자 하는 열망이 나르시스와 같은 함정에 빠질 수

[그림 5] 뒤샹, 〈L.H.O.O.Q.〉, 1919

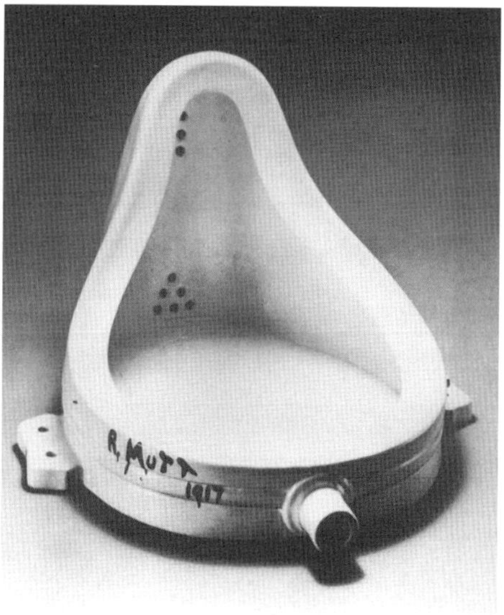

[그림 6] 뒤샹, 〈샘〉, 1917

밖에 없는 이유가 바로 그 '사실성'에 있다. 사실성이란 본질에 있어서 초월성이 아니라 내재성이기 때문이다.

사실성이란 보고, 듣고, 느끼는 주체가 없이는 애초부터 스스로 존재할 수 없는 성질이다. '사실'(fact)이란 발견되는 것이며 발견하는 주체가 없이는 스스로 정립될 수 없다. 그래서 주체가 소멸하면 그와 함께 소멸하는 가상(假想)인 것이다. 사실성을 통해 자의성을 극복하려는 온갖 예술적 시도는 가짜 초월성으로 귀결될 뿐이다. '사실성'에 대한 모사와 재현으로서 과거의 예술은 '초월성의 내재화'라는 함정과 미로에서 영원히 벗어날 수 없다.

필자가 보기에 오늘날의 예술은 이러한 함정으로부터 완전히 벗어나고 있다. 마르셀 뒤샹이 모나리자의 엽서에 그린 낙서(그림 5)가 바로 그 이탈을 상징한다.

다빈치의 모나리자는 세계에서 가장 비싼 그림으로 알려져 있다. 만약 실제 모나리자에 [그림 5]와 같이 누군가 수염을 그려 넣는다면 어떻게 될까? 아마도 평생을 감옥에 살아도 모자랄 것이다. 뒤샹이 L.H.O.O.Q.[11]라고 이름붙인 낙서는 이 그림이 모나리자가 아님을 증명하는 행위이다. 이것은 모나리자의 그림이 새겨진 엽서라는 사실을 일깨워 준다. 엽서는 이미지가 아니라 물건으로서 우표를 사용하지 않고 손쉽게 안부를 전달할 수 있는 편리한 소통수단이다. 뒤샹의 낙서는 모나리자의 이미지가 가상(假想)임을 깨우쳐 주기 위한 것이다.

[그림 6]은 뒤샹이 변기에 '샘'이라는 이름을 새겨서 미술 전시회에 설치한 작품(?)이다. 변기는 뒤샹이 만든 게 아니라 이미 생산된 공산품에 제목을 새겨 넣었을 뿐이다. 이 공산품이 무슨 자격으로 미술 전시회에 설치될 수 있단 말인가? 위대한 재현의 상징이 되어버린 앞의 [그림 1/2/3/4]와 변기(그림 6)가 어떻게 같은 예술로서 자격을 가질 수 있는가? 예술에 대한 잘못된 통념이 바로 이러한 당혹감을 만들어 낸다. 예술을 모사와 재현으로 이해하는 통념이 변기에 대해 예술작품으로서 그 자격을 묻게 만드는 것이다.

다시 앞의 [그림 1/2/3/4]를 감상해 보자. 이 때 우리가 감상하는 것은 과연 무엇인가? 카라바조의 작품(그림 1)에서는 나르시스의 신화를, 베르메르의 작품(그림 2)에서는 17세기 네덜란드 평민의 생활을, 또 뭉크의 작품(그림 3)에서는 불안과 고통의 정서를, 칸딘스키의 추상화(그림 4)에서는 음악적 율동으로 춤추는 이미지를 감상케 될 것이다. 방금

---

11) 'L.H.O.O.Q'의 영어 발음을 프랑스어로 해석하면 '그녀의 엉덩이는 뜨거웠다'가 된다.

나열한 것은 각각의 이미지가 전달하는 '내용'들이다. 뒤샹의 변기는 회화를 감상하는 바로 이와 같은 태도에 대해 '완전한' 결별을 선언한다. 변기가 [그림 1/2/3/4]와 같은 자격으로 미술 전시회의 한 자리를 차지할 수 있는 공통점은 그 모두가 공산품이라는 점에 있다.

카라바조, 베르메르, 뭉크, 칸딘스키 모두 자신이 그림을 그려낸 캔버스와 물감을 스스로 생산하지는 않았다. 캔버스와 물감은 공산품이다. 뒤샹은 이미지의 내용을 보지 않았고, 오로지 예술 작품의 물성(物性)에 주목한 것이다. 예술 작품을 이미지가 아닌 물성의 측면에서 보게 되면, 변기도 [그림 1/2/3/4]와 동등한 자격을 갖게 되는 것이다. 모든 사물을 지탱하는 물성은 가장 보편적이고 직접적인 실재임에도, 사물의 이미지에만 매달리는 관념적 태도로 인해 사물의 물성이 망각되고 배제되는 것이다. 모사와 재현이 대표적으로 물성을 배제하고 망각시킨다. 이 같은 뒤샹의 행위는 이미지의 가상성(假想性)을 폭로하는데 초점을 맞추고 있다.

현대의 예술을 대표하는 상징으로서 뒤샹의 예술 행위와 모사와 재현으로 집약되는 과거 사이에서 우리는 무슨 공통점을 발견할 수 있는가? 과거와 현재 사이에는 서로 건널 수 없는 큰 강이 흐르고 있는 것이다. 현대의 예술이 향해가는 초월성은 내재화된 이미지를 통해서가 아니라 '자연에로의 함몰'을 통해서이다. '자연에로의 함몰'이란 무슨 의미인가? 현대 예술을 대표하는 액션 페인팅의 선구인 잭슨 폴록을 통해 그 의미를 살펴보자.

[그림 8]의 사진에서 보듯, 종이 위에 물감을 뿌리는 폴록의 예술 행위는 이미지를 창조하려는 의도에 묶여 있는 것이 아니다. 그의 작품은 초월자를 향해 던지는 상상이나 가상 같은 것이 아니다. 폴록의 그림(그

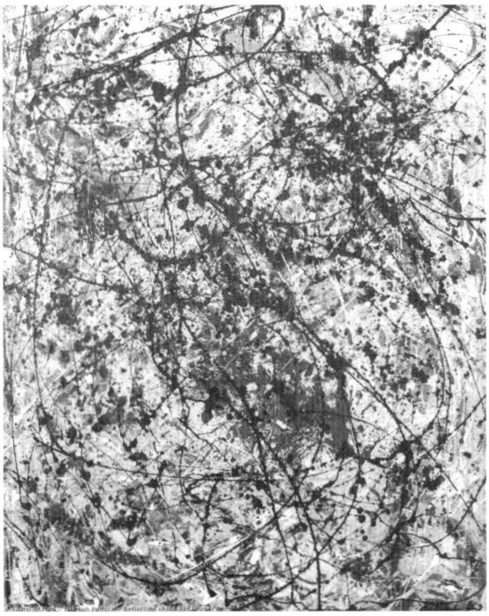

[그림 7] 폴록, 〈북두칠성의 반영〉, 1947

[그림 8] 작업 중인 잭슨 폴록

림 7)은 초월자의 내면화된 이미지가 아니라 행위의 흔적일 뿐이다. 여기에 나타난 형상들은 작가의 의도와는 아무 관계가 없다. 그림에 필요한 사물들인 물감, 물감을 짜는 튜브, 물감을 적시는 붓, 캔버스, 작용하는 중력 등이 각각의 물성들이 각자의 방식으로 자기의 성향을 실현하도록 내버려 둔 결과물이다. 물질들이 각자의 성향에 따라 상호 교류하는 자연적 흐름의 장에 작가의 몸을 함몰시킨 것이다.

폴록의 액션 페인팅과 마찬가지로, 물성들 간의 자연적 조화와 교류의 장에 작가를 함몰하는 예술 행위는 오늘날 예술의 대세로 이미 굳어져 있다. 이러한 예술 행위에는 초월자 X를 향해 던지는 상상 또는 그물도 없으며, 시나리오도 없다. 물성들의 조화와 배제로 이루어지는 자연에로의 함몰이 있을 뿐이다.

지금까지의 사례들을 통해 필자가 강조하려는 것은 예술의 현재가 과거로부터 완전히 결별하며 이탈한다는 점이다. 이 두 가지 행위 패턴의 이종성(異種性)을 명확하게 드러내는 작업은 예술에 대한 서구의 통념들로부터 예술의 참다운 의미를 회복시켜 준다는 점에서 매우 중요하다. 다음 절에서는 양자 간에 사실성에 대한 태도뿐 아니라 실재적 구별(real distinction)도 있음을 '*x*의 존재론'을 통해 보여주고자 한다.

3. 예술의 자기 회복과 '*x*의 존재론'

예술에 있어서 현재와 과거 사이의 실재적 구별이라는 문제의식이 왜 중요한가에 대한 질문으로부터 3절의 논의를 시작할까 한다. 여기에는 필자의 개인적인 경험이 작용하고 있으며, 동시에 이는 현재를 살고 있는 모든 예술가들에게 공통적인 경험을 반영한다. 그것은 예술에 대한 잘못된 통념들을 어떻게 극복할 수 있는가의 질문으로 요약된다. 과거와 현재를 구별할 필요도 없이 모든 예술 활동의 뿌리에는 '초월성을 향한 열망'이 있다. 그 길을 찾는 과정에서 모사와 재현으로 집약되는 서구적 통념들이 억압의 기제라는 인식은 이미 팽배해 있다고 보아야 한다.

직업 음악가로 지금까지 20년을 넘게 살아 온 필자에게도[12] 예술의 자기 회복이라는 문제는 실존적인 문제이다. 필자의 삶이 어떤 불가피성에 의해 이렇게 되었는가를 이해하려는 것은 우연과 허무로부터 스

---

12) 필자는 철학과에서 박사학위를 받은 후 학교에 머물지 않고 지금까지 25년간을 영화음악 작곡가로서 직업을 영위하며 살아왔다.

스로 삶의 의미를 회복하는 문제와 연결되기 때문이다. 이는 오늘날의 예술이 겪고 있는 상황과 동일하다고 생각한다. 18세기 유럽의 귀족과 지식인들은 인간의 삶에서 예술의 불가피성을 제대로 이해하지 못하고 있었다. 그들은 시작부터 예술을 지성과 결합시켜 왔고, 그것이 예술은 모사와 재현이라는 통념으로 자리 잡았다. 하지만 그들이 발명한 예술 담론을 떠나서 예술가들이 의존할 수 있는 담론의 체계를 어디서 발견할 수 있을 것인가? 현재를 과거로부터 독립시켜주는 개념의 체계를 어디서 구할 것인가? 지금부터 'x의 존재론'을 통해 그 해답을 구해보고자 한다.

우선 'x의 존재론'이 예술의 자기회복 과정에 대해 확실한 도움을 주는 부분은 과거의 모든 예술 활동을 하나로 묶어주는 도식을 제공한다는 데 있다. 필자가 보기에 어떤 철학 체계도 이러한 도움을 제공한 적이 없다. 예술에 대한 두 가지 도식을 상기해 보자.

(1) $X(\ ) \Rightarrow \neg x$

(2) $\neg x \Rightarrow X(\ )$

(1)의 도식은 앞 절에서 사례 분석을 통해 '초월성의 내재화'로 요약한 과거 예술의 존재 양식을 하나로 묶어 준다. '묶음' 의 효과는 위험표지판으로 작용하여 예술이 빠지면 안 되는 함정과 미로를 경고함에 있다. $X(\ ) \Rightarrow \neg x$에서 $X(\ )$는 내재화된 초월성이다. 내재화된 초월성이란 압축된 기억으로 저장된 초월성을 말하는데, 이것은 (2)의 도식에 나오는 한계 격파로서 초월성 $X(\ )$와 구별된다. 내재화된 초월성 $X(\ )$는

예술가의 상상력과 창조력의 근원으로 작용해서 무수한 예술적 다양성을 만들어낸다. 무수한 예술적 다양성은 ¬x로 요약되는데, ¬x는 거짓 초월성이다. 무한한 자기변신에도 불구하고 한계 격파의 진짜 초월성 X( )에 의해 절멸되는 운명을 가진다. ¬x는 거울에 비친 나르시스의 이미지에 해당한다. 사랑에 빠질 정도로 진짜 같아 보이지만, 가상(假想)이다. X( ) ⇨ ¬x의 도식은 내재화된 초월성과 그 한계를 집약한다.

필자가 보기에 (1)보다 더 완벽한 위험표지판은 없다. 예술의 자기 회복에 있어서 또다시 과거로 회귀하며 그것으로 흡수되는 함정과 미로야말로 가장 위험한 것이다. (1) X( ) ⇨ ¬x 의 도식을 위험표지판의 용도로 사용한다면, 이 도식은 예술의 현재와 미래를 실재적으로 구별하는 강력한 초석(礎石)이다.

물론 ㅂㄷ는 X( ) ⇨ ¬x 의 도식을 현대 예술을 과거로부터 독립시키는 초석으로 사용하지 않는다. X( ) ⇨ ¬x 의 도식을 비껴가는 또 다른 예술 행위가 있을 수 있다는 언급조차 하지 않는다. 예술은 개체존재가 초월자를 향해 던지는 가상과 실험의 한 양태 이상의 지위를 갖지 못한다. 그래서 도식 (2) ¬x ⇨ X( )를 예술 행위의 형식으로 확장하는 것에 동의하지 않는다.

하지만 필자는 현대의 예술이 도식 (1)에서 이탈하여 도식 (2)를 향해 있다고 생각한다. '자연에로의 함몰'이라는 현대 예술의 목표는 '초월성의 내재화'로 요약되는 과거 예술행위와는 완전히 결별하고 있음이 분명하다. 현대 예술에 있어서는 X( )를 향한 어떤 시나리오도 없으며, 사실적이거나 변형된 이미지조차 없다. 그 행위는 가상이라거나 심지어 상상이라고 할 만한 행위도 포함하지 않기 때문이다. 앞서 사례로 든 폴록의 경우 이미지는 어떤 실재도 모사하거나 재현하지 않는다. 폴록의 그림에 나타난 이미지는 내용이 아니라 그저 물성의 흔적이다. 폴록의 예술 행위는 자연의 물성이 각자의 방식으로 펼쳐가는 조화 속에 자신을 함몰시키고 있을 뿐이다. 함몰의 결과는 아무도 예측하지 못한 '죽음과 재탄생'이다.

이처럼 현대 예술이 추구하는 초월성으로서 '자연에로의 함몰'을 (2) $\neg x \Rightarrow X(\ \ )$의 도식으로 해석할 수는 없는가? 도식(2)에 관한 ㅂㄷ의 코멘트를 다시 한번 상기해 보자.

> "격파당하는 한 운명의 관문으로서 $X(\ \ )$는 이를테면 예수를 따르는 자들을 잡으려고 다메섹으로 달려가던 [바울이라 불리는] 사울이 갑자기 강력한 빛으로 둘러싸여 눈이 멀고 그때 이미 죽었다가 부활한 예수의 질책하는 음성을 듣는 '회심'(conversion) 사건에 해당한다. 그렇게 격파당함으로써 그때까지 펼치던 그의 일생은 끝난다. 또는 세상에 몸을 드러낸 누구도 통제할 수도 예측할 수도 없는 천재지변으로 한 생명의 계통이 멸종당하는 사건에 해당한다. 어쨌든 격파당함으로써 한 단막으로서의 일생은 끝난다. 이런 일생의 순서를 $\neg x \Rightarrow X(\ \ )$로서 요약하고 있다."

물성들 간의 자연적 조화에 행위를 함몰한다는 것이 "천재지변으로 한 생명의 계통이 멸종당하는 사건"에 해당할 수는 없을 것이다. 현대 예술이 추구하는 '자연에로의 함몰'을 (2) $\neg x \Rightarrow X(\ \ )$로 요약하기는 힘들 것이다.

하지만 자연의 조화와 배척관계에 따르는 행위는 (1) $X(\ \ ) \Rightarrow \neg x$에 해당하지는 않는다. 이 행위에 ㄱx는 없기 때문이다. 자연의 조화와 배척 관계는 외부로부터 오는 작은 격파이다. 자연의 힘과 명령에 따라서 알 수 없게 조금씩 변형되어 가는 사건들을 "사울의 회심(conversion)"과 같은 사건으로 볼 수는 없는가? 개체의 의지와 자의(恣意)가 일체 개입할 수 없는 물성의 조화와 배척을 "한계 너머에 초월자의 고유한 결정권"으로 해석할 수는 없는가?

원시의 예술 행위는 종교 의식(儀式)과 본질적으로 다르지 않았고, 원시의 종교의식은 '죽음과 재탄생'의 과정을 재현하는 것이었다.[13] 위의 인용에서 ㅂㄷ가 들고 있는 사울의 예시는 원시적 종교의식과 궤를 같이 하는 것으로 여겨진다. 격파를 통해 삶의 한 단락이 마감되고 또다시 탄생하는 과정을 (2) ㄱx ⇨ X( )로 요약할 수 있다면, 원시의 예술 행위는 그에 해당하는 것으로 볼 수도 있다. 필자가 보기에 현대예술은 원시예술의 부활이며, 예술의 자기회복이다. 그렇다면 (1) X( ) ⇨ ㄱx 도식으로 함축되는 과거로부터 완전히 결별하여 새롭게 자신을 정립해 가는 현대예술을 (2) ㄱx ⇨ X( )로 요약하는 것이 어느 정도 가능하지 않을까?

톨스토이는 참다운 예술과 사이비 예술을 구별하는 기준에 대해 고민하면서 귀족예술을 신랄하게 비난한 바 있다. 톨스토이의 문제의식은 특정 시대와 지역의 특수성에 기인한 것이 아니라 전(全) 시대의 모든 예술가들에게 공통적으로 주어지는 문제상황이다. 진짜와 사이비를 가르는 명확한 기준을 붙들고 싶은 열망은 실천하는 예술가들에게 불가피한 것이다.

---

13) 엘리아데의 『성과 속』이 다루는 핵심주제이다.

오늘날의 예술 운동은 18세기 유럽의 철학자들이 발명한 통념들을 '사이비'(似而非)로서 지양하면서, 지양의 초석(礎石) 위에 예술을 회복시켜 가고 있다. 현재의 관점에서 사이비란 '내재화된 초월성'이다. $X(\ ) \Rightarrow \neg x$가 바로 그 형식이다. 진짜 초월성은 그 역순(逆順)으로 $\neg x \Rightarrow X(\ )$의 형식이다. 진정한 예술은 $X(\ ) \Rightarrow \neg x$의 형식에서 벗어나 $\neg x \Rightarrow X(\ )$의 형식을 향해가는 그 어디쯤 있지 않을까?

물음의 책임

박동환 철학의 지렛목[1)]

김동규*

1. 물음과 철학

주지하다시피 철학(philosophy)은 앎(*sophia*)에 대한 사랑(*philia*), 곧 알고 싶은 욕망이다. 어쩌면 이 필리아의 비밀을 푸는 것이 철학을 이해하는 관건인지도 모른다. 고대 플라톤의 『향연』에서 현대 푸코의 『지식의

---

* 현재 연세대학교 교양교육연구소 전임연구원. 연세대 철학과를 나와 동 대학원에서 박사학위를 받았다. 하이데거를 비롯한 유럽 현대 철학과 미학이 주요 전공 분야이다. 대표 저서로는 『하이데거의 사이-예술론』, 『멜랑콜리 미학: 사랑과 죽음 그리고 예술』, 『멜랑콜리아—서양문화의 근원적 파토스』 등이 있다.

1) 이 글은 『철학탐구』(58권, 2020)에 기고했던 논문을 수정 보완한 것이다. 이 글에서 '지렛목'으로 옮긴 'hypomochilum'은 본래 '지렛대의 받침목'을 가리키는 말이다. 철학에서는 칸트가 말년(1798)의 저서 『학부들의 논쟁』에서 처음 유의미하게 사용했다. 그리고 칸트 저작에 대한 해석의 실마리로서 데리다가 「모클로스」(Mochlos)라는 논문 제목으로 사용한 적도 있다. 필자는 일차적으로 육중한 무게의 박동환 철학을 들어 올릴 수 있는 지렛대라는 의미로 사용한다. 그리고 지렛대를 아래로 눌러 물체를 위로 들어 올리는 방향 전환점인 받침점이라는 비유를 통해서, 한편에서는 박동환 철

의지에 관한 강의』[2]에 이르기까지 철학자들은 지속적으로 철학을 이해하는 핵심어로 사랑을 탐구했다. 도대체 왜 우리는 알고자 하는 것일까? 이 욕망은 어디에서 유래한 것일까? 『형이상학』에서 아리스토텔레스는 그것을 단지 인간의 본성이라고 가볍게 처리했다. "모든 사람은 본성상 알고 싶어 한다."[3] 자연스러운 '본성'(phusei)을 말하자마자 물음은 중단되기 쉽다. 본디 그렇다는데, 더 할 말이 있겠는가. 하지만 물음은 여기서 멈추지 않는다. 물음은 언제나 해답으로 제시된 '본성'을 넘어간다. 왜 알고 싶어야만 할까? 끈질기게 물음은 물음 자신을 이어간다.

'알고 싶은 본성을 가정하더라도, 인간이란 동물은 어떻게 이런 본성을 가지게 되었을까?'라는 종류의 물음도 제기될 수 있다. 심지어 질문은 이렇게 묻는 자신마저 물음에 붙인다. '왜 묻는 걸까?'라며 재차 묻기 때문이다. 꼬리에 꼬리를 무는 물음의 파노라마를 보고 있노라면 물음은 물음을 통해서는 결코 해소될 수 없을 것만 같다. 물음이 해소되었다고 여기는 경우는, 물려서(satiable) 그만두든지 아니면 끝까지 물고 있다가 그게 익숙해져서 물고 있는 것조차 잊든지, 둘 중 하나인 것처럼 보이기도 한다. 이런 점에서 철학자는 물음에 생의 정곡을 물린(bitten) 사람이라 할 만하다.

학의 강점이자 동시에 약점이 되는 지점을 가리키는 것으로, 다른 편에서는 날선 비판을 통한 경의(敬意) 표명의 자리라는 양가적(ambivalent) 의미로서 이 용어를 사용했다. 본문에서 확인하게 될 테지만, 박동환 철학의 지렛목은 바로 '물음'이다. 임마누엘 칸트, 『학부들의 논쟁』, 오진석 옮김 (도서출판b, 2012), 162쪽. J. Derrida, "Mochlos, or The Conflict of the Faculties", in: *Eyes of the University: Right to Philosophy2*, tras. by J. Plug & Others (Stanford University Press, 2004), pp. 83-112.

2) 플라톤(2020)의 '에로스'와 푸코(2017)의 '지식의 의지'는 필로소피 속의 필리아를 지칭하는 다른 말들이다.

3) 아리스토텔레스, 『형이상학1』, 조대호 옮김 (나남, 2012), 25쪽. I권(A) 980a.

박동환은 철학자다.[4] 물음에 물린 진짜 철학자다. 한평생 그는 물음을 지겨워해본 적이 없어 보인다. 이것은 그를 아는 사람들의 공통된 평가다. 물음이야말로 '박동환'이라는 기표가 동료들에게 즉각적으로 환기시키는 기의다. 그와 철학적 대립각을 세우는 이들조차 박동환의 물음에의 열정과 물음의 파격성 및 개시성(開示性)만큼은 인정한다. 이것은 그가 쓴 책을 펴보면 누구나 쉽게 확인할 수 있다. 예컨대 그의 첫 저서 『서양의 논리 동양의 마음』은 책 전체가 온통 물음투성이다. 물음이 없는 문단이 거의 없을 정도다. 빗발치는 화살처럼, 그는 자기 자신에게 그리고 독자들에게 수많은 물음표(?)를 쏘아 올린다. 혹은 낚시 바늘(¿)처럼 드리운다.

도대체 그는 그 숱한 물음들을 통해 무엇을 낚으려는 것일까? 한두 마디 말로 답하기는 어렵다. 다만 그의 책 전반을 통해 확실히 알 수 있는 것은 그가 물음을 통해 낚으려던 것보다는 차라리 그 자신이 물음에 낚여 있는 아이러니다. 무엇인가를 알기 위해 물음의 투망을 던지면 던질수록, 그는 더 크고 복잡한 물음들에 낚인다. 물음으로 낚으려는데 그럴수록 자꾸만 물음에 낚이는 형국이다.

---

4) 박동환 선생(이후 존칭 생략)은 한국철학계에서 신망이 두터운 김상봉(2001), 김상환(2012) 등이 일찌감치 주목했던 한국의 철학자다. 외국 철학을 추종하는 것에 안주했던 얼마 전까지의 국내 철학계에서 그는 독자적으로 철학하는(philosophieren) 희귀한 존재로 평가되고 있다. 필자도 이미 『멜랑콜리아』에서 그것에 대해 간략히 논한 적이 있다.

2. 물음의 의미

물음은 박동환 철학의 형식이자 내용이다. 박동환에 비견할 만큼 물음과 철학을 동근원적인 것이라 여겼던 철학자로는 하이데거를 꼽을 수 있다. 하이데거는 '철학의 근본물음(Grundfrage)'을 논하면서 철학과 근본물음이 상호 규정적이라고 말한다. 그에 따르면, "근본물음은 철학의 본질로부터 규정되며, (철학의—인용자 삽입) 본질은 근본물음으로부터 규정된다. 실제로 그렇다. 근본물음을 묻는 것 자체가 철학의 본질을 드러낸다."[5] 단순히 수많은 물음을 던졌다는 것만으로 물음이 그의 철학 자체를 결정짓는 핵심요소라고 말할 수는 없다. 이제 박동환 철학에 등장하는 물음의 의미와 위상을 간략하게나마 살펴보기로 한다. 먼저 박동환은 물음을 두 가지로 구분한다. 하나는 '철학적 물음'이고 다른 하나는 '비철학적 물음'이다.

> 아직도 철학적 물음이 비철학적 물음과 함께 섞여 있다. 철학적 물음이란 어떤 것인가? 그것은 다른 모든 물음들이 떨어져 나간 다음에 남는 가장 **순수한** 것이다. 더 이상의 이런저런 정보가 흔들 수 없는 영원의 사태에 관한 것이다.(선집 II, 39-40쪽; 원문 강조)[6]

여기에서 물음은 '철학과 비철학, 순수와 비순수 혹은 영원과 임시'로

5) Martin Heidegger(2001), S. 5.

6) 박동환 저서 인용은 '사월의책' 출판사가 펴낸 선집 판본을 따르고 있으며, 본문에 (선집 번호, 쪽수) 순서로 표기한다. 자세한 서지사항은 '참고문헌' 참조.

양분된다. 철학적 물음이란 임시의 사태에 대한 방편적 물음들이 잦아들고 난 뒤에 남겨진 영원한 사태에 대한 물음이다. 이런 물음만이 순수하다. 얼핏 순수를 정련하고자 했던 칸트적 구분법 같기도 하고, 초시간적인 영원과 시간적인 것을 구분하던 전통 철학자들의 평범한 기준처럼 보인다. 하지만 그가 주재하는 철학적 물음의 법정에 동서양의 전통 철학이 모조리 회부되며, 이전 문답(問答)들은 비철학적이고 불순한 것들임이 폭로된다. 그것을 고려하면, 구분 잣대에 대한 평가는 나중으로 미뤄도 무방할 것이다. 박동환의 어법, 소위 기존의 사유와 언어를 산산이 파쇄하는 '미니멀리스트'(선집 IV, 203-220쪽 참조) 언어 구사법[7]은 이런 순수 물음에서 배태된 것이다.

박동환 철학의 완결판(완결 불가능성을 입증했다는 뜻의 완결)인 'x의 존재론'에 따르면, 물음, 정확히는 철학적이고 순수한 물음이란 '엑스(x, $\neg x$, X)를 향한 물음'이다. 철학의 순수한 물음 대상은 잡다한 물음들이 함몰되는 블랙홀, 엑스다. 이런 의미에서 철학은 '순수'하게 '엑스'만을 묻는 활동이다. 그의 젊었던 목소리로 말하자면, "철학은 모든 우연으로부터 벗어나려는 움직임"이며 "철학자에게 논쟁은 필연을 찾으려는 데서 일어난다."(선집 I, 38쪽) 우연, 자의, 임시방편 등에서 벗어나 어찌할 수 없이 귀착될 수밖에 없는 필연 및 운명을 묻는 활동이 철학이다. 철

---

7) '미니멀리스트'란 번잡하지 않게 사유와 언어를 최소로 절제해 사용하는 박동환 철학의 스타일을 가리키는 말이자, 그가 바라본 존재의 국면들, 즉 x, $\neg x$, $X(\ )$라는 것 자체를 가리키는 말이다. 본문에서는 전자의 의미로 사용했다. 후자의 경우로는 예컨대 "가에로 밀려나 숨을 죽이고 있는 무언의 미니멀리스트 x 또는 $\neg x$ 또는 $X(\ )$는 인간을 포함한 유한의 존재들이 판단하고 행동하기만을 기다리는 이른바 말없이 순종하는 물자체가 아니다"(선집 IV, 306쪽)라는 언급에서 확인할 수 있다.

학에 대한 이런 생각은 그가 논리 연구에 전념했을 때 '묻는 행위'로서 논리를 규정하면서 본격화된다.

> 논리란 무엇인가? 논리적 추론이란 다만 물음의 행위일 뿐이다. 이 물음 형식을 찾는 데에 논리학의 뜻이 있다. … 물음이 지향하는 그것이 무엇이든 간에 그것의 "같음"을 물음이다. 그 "같음"을 추적하는 물음으로서 이런저런 상향추론과 하향추론의 형식이 이루어진다.(선집 II, 45쪽)

논리란, 통상 알려져 있듯이, 그저 사고나 추리 따위를 이끌어 가는 형식이나 법칙 또는 사물 속에 있는 이치를 뜻하는 게 아니다. 그런 것들의 배후에는 언제나 물음이 놓여있다. 논리란 물음의 형식이며, 물음은 논리의 내용, 즉 논리의 향방을 정하는 방향타이자 논리를 전개하는 원동력인 셈이다. 예컨대 대전제 속에 함축된 불투명한 명제를 도출하는 연역논리(하향추론)나 주어진 인접 사실들을 그러모을 수 있는 보편 명제를 추적하는 귀납논리(상향추론)가 가능하려면, 일단 결론으로서 알고 싶은 그 무엇을 지향하는 물음이 선행해야 한다.

그런데 논리를 추동하는 이런 물음은 '같음'의 형식을 내장하고 있다. 이 물음은 'A=A'라는 동일성(=)을 전제한다. 다시 말해서 물음이 구하는 바와 찾아진 답이 일치할 수 있다는 또 하나의 전제가 삽입되어 있다. 그래서 물음의 '해답' 내지 '정답'이 존재한다는 '동일성의 존재론'이 기저에 놓여있다. 박동환은 그런 논리, 존재론을 다시 물음에 붙인다. 그리고 기존 동서양 철학사에 팽배했던 물음의 형식을 "해답의 논리"라고 규정한다.(선집 III, 3, 9, 63, 97, 99, 193, 221쪽 참조) 그것은 일거에 물음을 해소해줄 해답을 가정했다는 것이다.

해답의 논리와 대비되는 '물음의 논리'는 원시적이다. 박동환은 물음이라는 것을 기초적인 생명 활동 수준에서 이해한다 "생명의 가장 오래된 탐구 형식은 물음이었을 것이다. 그리고 그 물음이 구체화된 단순한 표현은 찔러보거나 냄새를 맡아보는 것이었다. … 하나의 생명은 태어나 찔러보기나 냄새 맡아 보기와 같은 유치한 단계를 거치며 쉼 없는 질문을 던져 그의 일생이 통과하는 그때그때의 해답을 만들어낸다. 이렇게 얻은 어떤 해답이든 그것은 쉼 없이 이어가는 긴 일생의 질문 과정에 잠깐잠깐 일회적으로 주어지는 휴식이다."(선집 IV, 591-92쪽) 물음의 논리는 답을 열어놓고 제대로 묻기에만 전념할 따름이다. 해답과 그것을 도출해낼 번듯한 도구로서의 기지(旣知)를 크게 신뢰하지 않는다. 자연과 끝없이 이어지는 문답 속에서 기지는 결국 한계상황에 봉착할 수밖에 없기 때문이다.

그 점에서 인간은 아무런 도구 없이 오직 몸뚱어리 하나로만 환경변화에 적응해야 하는 생명체들과 별반 차이가 없다. 여타의 생명체처럼 인간도 예측불허의 상황 속에 함몰될 수밖에 없다. 자연선택을 당하는 일개 생명체에 불과하기 때문이다. 그렇다면 물음의 논리는 생명체 일반의 운명에 부합하는 탐구형식일 것이다. 게다가 물음의 논리를 통해서야 비로소 자연은 자기 본연의 모습을 드러낸다. "물음의 논리가 해답의 논리보다 깊이 들어가게 해주는 가장 으뜸되는 일은 그것이 인간 경험의 암호 성격 또는 [ ]에 빠져 있음을 가르쳐 주는 것"(선집 III, 9쪽)이다. 우리가 경험하는 자연은 궁극적으로 풀리지 않는 암호다. 물론 자연이 우리의 물음에 답하기는 한다. 그러나 언제든 그 대답은 돌변할 수 있다. 이쪽 물음에 대한 저쪽 반응은 그저 임시의 제한된 응답일 뿐이다.

하나의 응답을 응답으로 알아듣기까지 수많은 '아니다'라는 판단들이 선행할 수밖에 없다. 그런 과정을 거친 다음 겨우 '이다'로 확정할 수 있는 것이다. 물음에 대한 응답은 대부분 부정적이다. 물음이란 것 자체가 부정적인('나'가 아닌, '나의 인식'에 들어오지 않은) 타자와의 만남의 소산이기 때문이다. 그 만남을 통해서 익숙했던 것들조차 낯설어질 때, 물음이 의식 위로 떠오른다. "빠져든 습관의 늪에서 자기의 몸을 일으키는 행위. 그것이 물음이다. 조류에서 자신을 세워서 '아니다'로 거슬러오는 타자의 파도에 부딪히려고 물음을 던진다."(선집 I, 76쪽)

사람들은 물음이라는 그물을 던지고 거기서 건져 올린 것을 정답이라고 간주한다. 자신이 만든 물음이 허무맹랑하지 않을(촘촘한 합리성) 뿐만 아니라 그 물음에 반복적으로 동일하게 응답하는 인식 대상의 항상성을 믿기에, 그 응답이 정답임을 크게 의심하지 않는다. 이런 종류의 물음은 애초부터 대상의 동일성, 제일성(齊一性), 규정 가능성을 전제한 것이다. 물음 조작(造作)의 무오류성을 전제한다. 이것은 존재하는 모든 것들은 '이다'로 규정될 수 있고, 그래서 알려질 수 있으며 언어를 통해 소통될 수 있다는 (고르기아스가 의심했던) 전제 위에 세워진 물음이다. 이것이 바로 해답의 논리가 장착된 물음이다.

> 자연이라는 대상조차도 조작·규정하려는 행위로서의 나의 물음에 대하여 어떤 응답을 던져올지 물음을 던지는 내가 일방적으로 결정할 수는 없다. 따라서 결정론의 세계관은 의식의 존재에 대한 일방적 규정행위이며 존재영역으로부터 예상할 수 없는 반론과 보복을 받을 수 있는 여지를 간과하는 것이다. … 그 자체의 모습은 모든 가능한 응답을 받은 다음에도 여전히 암호상자 안에 잠겨 있는 알 수 없는 어떤 것일 뿐이다.(선집 II, 64쪽)

자연은 인간 인식을 통해 조작되고 규정될 수 있는 대상이 아니다. 물론 자연은 인간이 던지는 물음에 답을 주지만, 이 답이 항구적인 정답일 수는 없다. 임시 조건부의 응답에 불과하다. 박동환은 그런 자연을 '암호상자'로 빗댄다. 궁극적으로는 어떤 답이 나올지 알 수 없는 불가해한 수수께끼다.[8] 이것은 후에 '엑스'로 표기된다. 우리가 마주한 것은 한갓 인식 대상이 아니라 x 혹은 X다. 인식 주체로 간주되는 인간 역시 영원의 기억으로서 잠시 세상에 몸을 드러낸 x이자 기성의 자기를 부정하는 '네버 엑스'($\neg x$)로서 부단히 파격을 줄 수 있는 것이지만, 종국에는 초월적이고 절대적인 X에 의해 격파될 운명이다. 해답의 논리로는 결코 이런 것을 말할 수 없다. 오직 물음의 논리를 통해서만 엑스의 존재가 열린다.

물음으로 점철된 탐구행위는 "반응하는 자연과 대처하는 행위자, 대응하는 자연과 적응하는 행위자가 치열하게 맞서는 관계 행태"(선집 III, 57쪽)이다.[9] 여기에서 박동환은 자연과 인간의 상호관계로서 질문을 파

---

8) 장-조제프 구(2016)의 흥미로운 해석에 따르면, 수수께끼를 내는 괴물 스핑크스를 물리친 오이디푸스는 철학자의 원형을 보여준다. 이 신화는 서양문명이 만들어낸 자연 정복의 서사물이다. 그런데 진정 인간은 자연의 수수께끼를 풀 수 있을까? 다툼의 여지가 많은 이 물음에 대한 답은 차치하기로 하자. 대신 이 신화에서 스핑크스가 먼저 수수께끼를 냈다는 점에 주목하자. 스핑크스가 먼저 묻고 오이디푸스는 그 질문에 대답하려고 내면에서 계속 묻다가 답을 말한다. 이 점에서 인간이 질문을 던지기 훨씬 이전에 자연은 인간에게 물음을 던졌다. 수수께끼처럼 자연의 은폐하는 모습을 '베일에 가린 이시스' 여신에서 찾은 아도의 글(Hadot, 2006), 특히 괴물 스핑크스로 자연을 빗댄 것에 대한 해석 부분(p. 284 이하)은 참조할 만하다.

9) 박동환은 포퍼가 이런 물음의 논리를 잘 형식화했다고 본다. "포퍼도 아메바로부터 아인슈타인에 이르는 유기체가 수행하는 생명행태의 논리형식을 제시한다. 그것은 시행착오의 진행형식이다. 그것은 되먹임과 흔들림의 경우처럼, 추측(conjectures)과 반박(refutations)이 연계되는 'P1→TS→EE→P2'라는 절차로 나타난다. 여기서, 주

악한다. 탐구란 자연과 쌍방향으로 주고받는 질의응답이다. 인간이 자연에게 일방적으로 질문하는 게 아니다. 인간이 물음을 던질 수 있는 것은 차라리 질문을 이미 받았기 때문이다. 따라서 순수한 철학적 물음은 '엑스를 향한 물음'이자 동시에 '엑스의 물음'이다. 물음이란 영원의 사태($\mathcal{X}$)에 대한 한 인간(x)의 쉼 없는 접근이자, 그렇게 하도록 이미 x에게 건넨 $\mathcal{X}$의 수수께끼다. 수수께끼의 유인력(誘引力)이다. 물음을 이끄는 쪽이 $\mathcal{X}$일 수 있다는 생각은 박동환의 글에서 분명히 강조되지 않고 있는데, 이 점은 이 글의 마지막에서 다룰 것이다.

3. '중심'에 대한 회의

박동환은 질문하는 철학자, 질문에 낚인 철학자다. 마치 하이데거의 '존재'(das Sein)처럼 일평생 그를 사로잡은 '근본 물음'이 있다면, 그것은 무엇일까? 그가 지극히 다양한 사유의 궤적[10]을 보여주기에 단 하나의 물음으로 환원하기는 어렵다. 그러나 이런 환원이 완전히 불가능하지는 않으며, 근본 물음에 대한 물음은 그의 철학을 이해할 수 있는 하나의

어진 문제(P1)에 대한 어떤 해답도 언제나 오류에 부딪쳐 고쳐질(Error Elimination) 수밖에 없는 그래서 또 하나의 문제(P2)를 낳는 임시의 해답(Tentative Solution)에 지나지 않는다."(선집 III, 96-97쪽)

10) 서양 쪽으로는 영미철학, 논리학, 과학철학, 마르크스주의를 포함한 유럽철학을 횡단했고, 동양 쪽으로는 선진유가철학, 도가철학, 불교철학 등을 넘나들었으며, 과학에서 사회학, 신학까지 학제 연구를 겁내지 않았고 특정 시대에 국한됨이 없이 자유분방한 사유의 길을 걸었다. 지금까지 나온 선집 다섯 권이 그것을 증명한다. 놀라운 점은 이런 사유의 폭을 가지고 있음에도 피상적이라는 느낌을 전혀 주지 않는다는 것이다. 아마도 박동환이 '자기 물음의 깊이'를 휴대하고서 사유의 길을 떠났기 때문이라고 추정된다. 결과적으로 그는 경탄할 만한 사유의 폭과 깊이를 일궈낼 수 있었다.

지평을 마련해 주기 때문에 유용하다.

필자가 보기에, 박동환의 근본 물음은 '이것이 진정 중심일까?'라는 '중심'에 대한 회의(懷疑)에서 시작된다. 여기서 중심이란 동일화를 강요하고 위계질서의 상위(上位)를 정당화하는 보편성을 말한다. 이어지는 물음은 '인간중심주의로부터 어떻게 빠져나갈 수 있을까?'라는 물음[11]일 것이다. 1980년대 '타자'에 대한 관심으로부터 최근 '진리의 패권은 사람에게 있는 것이 아니다'라는 논의에 이르기까지 시종일관 박동환은 이 물음을 던져왔다. 최근 갈무리된 'x의 존재론'은 이 끈질긴 물음의 혹독한 시련을 통과한 대답이다. 그의 이런 물음은 변방의 주변인으로서 동서양의 철학을 공부하는 과정에서 전통 철학과의 불일치를 경험하면서 생겨난 것이다. 그는 화려하고 거대한 문명으로부터 시선을 돌려서, 무력한 이방인들의 목소리를 대변하고자 했다.

인간중심주의[12]로부터 벗어나는 일은 어렵다. 어쩌면 불가능한 일이

---

11) 온갖 종류의 중심들, 예컨대 동물과 차별화하는 인간 종중심주의, 서양중심주의나 중국중심(중화)주의 같은 문명중심주의, 백인중심주의 같은 인종중심주의, 유대중심(선민)주의 같은 종족중심주의, 남성중심주의 같은 성중심주의, 엘리트중심주의 같은 계급중심주의, 이성을 인간만의 특성으로 여기고 미화하는 이성중심주의 등을 열거할 수 있다. 편의상 여기서는 이런 모든 중심주의를 포괄하는 말로 '인간중심주의'라는 개념을 사용한다.

12) 통상 인간중심주의(anthropocentrism)라는 용어는 세 가지 의미 층을 가진다. (1)존재적 차원: 자연은 인간과 구분될 수 있고, 인간 편익을 위해 존재하는 것이다. (2)인식적 차원: 인간의 인식망에 잡히지 않는 자연은 고려할 가치가 없다. (3)윤리적 차원: 자연은 윤리적으로 인간과의 관련 속에서만 부차적인 고려 대상이 될 수 있다. 자세한 내용은 김동규(2018/2019)의 글과 다음 논문을 참조하시오. Dario Martinelli, "Anthropocentrism as a social phenomenon: semiotic and ethical implications, in: *Social Semiotics*, vol. 18, no. 1 (March, 2008), pp. 79-99. 서양 지성사에서 인간중심주의는 특히 다윈을 통해 흔들리게 되는데, 이런 역사적 배경에 대해서는 롤러의 책이 참조

다. 박동환을 포함한 우리 모두가 '인간의 자식'이기 때문이다. 인간의 자식인 '나'는 전승된 문화와 가치관, 세계관, 이데올로기 등이 이식된 존재일 수밖에 없다. 전승받은 것들로부터 완벽히 자유로울 수는 없다. 하지만 동시에 우리는 '자연의 후예'이기도 하다. 스케일을 최대로 확장시키면, 138억 년의 우주의 역사가 우리의 세포 하나하나에 고스란히 각인되어 있다. 세포 내에, 유전자 안에 우주의 역사가 기억되어있는 셈이다. 천문학적인 시간 속에서 환경 변화에 따라 자연이 선택한 모습을 온전히 간직하고 있기 때문이다. 그것이, 본능의 형태이든 자율신경계의 형태이든, 현재의 '나'를 좌지우지하고 있다. 나의 배후에서 나를 움직이는 것이 바로 영원의 기억인 x다. x는 기성의 협소한 인간관을 모조리 무효로 만든다. 중심이 될 만한 인간적 토대를 한순간에 허물어뜨린다.

실존적 차원에서 x의 일차적 의미는 무지(無知)이다. 내가 누구인지, 자연이 어떤 방식으로 나를 형성했는지 알 수 없다. 안다 해도 그 앎의 총량이 얼마 되지 않기 때문에, 미지의 x라고 명명한다. x는 알 수 없는 영원과 무한의 마디(節)이다. 이런 x의 바탕 위에서 무한히 뻗어가는 상상을 더할 때, 나의 배후에는 $\neg x$가 존재한다. $\neg x$란 영원의 '기억'인 x를 터전으로 삼아 무한의 '상상'에 의해 주도되는 자기 반전의 시나리오이다. 허나 이 모든 것도 여전히 유한한 개체 수준에 한정된 이야기이다. x든 $\neg x$든 종국적으로 $X($ $)$의 격파를 피할 수 없다.

할 만하다. Leonard Lawlor, *This Is Not Sufficient: An Essay on Animality and Human Nature in Derrida* (Columbia University Press, 2007), p. 25. 그에 따르면, 동물론은 오랜 역사를 가진 형이상학적 분리주의(metaphysical separationism)와 다윈의 진화론에 입각한 생물학적 연속주의(biological continuism)로 양분될 수 있다. 후자의 흐름이 근본적으로 인간중심주의를 뒤흔들고 있다.

생명체의 차원에서 죽음이란 개체 *x*가 격파되어 *X*( )로 함몰되는 사건을 뜻한다. 임시적으로 할당된 개체의 한계가 무너지는 사건이다. 사람들은 *X*( )의 격파를 대처하는 최상·최선의 태도가 바로 들림, 구원 혹은 열반, 해탈이라고 말해왔다. 박동환도 이것을 부인하지 않는다. 다만 다르게 해석할 뿐이다. 그가 보기에, 이런 것들이 격파를 모면할 수 있다는 말은 아니다. 단지 격파를 맞이하는 태도만을 바꿀 수 있다. 이것이 소위 '거듭남'이다. "닥쳐오는 격파의 상황 체험 가운데서 한 사람은 그의 인식과 행위를 지지해오던 그의 경계가 붕괴하는 변화를 겪는다. 그렇게 그를 지지해오던 관점과 경계에 닥쳐온 격파의 상황 체험에서 그의 거듭남이 비롯할 수 있다."(선집 IV, 131쪽) 오직 철두철미 깨어지는 깨달음만이 삶의 지혜로운 태도변경을 야기할 수 있다.

서양 철학에서 개체, 실체, 주체는 같은 계열의 개념들이다.[13] 박동환은 유독 개체라는 개념을 편애하는 경향이 있는 것이 사실이다. 아마도 수직 초월적인 *X* 이외에 수평적으로 우리가 만날 수 있는 것들은 모두 몸을 얻은 *x*이기 때문일 것이다. 또한 보편을 참칭하는 전체주의적 이데올로기를 경계하려는 것도 한 가지 이유일 것이다. 개체(individuality)는 어원적으로 원자(atom)과 동일한 뜻, 즉 '나눌 수 없다'는 말이다. 서양의 분석적 사유방식, 개인주의와 긴밀히 연결된 단어이다. 그런데 실체, 개체, 주체이기 이전에, *x*는 실상 매체에 가깝다. *x*는 *X*의 매체, '*X*의 아바타'(선집 IV, 270쪽)이다. *x*가 매체이기 위해서는 잠정적이나마 개체성을 가지고 있어야 하고, 마찬가지로 *X*가 어느 정도까지는 알려져야 한다. 그래야 '*x*는 *X*의 매체'라는 규정이 가능하기 때문이다. 이런

13) 김동규(2015), 31쪽 이하 참조.

맥락에서 박동환은 x 존재론의 언어를 "영원의 매체 '제1언어'"(선집 IV, 359쪽)라고 명명한다.[14)]

박동환은 인간중심주의를 비롯한 모든 중심주의를 비판하고 가장자리를 사유의 터전으로 삼는다. 이것은 작금의 현실을 움직이는 양대 문명, 즉 서양(미국/유럽)과 동양(중국)의 제국주의적 논리를 비판하는 작업과 궤를 같이한다. 이런 현실 비판과 함께 문명사적 관점에서 엑스를 대하는 태도를 살펴보면, 크게 세 가지로 구분될 수 있다. 소위 3표론에서 잘 보여주었듯이, 박동환은 서양을 '정체쟁의'(正體爭議)로, 동양을 '집체부쟁'(集體不爭)으로, 그리고 한국과 같은 주변자들의 삶을 '붙음살이'로 규정한다.(선집 III, 182쪽 참조)

이 용어들은 X에 응대하는 x의 세 가지 모임살이 형식을 가리킨다. 정체쟁의란 자기 정체성을 우선적 가치로 여기는 개인들이 공적 영역을 조성하여 그 속에서 자기를 정당화하며 투쟁을 극화(劇化/極化)하는 모임살이 형식이다. 이에 비해 집체부쟁이란 공동체 구성원들의 상호의존을 밝힘으로써 갈등을 잠재우고 화해를 도모하는 형식이다. 붙음살이는 기생(寄生)[15)]의 한국 토박이말로서 자연생태에 가장 근접한 모임살이 형식이다. 붙음살이란 다른 개체들에게 상대적으로 의존하는 것은 물론이거니와 궁극적으로 X에 기생(절대적으로 의존)하면서 살 수밖에

14) 그러나 여전히 남는 물음은 이런 것이다. "x와 X라는 원천적 무지의 세계에서 '언어, 매체, 재현'이라는 것들이 대체 무슨 의미가 있을까? 오히려 이것조차도 언어(logos) 중심적인 서양 철학의 마지막 버전은 아닐까?"

15) 봉준호 감독의 영화 〈기생충〉이 붙음살이라는 아이디어로 전 세계 사람들로부터 호평을 받은 것이 단순한 우연의 일치라고 말하기는 어렵다. 박동환의 아이디어를 활용하여 이 영화를 분석한 유헌식의 글(2019)을 참조할 만하다.

없는 존재들의 생존방식을 뜻한다. 3표론과 이어지는 *x*의 존재론에서 박동환은 동서 두 문명권이 자연을 만나는 방식을 '인공의 *Xx*'라 칭하고 있는데, 그렇다면 그와 대비되는 '자연의 *Xx*'에 붙음살이가 속한다고 말할 수 있을 것이다.(선집 IV, 172쪽 이하 참조)[16]

4. 물음과 현실

박동환은 일제 강점기부터 이어진 굴곡 많은 한국 현대사를 겪었다. 수난의 역사, 소위 '약소민족의 설움'과 '고래 싸움에 새우 등 터지는 상황'을 체험하면서, '평화를 사랑하는 민족'과 같은 말은 처량한 자기변명으로 들렸을 것이다. 우리 역사에서 일말의 긍지를 가지기 어려웠을 것이다. 그렇다고 억지로 긍지를 만들기 위해 역사를 왜곡할 수도 없다. 이런 상황에서 박동환은 자신에게 주어진 현실을 뿌리부터 새롭게 이해하고자 한다. 해답과 중심의 논리를 물음에 붙이고, 소외당하는 주변인으로서 아무것도 아닌 자, 이름 없는 자들의 목소리를 대변하는 논리를 구상한다.

크고 강한 것이 작고 힘없는 것을 집어삼키는 것은 자연의 이치일지

16) 이 구분을 도표화하면 다음과 같다.

		인공의 Xx	자연의 Xx
통분 해법 Xx	모임살이	• 서양의 정체쟁의 • 동양의 집체부쟁, 집체화해(集體和諧)	• 가장자리 존재들의 붙음살이
	인간	• 인본주의에 사로잡힌 문명인들	• 한국인, 유대인 같은 주변인들
	정치	• 유가의 덕치와 위민주의 • 서구의 개인주의, 자유경쟁	• 불일치와 일치의 공생(共生)
	척도	• 자의적으로 가공된 분류체계 • 인간 본위의 척도	• 자연의 통분 관계 • 우주의 척도

모른다. 윤리와 법으로 그 이치를 잠시 보류시킬 수 있겠지만, 만일 그게 정말 자연의 엄연한 이치라면, 유보 기간이 무한정 연장되지는 않을 것이다. 그런데 과연 약육강식이 유일한 자연의 모습일까? 강-약의 리듬은 언제든 뒤바뀔 수 있다. 이것도 부인할 수 없는 자연의 이치다. 박동환은 '삼켜도 삼키는 자의 것이 되는 것은 아니다'라고 주장하며(선집 IV, 137쪽 이하 참조), 지네를 삼킨 살모사가 도리어 삼켜진 지네의 먹잇감이 된 사례를 들고 있다. 박동환은 이런 사례에서 문명의 주변부에 있는 삼켜지는 것들의 운명을 다음과 같이 해석해낸다.

> 미미하게 보이는 것들, 무시해도 괜찮을 만한 것들, 아니면 버거워서 외면해 버린 것들, 그래서 가에로 밀려난 그런 것들이 실은 그렇게 대우해서는 안 되는 것들이라는 것을 나중에 알게 된다. 때로는 얕잡아 보고 삼켜버린 것이 안에서 곽란(霍亂)을 일으킬 수도 있고, 더하면 목숨을 빼앗아갈 수도 있다.(선집 IV, 137쪽)

x는 여기에서 일단 '미미하게 보이는 것들, 무시해도 괜찮을 만한 것들, 아니면 버거워서 외면해 버린 것들', 그래서 덩치 큰 강자에게 쉽게 삼켜진 것들을 가리킨다. 그러나 그런 것들은 기실 그렇게 불리거나 대우받을 만한 것들이 아니다. x는 '영원의 기억과 무한 변신의 잠재력을 간직한 것'이기에 언제든 강자에게 반격할 수 있는 역량을 가지고 있다. 그렇기에 '삼켜도 삼키는 자의 것이 되는 것은 아니다'라는 단언이 가능해진다. 이런 포식 비유를 적용하면, 전통 한국문화는 서양문화에 삼켜졌다. 우리 주변에 남아있는 것이라곤 기껏해야 고궁 주변에서 개량 한복을 입고 다니는 모습이 전부다. 그런데 박동환의 논리에 따르면, 한국

문화는 쉽게 먹힐 만한 것도, 무시할 만한 것도 아니다. 먹혔다 하더라도 내부에서 서양문화를 뒤바꿀 수 있는 저력을 가진 존재다.[17)]

고전학자 강대진은 어느 강연에서 고대 그리스인들이 찬란한 비극을 만들고 있을 때, 우리 조상들은 고인돌을 만들었으며 그로부터 수백 년 지난 뒤에도 돌칼을 갈며 살았다고 말한 적이 있다.[18)] 그 학자의 얼굴과 목소리에서 미개한 조상들에 대한 냉소를 엿본 것은 그저 주관적인 착각일지도 모르겠다. 그의 말이 정확한 역사적 진실이더라도, 문제는 과거를 조롱하는 우리가 옛 선조들보다 더 나은 모습으로 사는 것 같지 않다는 데 있다. 고인돌을 만들던 옛날처럼 자연에 파묻혀 자연과 벗하며 살지도 않으면서, 그렇다고 찬란한 문화를 창작하지도 못하기 때문이다. 과연 그 고전학자는 전 인류가 공유할 수 있는 선진 문화를 창작해 왔을까? 여전히 모방하고 수입하려고만 들지 않는가? 특히 철학을 비롯한 학문하는 사람들은 이 점을 깊이 반성해야 할 것이다. 박동환은 이런 세태를 다음과 같이 일갈하고 있다.

> 짧지 않은 한국철학사에서 일찍이 세종 임금 수준의 철학자가 나타날 수 없었다는 사실처럼 개탄스러운 일은 없는 것 같다. 이 나라에서 철학자들이라고 불릴 만한 분들은 그들이 소속한 역사 가운데서 어렵게 사는 사람들과 함께 겪은 시대의 체험을 바탕으로 삼아 자기들의 말로써

---

17) 최근 문화와 스포츠 영역의 김연아, BTS, 한강, 봉준호 등의 약진이나 코로나19 방역 대처 능력이 이것을 증명하고 있다. x의 존재론은 철학적으로 이런 현상들을 해명한 셈이다.

18) 강대진, "열린연단: 문화의 안과 밖—소포클레스 강의" https://tv.naver.com/v/365061.

세계를 사색해서 표상하지를 못하고, 오로지 외래의 언어와 사상의 전통만을 모범으로 수행하며 그들의 아랫사람들을 다스리거나 길들이는 일에 종사하는 데 그쳤다고 볼 수밖에 없다.(선집 IV, 59쪽)

"언어는 존재의 집"[19]이라고 하이데거는 말했다. 언어의 본질을 드러낸 꽤 괜찮은 비유라고 생각된다. 마치 일란성 쌍둥이가 각기 다른 '집'에서 오랜 시간을 교류 없이 살았을 때 전혀 다른 정체성을 가진 개인(개성)이 되는 것처럼, 누군가의 존재 방식을 결정하는 데 크게 일조하는 것이 바로 집이다. 집은 외부 환경으로부터 보호해주는 곳이자, 보호 대상을 길들이기도 한다. 그 길들임이 폭력적일 때도 많다. 그래서 집은 평온한 안식처일 수도 있지만, 폭력과 폐쇄의 감옥일 수도 있다. 언어도 그렇다.

지상에 존재하는 언어는 인류가 공들여 세운 집이다. 생명의 지속을 위해 생태계에서 종의 다양성을 유지하는 게 꼭 필요하듯이, 진리를 위해 언어라는 집의 다양성을 확보하는 것도 절실하다. 인간들이 만든 저마다의 언어에는 세상의 일리(一理)가 담겨 있기 때문이다. 현실에서 패권을 행사하는 영어로 모든 언어가 통일되어야 한다는 편의주의적 발상은 이 점에서 매우 위험하다. 그렇다면 한국말에는 어떤 일리가 스며있는 것일까? 한국말의 철학적 의미를 오랫동안 숙고했던 박동환은 이렇게 말한다.

한국말에서는 이른바 주어 또는 임자말이라는 것을 생략하는 문장 구조

19) 마르틴 하이데거, 「휴머니즘 서간」『이정표2』, 이선일 옮김(한길사, 2005), 124쪽.

> 가 허용되고 있습니다. 따라서 주어 자리에 아무것도 놓지 않고 그 자리에 있다고 상정하는 그것에 어떤 이름이나 정체성을 매길지 결정할 수 없는 상태를 미지의 x로 기억하며, 그것이 보여줄 것들을 시간의 흐름 가운데서 기다리는 태도가 한국말의 문장관을 지배한다고 볼 수 있습니다. 미결의 상태에서 숨을 죽이고 있는 미지의 x가 보여줄 움직임을 그렇게 기다리고 있기 때문에, x에 대한 판단을 마무리할 술어 곧 풀이말의 마디들을 x가 보여줄 모양에 맞춰 굴절시키려고 맨 뒤에 놓는 전략을 택하는게 아닐까라고 생각할 수 있습니다.(선집 IV, 85쪽)

영어를 비롯한 유럽어는 주어+동사 구조로 짜여있어서, 논지를 신속, 정확하게 전달하는 장점이 있다. 그동안 그 장점에 가려 우리말은 취약한 언어로 인식되었다. 하지만 주어가 자주 생략되고 술어가 마지막에 놓인 이유가 수시로 변화하고 변신하는 사태의 진전을 최대한 고려한 것 때문이라면, 우리말의 특징을 결코 단점이라 단언할 수는 없을 것이다. 실체와 주체를 중시하는 서양인들의 어법은 주어 지배형이 어울린다. 반면 한국인들에게는 관계가 개체에 앞선다. 술어는 관계의 짜임새를 보여준다. 이들의 어법은 술어 지배형이 어울릴 수밖에 없다.(선집 IV, 350-52쪽 참조) 우열(優劣)을 떠나서 이런 차이를 간파하는 게 중요하다. 특히 영어 패권주의(미국의 패권을 지탱해주는 핵심 주춧돌)[20]가 극성할 경우 더욱 그런 인식이 요구된다.

---

20) 강준만, 『아이비리그의 빛과 그늘—능력주의 사회와 엘리트의 탄생』(인물과사상사, 2011), 351쪽. 여기에서 강준만은 영어가 "팍스 아메리카나(Pax Americana)를 지속하는 강력한 힘"으로서 "미국 패권의 몰락을 막는다"고 보고 있다.

패권의 위협에 대처하는 방법은 크게 3가지로 분류해 볼 수 있다. 하나는 패권에 순응하고 타협하고 동화되는 길이다. 다른 하나는 패권에 맞서는 힘을 길러서 스스로가 패자(覇者)가 되는 길이다. 그리고 마지막 남은 길은 패권 자체를 영원히 부정하는 반골(주변자)의 길이 있을 것이다. 첫 번째 길은 대처법이라고 말하기도 어렵다. 임시 전술로는 쓸 수 있겠지만, 궁극적으로 길 자체가 아니다. 두 번째 길은 현실적인 것처럼 보이지만 동시에 비현실적인 길이기도 하다. 경량급 선수에게 헤비급 선수가 되라고 주문하는 셈이기 때문이다. 게다가 패권을 휘두르는 자리가 영원히 머무를 수 있는 곳도, 진정 정의로운 자리도 아니기 때문이다.

마지막 세 번째 길은 반골 기질로 표현하기는 했지만, 이론적 정당화가 어려운 길이다. 박동환은 이 세 번째 길을 이미 오래전부터 철학적으로 모색해왔다. 변방에서 체득된 오래된 기질(역사, 기억)과 파격의 논리와 상상력을 최고로 발휘할 수 있는 '가에로 밀려난' 주변자들끼리의 연대 구축, 이것이 주변자들이 나아가야 할 길이 아닐까? 답을 어떻게 내리든, "보편의 허구를 선전하는 패권의 철학이 주변자에게서 거부될 수밖에 없다"(선집 III, 60쪽)는 점만큼은 중심 패권에 대한 하나의 해석 관점으로서 설득력을 잃지 않을 것이다.

박동환은 평생 존재를 묻고, 묻고 있는 자신에 대해 또 물었다. 그에게는 물음이 철학이었고 철학이 곧 물음이었다. 그 '물음의 철학'이 곧 x의 존재론이다. 평생의 물음을 통해서 그는 패권 중심의 철학에 대항했고, 주변자의 언어인 한국어의 철학적 의미와 그 언어로 철학할 수 있는 가능성을 밝혔으며, 동서 철학을 아우를 수 있는 미래의 철학, 명실상부한 세계 철학의 기틀을 마련하였다. 이것은 철학사에서 보기 드문 위대한 업적이며 빛나는 성취가 아닐 수 없다. 이 모두 그의 물음이 한 일이다.

그런데 이런 거인적인 물음에 무언가 결정적인 것이 빠진 듯 보인다. 근본 물음 하나가 제대로 작동하지 않는 것 같다. 이것이 작동하지 않는다면, 지금껏 쌓아 올린 온갖 성취들이 한순간 빛바랠 수도 있을 것이다. 이 물음을 가동시켜야 한다. 마지막 남은 그것까지 물어야 한다. 이것은 빠뜨려도 무방한 물음이 아니다. 물음 자체에 내재한 운명적인 물음이기 때문이다. 물음이 짊어져야만 하는 물음의 운명. 그리하여 이 글의 최종 과제는 *x*의 존재론에게 물음의 책임을 끝까지 묻는 일이다.

5. 책임을 묻다

묻는 과정은 먼저 물음 대상을 부르고, 다음으로 상대의 응답을 불러오는 식으로 전개된다. *x*는 이름을 붙일 수 없는 구체(具體)의 삼라만상을 가리키는 문자다. 그런데 누군가 그것에 이름을 붙인다면, 끝내 그 이름은 부서지고 흩어져 버린다. 주인 없는 빈집이 된다. 억지로 부르려고 하면, 결국 이름을 부르려던 이가 *X*를 통해 격파되고 말 것이다. 그런 것이 *x*다. 눈치챘겠지만, *x*에 대한 기술(記述)이 뜬금없이 소월의 「초혼」(招魂)의 시구와 겹친다.[21] 왜일까?

---

21) "산산히 부서진 이름이여!/ 허공 중에 헤여진 이름이여!/ 불러도 주인 없는 이름이여!/ 부르다가 내가 죽을 이름이여!// 심중에 남아 있는 말 한마디는/ 끝끝내 마저 하지 못하였구나./ 사랑하던 그 사람이여!/ 사랑하던 그 사람이여!" 김소월(2005)의 「초혼」, 부분.
혼(魂)과 *x*가 생각만큼 무관한 것은 아니다. 박동환은 소위 '영혼'이라 불리던 것을 *x*의 존재론에서 이렇게 해명한다. "태초로부터 쌓여온 격파들을 간직하고 있을 영원의 기억과 그로 비롯하는 상상 가운데서 불멸의 영혼이 움직인다."(선집 V, 119쪽) 시

소월의 시와 박동환 철학은 거의 관련이 없다. 그럼에도 철학자의 글을 읽으며 시를 떠올리고, 그 철학자에 관한 글을 쓰면서 시를 인용까지 하는 까닭은 박동환의 철학에 부재하는 것이 이 짧은 시 속에 담겨 있음을 말하기 위해서다. 박동환의 철학에는 그가 물었던 모든 것들의 존재가 담겨 있다. 그러나 중요한 한 가지를 진지하고 철저하게 묻지 않았다. 알고 싶어 묻는 마음, 필리아, 사랑이 그것이다. 무엇이라 이름하든 이것에 대한 통렬한 반성이 생략되어 있다.

통상 지식은 그 대상에 대한 통제력을 준다. '아는 것이 힘'이라는 프란시스 베이컨의 말은 이런 의미다. 물론 박동환에게 *x*는 단순한 사물도 개체도 대상도 아니다. 알 수 없는 영원이 깃든 '그것'이다. 이 점에서 박동환은 지식의 대상을 이전 어떤 철학자와도 다르게 취급한다. 그것은 함부로 대할 수(지배할 수) 없는 존재다. 분명 그렇다. 그렇지만 x가 제아무리 우주적 영겁의 응축물이라 하더라도, 만고의 진리라 하더라도, 굳이 여기로 불러올 이유는 없다. 인간이 안티호모에렉투스적(반-인간중심주의적) 진리를 묻고 말해야만 할 아무런 이유가 없다. 아무런 이유 없이 왜 부르고 물어야 할까?

박동환 철학의 아킬레스건[22]은 숱한 물음들 저변에 놓인 '사랑'에 있

인은 혼을 부르고(招), 철학자는 *x*를 묻는다. 이 모두가 사랑(*X*)이 한 일이다.

22) 호메로스(2015)에 따르면, 아킬레우스는 그리스 최고의 전사로서 민첩하고 날쌘 다리와 발을 가졌다. 그의 이름 앞에 붙는 대표적인 수식어 '준족'(駿足)이 그것을 말해준다. 그런데 최고의 탁월성을 만들어 준 발목이 아이러니하게도 치명적인 급소였다. 박동환 철학의 허점도 그와 유사하다. 지금껏 보았듯이 박동환 철학의 최고 역량은 '물음'에 있다. 그런데 등잔 밑이 어둡듯이, 빛나는 물음 아래 그림자 같은 허점이 도사리고 있던 셈이다. 이처럼 아킬레스건 비유는 앞서 글의 부제로 쓰인 '지렛목'과 이어진다. 어쨌든 박동환 철학의 아킬레스건은 사랑, 특히 철학적 물음 배후의 필리아(가 요청하는 윤리)인 것으로 보인다.

다. 그 사랑의 윤리성에 있다. 고매하고 근엄한 철학자들이 대개 그러하듯, 사랑은 거의 언급되지 않는다. 이따금 본능이나 욕망 차원에서든 예수의 사랑 같은 고매한 차원에서든, 사랑론 개진이 있을 법한데도 말이다. 뜻밖에도 *X*의 (기독교) 신학적 해석 가능성을 밝히고 있기에 기대를 해 보았지만, 사랑에 관한 논의는 역시나 없었다. 기독교의 신은 무한한 절대자(그가 애독했던 구약 「전도서」의 신)일 뿐만 아니라, 동시에 사랑의 신(신약에서의 예수)인데, 후자의 측면은 제대로 조명되지 않는다. 물론 박동환은 "개체성의 자연보호와 독선금지"를 "제1의 도덕률에 근접한 것"으로 제안하기는 한다.(선집 IV, 539-40쪽 참조)

윤리적 색조가 가미된 '개체성의 자연보호와 독선 금지'라는 말은 *x*의 존재론의 거대 스케일에 비하면 지나치게 앙상한 문구임이 분명하다. 게다가 오해의 소지가 많은, 적확하다고 말하기 어려운 용어다. 자연보호라는 말은 한때 국가적 캠페인으로 쓰이던 말인데, 이 표현대로 인간이 과연 자연을 보호할 만큼의 역량을 가진 존재인지, 역으로 자연이 과연 보호받을 정도로 허약한 존재인지 의심스럽다. 박동환의 반-인간중심주의 철학에는 전혀 어울리지 않는다. 무엇보다도 문제가 되는 것은 '보호해야만 한다'와 '독선을 피워서는 안 된다'라고 읽히는 '금지'라는 용어다. 이 당위는 도대체 어디에서 나오는 것일까?[23]

23) 필자는 이미 이 같은 물음을 제기한 적이 있고, 「사사로운 대화록에서」라는 꼭지에서 자세한 답을 들은 바 있다.(선집 V, 12-23쪽 참조). 그 점에서 이 글은 박동환의 해명에 대한 답신인 셈이다. 정확하게 말하자면, 조악하기만 했던 필자의 이전 물음을 다시 다듬어낸 질의서라고 할 수 있다. 그의 답변은 크게 두 가지로 요약된다. (1) 사람은 대상이 아닌 *x*이다. (2) 사랑 현상은 *x*의 존재론으로 설명 가능하며, *x*의 존재론에는 통상의 윤리학을 위한 별도의 공간이 없다. 개체성의 자연보호와 독선 금지는 "*x*의 존재론과 그의 자연학에서 유도되어 나오는 부칙(附則) 또는 '따름정리'(corollary)"

박동환의 x는 우주적 수준에서 영원을 머금은 기억 조각이기에 한갓 (인간이 우연히 만든 명령이나 지시 따위의) '대상'이 될 수 없는 것은 당연하다. 개체성의 자연보호와 독선 금지는 이런 의미를 담은 것으로 보인다. 그리고 생물학자들이 자주 언급하듯이, '사랑이나 희생'처럼 보이는 현상은 자연에서도 어렵지 않게 찾아볼 수 있다. 예컨대 땅다람쥐는 포식자가 나타나면 스스로는 위험에 처함에도 불구하고 경고음을 내어 동료들을 피신시킨다.(선집 V, 12-23쪽 참조) 사람도 땅다람쥐도 (심지어 물체도) 모두 영원의 기억 x이다. 문제는 이 x가 한갓 대상은 아니지만 그렇다고 각별한 존재로 여길 만한 유별난 이유도 없다는 점이다.

생명체는 타자를 먹고 살아간다. 먹히는 것은 먹는 자에게 대상일 수밖에 없다. 지네를 삼킨 살모사의 경우, 살모사가 지네를 x로 인식하고 보호해야 할까? 지네를 먹는 것은 살모사에게만 유독 좋은(獨善) 것이기에 그래서는 안 된다고 말해야 할까? 소위 약육강식이 벌어지는 곳에서 '개체성의 자연보호와 독선 금지'라는 말은 과연 어떤 반향을 얻을 수 있을까? 이런 설정이 우스꽝스럽게 들린다면, 자연보호와 독선 금지는 단지 인간에게만 국한된 말이라고 이해할 수 있다. 하지만 그렇게 보기도 어렵다. 몸을 가진 모든 것들은 x라는 점에서 평등하며 사랑조차 자연현상으로 환원된다고 보기 때문이다. 살모사에게도 똑같이 자연보호와 독선 금지를 적용해야 한다. "땅다람쥐를 포함하는 자연의 생명 일반이 그의 몸 x에 지니고"(선집 V, 18쪽) 있는 것이 사랑이라면, 자연보호와 독선 금지도 그 근거가 자연에 있을 것이다.

'이다'(be)로 짜인 사실 세계에서는, 그것도 미지(未知)를 핵심으로 삼

일 뿐이다.

는 x의 존재론에서는 '그래서는 안 되고 이래야만 한다'는 당위(should)의 언사는 불가능하다. 물론 사실들의 집적(集積)이 어느 정도까지 당위의 정당성을 설명해주기는 하지만, 기껏해야 보완 역할만 할 수 있을 뿐이다. x의 존재론에서 당위의 출처를 찾을 수 없다. 당위는 존재로부터 도출된 것이 아니기 때문이다. 존재 물음의 부산물인 지식, 소피아에 당위는 없다. 소피아에는 오직 '이다'만 있을 뿐이다. '이어야 함'은 오직 (존재 물음을 추동하는) 필리아에서만 나올 수 있다.[24] 불가해한(x처럼) 필리아만이 조건 없는 당위를 말할 수 있다.

사실 박동환은 이미 오래전에 사랑에 관한 물음의 씨앗을 뿌려 두었다. 일례로 그는 '양심'에 대해 의미심장하게 말한 바 있다. 이것은 우리가 말하려는 사랑에 근접한 개념이다.

> 왜 논리가 아니라 양심을 철학의 방법으로 하는가? 사람들의 논리는 도구일 뿐이다. 양심은 도구인가? 무엇의 도구인가? 양심이라는 것은 강자가 매기는 약자 지배의 도구이거나 약자가 호소하는 강자조정의 도구일 수 있다. 그럼에도 이 지배와 조정의 논리를 집착과 왜곡으로 고발하는 양심의 보다 깊은 소리, 보편주의가 있다.(선집 II, 39쪽)

니체와 프로이트는 양심을 호되게 비판한 적이 있다. 약자들의 원한이라고, 사회적 금기의 내면화라고 말이다.[25] 그러나 이들의 비판이 유

---

24) 여기에 관해서는 필자의 졸저 『멜랑콜리아』 10장과 『미생물이 플라톤을 만났을 때』 '에필로그' 참조.

25) 프리드리히 니체, 『선악의 저편. 도덕의 계보』, 김정현 옮김(책세상, 2002), 418쪽. 지그문트 프로이트, 『종교의 기원』, 이윤기 옮김(열린책들, 2004), '토템과 터부' 참조.

의미하려면 또 다른 차원의 양심, 곧 '보다 깊은 소리, 보편주의' 양심을 전제해야만 한다. 양심 없는 비판이야말로 한갓 공격 본능, 지배 본능의 표출일 뿐이기 때문이다. 이런 점에서 박동환이 위에서 말한 양심은 의미심장하다. 냉철하게 현실을 직시하는 지식인들(예컨대 니체나 프로이트)이 곧잘 놓치는 지점이기에 특히 그러하다. 한때 박동환 철학에도 '물음을 일깨워' 주는 양심이 존재했다.

양심 말고도 박동환 철학에는 과학 법칙으로 해명되지 않는 '불가능한' 용서도 있었다. "'자연은 용서하지 않는다.' 이 말이 과학주의자가 가르치는 자연의 법칙을 넘어 사람의 비자연성에 다시 마음을 돌리도록 이끄는 것이다."(선집 I, 160-61쪽) 데리다도 잘 보여주었듯이,[26] 용서는 계산의 논리와 등가 교환 법칙을 위반하는 사랑의 정수이자 초월의 신비다. 그러나 아쉽게도 양심이나 용서에 관한 논의는 x의 존재론에서 진지하게 다뤄지지 않는다. 자연보호와 독선 금지가 x 존재론의 "무의식적"(선집 IV, 540쪽)인 윤리학적 전제 혹은 부칙(附則) 정도로만 언급될 뿐이다.

드물지만 그는 여전히 양심을 언급한다. 먹고 먹히는 자연을 바라보며 개별 생명체들의 '존재의 권리'를 언급할 때 양심을 말한다. 여기에서 존재의 권리란 '개체성의 자연보호와 독선 금지'와 맞닿아 있는 개념이다. "나는 이 같은 존재의 권리에 대한 근본적인 질문들을 나 자신에게 던질 때마다 불편함과 양심의 문제에 걸려서 그 방면으로는 더 이상 진행을 할 수가 없었습니다."(선집 IV, 538쪽)[27] 이 말을 달리 해석하자

---

26) 자크 데리다, 『용서하다』, 배지선 옮김(이숲, 2019) 참조.

27) 같은 맥락의 물음은 이전에도 찾을 수 있다. "세상에 벌어지는 먹이사슬. … '왜 우리

면, 양심의 가시에 찔리는 고통이 심해 윤리 문제에 눈감을 때에만 x의 존재론을 진전시킬 수 있었던 것이다. 그렇다면 이 양심의 출처는 어디일까? 이것도 땅다람쥐의 희생처럼 종(種)이나 유전자 보존 수준에서 해석하고 말 문제인가? 이제는 트라우마 같은 이 원초적 물음에 답해야 한다. 여전히 '다이몬' 같은 양심의 소리가 어렴풋이나마 들려온다면, 사랑을 비난했다가 자신이 했던 주장을 번복해야만 했던 소크라테스처럼[28] 이 문제를 전향적으로 되새겨볼 필요가 있다.

그래서 우리는 또다시 묻지 않을 수 없다. 박동환은 왜 물음을 물었는가? 그는 *X*의 어떤 물음에 응답하려고 그처럼 끊임없이 물었던가? *x*(의 내재적 필리아)가 결국 *X*의 아바타라면, 혹시 *X*는 초월적 필리아가 아닐까? 사랑(*X*)이 사랑(*x*)을 사랑하는 것(*Xx*) 아닌가? 설사 *x*의 존재론에 윤리학을 위한 별도의 공간은 없더라도, 물음에 담겨 있는 양심, 곧 사랑의 윤리성[29]만큼은 외면할 수 없지 않을까?

누구라도 처음에는 철학이 무엇인지도 모른 채 철학에 끌릴 수 있다. 그러나 언젠가는 (맨 처음 자신을 불렀고 평생을 부리고 있는) 필리아에 대

들은 서로 싸우도록 지어졌습니까?' 지어진 자가 지은 자에게 던지지 않을 수 없는 의문, 이해할 수 없는 지은이의 도덕성."(선집 I, 23쪽) "왜 세상은 강약의 관계로 얽혀 있는지, 그럼에도 개체가 그 자체를 지속하려고 그러는지 그것은 참으로 나의 머리를 떠나지 않는 물음입니다. … 그 물음들은 언제나 물으면 물을수록 깊이를 알 수 없는 苦스러운 의문이 됩니다."(선집 III, 221쪽)

28) 플라톤, 『파이드로스』, 조대호 옮김(문예출판사, 2008), 49쪽 이하 참조.

29) 사랑의 윤리성에 대한 기초적인 아이디어는 "사랑의 의무"를 논했던 칸트에게서 빚진 것임을 밝힌다. 필자는 칸트에게서 몇몇 아이디어를 얻었지만, (자연과 분리된, 유아론적이고 남성적이고 인간중심적인) '자유'에 근거한 칸트의 의무론적 윤리와는 거리를 두고 있다. 이미 필자의 이전 졸저(2010/2014/2019)에서 필리아의 윤리성에 대한 희미한 윤곽은 선보였다. 그것에 대한 철저한 연구는 향후의 과제로 삼고 있다. 임마누엘 칸트, 『도덕형이상학』, 이충진, 김수배 옮김, 한길사, 2018. 378쪽 이하 참조.

해 반드시 성찰해야만 한다. 이것은 철학의 길을 떠날 때, 묻는 이가 반드시 짊어져야 할 책임이다. 길을 걷다 보면, 니체도 말한 바 있듯이, "진리는 냉혹하다"[30]는 것을 예감하는 순간이 온다. 그것을 예감하면서도 왜 냉혹한 진리를 향해 나아가야만 하는가? 이 물음에 답해야 하는 의무, 이런 것이 바로 '물음의 책임'이다.

---

30) 프리드리히 니체, 같은 책, 271쪽.

참고문헌

■ 박동환 철학선집

선집 I, 『서양의 논리 동양의 마음』, 사월의책, 2017.
선집 II, 『동양의 논리는 어디에 있는가』, 사월의책, 2017.
선집 III, 『안티호모에렉투스』, 사월의책, 2017.
선집 IV, 『x의 존재론』, 사월의책, 2017.
선집 V, 『진리의 패권은 사람에게 있는 것이 아니다』, 사월의책, 2019

■ 인용된 문헌들

강대진, "열린연단: 문화의 안과 밖—소포클레스 강의", https://tv.naver.com/v/365061
김동규, 김응빈, 『미생물이 플라톤을 만났을 때—생물학과 철학의 우아한 이중주』, 문학동네, 2019.
김동규, 「후기 하이데거 철학의 동물론: 아감벤, 데리다 비판의 맹점」, 『철학탐구』, 제52집, 2018.
김동규, 「버림받은 자유 그리고 사랑—고정희와 사르트르를 중심으로」, 『*Comparative Korean Studies*』, Vol. 23, No. 2, 2015.
김동규, 『멜랑콜리아—서양문화의 근원적 파토스』, 문학동네, 2014.
김동규, 『멜랑콜리 미학—사랑과 죽음 그리고 예술』, 문학동네, 2010.
김상봉, 「비주체성의 역설」, 교수신문, 제213호, 2001년 11월 14일.
김상환, 『철학과 인문적 상상력』, 문학과지성사, 2012.
김소월, 『진달래꽃 (외)』, 범우사, 2005.
미셸 푸코, 『지식의 의지에 관한 강의』, 양창렬 옮김, 난장, 2017.
아리스토텔레스, 『형이상학1』, 조대호 옮김, 나남, 2012.
유헌식, 「'한류'의 철학—다섯 가지 미학적 코드」, 『한국연구』, 2집, 한국연구원, 2019.

임마누엘 칸트, 『학부들의 논쟁』, 오진석 옮김, 도서출판b, 2012.
임마누엘 칸트, 『도덕형이상학』, 이충진, 김수배 옮김, 한길사, 2018.
자크 데리다, 『용서하다』, 배지선 옮김, 이숲, 2019.
장-조제프 구, 『철학자 오이디푸스』, 정지은 옮김, 비(도서출판b), 2016.
지그문트 프로이트, 『종교의 기원』, 이윤기 옮김, 열린책들, 2004.
프리드리히 니체, 『선악의 저편/도덕의 계보』, 김정현 옮김, 책세상, 2002.
플라톤, 『파이드로스』, 조대호 옮김, 문예출판사, 2008.
플라톤, 『향연』, 강철웅 옮김, 아카넷, 2020.
호메로스, 『일리아스』, 천병희 옮김, 도서출판 숲, 2015.

Hadot, Pierre, *The Veil of Isis: An Essay on the History of the Idea of Nature*, trans. by Michael Chase, The Belknap Press of Harvard University Press, 2006.
Heidegger, Martin, *Sein und Wahrheit 1. Die Grundfrage der Philosophie(S1933) 2. Vom Wesen der Wahrheit(GA36/37)*. hrsg. von Hartmut Tietjen, Frankfurt a.M.: Vittorio Klostermann, 2001.
Lawlor, Leonard, *This Is Not Sufficient: An Essay on Animality and Human Nature in Derrida*, Columbia University Press, 2007.
Derrida, J., "Mochlos, or The Conflict of the Faculties", in: *Eyes of the University: Right to Philosophy2*, tras. by J. Plug & Others, Stanford University Press, 2004.
Martinelli, Dario, "Anthropocentrism as a social phenomenon: semiotic and ethical implications," in: *Social Semiotics*, vol. 18, no. 1, March, 2008.

2부

설명과 답변들

박동환

머리말[1)]

1.

x의 존재론은 지구와 거기에 기숙하는 생명에 관한 이야기다. 말하자면 x의 존재론은 지구라는 환경에서 생명의 존재들이 그들의 삶을 펼쳐가

풀이말

1) 이 글은 2020년 12월 22일 열린 한국연구원 제1회 학술심포지엄 "박동환 철학을 되묻다"에서 받은 물음들과 이후에 받은 질문들에 대한 답변으로 쓴 것이다. 이 답변을 준비함에 있어 모든 글들은 아래와 같은 순서에 따라 이루어졌음을 밝혀 둔다.

"한국연구원 심포지엄(2020. 12. 12)에서 그리고 이후에 발표된 글들에 대한 나의 답변 준비는 이렇게 시작되었습니다. 아홉 분의 발표글들을 받는 대로 읽었고 그때 즉시 답변의 대강을 잡아놓았습니다. 발표글을 처음 받았을 때 그것을 읽지 않을 수 없었고 읽자마자 그 각각에 대한 답변이 쏟아져 나오는 것을 어찌할 수 없었습니다. … 이후에 수정 및 교정을 거친 발표자들의 원고는 다시 볼 수 있는 몸의 상태가 아니었습니다." '편집자에게 보낸 메시지'에서 (210610)

며 부딪히는 사태 곧 '지구시대'에 떠오르는 과제와 의문들에 관한 이야기다. 그 과제와 의문들은 '지구적인' 범위를 바라보며 생각하는 관점을 요구한다.

따라서 여기서는 동서양의 철학자들이 바라보며 생각했던 범위를 벗어난다. 아래에 펴놓을 답변은 드문 예외의 경우가 아니라면 대개 고대 문명의 학습 전통을 이어가는 분들이 던지는 의문과 과제에 대한 오늘 '지구시대'에 소속하는 한 공상가의 반응일 수 있다.

동아시아의 여기 한 영토에서 1930년대 이후 제2차 세계대전과 한국전쟁을 겪으며 살아남은 사람들의 험난한 역정은 당대의 작가들이 대변했던 것처럼 폐허와 야생의 시험대 또는 그러한 체험시대로 요약할 만한 것이다.[2] 시야를 더 넓혀서 보면, 20세기를 거쳐온 시간대에 두 차례의 세계대전과 크고 작은 국지전을 여기저기서 치르면서 지구는 갑자기 모든 영토의 폐쇄체제들이 하나의 정치경제 및 군사작전권으로 엮여 들어가는 한 새로운 세계사의 서막을 맞이하고 있었다.

이는 인류의 서로 다른 국지적 문화와 각기의 고유한 사상이 좌충우돌

---

2) "한국 문학계에서는, 6·25 전쟁 이후 1950년대에 이 강토 바닥에서 그들이 당시에 같은 처지로 몰린 모든 사람들과 함께 겪은 폐허와 야생의 체험을, 칠흑 밤의 별들처럼 빛나는 회고록과 작품들로 만들어 역사에 남긴 바 있다." "여기 이 영토에서 말하는 1950년 이전/이후 시대의 반추와 반성이란, 과거로부터 누적되어온 전통과 그 사상의 업적들이 완전히 무너진 폐허의 바닥으로부터 다시 시작하는 '절대 야생'의 접근법이다." 『야생의 진리』(고양: 사월의책, 2021), Σ2. "플라톤에서 헤라클레이토스로"의 줄기글 5.에서 따옴.

하도록 만들었고, 드디어 20세기 말에는 이른바 '세계화' 또는 '지구화'(globalization)의 바람이 일상의 모든 방면을 휩쓸어서 세상의 누구도 자신이 소속하는 영토의 관습과 사상에 안주할 수 없도록 그들 각기의 정체성을 흔들어 놓고 있었다.[3] 국제통상과 사업 분야에 종사하는 한 전문가는 21세기에 들어서는 즈음에 이렇게 말하고 있다.

> "세계화(globalization)의 한 주요한 경향은 탈-영토화에 있다. 곧 사회적, 정치적, 문화적 행사가 그들 태생의 지역에서 이탈[탈-영토화]하도록 자극하는 것이다. 그렇게 탈-영토화는 사람들의 자기 정체성을 동요시키고 있다. 이는 개개인으로 하여금 각기의 정체성 의식을 재건하며 재-영토화하는 행동을 취하도록 자극하고 있다."[4]

사람들은, 20세기에 여기저기서 끊임없이 벌어진 국지전들과 세계대전 그리고 그로 비롯하는 세계화 또는 지구화(globalization) 바람에, 각기 소

---

3) "사람들이 현재에 머물러 있는 지상의 거처는 고대 문명으로부터 물려받은 오랜 습관의 성곽, 습관의 영토다. 그런데 그렇게 오래된 습관의 성곽, 습관의 영토 어디에도 마음을 붙이고 소속하거나 정착하지 못하는 삶을 사는 이들이, 단지 이른바 유목민에 국한돼 있는 것은 아니다. 특히 20세기 말로부터 지구 차원으로 세계화 바람이 퍼지면서, 그런 유목민 스타일은 일반화 아니 일상화되어 있다고 볼 수 있게 되었다. 모든 분야로 퍼져가는 세계화 바람은 사람들로 하여금, 그들이 현실적으로 소속한 지역과 전통에서 이탈하며 세계화의 바람을 타고 탈-영토화하도록 추동하고 있다." 『야생의 진리』 Σ4. "그대가 소속한 시간대를 돌아보라" 줄기글 2.에서 따옴.

4) Sudhir Kale & Natalina Zlatevska, "Globalization, reterritorialization, and marketing," ***The Journal of Internationalization and Localization***, Vol. 1 (2009), pp. 150-167.

속하는 태생의 영토와 문화 안에서 안주할 수 없도록 그들 각기의 거주와 정체성이 폐허의 광야로 내몰렸고, 거기서 그들로 하여금 제각기 야생에 가까운 생존 전략에 매달리게 했다. 여기 이 영토에서 지나온 저 폐허의 광야에서 x의 존재론이 꿈틀거리고 있었다. (210131)

2.

그러나, 인류는 아직 저러한 세계사적 변화와 이동에 대응하는 미래 전망으로서 '지구적 시간대'를 품은 자아 존재의 인식과 철학적 세계관에 이르지 못하였다. 이 지구적 시간대는 지질학적 시간대에 그리고 다시 영원에 다름 아닌 우주적 시간대에 합류 회귀하는 것인데, 이 모든 전개 과정을 x의 존재론에서는 다음과 같이 대표한다.

'$x \Rightarrow \neg x \Rightarrow X(\quad)$'[5]

그리고 이 운명의 합류 회귀과정에 대칭적으로, 그 이전에 등장하는 시원의 출현 출생과정에 대한 반성과 대응의 과제가 떠오른다. 이렇게 합류 회귀과정에 대칭적으로 떠오르는 출현 출생의 과정, 이를테면 빅뱅에서 비롯하는 태초의 분열과 분열 이후의 개체 생명 또는 개체 존재들이 펼쳐가는 무한에 가까운 상상과 기투의 장구한 여정은 다음과 같이 대표한다.

---

5) 『x의 존재론』 "마지막 한 마디: 개체 생명 x에 대한 미시분석과 거시분석 연습" 참고.

'$X(\ ) \Rightarrow x \Rightarrow \neg x$'[6]

(210103)

이렇게 개체 존재들이 각기 하나하나의 단위로서 참여하는 우주적 시간대 곧 끝없이 연이어지는 파란만장한 시간대들을 역대의 철학자들은 각기의 국지적 문화와 범주체계에 의지해 박제화(剝製化)하려고[7] 한 데서 역사 또는 시간의 흐름을 이탈한 허구의 자아 존재론과 우주관이 이루어졌다. 그렇게 시간의 흐름을 이탈한 존재론과 우주관 안에서, 그들이 소속한 각기의 시간대가 합류 회귀해 들어가며 영원의 시간대와 관계하는 역동적 모양에 눈을 감고 그때그때의 임시 순간에 거주하고 있다. (210131)

---

6) 『x의 존재론』 "마지막 한 마디: 개체 생명 x에 대한 미시분석과 거시분석 연습" 참고.

7) "거기에다 플라톤에서 러셀에 이르기까지 'verbalizer'들은 끊임없이 흘러가는 것들의 변화/이동과 그런 변화/이동의 순간을 품은 무한의 시간대들을, 인간이 조작한 개념과 범주체계 또는 기호에 의지해 영구히 고착화/형상화(形相化)하려는, 그래서 역시 인간의 안일한 습관일 수밖에 없는 관념적 환원주의에 잡혀 있다. 그렇게, 그들은 형상화된 그래서 박제화(剝製化)된 진리를 수천 년 동안 연마하는 사이에, 영원을 통과하며 연이어 흐르는 무한의 시간대들이 각기의 경계들을 불태우며 만들어내는 야생의 진리를 망각해 버렸다." 『야생의 진리』 Σ2. "플라톤에서 헤라클레이토스로: 박제화된 말들에서 세상의 파도 속으로"의 줄기글 9.에서 따옴.

3.

x의 존재론은 그것을 말하는 자가 통과해온 20세기라는 세계사적 시간대를 압축하는 체험 기록이다. 20세기를 통과하며 체험 관찰한 시대/시간대를 폐허의 원점, 개벽의 원점으로 파악했고 그 원점에다 x를 놓고 있다. 그렇게 저 폐허의 원점, 개벽의 원점을 통과하며 유효하게 살아남은 어떤 계통의 철학 사상도, 어떤 과거의 철학자도 있을 수 없게 된 것이다.

동아시아 여기 일본제국의 영토에서 여러 모양의 동원과 궁핍에 몰리게 했던 제2차 세계대전이 1945년에 끝나고 다시 5년이 지난 해에 시작된 한국전쟁을 겪은 폐허의 마당에서 나는 철학을 시작했는데, 당시의 강의 시간에 또는 서가에서 저 폐허의 시대에 호응하는 어떤 철학자도, 어떤 계통의 철학사상도 만날 수 없었다. 지금도 나는 동서양 역대의 철학자들이 말했던 어떤 계통의 철학이 다시 연구할 만큼 여전히 유효한 것인지 깊은 의문을 품고 있다.

그러므로 x의 존재론이 추구하는 세계관이 반드시 한국 사람들에게만 고유하게 가능한 철학일 수 없다고 생각하게 되었다. 나는 미국에서, 유럽에서, 그리고 중국에서 그들에게 '이것이 내가 말하는 나의 철학의 배경이다.'라고 내세울 만한 '세계적인' 것을 내가 소속하는 전통 가운데서 찾을 수 없었다.

그렇다고 일생을 통과하며 추적해 보았음에도 아직 미국의, 유럽의, 그리고 중국의 어떤 특정 계통의 철학이 '세계적인' 것이라고 받아들일 만한 것도 발견하지 못했다.[8] (201226)

4.

지금이 어떤 시대인가? 인류 모두가 소속하는 현재의 시간대가 언제까지 지속할 수 있을지를 점검하며 그러한 예상에 응답해야 하는 때에 이른 것이다. 한국철학계는 말할 것조차 없고, 세계의 철학계도 지금 인류가 당면한 이른바 '인류세'(the Anthropocene) 아니면 '여섯 번째의 멸종'(the sixth extinction) 가능성을 앞에 놓고, 그들의 자아 존재가 처해 있는 시대/시간대 인식은 여전히 각기의 폐쇄된 안일한 공간 안에 갇혀있다. 나는 여기서 다시금 20세기의 인류학자 클로드 레비스트로스의 계명 같은 한 마디를 끌어들일 수밖에 없다.

> "세계는 인류가 없이 시작했고 다시 인류가 없이 끝날 것이다."[9]

그래서 「전도서」를 가장 참고할 만한 철학 교과서로 내가 받아들였던 그때의 이유는 다음 두 가지에 있다. 거기에는 고대 그리스 철학이나 중국의 선진(先秦)시대 사상에서는 발견할 수 없는 역사관 곧 변화 이동

---

8) 『야생의 진리』 Σ1.의 **붙임 1.** "*x*의 계보: 그 합류와 독립의 역사" 참고.

9) Claude Levi-Strauss, ***Tristes Tropiques***, trans. J. Weightman & D. Weightman. Penguin Books, 1973, 2012. p. 413. 그리고 『야생의 진리』 Σ2.의 **붙임 1.** "클로드 레비 스트로스: 박제화된 시간의 파도" 참고.

하는 '시대/시간대'의 흐름이 새겨져 있다. 다른 하나는 그렇게 변화 이동하는 시간대를, 이른바 「구약」의 시대가 무효화하고 그러나 아직 어떤 대안의 세계관에 이르지는 못한 폐허의 원점, 개벽의 원점으로 이해하도록 이끌고 있다는 것이다.

나는 소년기로부터 여기 이 영토에서 20세기를 통과하며 맞닥뜨린 새로운 한 시대의 폐허와 개벽의 원점에다 x를 놓고 있다. 이 개벽의 원점에서는 이전 시대의 「전도서」를 포함한 어떤 사상, 어떤 철학 체계도 폐허의 무덤으로 들어간다.[10)]

사람들은 지구의 최상층을 이루고 있을 저 거대한 폐허의 무덤을 파헤치며 x의 존재론을 비교 평가하기 위한 조명탄 곧 시대/시간대를 잊어버린 시비(是非)의 과제들을 찾고 있다. 그래서 그런 시비의 과제들에 대한 설명과 답변은 오직 지금 당면해 있는 지구시대의 개벽 원점이라는 상황에 비추어서만 찾을 수밖에 없게 된 것이다. (210219)

5.

지난 시대의 무덤에서 피어오르는 과거의 잔상에 잡혀 있는 학자들은, 이를테면 어째서 x의 존재론에는 '어떻게 살아야 하는가?'에 대한 지침으로서 'x의 처세론' 'x의 윤리학' 'x의 수양론' 같은 것이 없는지를 아쉬워하며 공허감을 느끼는 듯하다. 한 일상인도 아니고 하나의 철학하

---

10) 『야생의 진리』 Σ1. "모든 이야기의 핵심에는 x가 있다" 참고.

는 이가 또 하나의 철학하는 자에게 그런 지침을 기대하며 물을 생각을 하는지 우선 그것이 궁금하다.

마찬가지로 x의 존재론은 그 순서에 따라 다시 x의 역사철학, x의 신학, x의 사회학을 끌어내는 입문의 실험을 이미 하였는데, 또다시 x의 자연학, x의 영혼론, x의 인류학, x의 외교론, x의 처세론, x의 교육학, x의 과학철학 그리고 그밖에 그들이 지목하는 어떤 특정 분야의 담론 예시를 일일이 요구한다면, 어떻게 그 남은 이야기들을 끌어내 보여주어야 하는지 그런 학습의 벽 앞에서 더할 말은 없다.

그렇게 여기 이 영토에 수천 년 뿌리를 내리고 학습하며 통치해온 이른바 학자 또는 사대부 철학자들은 그들에게 주어진 특별한 시대/시간대 그 험준했던 역사의 체험을 토대로 하는 세계관과 존재론을 개척 창조하는 일을 포기했다. 이러한 유감을 가끔 나는 이런 모양으로 표현했다.

> '세종 임금 수준의 철학자가 이후 한국사에 출현하지 않은 것은 참으로 세계 철학사의 불운이라 할 만하다.'[11]

(210222)

---

11) 『x의 존재론』 고양, 경기: 사월의책, 2017. Ⅰ. "왜 x의 존재론인가?" 줄기글 9. 참고.

6.

x의 존재론은, 차은정 박사가 이번 심포지엄 발표에서 이해하고 있듯이, 요즈음에 유행하는 학술 논문의 틀 안에서 이루어지는 것이 아니다. 나는 젊은 강사 시절로부터 질문에 질문이 끈질기게 이어지는 무한정 토론을 즐기는 쪽이었는데, 본디에 일방적으로 이루어질 수밖에 없는 평가와 비판의 조작적 전개 형식은 영 마음에 들어오지 않았다. 아마도 그래서 초기에 열심히 참여하던 이런저런 철학회 모임에서 영원히 이탈해버린 것 같다.

이 글의 출발점이 된 이번 심포지엄에서 x의 존재론을 놓고 토론이나 대화 없이 일방적으로 이루어진 논평과 평가에 대한 반응으로 나오는 나 자신의 반론과 답변 역시 영 나의 마음에 들지 않는다는 고백을 할 수밖에 없다. 내가 20세기를 통과하며 체험하고 관찰한 폐허와 개벽의 원점 거기에 떠오르는 'x의 진리' 또는 '야생의 진리'라는 것은 저러한 논평과 평가 그리고 그에 대한 나 자신의 반론과 답변에 의해 그것이 전하려는 실감이 잡히는 것이 아니다. 그래서 나는 저 폐허와 개벽의 원점에서 전해오는 x 시대의 실감을 다음과 같은 문맥 가운데서 대변하고 있다.

> "그렇게 자연 또는 우주 자체가, 더구나 그것이 통과하는 백 수십억 년의 시간대를 떠올릴 때, 그 안에 품고 있을 오래된 비밀을 직접 잡을 수 있는 것은 아니다. 그것은 영원한 블랙박스 깊은 속에 칩거하고 있으며 결코 그 온전한 정체를 직접 드러내지 않는다. 그 직접 들어가 잡을 수 없는 깊은 속의 비밀, 우리가 질문을 실험적으로 던져서 그로부터 울려

나오는 응답을 기다려야 하는 그 궁극의 원점 자체가 x이다. 그러해서, 생명과 자연을 향한 탐구와 그 접근 방법인 실험은 끝이 없이 이어지는 인간의 물음 행위이다.

그런 탐구와 실험으로써 접근하려는 궁극의 원점 x는, 우리가 [논평과 평가, 논박과 반론 같은 조작적 대응 관계에 의해] 독단 독선적으로 넘겨짚을 수 있는 눈앞의 '대상'이 아니다. 따라서 '독선 금지'는 다만 자연의 계율이 아니고 마지막으로는 절대의 계율 곧 X로부터 전해지는 명령이다."[12)]

그래서 x의 깊이로부터 울려오는 소리는 물음에서 물음으로 이어지는 대화와 토론 가운데서 들을 수 있다고 하는 것이다. 새로운 문명 개벽의 원점에 섰을 때마다 그때 원시 개조(開祖)로서 등장하는 개척자들은 그렇게 물음에서 물음으로 이어가는 대화와 탐구를 수행했던 희귀한 기록들을 역사에 남기고 있다. (210612)

---

12) 『야생의 진리』 Σ1. "모든 이야기의 핵심에는 x가 있다"의 줄기글 3.에서 따옴.

최세만 교수의 물음을 중심으로

최 교수 자신의 오랜 탐구와 깊은 사색 가운데서 이루어진 '전이해'(前理解) 곧 신비주의 관점에 의해 x의 존재론이 복잡하게 엮여서 일어난 의문과 물음들에 일일이 해명 답변하기를 시도한다면 또 하나의 신비로운 긴 여정을 거쳐 한 권의 책이 될 것이다. 이런 문제의 특수성에 비추어 볼 때 최 교수 자신의 '전이해'를 반영하는 다음과 같은 표현 자체가 x의 존재론에 전혀 어울리지 않음을 우선 예고하는 것이 한 접근법일 수 있다.

> 'X에 주도권을 넘긴 삶' 'X에 전적으로 종속되어 있는 것이므로' '상대적 타자인 다른 x들 및 절대타자인 X와 싸우다가 결국은 모든 삶에의 시도가 좌절당해 죽어야만 하는' '맹목적으로 영원히 고통 받아야 하는 인간의 운명' '이러한 운명의 그림 앞에서 암울함을 넘어 두려움의 전율을 느끼지 않을 수 없다.'[1)]

백 수십억 년 그리고 다시 수백만 년을 거쳐온 자연과 생명과 삶의 구체적 현실 전반에 관하여 풀어서 이해하려고 시도한 *x*의 존재론이 이렇게 정서적으로 편향된 인상을 전달할 수 있다는 데 놀라움을 금할 수 없다.

그러므로 그런 의문과 오해 가운데 핵심일 듯한 것들을 **물음** 1.과 2.로 발췌하고 거기서 특별히 긴급한 부분에 대한 **답변**들을 *x*–1.과 *x*–2.로 나누어 간략히 정리한다.

물음 1.

"*X*에 주도권을 넘긴 삶: 유한자로서의 *x*는 그 주재자이자 심판자인 *X*에 전적으로 종속되어 있는 것이므로, 현재의 나 또는 자아라고 하는 것은 가상의 주체로서 *x*의 아바타이자 궁극적으로는 *X*의 아바타인 것이다. 그러므로 *x*의 존재론을 받아들인다면 우리는 우리 삶의 모든 주도권('진리의 패권')이 *X*에게 있다는 것을 인정하고 받아들이지 않을 수 없다."

"나 자신의 존재 근거인 *x*는 영원한 시간의 흐름 속에서 언제 어디에 어떤 모습으로든 태어나서 그 개체성을 유지하며 살아가기 위해, 그것의 내재성을 이루는 영원한 기억 및 무한한 상상을 발휘하여 상대적 타자인 다른 *x*들 및 절대타자인 *X*와 싸우다가 결국은 모든 삶에의 시도가

---

1) **한국연구원** 심포지엄(2020. 12. 22.) 발표글 최세만 교수의 "'*x*의 존재론'과 철학적인 삶"에서 따옴.

좌절당해 죽어야만 하는 존재이다. 그러나 죽음으로 끝나는 것이 아니라 언제 어딘가에 또 다른 모습으로 태어나 똑같은 과정을 반복해야 하는 존재인 것이다. 이 와중에서도 가장 참기 힘든 것은 *x*는 왜 이런 고통을 영원히 반복해야 하는지 알 수 없는 맹목의 존재라는 점이다. 필자는 이러한 운명의 그림 앞에서 암울함을 넘어 두려움의 전율을 느끼지 않을 수 없다. … … 그럼에도 불구하고 선생은 이러한 무서운 운명의 그림 앞에서도 초연한 듯한데, 여기에서 깊은 의문이 생겨난다."

"*X*에 주도권을 넘긴 삶의 모습에 대한 논의는 그러한 삶의 대표적인 사례를 「전도서」와 『바가바드 기타』에서 찾을 때 절정에 이른다. … … 선생이 맹목적으로 영원히 고통 받아야 하는 인간의 운명에 초연할 수 있는 것은, 전도자로 하여금 회의주의나 허무주의나 염세주의에 빠지지 않도록 하는 절대 주체인 *X*에 대한 믿음을 전도자와 공유하고 있기 때문인가?"

"*x*의 존엄성?: … 그것은 선생이 제시하는 "개체의 자연보호와 독선 금지"라는 행위선택의 기준을 통해 드러난다. … … 그러면 개체가 대상이나 수단이 되어서는 안 되는 이유는 무엇인가? … … 개체가 대상이나 수단이 되기를 거부하는 불멸의 존재라는 사실이, 그것의 존엄성이 보장되어야 한다는 행위 기준을 우리가 받아들이도록 할 만한 근거가 될 수 있을까?"

"*X*의 존엄성?: … … *x*는 주재자인 *X*가 특정한 관점에서 표현된 소우주와 같은 것이므로, *x*의 아바타 또는 가면적 자기동일자에 불과한 인간 존재들이 함부로 범해서는 안 된다는 의미인가? 그러니까 X의 존엄성이 x의 존엄성의 근거이며, 또한 우리가 X에게 주도권을 넘기고 순응해야 하는 이유인가? 그러나 존엄성이란 관념 자체가 x의 존재론 속에서 근거를 가질 수 있을까? 그러나 그럴 수 없다면 x의 존재론을 받아들이는 사람들로 하여금 X에게 주도권을 넘긴 삶을 살도록 추동할 수 있는 아무런 매개도 없는 것인가?"

물음 2.

"신비 사상과 x의 존재론: 필자는 선생의 x의 존재론의 취지와 X에게 주도권을 넘긴 삶을 살아야 한다는 사상의 핵심 논지에 완전히 공감하고 동의하면서도, … … 의문은 선생이 『바가바드 기타』에 나오는 '나의 삶의 주도권은 나에게 있는 것이 아니라 신에게 있으며, 그것을 깨달은 사람은 결과에 집착하지 않고 행위한다'는 가르침에 공감을 표하는 데서 비롯된다. 이러한 『기타』의 가르침이 x의 존재론이 함축하는 삶의 지혜와 일치한다고 볼 수 있다면, x의 존재론을 경유하지 않고도 동일한 지혜에 도달할 수 있는 다른 길이 있을 수 있다는 것이며, 그렇다면 그 다른 길은 x의 존재론과 어떤 관계에 있는가 하는 의문이 생겨나는 것이다."[2]

---

2) 위의 **물음 1. 2.**는 **한국연구원** 심포지엄(2020. 12. 22.) 발표글 최세만 교수의 "'x의 존재론'과 철학적인 삶"에서 따옴.

답변 x-1.

'개체성의 보호와 독선 금지'를 말한다고 해서 그것이 개체 존재 x의 '존엄성' 또는 개체 존재가 합류 회귀해가는 그 극점인 X의 '존엄성'을 말하는 것은 아니다. '존엄성'이란 정서적 개념 자체가 x 또는 X에게는 아주 낯설다. x든 X든 그것은 이른바 '해석의 무덤'에 소속하기 때문에 어떤 인간적 감성을 가지고 접근할 수 있는 대상이 아니다.

한 철학자는 그의 존재론이나 우주론에서 최 교수가 일관되게 동원하는 그런 유의 정서적 개념이나 인간적 감성의 개입을 지극히 꺼린다. 그런 뜻에서 x의 존재론이 지향하는 가치중립의 경계는 최 교수가 신비주의에서 찾고 있는 안심 구원의 경계로부터 아주 멀리 떨어져 있다.

더 나아가 'X에 주도권을 넘긴 삶'이라는 표현 자체가 X에 대한 x의 관계를 대표하지 않을 뿐만 아니라, x라는 억차조별(億差兆別)로 유일 고유한 개체 존재들이 각기 품고 있는 것을 펼쳐가는 무한히 다양한 생존양식에도 전혀 어울리지 않는다.

한 개체 자아 x가 가상의 주체라고 해서 그리고 X의 아바타라는 제약을 지니고 태어난다고 해서 그 자아가 다만 '속이 없는' 허수아비는 아니다. x는 영원의 시간 체험을 그의 몸에 지닌 한 기억체계로서 그 자신의 무한한 상상과 기투 가능성을 '그렇게' 양도하거나 포기하는 존재가 아니다.

그 무한한 상상과 기투 가능성 자체가 'X가 x에 대해' 백 수십억 년에 걸쳐 창출하는 우주적 시간대 '$\mathcal{X}(\ ) \Rightarrow x \Rightarrow \neg x$'에서 유래하는 것이다. 그런데 최 교수는 x가 그렇게 장구한 시간을 통과하며 연출하는 생명실현의 다채로운 드라마를 그냥 덮어버린 것 같다. 이처럼 '전이해'에 따르는 해석의 빗나간 흐름으로 이루어진 의문 또는 물음에 어떻게 해명 답변을 해야 하는지 감당하기 어려운 점이 있다.

그러나 또 다른 한쪽에서 나는 이러한 의문을 제안한다. 그렇게 많은 자신의 가깝고 먼 조상님들의 연이어온 일생들을 기억에 떠올리며 깊이 추체험(nacherleben)할 때, 그리고 불멸의 지혜를 남기고 떠난 현자들이 통과해간 날들을 추적해 본다면, 무슨 자신만의 공포와 불안이, 무슨 자신만이 갖는 맹목의 허무주의가 남아 있겠는가?

그렇다면, 이렇게 생각해 보면 어떠한지? 어째서 한 아이가 세상에 태어나면, 때로는 부모가 타이르는 최선의 진로를 거부하며 자신만의 생각을 따라 그 자신의 일생을 펼쳐보겠다고 고집하겠는가? 그의 진로는 '$\mathcal{X}(\ ) \Rightarrow x \Rightarrow \neg x$'로 대표하는 영원으로부터의 기억을 따라 자신이 타고난 유일 고유한 탐구와 삶의 여정을 펼쳐가려고 한다. 그의 자아 x는 그의 출생의 시초인 빅뱅으로부터 백 수십억 년을 거쳐온 체험의 기억을 오직 자신만의 스타일로 재현하는 무한의 상상과 기투 행위 $\neg x$를 발휘하며 일생을 통과해 갈 것이다.

> "가장 참기 힘든 것은 x는 왜 이런 고통을 영원히 반복해야 하는지 알 수 없는 맹목의 존재라는 점이다. 필자는 이러한 운명의 그림 앞에서 암울함을 넘어 두려움의 전율을 느끼지 않을 수 없다."[3]

이렇게 말하는 이는 철학적 탐구와 삶을 말하기에 앞서 평상의 마음으로 자신의 탐구와 삶의 토대를 안정해야 하는 과제를 안고 있다. 어떻든 한 개체 실존 x는 '그 속이 비어 있는' 맹목의 존재일 수가 없다. 다만 암울함과 두려움에 흔들리는 그이는 그에게 주어진 우주적 시간대가 베푸는 끝없는 자아 탐구와 자아실현의 자유 곧 '$X(\quad) \Rightarrow \neg x$'를 펼쳐가기 어려운 어떤 정서적 상황에 잠시 들어가 있는 것이다.

> "X에 주도권을 넘긴 삶의 모습에 대한 논의는 그러한 삶의 대표적인 사례를 「전도서」와 『바가바드 기타』에서 찾을 때 절정에 이른다." "[그러므로] x의 존재론을 경유하지 않고도 동일한 지혜에 도달할 수 있는 다른 길이 있을 수 있다."[4]

이처럼 x의 존재론을 몰이해로 몰고 가는 독단은 전혀 뜻밖의 해석이다.[5] 「전도서」와 『바가바드 기타』는 지혜와 구원의 삶을 추구하던 옛날

---

3) 최세만 교수의 발표글 "'x의 존재론'과 철학적인 삶"에서 따옴.

4) 최세만 교수의 발표글 "'x의 존재론'과 철학적인 삶"에서 따옴.

5) **한국연구원** 심포지엄 (2021.12.22.)에서 그리고 이후에 받은 모든 물음에 대한 답변에 앞서 실은 '머리말'의 줄기글 **4.**의 「전도서」에 대한 평가를 참고.

"「전도서」를 가장 참고할 만한 철학 교과서로 내가 받아들였던 그때의 이유는 다음 두 가지에 있다. 거기에는 고대 그리스 철학이나 중국의 선진(先秦)시대 사상에서는 발견할 수 없는 역사관 곧 변화 이동하는 '시대/시간대'의 흐름이 새겨져 있다. 다른 하나는 그렇게 변화 이동하는 시간대를, 이른바 「구약」의 시대가 무효화하고 그러나 아직 어떤 대안의 세계관에 이르지는 못한 폐허의 원점, 개벽의 원점으로 이해하도록 이끌고 있다는 것이다. … … 이 개벽의 원점에서는

한 시대에서 남겨진 고서(古書)일 뿐이다. 그 고서들은 문명 이후 치열한 논쟁을 거치며 다져져 온 철학사의 대열에도 끼이지 않는 것이다.

x의 존재론은, 저 두 개의 고서들의 교훈을 따라 해탈 구원의 메시지를 찾는 그런 것이 전혀 아니다. x의 존재론은 그런 고서들을 모든 다른 전통의 고전들과 함께 김상환 교수가 그의 발표에서 말하는 '해석의 무덤' 곧 x 그리고 X의 영토로 돌려보낸 지 오래이다. (201229)

답변 x−2.

위와 같은 오해와 의문에 들어있는 추측들은 마치 x의 존재론이, 『바가바드기타』나 「전도서」 같은 고서들이 전하는 구원의 지혜 전통을 이어가려는 뜻을 가진 것처럼 착각하도록 만들고 있다.

> "x의 존재론을 경유하지 않고도 동일한 지혜에 도달할 수 있는 다른 길이 있을 수 있다."[6)]

이는 20세기를 통과해온 인류의 세계사를 학습하며 온 지구가 '인류세'라는 전대미문의 한 새로운 시간대에 들어선 21세기를 맞이해 이루어진 'x의 존재론'을 지나치게 왜곡 역행하는 해석이다.

이전 시대의 「전도서」를 포함한 어떤 사상, 어떤 철학 체계도 폐허의 무덤으로 들어간다."

6) 최세만 교수의 발표글 "'x의 존재론'과 철학적인 삶"에서 따옴.

그러나 '신과의 합일체험' 또는 '천인(天人) 합일체험' 같은 것을 근거 없는 믿음이라고 할 이유는 없다. 왜냐하면 그러한 체험은 한 개체 실존 x가 그 운명의 마지막 결정권자 X를 향해 합류 회귀하는 과정에서 이루고자 하는 간절한 구도(求道)의 한 단계 현상으로 볼 수 있기 때문이다. x가 X로 합류 회귀하는 데서 일어나는 파란만장한 탐구와 삶의 여정에서 '신과의 합일체험' 또는 '천인 합일체험' 같은 것은 한 개체 존재가 그의 고양된 단계에서 도달하는 하나의 임시경지를 가리키는 것으로 이해할 수 있다.

그러나 합일체험에 이른 그의 몸 안에서는 여전히 끊임없이 그리고 치열하게 생명의 분열과 투쟁이 벌어지고 있다. 그 합일의 경지에서도 여전히 약육강식하는 자연의 분열적 생태를 벗어날 수 있는 몸을 가진 이는 없다.

어떤 합일체험에 이르더라도 인류는 각기의 시간대에 따라 맞이해야 하는 소멸과 초월의 매 순간[7]에서 그 몸의 형태가 그대로 살아남을 가능성은 객관적으로 없다. 나는 인류학자 클로드 레비스트로스가 한 말을 항상 기억하며 기회가 닿을 때마다 끌어다 쓴다.

> "세계는 인류가 없이 시작했고 다시 인류가 없이 끝날 것이다."[8]

---

7) 『야생의 진리』 Σ5. "매 순간이 초월하는 삶: 순간의 논리" 참고.

8) Claude Levi-Strauss, ***Tristes Tropiques***, trans. J. Weightman & D. Weightman. Penguin Books, 1973, 2012. p. 413.

(201229)

이에 더하여, 철학적 탐구는 다만 종교적 구도 행위 또는 자기 구원의 실현과 달리하는 바가 있을 수밖에 없다. 철학적인 탐구의 과제가 오직 인간의 자기 구원, 자기 해탈을 추구하는 데만 몰두해서 풀리는 것은 아니기 때문이다. 그러해서 자기 구원이 시급하고 절실한 구도자에게 x의 존재론이 이해될 만한 마음의 여유는 없어 보인다.

x의 존재론에서 가리키는 시간 또는 시간대라는 것은 칸트의 선험적 감성 형식으로서 미리 주어진 시간도 아니고, 뉴턴의 시간처럼 사건 사변과 독립해 있는 순수 척도와 같은 것도 아니다. 변화와 이동을 꺼리는 플라톤의 영원으로 초월해 버린 그런 박제화(剝製化)된 시간도 아니다.[9)]

x가 품고 있는 시간은 만물이 소멸과 초월 동시에 초월과 소멸을 거듭하며 백 수십억 년을 거쳐 가는 우주와 자연의 이동 과정 그 장구한 시간대 바로 그런 흐름이다. 그래서 파르메니데스와 플라톤에서 버트런드 러셀에 이르기까지, 그리고 장자와 맹자에서 이지(李贄)에 이르기까지, 그들의 세계관에서 박제화되어 버린[10)] 자연과 생명의 파란만장한 시간대를 되살려 '체화'(體化) 또는 시각화(視覺化)해야 하는 과제가 x의 존

9) 『야생의 진리』 Σ4. "그대가 소속한 시간대를 돌아보라" 참고.

10) 『야생의 진리』 Σ2. "플라톤에서 헤라클레이토스로: 박제화된 말들에서 세상의 파도 속으로"의 줄기글 9. 참고.

재론에 주어지는 것이다. (201229)

x의 존재론이 개척하고 있는 세계관의 핵심에는 오직 x가 있다. 왜 x일 수밖에 없는가? 한 개체 실존은 그가 수행하는 모든 탐구와 삶의 끝에서 '독선 금지'라는 명령으로서의 절대 한계 x에 맞닥뜨리게 되고,[11] 그 한계 안에서 모든 가지의 변화무쌍한 사건 사변의 움직임을 비로소 자신의 관점을 삼가며 관찰 분석하는 것이 가능하다.

독선 금지라는 절대의 명령은 인위적인 규제가 아닐 뿐만 아니라, 또한 윤리적 규제이기에 앞서, x와 $\mathcal{X}$로부터 다가오는 존재론적 그리고 인식론적 명령으로서 절대의 계율이다.[12] 그 계율을 거스를 때 그가 추구하는 모든 방면의 탐구와 삶은 현실 세계를 떠난 허구의 관념에 빠져 길을 잃을 수 있다. (201230)

---

11) "그렇게 자연 또는 우주 자체가, 더구나 그것이 통과하는 백 수십억 년의 시간대를 떠올릴 때, 그 안에 품고 있을 비밀을 직접 잡을 수 있는 것은 아니다. 그것은 영원한 블랙박스 깊은 속에 칩거하고 있으며 결코 그 온전한 정체를 직접 드러내지 않는다. 그 직접 들어가 잡을 수 없는 깊은 속의 비밀, 우리가 질문을 실험적으로 던져서 그로부터 울려 나오는 응답을 기다려야 하는 그 궁극의 원점 자체가 x이다. 그러해서, 생명과 자연을 향한 탐구와 그 접근 방법인 실험은 끝이 없이 이어지는 인간의 물음 행위이다. 그런 탐구와 실험으로써 접근하려는 궁극의 원점 x는, 우리가 독선 독단적으로 넘겨짚을 수 있는 눈앞의 '대상'이 아니다." 『야생의 진리』 Σ1. "모든 이야기의 핵심에는 x가 있다"의 줄기글 3.에서 따옴.

12) "따라서 '독선 금지'는 다만 자연의 계율이 아니고 마지막으로는 절대의 계율 곧 $\mathcal{X}$로부터 전해지는 명령이다." 『야생의 진리』 Σ1. "모든 이야기의 핵심에는 x가 있다"의 줄기글 3.에서 따옴.

김상환 교수의 물음을 중심으로

김상환 교수는 내가 말하고자 하는 바를 때로는 앞서서 예상하는 상상력을 발휘한다. 그래서 그가 쓰는 문장은 가끔 내가 앞으로 가야 할 길을 암시해 주는 역할을 하기도 한다. 물론 나는 이 밖에 다른 여러 사례에서 주변의 동료나 후배로부터 학습 방면의 도움이나 보탬을 받아온 것이 사실이다. 여하튼 지금에 이르러 돌이켜 보면 내가 공부와 강의를 하며 지나는 동안에 만난 전혀 다른 두 스타일의 해석학 실천가가 있는데 그 가운데 한 인물이 해석학의 무궁한 실험가 김상환 교수이다.

"만물을 토해내고 다시 그것을 거두어 간다." 이렇게 토해내고 다시 거두어 가는 이유를 알 수 없게 하는 행사자 그의 이름은 *X*라고 김 교수는 풀이한다. 만약 *x*의 존재론이 그렇게 행사하는 *X*의 이유를 설명할 수 있다면, 그것은 더 이상 *x*의 존재론이 아닐 것이다. 그 이유를 설명할 수 있었던 철학자들은 25세기에 걸쳐 때로는 아페이론(apeiron), 로고스, 이데아, 절대 이념에 호소해서, 때로는 천제(天帝), 도(道), 무(無), 이(理)

또는 기(氣)에 호소해서 그런 일을 했다.

그런 설명체계를 나는 이전에는 제2 환원주의라고 했고 여기서는 제2 해석학 또는 '인간 해석학'이라고 이름하고 있다.[1] 이렇게 모든 전통의 설명체계를 상대화하거나 무력화(無力化)하는 (김 교수에 따르면) '탈-근거'의 전략 또는 탈출구 x를 따라가는 긴 행진을 해왔다. 그 x라는 탈출로를 따라가며 발견한 그 길을 나는 제1 환원주의라고 불렀고, 지금은 제1 해석학이라고 부른다.

제1 해석학은, 김 교수의 표현을 따르면 '해석의 무덤'이다. 제1 해석학에 이르는 그 길을 김 교수가 안내하고 있다. x의 존재론을 해석하며 심사하는 김 교수의 이야기 가운데 **물음**으로 이어지는 부분을 **1. 2.**에서 발췌하고, 거기에 덧붙이는 나의 **답변** 이야기를 x**−1. **x**−2.**에서 정리한다. (210111)

---

1) "18세기에서 19세기에 이르기까지 발전한 독일관념론 체계는 인간이 창출한 상징체계로서 자체의 독립적 실재성을 주장한다. … 그러나 근대의 자연과학자들 역시 17세기 갈릴레이 갈릴레오의 제1, 제2 성질의 구분법에 따라 저 관념론 체계를 종속 부분으로 흡수하는 자연의 설명체계를 구축했다. … 그런데, x의 존재론에 비추어서 다시 풀이하면, 저 독일관념론의 언어 체계도 그리고 또 다른 한쪽에서 근대과학이 발명한 자연의 기호체계도 다 함께 하나의 '인간 해석학'이다." **한국연구원** 심포지엄(2020. 12. 22)에서 제출한 유헌식 교수의 발표글에 대한 답변 "유헌식 교수의 물음을 중심으로"에서 따옴.

물음 1.

"X가 왜 혹은 어떻게 그런 기억의 파편들을 토해내고 다시 흡입하는지는 알 수 없는 일이다. 분명한 것은 그것이 세상 만물을 낳고 거두어 간다는 점이다. 이 점에서 그것은 서양적인 로고스나 중국적인 도(道)와 유사한 위치에 있다. 그러나 그것은 로고스의 질서뿐만 아니라 도의 질서에 대해서도 여전히 어떤 미지의 바깥을 이룬다. 이때 그 바깥은 안쪽에 있는 것들과 선순환 관계에 있는 것도, 예정조화의 관계에 있는 것도 아니다. 중요한 점은 이것이다."

"x 존재론의 중요한 특징은 인간이 만들어가는 모든 질서와 그것의 바깥을 과거와는 완전히 다른 관점에서 관련짓는다는 데 있다. …… x의 존재론이 서양적 로고스와 중국적 도론(道論)을 모두 상대화하는 힘, 나아가 지난 2500년의 인문주의 전통 일체를 상대화할 수 있는 근거도 결국 여기에 있다."

"x의 존재론은 진리의 패권을 미지의 바깥 X에게 되돌려주는 계획이다. 그러나 이는 결코 X가 인간적인 척도의 근거이자 인간적인 질서의 마지막 울타리이기 때문이 아니다. 그것은 오히려 인간적인 것을 포함하여 세상에 출현하는 모든 질서를 삼키는 어떤 심연, 탈-근거다. …… x의 존재론은 탈-근거 개념을 그 어떤 철학보다 예정조화론 바깥으로 멀리 끌고 나간 사례라 할 수 있다."

"왜냐하면, X는 x에 대하여 의미의 원천이라기보다 무의미의 원천이고,

해석의 지평이라기보다 해석의 무덤이기 때문이다. X는 x에 대하여 형태발생의 원천이라기보다 형태붕괴(소멸과 격파)의 원천이다."

물음 2.

"역사적 관점에서 주변 존재는 문화의 중심, 담론의 중심, 패권의 중심에서 가로 밀려난 존재다. 인류의 역사에서 '지정학적 주변'으로 떠밀린 인생들이 있다. …… 역사에 속하는 그 어떤 것도 중심이 될 수 없다. 만약 중심 같은 것이 있다면, 그것은 잠정적인 것에 불과하다. …… 이것은 다시 두 가지를 함축한다. 먼저 그것은 개체가 어떠한 항구적 규정성에서도 벗어난 임시 존재임을 말한다. 다른 한편 개체가 어떠한 소속 관계에서도 벗어난 무소속의 존재임을 말한다. x로서 이해된 개체는 주변 존재이고, 주변 존재는 임시 존재이자 무소속의 존재다."

"이런 주변 존재론 혹은 경계 존재론은 역사적 세계의 중심 존재(다수자)와 주변 존재(소수자)에게 서로 다른 메시지를 동시에 전한다. 서로 다른 그 두 메시지는 '겸허와 부활'이다. 역사적 중심 존재에게 던지는 겸허의 메시지, 그것은 새로운 윤리학의 출발점이다. 반면 역사적 주변 존재에게 던지는 부활의 메시지, 그것은 새로운 역사철학의 출발점이다."

"무애[無碍]란 인간이 만드는 구별이나 경계가 인위적일 뿐 실제로는 없다는 것이다. …… 박동환의 x 존재론은 예정조화론 없는 개체무애론으로 집약할 수는 없는 것일까?"[2)]

답변 x–1.

'x의 존재론' 안에서 '개체론'은, 어떤 해체이론 또는 어떤 합일이론으로도 양도할 수 없는 한 독립의 영역이다. 이는 인간을 포함하는 헤아릴 수 없이 많은 종류의 개체 생명이 참여하는 수십억 년의 험난한 탐구와 삶의 여정을 통과해서 이루어지는, 그래서 어떤 해체나 합일체험의 경지로도 수렴할 수 없는 장구한 시간대의 결과물이기 때문이다.

특히 한 인간 개체 실존은 수십억 년의 계통발생과 개체발생 과정을 통과해 실현되는 것인데, 일단 출현하고 나면 억차조별(億差兆別)의 개체성을 지니며 각기 유일 고유한 상상의 자율권을 갖는다. 그렇게 한 인간 개체 실존은 영원의 기억과 그로 비롯하는 상상과 기투 가능성을 양도할 수 없도록 타고난다. 그리고 저렇게 영원으로부터 비롯하는 기억과 상상의 장구한 실현 여정을 '$X(\ \ ) \Rightarrow x \Rightarrow \neg x$'로서 안내한다.

한 인간 개체 실존 x는 어떻게 무한에 가까운 상상과 기투 행위 가능성 $\neg x$를 지닐 수 있게 되는가? 한 개체 실존이 함축하고 있는 영원의 기억에는 빅뱅이라는 태초의 사건 '$X(\ \ ) \Rightarrow$' 이후 백 수십억 년의 변화무쌍한 사건 사변의 체험을 압축 저장하게 되고, 그것의 재현 과정으로서 무한에 가까운 상상 가능성이 주어지기 때문이다. 여기서 일어나는 무한에 가까운 상상의 가능성은, 사르트르가 말하는 '아무것도 없는 데서'

---

2) 위의 **물음 1. 2.**는 **한국연구원** 심포지엄(2020. 12. 22.) 발표글 김상환 교수의 "박동환의 'x의 존재론'과 개체성"에서 따옴.

(*ex nihilo*) 일어나는, 그래서 뿌리 없는 무한 상상의 가능성과는 전적으로 다르다. (201225)

이렇게, 개체 존재에 저장된 영원의 기억과 그로 비롯하는 무한의 상상 그리고 기투 가능성에서 연출하는 유일 고유한 개체성은, 더 이상 '붙음 살이'로서만 충족하기 어려운 단계에 도달한다. 3표로서 대표하던 '붙음 살이'는 그렇게 한구석에 묶여있는 국지적 존재로서 지닌 한계를 탈출해서 들어가는 한 보편의 세계관인 'x의 존재론'을 개척하게 되는 것이다.

21세기에 들어온 인류는 지금까지 그들이 제각기 개척해온 서로 다른 모든 계통, 모든 지역의 세계관들의 특이성과 차별화가 무력화(無力化) 될 수밖에 없는 '인류세'라는 지구적 동시에 우주적 시간대에 들어와 있다. 말하자면 지구가 온통 하나의 우주적 시간대로 엮임으로 인해 모두 함께 '인류세' 아니면 '여섯 번째 멸종' 가능성 안으로 함몰해 들어가고 있는 것이다. 이렇게 들어와 맞닥뜨린 새로운 시간대는 제각기 빠져 있는 국지적 관점 곧 인간 중심의 세계관을 가지고는 대응할 수 없는 흐름이다. 그렇게, x의 존재론은 온갖 서로 다른 계통의 사상과 관점이 무효화 하는 '폐허와 개벽의 원점' x에 이르렀음을 전해 주는 것이다.[3)]

---

3) "이미 20세기에 들어서서 말려든 일본제국의 통치권 아래에서 제2차 세계대전을 겪다가, 1945년에 해방된 지 5년 만에 다시 터진 한국전쟁으로 폐허의 장터가 되기까지, 동아시아의 여기 한 영토에서 통과한 시간대는 한 새로운 세계 전망을 여는 개벽의 원점으로 이해할 만하다. 여기서 한 세기 가까이 겪어온 시간대의 혼돈은 모든 사상과 삶의 전통이 붕괴해버린 그런 개벽의 원점을 선언하는

그러나 지금까지의 모든 전통의 철학 체계는 저러한 시대/시간대를 박제화해버린 개념과 범주체계 곧 영원의 형상, 변함없는 법칙, 가상의 절대 이념 같은 것으로 꽉 차 있다. (201226)

답변 x**−2.**

김상환 교수는 그의 발표글 마지막에 이런 물음을 남기고 있다.

> "박동환의 x 존재론은 예정조화론 없는 개체무애론(無碍論)으로 집약할 수는 없는 것일까?"

영원의 시간대에 소속하는 개체 존재 x는 빅뱅 '$\mathcal{X}$( ) ⇨'에서 비롯하는 백 수십억 년 동안 자연과 생명이 거쳐온 출현과 소멸의 여정을 기억 x에 압축 저장하고 있고, 무한에 가까운 상상과 기투의 가능성 $\neg x$가 그의 몸 안에서 움직이고 있다. 그래서 x는 몰(沒)-시간 몰-시간대의 철학자들 이를테면 질 들뢰즈가 말하는 '내재성의 평면' 위에서 실현하는 영토화/탈영토화의 관계 또는 브뤼노 라투르가 말하는 '평등한 민주체제' 곧 행위자 연결망에 합류 흡수될 수 없는 개체 독립성을 지니는 '무애'(無碍) 자유한 존재일 수 있다.[4]

데 충분한 허허벌판이다." 『야생의 진리』 Σ1. "모든 이야기의 핵심에는 x가 있다"의 줄기글 2.에서 따옴.

4) 『야생의 진리』 Σ3.의 **풀이 2.** " '인류세'라는 위기" 그리고 **풀이 3.** "시대 체험과 역사 인식" 참고.

이것은 김상환 교수의 독창적 해석에서 말하듯이 한 개체 존재에 대하여 다음 두 가지를 함축한다.

> "먼저 그것은 개체가 어떠한 항구적 규정성에서도 벗어난 임시 존재임을 말한다. 다른 한편 개체가 어떠한 소속 관계에서도 벗어난 무소속의 존재임을 말한다."[5)]

바로 이렇게 '어떤 규정성에서도 벗어난 무소속의' 무애 자유한 존재로서 움직일 때 비로소 김 교수가 말하는 '겸허와 부활'의 메시지에 호응할 수 있다.

> "역사적 중심 존재에게 던지는 겸허의 메시지, 그것은 새로운 윤리학의 출발점이다. 반면 역사적 주변 존재에게 던지는 부활의 메시지, 그것은 새로운 역사철학의 출발점이다."[6)]

그러나 무애의 장애는 없는가? x와 $\neg x$는 영원의 기억 그리고 무한의 상상과 기투 가능성이다. 이것이 x와 $\neg x$로 하여 세상의 어떤 규정성에

5) **한국연구원** 심포지엄(2020. 12. 22.) 발표글 김상환 교수의 "박동환의 'x의 존재론'과 개체성"에서 따옴.

6) **한국연구원** 심포지엄(2020. 12. 22.) 발표글 김상환 교수의 "박동환의 'x의 존재론'과 개체성"에서 따옴.

서도 벗어난 무소속의 특이성과 개체성을 발휘하도록 한다. 이것이 그로 하여 그렇게 자유 무애(無碍)하게 하면서 그러나 구애(拘礙)됨을 피할 수 없게 하는 것이다. 나는 나의 몸이 지닌 특이성과 개체성으로 인해 때로는 세상에 아니 속세에 들어가기 어려운 장애를 겪는다. 이 특이성과 개체성이라는 장애를 넘어 세상을 헤쳐 가는 쉼 없는 단련을 해야 한다. 그렇게 나는 세상의 평가에 구애받지 않는 때로는 저항하는 한 특이한 개체 존재 'ㅂㄷ' 아니 그 깊이에서는 'x'일 수 있다. 이는 원효의 기행을 감행할 만한 무애의 경계에 이르지 못했기 때문일까?[7)]

그래서 나는 '개체성의 보호와 독선 금지'를 태어난 지 1개월 된 한 갓난아이를 향해서도, 이순(耳順)을 넘어 망백(望百)에 이른 한 노년을 향해서도 삼가며 지켜야 하는 덕목으로 제안한다. 이는 x의 존재론에서, x의 처세론에서, x의 윤리학에서 명령처럼 다가오는 절대의 계율이라고 말해도, 오랜 일방통행의 지시 교육, 지시 윤리에 길들어진 속세의 훈육 교사들에게는 오히려 회의와 반감을 일으키고 있는 듯하다. (210223)

7) **한국연구원** 심포지엄(2020. 12. 22.)에서 주어진 물음들에 대해 내놓은 박동환의 답변글 가운데 "이상수 박사의 물음을 중심으로"에서 원효의 '화쟁 사상'에 관한 논의 참고.

유헌식 교수의 물음을 중심으로

독일 철학자 칸트에서 같은 계열의 철학자 헤겔에 이르기까지 이루어진 관념론의 거대한 체계가 하나의 '인간 해석학'이라는 것을, 유헌식 교수의 인간척도론을 읽는 가운데 깊이 깨달았다. 물론, 이것이 유 교수 자신이 뜻하려는 바가 아니었을지도 모른다. 그는 질문에 질문을 이어가는 소크라테스의 치밀함과 해석학적 추론으로 선명한 답변을 나에게 촉구하고 있다. 그렇게 나로 하여 자신이 이미 한 말을 이탈하지 않으면서 스스로 하나의 일반론에 이르도록 밀어가고 있다.

18세기에서 19세기에 이르기까지 발전한 독일관념론 체계는 인간이 창출한 상징체계로서 자체의 독립적 실재성을 주장한다. 이는 플라톤이 그의 '나눔과 모음'이라는 개념 분석의 방법을 따라 한 독립적 '관념 왕국'을 세운 데에 이어 또 하나의 완벽한 '관념 왕국'을 실현했음에 다름이 없는 것이다.

그러나 근대의 자연과학자들 역시 17세기 갈릴레이 갈릴레오의 제1, 제2 성질의 구분법에 따라 저 관념론 체계를 종속 부분으로 흡수하는 자연의 설명체계를 구축했다. 그렇게 한쪽에는 관념 또는 정신 영역의 체계 그리고 또 한쪽에는 자연 또는 물질 영역의 체계가 양립하는 관계가 이루어졌다. 그런데, x의 존재론에 비추어서 다시 풀이하면, 저 독일관념론의 언어 체계도 그리고 또 다른 한쪽에서 근대과학이 발명한 자연의 기호체계도 다 함께 하나의 '인간 해석학'이다.

그래서 독일관념론의 언어 체계도, 과학 전반을 관통하는 자연의 기호체계도, 인류가 '$X(\ \ ) \Rightarrow x \Rightarrow \neg x$'라는 태초의 폭발과 분열에서 비롯하는 영원의 기억 x와 무궁한 상상 $\neg x$의 창작행위에 따라 실현하는 하나의 훌륭한 인간 해석학의 체계 곧 제2 해석학이라고 할 만한 것이다.

지구의 존속기간을 포함하는 우주적 시간대에 일시적으로 참여하는 기발한 생명의 존재인 인류는 '$X(\ \ ) \Rightarrow x \Rightarrow \neg x$'라는 계통의 시간대를 따라 그의 창의력 넘치는 탐구와 삶을 펼쳐서 제2 해석학의 영역을 구축하며, 동시에 자신도 의식하지 않는 순간순간에 '$x \Rightarrow \neg x \Rightarrow X(\ \ )$'라는 자연과 우주가 회귀하는 길을 따라 제1 해석학의 영역으로 합류하고 있다.[1)] (210107)

그래서 유헌식 교수가 제기하는 물음들에 대한 답변은 대개 x의 존재론

---

1) 『x의 존재론』 "마지막 한 마디: 개체 생명 x에 대한 미시분석과 거시분석 연습" 그리고 『야생의 진리』 Σ5. "매 순간이 초월하는 삶: 순간의 논리" 참고.

곧 제1, 제2 해석학의 구축과 전개과정을 따라 풀이 가능한 것으로 보인다. 그 **물음**들을 **1.**과 **2.**로 나누어 발췌하고, 그 아래에 놓을 **답변** x**−1.**과 x**−2.**는 x의 존재론을 다시 정리하는 방법으로 대응하면 어긋남이 없을 듯하다.

물음 1.

"무엇보다 인간의 내재성은 다른 생명체의 내재성과 구별하여 설명해야 하지 않는가? … … 여기서 관건은 인간과 자연의 생존방식을 구별하는 질적으로 다른 기준이 있는가 하는 문제이다."

"정신의 활동성이 순전히 '인간적인 노고의 소산'이라는 [셸러의] 주장에 '그'는 어떻게 맞설 것인가? '… … 사유하는 의식은 고유의 기본적인 욕구와 충동에서 저만치 독립하여, 이 욕구와 충동을 말하자면 '밖에 내걸어' '간극'을 드러내는 능력이 있게 된다.' 여기서 '사이세계'의 의미가 부각되어야 한다."

"영원의 한 '분신'으로서 x와 유전 설계도의 변경자로서 x는 어떻게 양립할 수 있나?"

물음 2.

"자연과학의 법칙들은 비록 오성의 원칙들을 토대로 성립하지만, [그것들은] 현상들 곧 존재적인 것에 적용된다. 자연과학의 법칙들은 사유에서 비롯하면서도 '현실'에서 통용된다. 선험-논리적인 것이라고 해서 주관적인 허구나 가상이 아니다. … … 이러한 인간의 지적 역량을 과대평가해서도 안 되겠지만 과소평가해서도 곤란하지 않겠는가?"

"$\mathcal{X}$( )에 의해 파국을 면치 못하는 x의 분신으로서의 개체존재 '인간'의 출현이 $\mathcal{X}$의 청사진 안에 포함되어야 한다면, $\mathcal{X}$는 x를 '자기의 부정태'로서 잉태(정립)해야 하며, 출생한 x를 다시 부정하여 자기 안으로 거두어들이는 전략을 구사해야 하지 않을까? 자기의 뜻에 거역하는 자를 스스로 낳고 이를 처단하여 다시 자기 품으로 들이는 행위야말로 절대권자에 걸맞은 온당한 처사가 아닌가? 헤겔이 그렇게 했듯이!"

"포스트휴먼은 인간의 유기체적 특성이 아니라 비유기체적 특성을 기술적 또는 기계적으로 파악한 결과이다. … … 인간에게서 출현하지만 인간을 모방하지 않은 새로운 존재에 대해 x의 존재론은 어떤 설명을 내놓을까?"[2)]

답변 x-1.

x의 존재론에서는 자연과 인간, 그리고 영원의 분신으로서의 x와 그것의 발현자로서의 $\neg x$ 사이에 이분법적 단절 같은 것은 존재할 수 있는 것이 아니다. 실은 유 교수가 말하는 x의 변경자 또는 발현자는 다름 아

2) 위의 **물음 1. 2.**는 **한국연구원** 심포지엄(2020. 12. 22.) 발표글 유헌식 교수의 "'x의 존재론'에서 인간척도주의의 위상문제"에서 따옴.

닌 x 자체에서 분출하는 상상과 기투의 실행자 ¬x이다. 말하자면 인간에게 주어지는 모든 가능한 상상과 기투 행위 (이를테면 '사이관계' '사이세계' 창조) 가능성은 자연과 생명의 출현 및 발현순서 곧 'X( ) ⇨ x ⇨ ¬x'에 따라 이루어지는 것이기 때문이다.

저 태초에서 비롯하는 출현 및 발현순서 가운데에 자연과 생명의 모든 자기 변화 변신의 가능성을 포함하고 있다. 그러므로 이른바 '사이관계' '사이세계'의 창조 역시 저 출현 및 발현순서에서 기인하는 상상과 기투 행위에 의한 자기 변화, 자기 변신 가능성 가운데서 일어나는 것으로 이해한다. (210215)

"'생명의 유전 체계에는 이렇게 고착된, 말하자면 '닫혀있는' 행동 프로그램(이를테면, FAP 곧 Fixed Action Pattern)이 있고, 이와는 별도로 '열려있는' 프로그램이 있다고 분자생물학자 프랑수아 자코브는 말하고 있다.'[3] … … 그렇다면 분자생물학의 이론가 자코브가 생명 진화의 방향을 결정할 수 있는 구실을 한다고 생각하는 유전 프로그램의 열린 부분 어디에다 그의 자유가 가능한 공간을 만들어 넣을 수 있는가?"[4]

---

3) Francois Jacob, ***The logic of life: a history of heredity***, trans. B. E. Spillmann, Princeton, NJ: Princeton University Press, 1973. p. 180. 참고.

4) 『x의 존재론』 "다시 돌이켜 보니 2.: 기억과 상상 그리고 한계초월에 대하여" 고양, 경기: 사월의책, 2017, 415-416쪽.

"생명의 존재 안에 저장된 기억의 체계에는 그러니까 고착된 '닫혀있는' 행위 패턴이 있고, 이와는 별도로 '열려있는' 행위 패턴 곧 밖의 세계로부터 해방된 내면의 세계에서 대안으로 가능한 시나리오를 만들어내는 상상의 기능이 장전되어 있다. 생명의 발현 수준이 높아질수록 이렇게 열려있는 행위 패턴에 보다 넓은 선택의 폭과 자신만의 이미지 구성 곧 시나리오 창조의 능력이 주어지는 것으로 볼 수 있다. 생명의 보편적인 발현 과정 가운데서 일어나는 이 시나리오 창조의 능력이 이를테면 소수의 소설가와 발명가, 정치가와 기업가, 과학자와 철학자에게 주어지는 것이다."[5]

"유전자는 자연의 산물이며 밈(meme)은 역사의 산물이다. 유전자는 수십억 년 아니면 수백만 년 전 출현한 이후 겪으며 쌓인 기억을 저장하고 있는데, 밈은 인류의 역사 이후에 끊임없이 출현하는 다른 밈들과 경합을 벌이며 끝없이 고쳐지며 자기 변신을 거듭하는 것이다. … … 밈들도 유전자들처럼 이기적이며 자기 복제와 전파에 대한 무한한 욕망을 갖는가? 적어도 어떤 밈들은 그렇지 않다. 어떤 밈은 대화하고 경합하는 흐름 가운데서 보다 나은 밈에게 자신을 기꺼이 조준하거나 양도하거나 합류할 수 있기 때문이다."[6]

---

5) 『x의 존재론』 "다시 돌이켜 보니 2.: 기억과 상상 그리고 한계초월에 대하여" 고양, 경기: 사월의책, 2017, 418쪽.

6) 『진리의 패권은 사람에게 있는 것이 아니다』 ii. "『숙주 인간』: 존재론의 문제" 고양, 경기: 사월의책, 2019, 209쪽.

"역사의 흐름 가운데서 확인할 수 있는 사실은 모든 밈이 언제나 자기 복제, 자기 전파만을 고집하는 편협한 이기주의자는 아니라는 것이다. 그렇게 인류는 그의 깊은 내면의식 가운데서 사색을 거듭하며 만들어 내는 새로운 밈들을 떠올리며 쉼 없는 자기비판과 자기교정[이른바 '사이관계' '사이세계']을 모색하고 새로운 역사의 가능성을 열어간다. … … 밈들은 그들이 소속하는 인류의 기억과 상상 가운데서 쉼 없는 자기 검토와 자기교정을 거쳐 간다. 밈들은 자유로운 인간의 영혼이 분출해 내는 상상 또는 내면의식의 분신으로서 끊임없이 새로운 모양으로 태어나고 있다."[7)]

"문명 이후 쉼 없이 의식의 깊이를 천착해온 끝에 오늘에 이른 현대인은 모두 세상의 현실로부터 이탈 분열한 그만의 내부 공간 [곧 '사이관계' '사이세계'] 안에서 가상의 실험을 쉼 없이 한다. 정도의 차이는 있겠지만 문명 이후의 사람들은 각각 그의 깊은 내부 공간에 세상 현실로부터 분열해 숨어든 [사이관계에] 의식의 거처를, 아니면 세상 현실로부터 이탈하여 고독한 영혼의 거처[사이세계]를 마련하고 있다."[8)]

---

7) 『진리의 패권은 사람에게 있는 것이 아니다』 ii. "『숙주 인간』: 존재론의 문제" 고양, 경기: 사월의책, 2019, 210-211쪽.

8) 『진리의 패권은 사람에게 있는 것이 아니다』 iv. "『세포의 반란』: 사회학의 문제" 고양, 경기: 사월의책, 2019, 234-235쪽.

답변 x−2.

유 교수가 말하는 '오성의 원칙', '사유에서 비롯하는 것' 그리고 '선험적-논리적인 것'은 20세기 후반 이후의 현대 과학철학에서 이루어진 분석에 따르면, 모두 주관적이거나 허구적일 수 있는 것이다. 왜냐하면 그것들은 대부분이 아직 실험적 검증을 통과하지 않은 가상의 것들이기 때문이다. 오늘날 자연과학에서 말하는 자연의 법칙이라는 것은 순수 논리적 수학적인—곧 선험적 사유에서 비롯하는—형식과 그에 대응하는 실험적 검증이 함께 함으로써 비로소 하나의 검토할 만한 가설의 단계로 편입하게 되는 것이다.

빅뱅 이후 무한에 가까운 시간대에 소속하는 한 단위 분신으로서 변화무쌍한 능력 곧 기억과 상상의 발현 가능성을 응축하고 있는 한 개체 존재 인간은, 당연히 '인간 그 자신을 모방하지 않은 것'을 창안할 수 있는 능력을 지니고 있다. 인간 그는 그 자신을 닮지 않은 로봇, AI 바둑 기사, 그 자신의 생명을 멸종시킬 수 있는 지구 환경 이른바 '인류세'(the Anthropocene)를 만들어낼 수도 있다. 이는 모두 '$X(\quad) \Rightarrow x \Rightarrow \neg x$'로 대표하는 개체 생명의 출현 배경에 대한 미시분석이 알려주는 온갖 상상과 기투 행위의 가능 범위에 포함되어 있다. (210215)

"혹시 상상과 감상은 허구를 바탕으로 이루어지는 것인가? 그것들은 소설(fiction)에 다름이 아닌가? 소설은, 아리스토텔레스가 『시학』에서 말한 것처럼, '있음 직한 불가능'(probable impossibilities)으로서 이루어지는 것이라고 사람들이 인정한다. '불가능'함에도 어떻게 '있음 직한' 것일 수 있는가? 있음 직한 것이 있음 직한 것은 그것이 각자가 그의 안에 이미 저장하고 있는 타고난 '영원의 기억'의 부분이기 때문이다.

영원의 기억에 의존하는 있음 직한 것들 가운데에는 지금의 현실에서 실현 불가능한 반(反)-사실적인(counter-factual) 것도 있고, 아니면 사실적인 것도 있다. 그리고 다시 그것들 가운데에는 현재에서 검증 불가능한(non-confirmable) 것도 있고, 아니면 검증 가능한 것도 있다. 현재에서 검증 불가능한 것과 검증 가능한 것, 현실에서 반(反)-사실적인 것과 사실적인 것을 포함하는 모든 '있음 직한' 것들을 영원의 기억 가운데서 상상하는 것이다. 그러므로 과학의 이론을 제시하고 그것을 검증하는 데서도 상상의 행위는 필수의 선행 조건이다.

[이를테면] 카를 포퍼는 한 과학 이론의 발상과 검증의 과정을 '추측과 반박'(conjecture & refutation)의 단계로 설명하였다. 그런데 그렇게 한 과학의 이론 또는 가설이 추측의 행위에 의해 제시되는 것이라면, 그 이론 또는 가설의 추측은 상상의 행위에 다름 아니며, 그리고 다시 그것을 검증하기 위한 반박 가능성 역시 여전히 검증을 기다리는 또 하나의 선행하는 가상 계획 곧 상상에 따라 실험을 하게 되는 것이다."[9)]

"스티븐 호킹을 비롯한 수학자, 물리학자, 인공지능이론가들은 인공지능의 발달이 가져올 결과에 대해 그리 낙관적인 전망을 하지 않는다. 그들은 인공지능이 미래에 인간이 감당할 수 없을 만큼 위협적인 결과를

9) 『x의 존재론』 III. "일란성 두 사람과 바다와 나무" 130-131쪽.

인류의 문명과 인류 전체에 가져올 수 있다는 견해를 조심스럽게 내놓고 있다. 인류의 상상에 의한 대응 가능성에는 한계가 있기 때문이다. 말하자면 그러한 대응 가능성을 모색하는 장으로서 인간의 상상 영역에 떠올릴 수 있는 경우의 수에 비해, 인공지능 AI가 연산할 수 있는 경우의 수는 '물리적으로' 비교할 수 없이 무한하다. 미래에 다가오는 어떤 격파의 위기에 대응하는 능력에 있어 도저히 인간과 생명 일반은 절대적으로 제한되어 있다고 보는 것이다. 그리고 물리적으로 제한 없는 AI의 연산능력 가운데에는 인류의 안전한 미래를 보장할 만한 장치를 기대할 수 있는 어떤 근거도 없다."[10]

"구글 알파고 AI에 대한 이세돌 9단의 4 대 1이라는 패배는 기술이 인간에 대해 승리를 구가해온 일련의 과정 가운데 가장 최근 벌어진 일에 지나지 않는다. … … AI는 전체 공간에 걸쳐 인간이 생각할 수 없는 방식으로 가능한 행마(行馬)와 전략들을 탐색한다. … … 기계는 인간의 경험이나 기대에 묶여있지 않다. AI가 전혀 예상치 못한 행동을 하는 것을 보기 전에는 우리들의 가능한 수들을 고려함에서 넘을 수 없도록 제한된 시야를 지니고 있다는 것을 깨닫지조차 못한다. AI는 인간 상상력의 한계를 어렵지 않게 넘어선다."[11]

---

10) 『*x*의 존재론』 "마지막 한 마디: 개체 생명 x에 대한 미시분석과 거시분석 연습," 고양, 경기: 사월의책, 2017. 449쪽.

11) 『*x*의 존재론』 "마지막 한 마디: 개체 생명 *x*에 대한 미시분석과 거시분석 연습," 고양, 경기: 사월의책, 2017) 450쪽. 그 원고는 아래 일간지에서 따옴. Jonathan Tapsen, "Google's historic win over Go world champion proves AI can be 'unpredictable and immoral' leading expert warns," ***Daily Mail***, (Mar. 23rd 2016).

"상상에서 일어나는 파격의 행위는 지금은 일일이 기억할 수 없는 과거에 겪은 격파 '*X*( ) ⇨'의 경험에 대응하는 예행연습이다. 상상의 파격 행위가 영원의 기억에 저장된 격파의 경험에 말미암은 것이라면, 삶에서 반복하는 일생의 회귀 순서 '*x* ⇨ ¬*x* ⇨ *X*( )'는, 실은 격파의 경험 '*X*( ) ⇨' 영원의 기억 '*x* ⇨' 상상의 파격 ¬*x*라는 태초의 순서에서 비롯하는 것으로 볼 수 있다. 태초의 순서는 영원의 한 단위 기억체계 곧 개체 생명 *x*의 내재성 구축 과정에 대한 미시분석에서 소급 추정된 격파의 경험으로부터 시작하는 것이다. 그리고 태초의 순서는 만물을 일으키는 빅뱅 이전에 빅 크런치(big crunch)라는 격파의 사건을 소급 추정하는 시원 분석에 일치한다."[12]

---

http://www.dailymail.co.uk/sciencetech/article-3499288/Google-s- historic-win-world-champion-proves-AI-unpredictableimmoral-leading-expert-warns.html

12) 『*x*의 존재론』 "마지막 한 마디: 개체 생명 *x*에 대한 미시분석과 거시분석 연습," 고양, 경기: 사월의책, 2017. 445-446쪽.

박소정 교수의 물음을 중심으로

1.

20세기에 두 차례의 세계대전을 치르면서 지구는 하나의 정치경제 및 군사작전권으로 묶이게 되었고, 이는 다시 세계화(globalization)라는 바람을 일으켜 이제는 세상의 누구도 자신이 소속하는 지역의 관습과 사상에만 안주할 수 없도록 만들었다. 그리고 세계의 곳곳을 돌아보며 관찰한 민속학자 인류학자들은 서로 다른 모든 관습과 사상체계는 어떤 것도 보편타당성을 갖춘 것이라기보다는 각기 그가 소속한 영토에 국한해서 유효한 지역학의 대상이라는 생각을 이른바 '존재론적 전회'라는 슬로건으로 대변하고 있다.[1)]

그렇게, 이를테면 프랑스철학이든 독일철학이든 영국철학이든 인도철

---

1) 『야생의 진리』 Σ1.의 **붙임 1.** "x의 계보: 그 합류와 독립의 역사" 참고.

학이든 중국철학이든 그리고 한국철학이든 모두 각기의 소속하는 영토에 국한해서 유효하고 고유한 지역학으로 들어앉게 된 것이다.

문명 이후 수천 년 동안 개척해온 온갖 서로 다른 전통과 사상의 보편타당성이 무력화(無力化)하는 시대 곧 폐허와 개벽의 원점 x에 이르렀음을 깨달은 이 시점에서, x의 존재론이 추구하는 세계관은 한국 사람들에게만 고유하게 가능한 철학일 수가 없게 된 것이다.

그래서 서구철학의 전통과 중국철학의 전통을 상대화 그리고 지역화한 다음 나머지 영토에서 모색하던 제3의 철학 또는 이른바 '3표 철학'은, 박소정 교수가 충심을 다하여 모색하는 '한국철학'과 함께 또 하나의 지역학으로 편입해 들어가는 것이다.

실로 그 동안 미국에서, 유럽에서 그리고 중국에서 그들에게 '이것이 내가 말하는 나의 철학의 배경이다.'라고 내세울 만한 '세계적인' 것을 내가 소속하는 우리의 사상전통 곧 '한국철학사' 가운데서 찾을 수가 없었다.

그렇다고, 일생을 통과하며 추적해 보았음에도 아직 미국의, 유럽의, 인도의 그리고 중국의 어떤 특정 계통의 철학이 오늘날 '세계적인' 것이라고 할 만한 것도 별로 발견하지 못했다. (201226)

2.

그러함에도 x의 존재론이 그가 의식하지 못하는 깊은 바닥에 국지적 동기와 이유를 지니고 있을 수 있다. 그러므로 아마도 불가피하게 한국 사람만이 지닐 수밖에 없는 그의 고유한 특수성 또는 개체성을 표현하는 '한국철학'을, 그리고 다시 그 바닥에서 움직이는 '한국 말본'의 특수성을 발견하기 위해 돌이켜 볼 필요가 있다. (210115)

그래서 『x의 존재론』의 한 마디 "『기본동물학』과 「전도서」와 한국 말본" 가운데서 한국말의 특수성에 관한 오랜 관찰을 정리한 적이 있다.

> "한국말에서는 어떤 발상이 지배하기에 [그것에 고유한] 실재 탐구 또는 존재 탐구의 철학사가 이루어지기 어려웠던 것일까? … 한국말에서는 이른바 주어 또는 임자말이라는 것을 생략하는 문장 구조가 [지금까지도] 허용되고 있다.
>
> 따라서 임자말 자리에 아무것도 놓지 않고 그 자리에 있다고 상정하는 그것에, 어떤 이름이나 정체성을 매길지 결정할 수 없는 상태를 미지의 x로 기억하며, 그것이 보여줄 것들을 시간의 흐름 가운데서 기다리는 태도가 한국말의 문장관을 지배한다고 볼 수 있다. 미결의 상태에서 숨을 죽이고 있는 미지의 x가 보여줄 움직임을 그렇게 기다리고 있기 때문에, x에 관한 판단을 마무리할 술어 곧 풀이말의 마디들을, x가 보여줄 모양에 맞춰 굴절시키려고 맨 뒤에 놓는 전략을 택하는 게 아닐까? 라고 생각할 수 있다.
>
> 그리고 마지막 판단이 마무리되어도 여전히 현재의 사태와 상황의 핵심은 어둠 속에 잠긴 영원의 기억 x 또는 초월하는 X로 남아서 다시 무언

가 낯선 얼굴을 내밀 가능성을 [지금도] 유보하고 있는 것이다."[2)]

그리고 다시 저러한 한국 말본의 특수성에 다음과 같은 자기 배반적 결론을 추가할 수도 있다.

> "모든 일의 마지막 국면에서 상위의 결정권을 대표하는 X는 의인화된 허구의 존재가 아니고, 우리 모두의 운명이 걸려 있는 최상의 위계를, 그리고 누구에게는 하루하루의 생계가 걸려 있는 존망(存亡)의 위기에 맞닥뜨린 국면을 가리키고 있다. 자기의 운명과 존망이 걸려 있는 위기의 국면을 오로지 자신의 자의에 따라 해결할 수 있는 인간, 아니 그런 생명은 없다. 그래서 '진리의 패권은 사람에게 있는 것이 아니다.'라고 말하는 것이다."[3)]

그런데, 저러한 한국 말본에 배어있는 특수성은 실은 한국적인 국지성을 초월하는 보편의 척도로서 'x의 X에 대한 합류 회귀 관계'를 가리키고 있다. 말하자면, x의 존재론을 잉태하고 있는 저러한 한국 말본의 특수성은 다만 국지적인 체계로서의 한국철학의 범위를 넘어서고 있는 것이다. 그렇게 x의 존재론이 지역학으로서의 한계를 넘어 지상의 만물이 합류 회귀하는 이른바 해석의 무덤으로 향하고 있음을 본다. (210104)

---

2) 『x의 존재론』 고양, 경기: 사월의책, 2017, 85쪽. 일부 표현 고침.

3) 『야생의 진리』 Σ3. "초월은 운명이다" **풀이 1.** "진리의 패권이란?" '답변에 앞서 3.'에서 따옴.

3.

이제는 한국철학이라고 이름하는 세계관 그리고 중국철학이니 서양철학이니 하는 분야의 담론들은, 민속학자 인류학자들이 연구할 만한 지역학의 각론 분야로 이해하고 접근해야 할 시대에 이르렀다. 그렇게, 지역학의 각론 분야로서 접근하는 각 지역의 특수한 철학 및 사상체계들은 현대 인류학자들이 말하는 '존재론적 전회'로부터 그 필연성이 다가오는 데에 따르는 것이다. 왜냐하면, 한국철학이든 독일철학이든 프랑스철학이든 영국철학이든 중국철학이든 그것들은 모두 각기 소속하는 지역의 사람들이 그들끼리 공유하는 다른 '세계들'(worlds)을 배경으로 하는 것이며, 그 다른 세계들에 소속하는 이들이 자기들끼리 공유하는 다른 '세계관들'(world-views)이기 때문이다.[4] 그렇게 될 수밖에 없는 시대의 전환점에 대해 '존재론적 전회'를 설명하는 한 인류학자는 이렇게 제안하고 있다.

> "[존재론적 전회를 주장하는 이들에 따르면] 문화상대주의자들은 충분히 상대주의적이지 않다. 그들은 세계를 바라보는 관점들이 상대적으로 복수화된다고 보는데, 세계 자체는 보편적인 것이라고 본다. 따라서

---

4) "그러므로 이제는 한국철학이든 독일철학이든 프랑스철학이든 영국철학이든 중국철학이든 그리고 '붙음 살이'로 대표하던 제3표의 철학이든 그것들은 모두 각기 소속하는 영토의 사람들이 자기들끼리 공유하는 다른 '세계들'(worlds)을 그리고 자기들끼리 공유하는 다른 '세계관들'(world-views)을 대변하는 것으로 이해하게 되는 것이다. … … 그들의 철학은 그들의 고유한 지역학이며 그렇게 그들이 소속하는 세계를 묘사하고 있는 것이다." 『야생의 진리』 Σ1.의 **붙임 1.** "x의 계보: 그 합류와 독립의 역사" 줄기글 3.에서 따옴.

인식론(인식의 형식)은 가변적이어서 여러 가지가 있을 수 있지만, 오직 하나의 존재론(존재의 형식)이 있을 수 있다. 말하자면, 여러 가지의 세계관들이 있고 오직 하나의 세계가 있다. [그러나] 존재론적 전회에서 제안하는 것은, 여러 개의 세계들(worlds)이 있고 또한 여러 개의 세계관들(world-views)이 있다는 것이다."[5]

(210116)

4.

나는 1990년에 "호모에렉투스의 돌도끼에 얽힌 이야기"를 발표한 이후, 같은 주제를 변형시키는 가운데 "고생태학으로 함몰하는 철학사"(2001)라는 제목으로 『안티호모에렉투스』에 정리하기까지, 20세기 끝에 이른 동서양의 철학사가 함께 공유하고 있는 인식론과 세계관의 한계가 어떤 전환점을 맞이하고 있는지를 이야기해 왔다. 이는 인류가 문명 발전의 주도권을 잡고 행사하고 있는 듯이 생각하는 세계관이 이제 넘을 수 없는 한계에 부딪히고 있다는 반성을 고백하는 것이다.

이 같은 한계 인식은 오늘날 인류문명 발전 단계에서 표출되고 있는 위기의식 가운데서도 확인할 수 있다. 이를테면, 그런 위기의식을 집약하며 대표하는 사례 가운데는 "자연의 종말의 종말: '인류세'(the Anthropocene)

---

5) Paolo Heywood, "The Ontological Turn," The Cambridge Encyclopedia of Anthropology. (2017) (eds) F. Stein, S. Lazar, M. Candea, H. Diemberger, J. Robbins, A. Sanchez & R. Stasch. https://www.anthroencyclopedia.com/entry/ontological-turn

와 인간의 운명"(2012)[6] 그리고 인류를 포함하는 생명의 멸종 가능성을 예고하는 『여섯 번째의 멸종』(2014)[7] 같은 연구들이 있다.

이는 모두 이제부터 인류의 미래를 생각하는 세계관은, 문명 이후의 무분별한 각자 발전과 무한개척의 이념을 포함하는 국지성 철학의 전통이 맞닥뜨리고 있는 비전의 한계점에 대해 대안을 제시해야 하는 때에 이르렀음을 알려주는 것이다. 말하자면, 철학사의 전통을 포함하는 지금까지의 세계관 일체가 모두 지체 단계에 갇혀 무력화(無力化)하는 폐허의 종점에서 또 하나의 개벽의 원점 *x*를 찾아야 하는 시대 또는 시간대에 들어와 있음을 인식하게 된 것이다.[8] (201227)

아래에서는 박소정 교수가 내놓은 긴 논변의 흐름을 일일이 가로막고 대답하기 어려우므로 그 가운데 긴급한 **물음**을 1.과 2.로 발췌하고 그에 대한 **답변**을 *x*-1.과 *x*-2.로 하려고 한다. 물론, 그 답변은 앞에 내놓은 머리말을 토대로 하고 있다.

---

6) Bronislaw Szerszynski, "The End of the End of Nature: The Anthropocene and the Fate of the Human," ***Oxford Literary Review***, Vol. 34, No. 2 (2012). 그리고 『야생의 진리』 Σ6. "불타는 자아의 경계 위에서" 이야기 11. 참고.

7) Elizabeth Kolbert, ***The Sixth Extinction: An Unnatural History***. New York: Henry Holt & Co., 2014. 참고

8) 『야생의 진리』 "머리말 1." "머리말 2." 참고.

물음 1.

"한어(漢語)의 어법에서 그리고 중국철학사에 남겨진 문헌들의 분석을 통해 "반구의 논리"를 추출해낼 수 있는 것은 사실이나, 중국 철인들이 '반구', 즉 타자에게서 자기에게 요구된 것을 찾고 **자기 내면의 소리에 귀 기울여** 타자에게 응답하는 형태의 열린 논리를 구사하는 것은 자기와 타자 사이의 관계를 조절하여 집체를 실현하기 위해서가 아니라, 서구의 "정체쟁의" 혹은 증명의 논리로는 포섭되지 않는 실감을 포착하기 위해서일 것 같다. 이것이 맹자와 맹자를 공자의 계승자로 생각하는 유가 사상가들이 "타인의 아픔에 공명하느냐"(惻隱之心)"에 그토록 매달렸던 이유일 것이다. '친친'(親親)이라는, 논리적으로는 도무지 공공성(公共性)에 귀결되기 어려울 것 같은 정감적 요청을 끝끝내 포기하지 않고 고수하는 유교 사상가들의 결연한 선택과 같은 것이 자타 관계에서 자타의 성분을 조절하여 전체 구조에 기여하는 논리구조로 설명될 수 있는 문제일까? 오히려 자타 관계를 통한 실감의 확대와 이를 통한 자기 변화가 유교 사상가들을 추동했던 핵심적인 원리가 아닐까?"

"이를 … 중국철학의 용어로 달리 말하자면 수양론에 대한 고려가 없다고 할 수 있다. 수양론은 개체와 전체 사이 혹은 현실과 이상 사이를 논리적으로 해명하는 대신에 주체의 실감에 근거한 실제적 변화를 요구하여 이 둘 사이를 일치시키려는 데에서 생겨난다."

물음 2.

"ㅂㄷ의 3표론은 '한국(인과 한국어)'을 변화하지 않는 원주민으로 잡는다. 3표론은 "철학의 동쪽에 거주하는 원주민의 존재를, 그들의 엄연한 권리를 천명"한다는 점에서 현재 패권을 휘두르는 1표와 2표가 아닌 제3의 길을 모색할 수 있는 출구를 열었다. 그러나 2표를 검토하면서 개체의 실감과 수양론의 문제를 배제하고 통과한 3표론은 철학사를 아직 가지지 않은 이들에게 원시로 소급하는 것 외의 철학을 허용하지 않는다."

"한반도에 들어온 철학들이 모두 완성형으로 들어와 우리 사유를 지배하고, 한반도에 살았던 사람들은 아무런 분투 없이 텅 빈 채로 있고, 각각의 철학들이 그저 스쳐지나간 것이 아닐 터인데, 이러한 철학들이 한반도에 들어왔을 때 일어난 변용들을 살펴서 어떠한 연속성이 발견되는지를 찾는 대신, 『안티』에서 붙음살이로 규정되었던 '3표'는 몸을 잃어버리고 'X의 존재론'으로 갑작스럽게 도약한다. 3표 철학의 결론으로 제시된 'X의 존재론'에서 x와 X의 관계는 개체적 삶의 실제 내용이 비어 있다는 점에서 흡사 혜시의 소일(小一)과 대일(大一)의 관계와도 같다. 개체생명이 참여하여 동시에 만들어가는 행위의 궤적을 통한 생생한 경험에서 관심을 거두고 인간 경계의 밖이라는 추상적인 영역에서 보편을 논한다는 점에서 그렇다."

"한반도에서 이어져온 사유의 모험의 구체를 들여다보기보다는 한국어에 나타나는 특징을 우랄알타이어의 공통적인 특성으로 환원하여 거기에서 보편을 찾아내려는 것은, 아마도 그동안 한국철학사를 서술해온 사람들이 저지르는 잘못을 그대로 받아들여 한국철학의 전개를 다음과 같이 평면적으로 이해하기 때문일 것이다."[9]

답변 x−1.

나는 1993년에서 1994년까지 1년 동안 중국의 베이징대학에 머무르며 고대한어(古代漢語)와 선진(先秦)시대 문화를 공부했는데 그것이 처음에 뜻했던 바는 주로 그들이 1949년 새로운 공화국 수립 이후 그들 자신의 고대철학사를 어떤 관점으로 어떻게 다시 해석하는지 알려는 데 목표가 있었다. 말하자면, 한국에서 이루어진 전통 한국철학사와 함께 중국철학사 전통에 대한 복원 복고주의적 연구 너머에 어떤 전향적(轉向的) 연구 방침을 모색하는 흐름이 있는지 확인하려는 것이었다.

이는 더 나아가 서유럽에서는 25세기에 걸친 그들의 고대로부터 전개되어온 철학사를 온통 뒤집어엎으며 새로운 역사를 내다보려는 흐름이 이루어지고 있는 데에 반(反)하여, 동아시아에서는 온통 수세적으로 몰려서 복원 복고주의로 나가고 있는 데에 대해 느끼는 극심한 회의감 또는 자멸감에서 일어난 반응이었다.

그러해서 오늘 21세기에 이르러 내가 고대 중국의 한 철학자 공자의 '반구 방법'에 관심을 기울였던 이유가 그들의 선진시대에서 친친(親親)의

9) 위의 **물음 1. 2.**는 **한국연구원** 심포지엄 (2020. 12. 22.) 발표글 박소정 교수의 "한국철학과 ㅂㄷ철학"에서 따옴.

정감을 바탕으로 하는 그들의 수양론(修養論)을 복구 복원하려는 데 있다고 말할 수가 도저히 없다. 누가 그 '반구 방법'의 연구가 오늘에 이르러 단지 친친(親親)의 정감을 바탕으로 하는 수양론을 복구 복원하는 일에 종사해야 한다고 말할 수 있겠는가?[10] (210226)

답변 x**–2.**

그러므로 3표론을 말하는 『안티호모에렉투스』와 그 이후 다시 전개된 x의 역사철학, x의 사회학, x의 신학을 포함하는 『x의 존재론』은 전혀 한국철학사를 재발견하는 일에 종사하고 있는 것이 아니다.

그리고 물론 『안티호모에렉투스』의 결론에 따라 『x의 존재론』이 이루어지는 것도 아니다. 오히려 이렇게 말해야 한다. 『x의 존재론』에서 분명해지는 것은 '3표론'에서 거론되는 한 가능한 특정의 철학과 함께 중국철학, 한국철학, 독일철학, 프랑스철학, 영국철학 그리고 그 밖의 모든 전통의 철학들이 다만 각기의 영토에 소속하는 사람들끼리 공유하는 그들만의 지역학으로 이해할 수밖에 없게 된 것이다.[11]

---

10) 『안티호모에렉투스』 II. 의 4. "古代漢語와 原始反求: 철학사 비판 1."에서 그리고 "김동규 박사의 질문을 중심으로"에서 말하는 수십억 년을 통과하며 연마해온 자연의 반구 행위 곧 타고난 천심으로서의 공감 능력(mirror neuron)에 이르기까지, 온갖 생명과 자연의 삶과 탐구 방법으로 발전하는 '반구 방법'의 무한한 가능성을 외면하고, 그것을 단지 고대 중국인들의 친친(親親) 사상 또는 그들 특유의 수양론에 묶어놓을 우주적 근거와 이유가 없다는 것이다. 그리고 『야생의 진리』 Σ1. "모든 이야기의 핵심에는 x가 있다" 줄기글 **3. 4.** 참고.

그래서 한국 사람들이 만들어내는 그들 고유의 삶과 철학 그리고 그 밖에 모든 영토에 소속하는 사람들의 지역학으로서 각기의 고유한 삶과 철학은 모두 다음과 같은 순서에 따라 펼쳐지고 있는 것이다.

'$X(\ ) \Rightarrow x \Rightarrow \neg x$'

그리고 그런 지역학으로서 모든 전통의 철학 체계들은 예외 없이 소멸과 초월이라는 매 순간의 단계를 거쳐 이른바 '해석의 무덤'으로 합류해서 영원한 시간대로 회귀하는 것이다.

'$x \Rightarrow \neg x \Rightarrow X(\ )$'[12)]

(210226)

11) 『야생의 진리』 Σ1.의 **붙임 1.** "x의 계보: 그 합류와 독립의 역사" 참고.

12) 『x의 존재론』 "마지막 한 마디: 개체 생명 x에 대한 미시분석과 거시분석 연습" 참고.

차은정 박사의 물음을 중심으로

내가 인류학에 처음으로 입문한 것은 철학과 학부 시절 에밀 뒤르켐과 뤼시앵 레비브륄 유의 지식사회학에 관하여 정석해 교수께서 간간이 풀어놓았던 압축적 설명과 코멘트에서 가능하게 된 일이었다. 그 이후 인류학이 나를 떠나지 않은 이유를 돌이켜 보면, 그것이 내가 공부하는 철학에 대해 좁힐 수 없는 거리감을 설명해 주기 때문이었던 것 같다.

그때 철학사에 등장하는 어떤 철학자를 공부해도 그를 전공해볼 만큼 영 마음에 들어오는 바를 찾을 수 없었다. 그들의 어떤 철학도 내가 20세기 여기 이 영토에서 겪은 폐허와 야생의 체험을 소화해줄 수 없었기 때문일 것이다. 다시 말해서 인류학자가 관찰하고 체험하는 세계 각처의 문화와 풍속이 모두 어떤 특정 지역에 국한된 현상으로 이해되는 것처럼, 어떤 철학자의 세계관이나 철학도 다만 그가 소속하는 시대와 지역에 뿌리를 두고 있는 것일 뿐이라는 생각을 떨쳐버릴 수 없었던 것이다.

나는 만 아홉 살 되던 해에 제2차 세계대전이 끝나고 미군이 사용하던 한국 지도와 세계 지도를 입수할 수 있었는데, 그때 여기저기에 박혀 있는 큰 도시들의 이름을 발견하는 것은 한없는 즐거움이었다. 지금 돌이켜 보면 이 지도 보기에서 비롯하는 나의 생각은 세계 여러 나라 사람들이 내놓은 이런저런 철학 사상이라는 것도 그 나라에 소속하는 그들의 특수한 산물이며 세계 해석이라는 것이다.

그래서 오늘날 인류학자들이 말하는 '존재론적 전회' 곧 모든 문화와 철학의 지역화(localization)를 전적으로 받아들이게 된 것 같다. 동서철학사에 등장하는 모든 전통의 철학들은 세계 지도 위의 여기저기에 정착해 사는 사람들에게 제각기 고유한 지역학의 대상이 되어 버린 것이다.[1]

그런데 21세기에 이르러 비로소 그 진가를 증명하고 있는 저 존재론적 전회를 나에게 전해 준 인류학자는 차은정 교수이다. 차 교수는 그런 새로운 인류학적 해석의 시야를 반영하는 연구로 『숲은 생각한다』(2013, 2018) 그리고 『부분적인 연결들』(2004, 2019)을 번역 소개하면서 존재론적 전회의 필연성을 논의하고 있었다. 그는 이번 **한국연구원** 심포지엄에서 저러한 인류학의 새로운 세계 해석에 대해 x의 존재론은 어떻게 대응할 수 있는가 하는 과제를 풀이하고 있다. 그 과제의 풀이 가운데서 발췌한 **물음** 1. 2. 3.에 대한 답변 x−1. x−2. x−3.을 아래에 정리한다. (210308)

---

1) 『야생의 진리』 Σ1.의 **붙임** 1. "x의 계보: 그 합류와 독립의 역사" 참고.

물음 1.

“막상 『x의 존재론』을 현대 인류학과 교차 대조하는 작업에 돌입하고 보니 이 작업이 만만치 않음을 깨달았다. 우선 『x의 존재론』을 포함하여 박동환의 저서에서 나타나는 글쓰기 방식이 근대 학문의 주요 장르인 논문의 형식과는 거리가 멀어 보였다. 얼핏 보면, 자기 고백으로 시작해서 시처럼 세상을 읊조리다가 선문답으로 끝을 맺는다. 무엇보다도 이 책의 저자가 ‘무명의 x’로 남고자 하듯이, ‘x의 존재론’은 이론의 이름이기를 거부한다. 보통 이론에는 ‘명패’가 있다. 예를 들어 레비스트로스의 친족과 신화 이론은 ‘구조주의’라는 명패를 달고 있다. 구조주의라는 명패를 따라 이론의 장에 들어서서 레비스트로스 연구의 시대적·연구사적 맥락을 파악하고 방법론을 분석한 다음에 지금 우리 사회의 인류학적 현상에 그것을 적용해서 설명하는 것이 이론에 대한 통상적인 접근법이다. 이에 반해 ‘x의 존재론’은 특정 이론의 명패가 아니므로 이러한 접근법을 허용하지 않는다.”

물음 2.

“그런데 레비스트로스는 이 인간이 사라질 것이며 사라지고 있다고 단언한다. … … 레비스트로스가 “세계는 인간 없이 시작되었고 또 인간 없이 끝날 것”이며 인간의 “헛된 노력은 하나의 보편적인 몰락과정을 저지하는 방향으로 진행될 것”이므로 인간의 “해체 과정을 연구하는 학문의 이름은 인류학(anthropologie)이라기보다는 엔트로폴로지(enthropologie)라고 써야 할 것”[2]이라고 말한 것은 역사 속에서 등장한 인간 주체가 유럽의 역사와 지구 세계를 동일시함으로써 자신의 역사에 절대성과 보편성을 고집하는 바람에 몰락해갈 수밖에 없는 서구 세계를 겨냥한 것이다."

"즉 레비스트로스가 찾아낸 야생의 사고는 원시생활의 야성이 아닌 야만적인 환경을 살아낸 지성이다. 그에 반해 변증법적 이성의 사고는 생태적 파국의 길을 재촉하며 스스로 해체의 길을 걷고 있다. 그래서 레비스트로스는 머지않아 가장 현대적인 과학을 통해 이 야생의 사고의 원리가 정당화되기를 바란 것이다. 그렇다면 야생의 사고의 원리란 무엇인가? [프레드릭] 켁에 따르면, 그것은 간단히 말해 각각의 현상에 단 하나의 결정 수준을 지정하려는 변증법적 이성의 사고와 달리 모든 현상을 복수의 결정 수준에 놓는 것이다. 변증법적 이성에 의해 단 하나의 결정 수준에서 지정된 현상은 세계를 단 하나의 전체(single whole)로서 구상한다. 그러면서도 이성의 전체화 작용은 경험 내부에서 여럿의 전체를 개별적으로 전개한다. 다시 말해 하나의 사건으로부터 그것의 데이터를 전체화하는 사고 능력은 또 다른 사건으로부터 또 다른 전체화를 가능하게 한다."

---

2) [차은정 박사의 풀이말] "엔트로폴로지는 문자 그대로 엔트로피(entropy)의 학문이라는 뜻이다. 여기서 레비스트로스는 질서의 창조는 더 큰 무질서를 낳는다는 엔트로피의 법칙을 상기시키며, 서구 세계가 역사 생성의 에너지를 끌어와서 발전의 원동력으로 삼으면서 그렇게 사용된 많은 에너지 중 쓸모없어진 에너지가 거꾸로 더 큰 무질서를 가져오는 사태를 꼬집는다. 그래서 레비스트로스는 역사 없는 민족과 그 외의 민족으로 구분하기보다 역사적 요인이 사회의 안정과 연속성을 위해 제거되는지 아니면 생성의 에너지로 사용되는지에 따라 '차가운' 사회와 '뜨거운' 사회로 구분하자고 제안한다."

"그렇지만 바로 단 하나의 전체화를 지향하는 주체의 폐쇄성으로 인해 주체는 또 다른 전체화를 허용한다는 반전에 노출된다."

"아마도 주체가 용해된다면 가장 곤란한 것은 역사일 것이다. 그래서 가령 '위안부'를 둘러싼 각기 다른 사건들이 식민지 역사를 놓고 각축을 벌이는 작금의 상황에서 역사가가 해야 할 일은 주체를 세우고 그것에 연속성을 부여할 사건에 말을 붙이는 작업일 것이다."

물음 3.

3-1. "타문화에 대한 민족지적 기술이 인류학자 자신의 지식 세계로 환원되지 않았는가? 이 문제는 1980년대 이후 인류학계를 중심으로 근대 유럽의 지식 패권주의에 대한 자각과 더불어 '재현의 위기'로서 표출되었다. … … '재현의 위기'는 지식의 절대적 객관성을 독점해왔던 근대유럽의 형이상학에 대한 근본적인 의문에까지 다다른다. 현대 인류학에서는 이에 대한 방법론적 해결책으로서 세계를 복수화·다중심화하고 …."

3-2. "라투르는 인간의 사고과정으로 환원되는 근대과학의 자기 논리를 파헤치고 그것을 넘어서는 '비환원'(irreduction)의 원리로 사물들의 행위성—실험실의 진상—으로서 실재를 규명하고자 한다."

3-3. "서구 학문으로부터 소외된 자신의 처지를 노골적으로 드러내며 그것 자체를 학문의 원동력으로 삼았다. 그리하여 그는 서양철학과는 독자화된 동양의 논리를 찾아 나섰고, 마침내 인류 보편의 사고를 탐색

하는 데에까지 이르렀다. 그는 이렇게 말한다. '일반 철학사는 서양이 주도하는 세계 철학사의 판도에서 소외된 동양 철학사의 자리를 회복시키며 문명인과 석기시대의 원시인에게도 동등한 논리적 능력을 부여하는 길을 찾는다.'(『동양의 논리는 어디에 있는가』, 93쪽)"[3)]

답변 x−1.

'x의 존재론'은 어떤 다른 명패를 지닐 수 있는 이론이 아니다. 명패는 일상의 개념이나 범주의 이름을 사용할 수밖에 없는데, 그런 명패는 세상에 있는 모든 것과 함께 결국에 해석의 무덤 곧 x의 영토로 사라져 들어가는 것이다. 그렇게 세상에 있는 모든 것은 결국에 x의 영토로 귀속하는 것이고 그러므로 x의 존재론에 붙일 수 있는 명패는 x일 뿐이다. 그래서 x의 존재론에 관한 수백 페이지의 문장들은 모두 x의 사용법 곧 그 사례들에 관한 것이다.

우주 안에서 무한 무궁하게 펼쳐지는 현상계에 몸을 드러낸 모든 것은 각기의 x에 배당된 시간/시간대를 거치며 모두 X의 영토로 회귀하는 것이다. 그런데 그 X로 회귀해 들어가는 것은 각기의 시간대 끝에 일어나는 일이 아니다. X로의 회귀는 모두가 매 순간에 겪고 있는 일이다.[4)]

3) 위의 **물음 1. 2. 3.**은 **한국연구원** 심포지엄(2020. 12. 22.) 발표글 차은정 박사의 "x의 존재론에 대한 인류학적 고찰: 너머의 형이상학은 어떻게 가능한가?"에서 따옴.

4) 『야생의 진리』 Σ5. "매 순간이 초월하는 삶: 순간의 논리" 참고.

그래서 우주 현상계에 몸을 드러낸 모든 것이 소속한 시간대에 대하여 다음과 같이 말할 수 있다.

> "니콜라우스 코페르니쿠스(N. Copernicus: 1473-1543)의 관점혁명이 있은 다음, 지구는 더 이상 우주의 중심이 아니다. 인류가 중심이 되어 [지상에] 이루어 놓은 듯한 지난 6천 년 동안의 문명과 역사는 백 수십 억 년에 걸쳐 이어져 온 우주 자연사(自然史)의 한 짧은 에피소드로 기억될 날이 올 것이다. … 인간[과 그 밖의 것들]은 모두 우주의 알 수 없는 주인이 펼치는 파노라마에 초대된 객(客)일 뿐이다. … … 나비도 인간도 수백 년의 나무도 45억 년의 지구도 각기의 *x* 자신의 출현과 소멸의 시원을 찾아가면 모두 무한 *X*의 시간대 가운데서 배당받은 [미분적(infinitesimal)] 시간'의 것들이다."[5)]

그리고 현대 물리학의 시간관을 요약하는 카를로 로벨리는 어떻게 '현재'라는 시간대가 그것을 말하는 사람들이 각기 소속하는 다른 생활권으로 '지역화'하는 것인지 다음과 같이 설명한다.

> "우주 전체에 공통으로 적용되는 현재란 존재하지 않는다. … … 우리들 가까이 있는 현재가 있을 뿐이다. 현재는 지역적인 현상이며 지구적인 현상이 아니다."[6)]

---

5) 『안티호모에렉투스』 "고생태학으로 함몰하는 철학사," (2001년 초판) 고양, 경기: 사월의책, 2017. 55쪽. 위의 따온글 가운데 두 군데에 낱말을 추가함.

6) Carlo Rovelli, ***The Order of Time***, trans. E. Segre & S. Carnell. New York:

(210305)

답변 x-2.

한국연구원 심포지엄(2020. 12. 22.)에 참여했던 철학자들 또는 특정 분야 전공자들은 각자 어떤 명패를 지닌 한 계통의 학문에 속해 있다. 말하자면 어떤 한 계통의 학문 곧 오늘날 인류학자들이 일컫는 이런저런 '지역학'의 흐름 가운데에 소속한다. 이러한 생각의 흐름을 브뤼노 라투르는 이렇게 표현했다.

> "어떤 '지역에 속하지 않는다'(non-local)고 말할 수 있는 장소는 어디에도 없다."[7]

그래서 이제는 어떤 계통의 학문에 소속해서 대변하는 것은 더 이상 보편의 진리일 수 없게 된 것이다.[8] 그리고 그것은 사실이다. 이렇게 모든 진리를 '지역화'해 버린 존재론적 전회를 가장 먼저 예고한 이들 가운데에 인류학자 클로드 레비스트로스가 있다.

레비스트로스는 브뤼노 라투르를 비롯한 그의 다음 세대 인류학자 또

Riverhead Books, 2018. p. 115.

7) Bruno Latour, ***Reassembling the social: an introduction to Actor-Network-Theory***. New York: Oxford University Press, 2005. p. 179.

8) 『야생의 진리』 Σ1.의 **붙임 1.** "x의 계보: 그 합류와 독립의 역사" 참고.

는 사회이론가들과는 그 비전의 범위를 달리한다. 그는 각기의 시간/시간대에 다가오는 운명 같은 장구한 시간/시간대의 흐름을 내다봤던 철학자다. 그는 그 자신의 여행과 탐구의 회고록인 『슬픈 열대』에서 인류는 그리고 물론 인류학자와 인류학 자체도 모두 그 각각에 배당된 특정한 시간대 곧 '엔트로피의 심판'을 벗어날 수 없다는 생각을 다음과 같이 말했다.

"세계는 인류가 없이 시작했고 다시 인류가 없이 끝날 것이다."[9]

세상에 몸을 드러낸 모든 것은 배당받은 그의 시간대, 그러한 시간의 것들이다. 한 개체 존재 x는 영원에 소속하는 한 조각의 기억체계이며 그로 비롯하는 무한의 상상과 기투 행위로써 각기의 일생을 산다. 그렇게 한 개체 존재 x는 그가 타고난 유일 고유한 개체성을 발현함으로써 한 가지 특정한 삶과 그로 비롯하는 역사를 만들어낸다. (210603)

그런데 레비스트로스 다음 세대의 인류학자 사회학자 브뤼노 라투르, 레비 브라이언트 같은 이들은 그들의 담론에서 시간 의식, 시간대를 제거해 버렸다. 그렇게 시간/시간대가 제거된 수평적 면 위에다가 '비(非)환원주의'(ir-reductionism)라는 깃발을 걸고 모두가 평등한 이른바 '행위

9) Claude Levi-Strauss, ***Tristes Tropiques***, trans. J. Weightman & D. Weightman. Penguin Books, 1973, 2012. p. 413.

자 연결망' 또는 '객체들의 민주주의' 체제를 세웠다.[10] 마치 그런 체제와 행위 패턴이 영원히 존재할 것처럼.

물론 레비스트로스 자신이 그렇게 라투르의 '행위자 네트워크'를 비롯한 모든 평등한 객체들의 민주주의라는 이론의 씨를 뿌린 것은 사실이다. 그는 구조주의 언어이론을 창시한 소쉬르(Ferdinand De Saussure)와 야콥슨(Roman Jakobson)의 영향을 받아 그 구조주의를 인류학의 방법으로 끌어들였다. 그래서 그는 모든 인류학적 설명 대상에 이른바 '이항대립'(binary opposition)이라는 구조를 대입시킨 것이다. 그러나 과연 그렇게 장구한 시간대를 거치며 험한 풍랑 속을 통과하는 인류학적 이론의 대상들을 그런 정적(static) 구조 속에 가두어 안주시킬 수 있는지 하는 의문을 피할 수 없다.

이렇게 일상의 개념과 범주에서 빌려온 언어의 정적 구조에다가 저 험난한 시간의 파도 곧 각기의 파란만장한 시간대를 통과하는 역사의 사건들을 집어넣을 수 있는가? 이는 '불일치의 일치' '만물의 파동'을 외친 고대 그리스의 철학자 헤라클레이토스의 경고를 무릅쓰고 플라톤이 만들어낸 '이데아' 또는 형상(形相)에서 보인 박제화 기술에서 비롯하는 것이다.[11] 이것은 시간의 것들 그리고 그것들의 변화무상함을 온갖 수단을 써서 제거하려는, 그토록 시간의 파도와 함께 하는 변화무상함을

10) 『야생의 진리』 Σ3.의 **풀이 2.** " '인류세'라는 위기" 참고.

11) 『야생의 진리』 Σ2. "플라톤에서 헤라클레이토스로: 박제화된 말들에서 세상의 파도 속으로" 참고.

두려워하는 철학자들의 오래된 특정 편향성에 말미암은 것이다.

그런 편향성으로 말미암아 구조주의라는 틀에 갇히게 된 '야생의 사고'는 아직 시간의 파란만장한 파도 가운데를 통과하는 '야생의 진리'에 이르렀다고 볼 수 없다.[12] 야생의 사고가 지역화의 시대 흐름을 따라 복수의 지역학, 복수의 전체화(totalization)를 개방한다고 해서 그것이 품고 있는 정적인 이항대립 구조 아니면 행위자 연결망 아니면 평등한 객체들의 민주주의 같은 전략에 의해서는 우주에 넘치는 험난한 시간의 변화무상함 그런 심판과정을 견딜 수 없을 것이다. 여기에 박제화된 구조와 그 성분들을 각기의 시간대들에 합류하도록 이끄는 '제2의 존재론적 전회'가 긴급하게 다가온다.[13]

'야생의 사고'는 플라톤에서 비롯하는 언어 구조 분석의 전통을 배경으로 해서 지역화 복수화(複數化)의 논리를 개척했지만, 세상에 몸을 드러낸 모든 것이 통과하는 다음과 같은 시간의 흐름 곧 부재화(不在化)/초월이라는 동시 양면의 파동을 거듭하는 모든 것의 운명 곧 '시간의 논리'[14]를 끌어안는 제2의 존재론적 전회에는 이르지 못하였다.

12) 『야생의 진리』 머리말 2. 참고.

13) 『야생의 진리』 머리말 2. 참고.

14) 『야생의 진리』 Σ5. "매 순간이 초월하는 삶: 순간의 논리" 참고.

'$\mathcal{X}(\quad) \Rightarrow x \Rightarrow \neg x \Rightarrow \mathcal{X}(\quad)$'[15)]

누구든지 어떤 인위적 구조물도 부수며 넘쳐흐르는 험난하고 변화무상한 그의 시간대 안에서 상상하며 기투함으로써 자신의 세계와 일생을 구축하며 펼쳐간다. 그렇게 한 개체 존재 x는 끊임없이 부재화/초월을 반복하는 시간의 존재로서 각기의 일생을 실현하며 그로 비롯하는 한 시간대의 역사에 합류한다. (210306)

답변 x–3.

3–1. 진리와 지식의 패권주의는 근대 유럽에 국한된 문제가 아니다. 그것은 동서양 문명이 발상한 이후 그들 각기의 영토를 배경으로 해서 이루어진 자만의 풍조로 보인다. 고대 중국으로부터 내려오는 패권주의는 결코 근대 유럽의 그것에 뒤지지 않는다. 이러한 자만의 풍조에 대한 제동이 걸린 데에는 근대 유럽의 팽창하는 세계 지배체제의 흐름을 타고 동반 등장한 초기 인류학자들의 자기 비판적 연구에 힘입은 바가 매우 크다. 그들은 세계 각처에 자리 잡은 지배체제 안에서 제각기 절대적으로 주장하는 진리와 지식의 객관성과 보편성에 의문을 일으키며 세계 질서와 체제의 복수화와 상대화를 피할 수 없도록 했고 나아가 객관적 '재현(representation)의 위기'를 말하는 현대 인식론을 정착시키는 데 일익을 담당했다.

---

15) 『x의 존재론』 "마지막 한 마디: 개체 생명 x에 대한 미시분석과 거시분석 연습" 참고.

3-2. 브뤼노 라투르의 '비-환원주의'(ir-reductionism)는 그 자신이 제시하는 '행위자 연결망'(Actor-Network) 그리고 그를 따르는 이들의 '객체들의 민주주의'(the democracy of objects) 또는 '평등한 존재론'(flat ontology)과 함께 시간/시간대의 흐름을 박제화한 세계관을 이루는데, 이는 모두 현대 우주론과 생명이론에 어울리기 어려운 지나침이 있다. 그들이 주장하는 이론들은 우주와 자연의 장구한 시간대 안에서 지속 불가능한 지극히 탈(脫)시간적인 상상에 가까운 세계 인식에 바탕을 두고 있다.[16)]

3-3. 차은정 박사가 따온 다음의 한 마디는 중국철학사든 인도철학사든 그것을 복원 복권해야 한다는 뜻으로 말하는 것이 전혀 아니다.

> "일반 철학사는 서양이 주도하는 세계 철학사의 판도에서 소외된 동양 철학사의 자리를 회복시키며 문명인과 석기시대의 원시인에게도 동등한 논리적 능력을 부여하는 길을 찾는다."[17)]

오히려 이런저런 특정한 지역 전통에 뿌리를 내리고 있는 특수 철학사들을 모두 철거한 다음에 떠오르는 한 원시의 출발점을 다시금 찾으려는 다음과 같은 뜻을 품고 있다.

---

16) 『야생의 진리』 Σ2.의 **붙임 1.** "클로드 레비스트로스: 박제화된 시간/시간대의 파도" 그리고 **붙임 2.** "인류학: 박제화된 시간/시간대의 파도를 해방하라" 참고.

17) 『동양의 논리는 어디에 있는가』 (1993년 초판) 고양, 경기: 사월의책, 2017, 85쪽.

> "왜 내가 읽고 가르치는 철학사가 호메로스의 서사시나 주(周)의 역(易)이나 예악(禮樂)으로부터 뿌리를 찾아야 하는가? 왜 그리스민족과 중화민족만이 인류 사색의 역사를 시작할 수 있으며 그 방향을 지시할 수 있는가? 그러니 적수공권(赤手空拳)으로 시작한 인류의 역사에 비추어 철학사를 새로이 이해해야 한다."[18]

왜냐하면 고대 중국에서 진(秦)에 이어 한(漢)에 의해 통일 제국이 세워진 이후 오늘의 중화인민공화국에 이르기까지 세계를 향한 그들의 패권주의는 결코 근대 유럽의 그것에 덜한 것이 아니기 때문이다.

*x*의 존재론은 석기시대의 호모에렉투스로부터 그리고 동서양의 고대 문명에서 현대 문명에 이르기까지 인류가 천착하고 있는 세계 인식의 틀이 모두 자기중심의 '인간 해석학' 곧 각기 소속하는 영토에 뿌리내린 '지역학'에 지나지 않음을 시사하고 있다.[19] (210507)

---

18) 『동양의 논리는 어디에 있는가』(1993년 초판) 고양, 경기: 사월의책, 2017, 80-81쪽.

19) 『야생의 진리』 Σ1.의 **붙임 1.** "*x*의 계보: 그 합류와 독립의 역사" 참고.

김귀룡 교수의 물음을 중심으로

대체로 심포지엄에서 질문을 내놓은 분들이 x의 존재론을 이해함에 있어 x의 출현 배경 또는 토대로 제시된 자연과 생명과 삶의 실상에 관한 이야기들 곧 우주물리학과 계통발생 및 개체발생의 생물학, 고고 유전학과 인류학, 역사철학과 사회학 같은 분야의 이야기들을 참고하지 않은 것으로 보인다.

그렇기 때문인지 어떤 분들은 x의 존재론이 추상적이어서 이해하기 어렵다고 말한다. 그러나 과거의 어떤 철학 체계에서도 이처럼 구체적인 삶과 그 탐구의 모양을 거의 모든 가능한 분야에서 끌어다 묘사한 적이 없을 만큼 아리스토텔레스의 모범을 성실하게 따르고 있지 않은가 생각하고 있다.

그리고 추상적이라고 할 만한 X라는 것이 어떤 시대적 맥락을 배경으로 해서 나타난 것인지를 되풀이해 말하면 다음과 같다. X는 동서양의 과거 철학자들이 물, 불, 무한정자, 선의 이데아, 절대이념, 삶의 의지, 천제(天帝), 도(道), 무(無), 태극(太極), 기(氣) 같은 서로 충돌하는 궁극적 실재의 이름들 너머에 있을, 그래서 이름 없는 힘의 행사자를 가리키는 것이다.

그러므로 그것은 이를테면 빅 크런치 이후 또는 빅뱅 이전에 아무것도 없이 무한의 가능성을 응축하고 있는 것이어서 그것이 어떤 모양의 것인지 묘사할 수 없는 것이다. 그것은 소멸 이후의 폐허 아니면 발현 이전의 태초 X이다. 그 X는 만물을 일으키고 거두어들인다. 그리고 거두어들인 만물을 다시 일으켜 세상에 내보낸다. 그런데 이렇게 반복하는 소멸과 발현은 세상에 몸을 드러낸 모든 것이 매 순간에 통과하는 운명의 과정에서도 포착할 수 있다.[1)]

x 그리고 $\neg x$라는 것은 자연과 생명의 현상계에 연출하는 잠재력을 지니고 있어서 억차조별(億差兆別)로 개별화하며 그 각기의 변화하는 모양을 세상에 드러낸다. x 그리고 $\neg x$가 그렇게 억차조별로 개별화해서 드러내는 현상계의 모양들을 자연학, 생물학, 사회학, 역사철학, 인류학, 행위이론, 교육학 같은 분야의 사례들에서 구체적으로 관찰할 수 있다. (210326)

아래에서 김귀룡 교수의 **물음**을 1. 2.로 나누어 발췌하고 그에 대한 답변을 x−1. x−2.에서 정리한다.

---

1) 『야생의 진리』 Σ5. "매 순간이 초월하는 삶: 순간의 논리" 줄기글 10. 11. 참고..

물음 1.

"상상과 재현의 뿌리가 영원의 기억에 있다는 말이 현재에 출현하는 것들의 근거가 영원의 기억에 있다는 말일까? 그렇게 읽히지 않는다. 영원의 기억과 상상-재현은 모순되기 때문이다. 상상과 재현은 일어나기는 하는데 일어날 수 없는 작용, 곧 영원의 기억에 모순되는 작용이다. 가면적 동일자는 현재 있는 것들의 모순성을 말하고 있는 것으로 읽힌다."

"자기 파괴의 근거를 자기 안에 가질 수 있다. … … x와 $\neg x$가 모순이며, ㅂㄷ철학에서는 x가 모순적 존재이기도 하다."

"차이가 동일성에 대해 우선권을 갖는다는 건 ㅂㄷ 철학의 기본 입장으로 읽힌다. … … 자-타 관계의 맥락에서 보면 자아가 있어야 타자가 가능하다고 할 수도 있고 타자가 있어야 자아가 가능하다고 말할 수 있기도 하다."

"자-타 구분이 생겨서 문제가 일어나면 자아를 없애야 문제가 해결이 된다. … … 근원적으로는 자아를 없애야 문제가 해결된다. 자아를 없앰으로써 자-타구분이 사라져야 문제가 근원적으로 해결될 수 있다."

물음 2.

"ㅂㄷ의 $\mathcal{X}$는 세상에 존재하는 것들의 긍정적인(positive) 근거로 등장하지 않는다. 곧 $\mathcal{X}$는 x(와 $\neg x$)의 존재 근거일 수 없다. $\mathcal{X}$는 $x \& \neg x$를 격

파하는 곧 ($x\&\neg x$)의 작인으로 등장한다."

"X는 x의 원천(origin)일 수 없으며 x가 $\neg x$의 근거일 수도 없다. 더 나아가 X가 x와 $\neg x$의 근거가 되는 일은 더더욱 없다."

"X는 이 세상에 대한 절대적 초월적 격파자이기 때문에 X를 상정한다는 건 세상의 절멸을 의미한다."

"격파는 필연적이지 않을 수 있다. …… 태어나지 않으면 격파의 최종적인 근거인 X는 불필요하다. X는 태어난 자(있는 것)들만의 초월자 아닌가? 혹시 태어나지 않는 자들이 있다면 이들에게 X는 무엇을 할 수 있을까?"[2)]

답변 x-1.

x의 존재론을 읽은 후에 어떤 근거에서 다음과 같은 요점 정리가 김 교수의 질문 가운데서 떠오를 수 있는지 실로 이해하기 어렵다.

> "현재에 출현하는 것들의 근거가 영원의 기억에 있다는 말일까? 그렇게 읽히지 않는다. 영원의 기억과 상상 재현은 모순되기 때문이다." "X는 x의 원천(origin)일 수 없으며 x가 $\neg x$의 근거일 수도 없다. 더 나아가 X

---

2) 위의 **질문 1. 2.**는 **한국연구원** 심포지엄(2020년 12월 22일) 이후 2차 발표글 김귀룡 교수의 "서양철학사의 맥락에서 본 ㅂㄷ철학"에서 따옴.

가 x와 $\neg x$의 근거가 되는 일은 더더욱 없다." "자-타 구분이 생겨서 문제가 일어나면 자아를 없애야 문제가 해결된다. … 자아를 없앰으로써 자-타 구분이 사라져야 문제가 근원적으로 해결될 수 있다."[3]

x의 존재론에서 말하는 대로 영원의 기억 x로부터 발현 또는 재현되는 것이 바로 상상의 활동 $\neg x$라는 것인데 이를 두고 어찌 서로 모순 관계라고 말할 수 있겠는가? 이를테면 수십억 년을 통과해서 이루어진 생명의 기억체계로서 한 개체 존재 x는 그의 발현 가능성 $\neg x$에 따라 다음 세대를 낳는데 무슨 이유로 이 두 세대 사이를 서로 모순 관계로 보아야 하는가?

"… 영원의 기억과 상상-재현은 모순되기 때문이다. 상상과 재현은 … 영원의 기억에 모순되는 작용이다."[4]

이는 x의 존재론에서 가리키는 x와 $\neg x$의 관계가 전혀 아니다. 물론 때로는 부모 x에 대항해서 자식 $\neg x$가 자신의 고유 특이한 길을 따라 부모를 떠날 수도 있다. 그리고 상상과 기투 행위 $\neg x$는 때로는 실존주의자 사르트르의 상상과 초월 행위에서처럼 x의 '현재'를 모순 대결의 관계로 부정할 수도 있다. 그러나 이처럼 모순 관계이든 아니면 화해(和諧) 관계이든 모두 x가 저장하고 있는 영원의 기억에서 발현하는 순서

3) 김귀룡 "서양철학사의 맥락에서 본 ㅂㄷ철학"에서 따옴.

4) 김귀룡 "서양철학사의 맥락에서 본 ㅂㄷ철학"에서 따옴.

'X( ) ⇨ x ⇨ ㄱx'[5]에서 비롯하는 것이다.

그래서 한 사회 체제 안에서도 상상과 기투 행위로써 기존 체제와 그 관행에 대해 부정적 혁명의 자세를 취할 때가 있는데 그럼에도 대개는 긴 시간의 흐름 가운데서 기존 체제의 관행을 따르며 공존 화해(和諧)함으로써 질서를 유지한다. 그래서 x의 사회학에서는 '불일치와 일치의 동거 관계'로써[6] 일상의 삶과 세계 질서를 만들어낸다고 말하는데 이를 두고 어찌 다음과 같이 말할 수 있는가?

> "자-타 구분이 생겨서 문제가 일어나면 자아를 없애야 문제가 해결이 된다. …… 근원적으로는 자아를 없애야 문제가 해결된다. 자아를 없앰으로써 자-타 구분이 사라져야 문제가 근원적으로 해결될 수 있다."[7]

심지어 짐승들의 무리 안에서조차 '불일치와 일치의 동거 관계'가 이루어짐으로써 그들의 삶을 가능하게 하는 질서 또는 체제가 효율적으로 유지된다는 생태생물학자들의 연구보고도 있다.[8] (210327)

---

5) 『x의 존재론』 "마지막 한 마디: 개체 생명 x에 대한 미시분석과 거시분석 연습" 고양, 경기: 사월의책, 2017. 참고.

6) 『진리의 패권은 사람에게 있는 것이 아니다』 iv. "불일치와 일치가 함께 삶: 사회학" 고양, 경기: 사월의책, 2017. 참고.

7) 김귀룡 "서양철학사의 맥락에서 본 ㅂㄷ철학"에서 따옴.

8) "어디에나 존재하는 개체들 사이의 일관된 다름('동물들의 성격들', animal personalities)은 그들 집단의 집합 결정, 먹이를 찾는 행위, 포식자를 피하는 일

답변 x-2.

x의 존재론은 자연과 생명이 전개되는 발현과 재현 그리고 합류와 회귀 과정을 각각 '$\mathcal{X}$( ) ⇨ x ⇨ ¬x' 그리고 'x ⇨ ¬x ⇨ x ⇨ $\mathcal{X}$( )'로 요약한다.[9] 그런데 무슨 근거로 다음과 같은 의문 아니면 뜻밖의 주장을 x의 존재론에서 끌어내는 것이 가능한지 그 근거를 추적 확인할 단서가 주어져 있지 않다.

> "$\mathcal{X}$는 세상에 존재하는 것들의 긍정적인(positive) 근거로 등장하지 않는다. … $\mathcal{X}$는 x&¬x를 격파하는~~(x&¬x)~~ 작인으로 등장한다." "$\mathcal{X}$는 x의 원천(origin)일 수 없으며 x가 ¬x의 근거일 수도 없다."[10]

그러나 '$\mathcal{X}$( ) ⇨ x ⇨ ¬x'라는 세상 만물의 출현과 전개과정에 관한 수

과 같은 행태와 기능을 좌우하는 기본적 역할을 유도한다. 그런 개체들 사이의 다름이 갖는 중요성에 대한 증거가 쌓여가고 있음에도 여전히 그 개체들 사이의 한결같은 다름을 근거로 집단행동을 설명하거나 예측하는 하나의 통합적인 작동의 틀을 갖고 있지 못하다. 여기서 우리는 그들의 지휘체계와 행동 역학 그리고 집단의 먹이 사냥 작업이 어떻게 개체들 사이의 한결같이 다름에서 발현하는지를 탐구한다." Jolle W. Jolles, et al., "Consistent Individual Differences Drive Collective Behavior and Group Functioning of Schooling Fish," ***Current Biology*** 27, 1 –7, September 25, 2017.

그리고 『진리의 패권은 사람에게 있는 것이 아니다』 Ⅳ. "불일치와 일치가 함께 삶: 사회학" 고양, 경기: 사월의책, 2017. 143-158쪽 참고.

9) 『x의 존재론』 "마지막 한 마디: 개체 생명 x에 대한 미시분석과 거시분석 연습" 고양, 경기: 사월의책, 2017. 참고.

10) 김귀룡 "서양철학사의 맥락에서 본 ㅂㄷ철학"에서 따옴.

많은 사례가 주어져 있는데 어디에서 끌어낸 것인지 알 수 없는 그 반대의 주장을 하고 있다. 그리고 다음과 같은 가상의 의문을 제출한다.

> "$\mathcal{X}$는 태어난 자(있는 것)들만의 초월자 아닌가? 혹시 태어나지 않는 자들이 있다면 이들에게 $\mathcal{X}$는 무엇을 할 수 있을까?"[11)]

그러나 김상환 교수는 그의 심포지엄 발표 글에서 초월하는 자 $\mathcal{X}$에 대하여 이렇게 말하고 있다.

> "$\mathcal{X}$는 만물을 토해내고 다시 그것을 거두어간다."

물론 이는 $\mathcal{X}$가 수행하는 일의 한 가지 순서 '$x \Rightarrow \neg x \Rightarrow \mathcal{X}(\ )$'이다. '$\mathcal{X}$는 거두어간 것을 다시 토해낸다.'라고 할 만한 또 한 가지 일의 순서 '$\mathcal{X}(\ ) \Rightarrow x \Rightarrow \neg x$'가 있다. 그러므로 이 두 가지 다른 방향의 순서를 '빅뱅에서 빅 크런치로 다시 빅 크런치에서 빅뱅으로' 종합하여 우주적 전개의 전 과정을 다음과 같이 요약할 수 있다.

> '$\mathcal{X}(\ ) \Rightarrow x \Rightarrow \neg x \Rightarrow \mathcal{X}(\ )$'[12)]

그리고 이는 세상에 몸을 드러낸 어떤 개체 존재 x에 대해서도 해당하

---

11) 김귀룡 "서양철학사의 맥락에서 본 ㅂㄷ철학"에서 따옴.

12) 『야생의 진리』 Σ6.의 이야기 12. "우주의 마지막 운명" 줄기글 1. 참고.

는 재현과 소멸, 소멸과 재현의 이야기를 압축하고 있다. 그러므로 $\mathcal{X}$는 우주 안에서 일어나는 모든 소멸과 회귀의 과정을 실시하지만, 다시 재현과 창조의 과정도 실시한다. '$x \Rightarrow \neg x \Rightarrow \mathcal{X}(\ \ )$'를 따라 만물을 거두어가기도 하지만 '$\mathcal{X}(\ \ ) \Rightarrow x \Rightarrow \neg x$'를 따라 다시 토해내기도 하는 것이다.

이를 이른바 '야생의 논리'로 말하자면, 현재에 생존하는 모든 것은 매 순간 '소멸과 초월' 또는 '부재화(不在化)와 초월'의 길을 따라 각기의 운명을 수행하고 있다.[13] 모든 것은 매 순간 부재화하면서 동시에 영원으로 초월해 합류하는 길을 간다. '부재화/초월'이라는 매 순간의 리듬을 따라 온갖 자연과 생명의 역사가 이루어진다.

이렇게 만물이 각기의 유일 고유한 영원의 기억체계 x와 그로 비롯하는 상상과 기투 행위 $\neg x$로써 제각기 부재화하며 동시에 초월하는 온갖 생명의 현상을 일으키며 그렇게 지구 위의 역사는 이루어진다. 그런데 무슨 근거로 "$\mathcal{X}$는 x의 원천(origin)일 수 없으며 x가 $\neg x$의 근거일 수 없다"[14]라고 말할 수 있겠는가?

"태어나지 않는 자들이 있다면 이들에게 $\mathcal{X}$는 무엇을 할 수 있을까?"[15]

---

13) 『야생의 진리』 Σ5. "매 순간이 초월하는 삶: 순간의 논리" 줄기글 10. 참고.

14) 김귀룡 "서양철학사의 맥락에서 본 ㅂㄷ철학"에서 따옴.

15) 김귀룡 "서양철학사의 맥락에서 본 ㅂㄷ철학"에서 따옴.

거두어들여서 아직 '태어나지 않은 자'를 X는 다시금 그 출현과 재현의 순서 'X( ) ⇨ x ⇨ ¬x'를 따라 세상에 끌어내어 세울 것이다. 그렇게 한 개체 존재 x의 고유한 계통발생 및 개체발생의 순서를 따라 그를 다시 세상에 태어나게 할 것이다.

위에서처럼 김 교수가 x의 존재론이 뜻하는 바에 전적으로 어긋나는 해석을 일관되게 한데는 아마도 x의 존재론이 그의 토대로서 제시한 자연과 생명과 삶의 실상에 관한 우주물리학과 계통발생 및 개체발생의 생물학, 고고 유전학과 인류학, 역사철학과 사회학 같은 해당 분야의 사례들을 충실히 따라 추적 확인하지 않은 데에 그 원인이 있지 않은가 생각하고 있다. (210327)

이상수 박사의 물음을 중심으로

20세기에 일어난 제2차 세계대전 그리고 여기저기서 터진 국지전들을 치르고 난 다음 지상의 모든 영토는 지구라는 하나의 생활권으로 묶이는 과정을 통과하고 있다. 그 가운데 특히 지상의 모든 생명은 그 여섯 번째의 멸종 위기를 맞이하는 시간대에 들어서 있다. 그리고 이 여섯 번째의 멸종 위기는 인류가 스스로 만들어낸 것 곧 '인류세'(the Anthropocene)라고 인식되고 있다. 그래서 인류는 마치 지상에서 이루어지는 역사의 변동과 위기의 주체로서 등장하고 있는 듯하다.

과연 인류는 세계 역사의 주체로서 등장했는가? 인류 자신을 포함하는 생명의 멸종 위기에 맞닥뜨린 상황에서 보면 생명 일반은 물론 인류 자신도 그가 소속하는 시대 또는 시간대의 주체는 아니다. '인류세'라는 이 시대의 위기는, 조만간 불가피하게 인류가 존재하지 않을 전혀 다른 지구시대로 진입하게 될 날을 다만 앞당기고 있을 뿐이기 때문이다.

한 시간대는 존재론적 또는 우주론적으로 그 위계를 달리하는 다음 시간대에 양도할 수밖에 없다. x의 존재론에서는 이렇게 한 시간대가 자신의 '부재화(不在化)와 초월'이라는 존재 양식에 따라 다음 시간대로 이행할 수밖에 없는 이동의 패턴 곧 그렇게 순차적으로 다가오는 격파의 패턴을 '⇨ X( )'로 대표한다. 이는 자연과 생명의 구성 분자들이 각기의 시간대를 통과하며 변종 또는 멸종하고 끝내는 어떤 인식과 해석도 불가능한, 이를테면 빅 크런치라는 경계에 이르는 것을 가리키는 것이다.

그러해서 영원의 시간을 통과하며 지상에서 끝없이 반복하는 자연과 생명의 시간대 이동 곧 그 순차적 격파의 패턴을, 원효가 이른바 화쟁(和諍)의 논법에 호소함으로써 자유 무애(無碍)한 해탈의 경지로 이끌고 나아가려 했던 당대의 시대의식을 가지고 이해할 수 있는 것인지 점검할 필요가 있다. 인도로부터 중국으로 다시 신라로 전해져 이루어진 당시 불교계 안에서 드러난 계층 및 종파분열과 그로 인한 소통 단절을 타개하기 위하여 원효는 그가 개발한 '개합'(開合) 또는 화쟁의 논법에[1]

---

1) 원효의 화쟁 논법에 관한 최근의 연구성과 가운데에서 다음과 같은 사례 (1) (2)를 참고할 수 있다.

(1) "이를 화엄적으로 표현하면 일즉다·다즉일(一卽多 多卽一)의 개합(開合)논법이고, 현대철학적으로 보면 존재와 비존재의 가명화(假名化) 과정과 그 안에서 파생된 의미만이 존재한다는 후기 구조주의나 현상주의적 사유에 가깝다. 나아가 이는 본체와 현상 간의 위계를 없애고 수평적 평등 구조로 전환하려 한 들뢰즈, 스피노자 철학의 일의성, 내재성 및 긍정과 영원회귀를 중시하는 니체의 지향점 등과 맞닿아 있다."(258쪽) 김태수, "원효의 화쟁논법 연구" **서울대학교 대학원** 박사학위 논문, 2018.

(2) "원효는 당대 불교 내부의 이론적 혹은 종파적 대립과 다툼을 문제 삼았던

호소하고 있었던 터였다. (210420)

물음으로 이어지는 이상수 박사의 해석 가운데서 **질문 1. 2.**를 발췌하고 그에 대한 **답변** x–1. x–2.를 그 아래에 정리한다.

물음 1.

"원효가 당시 불학의 테두리 안에서 사유를 전개했다면, 박동환은 인류의 '철학사'라고 하는 더 넓은 범위에서 사유했다는 차이가 있다고 할 수 있다. … … 원효 또한 각 종파와 학파를 중심으로 제시하는 세계 인식의 틀이란 '능소평등'(能所平等)에 이르지 못한 언어들로서, '능소평등'에 이르러야 비로소 세계의 실상을 그린 것이라고 인정할 수 있다며, '능소가 평등한 것이 세계의 실상과 같은 것'[능소평등왈여(能所平等曰如)]이라고 말한다. 능소평등이란, 감각 지각의 주체[능(能)]와 감각 지각의 대상[소(所)]이 어느 쪽에도 치우치지 않고 평등해야 한다는 주장이다."

"능소평등을 이룸으로써 우리는 실제모습[실상(實狀)] 또는 자기다움[여(如)]에 접근한다고 말할 수 있다. 능소평등을 요구하는 원효는 자기

것이 아니라, 이들 사이의 전면적인 단절의 상황을 문제 삼았던 것으로 보인다. 그리고 이러한 그의 문제의식은 앞서 살펴보았듯이 『십문화쟁론』 등 그의 대표적인 저술을 통해 소통을 지향하는 이론으로 체계화되었다. 아울러 그의 말년 행적은 왕실 중심, 수행자 중심의 엘리트 불교의 벽을 허물고 일반 서민들과의 소통로(疏通路)를 확보하려는 몸짓으로 이해할 수 있을 것이다." 박재현, "원효의 화쟁사상에 대한 재고," **불교평론**(http://www.budreview.com), 2008. 12. 8.

중심주의나 인간중심주의를 넘어서서 사유할 것을 요구한다."

물음 2.

"불교 종단에서 긍정적으로 추구하던 가치들을 깨뜨림으로써, … 모든 종파주의의 다툼을 넘어서서 모든 주장을 평등하게 화쟁(和諍)할 수 있는 기반을 마련했다. … … 박동환의 '*x*의 존재론'에서 *x*로 대표되는 우리들에게 '생명의 역사가 품고 있는 영원의 기억과 그로부터 비롯하는 무한 상상'이 내장되어 있다면, 원효는 현실 세계의 인간을 '여래장'(如來藏)을 지닌 존재로서 파악한다. '여래장'이란 모든 중생들에게 내장되어 있는, 이미 부처가 될 수 있는 본성을 말한다. … … 비록 아직 깨닫지 못한 중생이라 하더라도 여래장을 지닌 존재인 이상, 깨달은 존재인 여래 곧 부처와 같은 존재라는 게 여래장 사상인 것이다.
원효는 현실의 중생이 모두 '여래장'을 간직한 존재로 파악함으로써, 당시 존재하던 어떤 종파의 열반, 해탈, 깨달음, 참선에 대한 일방적인 주장도 무력화시켰다. 여래장 사상에서 깨달음이란 오로지 중생이 깨달음의 주체임을 깨닫는 것 이외에는 없기 때문이다."

"원효의 언어로 설명하자면 그들의 세계 인식이 '능소평등'(能所平等)에 도달하지 못한 자기중심주의와 인간중심주의에 머물고 있기 때문이었다고 할 수 있다. 원효가 통일신라 시기 자신의 세계에서 등장한 모든 종파적 사조를 '화쟁'(和諍)이라는 방법을 통해 하나로 융합하였듯이, 박동환은 오늘날의 언어로 인류의 철학사에 등장했던 무수한 사조와 해법의 본질을 꿰뚫어 논의를 전개했다고 할 수 있을 것이다. … …

이제 우리는 원효와 함께 박동환에게 질문을 던지는 것으로 이 비교 연구를 마치고자 한다. 박동환의 'x의 존재론'에서 x는 능소평등의 언어인가? 박동환이 세계의 존재방식으로 파악한 'x의 존재론'은 세계를 능소평등의 방식으로 파악한 것인가? 이 질문에 대해 긍정적으로 답할 수 없다면, 박동환의 'x의 존재론' 또한 '격파해오는 초월의 힘 X'의 격파를 견디기 어려울 것이다."[2)]

답변 x-1.

감각 지각의 주체로서 '능'(能)에 호응하는 지각의 대상으로서 '소'(所)가, 과연 저 지각의 주체가 목표한 대로 주어질 수 있는 것일까? 지각의 주체에 호응하는 지각의 대상 자체는 지각 가능한 영역 저편에 다만 x로서 상정할 수 있을 뿐이다. 지각의 대상으로서 '소'(所) 곧 x는 '독선금지'의 영역 곧 절대 불가해의 영역에 머무는 것이어서 '능소평등'이라는 인간적 회통(會通)의 대상이 될 수 없다.

이는 18세기 칸트 이후 현대 과학철학에 이르기까지 인간 인식과 해석 능력의 절대 한계에 대한 치열한 반성과 비판에 따르는 결론에 해당한다. 따라서 그러한 회통을 시도하는 이는 여전히 인간 본위의 현상계에 머물러 있는 것이 아닌가 돌이켜 볼 필요가 있다. 그러해서 원효의 이른바 '능소평등'은 아직 인간중심주의를 벗어난 근본적 반성의 경계에 이

2) 위의 **질문 1. 2.**는 **한국연구원** 심포지엄(2020. 12. 22.) 이후 2차 발표글 이상수 박사의 "박동환과 원효(元曉)의 사유 비교 시론"에서 따옴.

르렀다고 보기 어려운 점이 있다.

그러나 본디에 '능소평등'은 원효에게서 주체와 대상의 '실재론적' 일치를 목표로 했던 것은 아닌 것으로 이해할 수 있다. 당대의 계층과 종파들 사이의 단절을 타파해서 '개합'(開合)의 논리에 의해 어떤 분열이나 위계가 사라진 하나의 수평적 회통 경계에 이르는 데에 목표가 있었던 것으로 보인다.[3)]

이러한 사정에 비추어 볼 때 7세기의 원효(617~686) 당대에는 아직 인간 중심의 세계관으로부터 탈출해서 이른바 모든 것이 '부재화와 초월'의 리듬을 타고 진행하는 순차적인 시간대 이동 곧 존재론적 격파의 경계 '⇨ X( )'에 통달했을 수는 없는 것이다.[4)] (210419)

답변 x–2.

x의 존재론이 지향하고 있는 바는 어떤 종교 분야에서 서로 분열하는 종파들 아니면 동서양의 철학사에서 벌어지는 지역적 대립들을 화쟁 회통하는 데에 있는 것이 아니다. 종파적인 것이든 지역적 분파의 것이든 그것들이 각기 소속하는 시간대가 합류 회귀하는 영원한 시간대 곧

3) 이에 대해 위의 풀이말 1)의 따온글 (1) 김태수, "원효의 화쟁논법 연구" **서울대학교 대학원** 박사학위 논문, 2018. 그리고 따온글 (2) 박재현, "원효의 화쟁사상에 대한 재고," **불교평론**(http://www.budreview.com), 2008. 12. 8. 참고.

4) 『야생의 진리』 Σ**5.** "매 순간이 초월하는 삶: 순간의 논리" 줄기글 **10.** 참고.

'부재화와 초월'이 일어나는 존재론적 위계 돌파의 과정 '$\neg x \Rightarrow X(\ )$'로 이끄는 데 x의 존재론이 종사한다.

이에 비추어 보면 원효의 화쟁 논법은 모든 종파와 모든 지역적 분파 가운데서 일어나는 상호 분열 또는 단절의 상황을 '개합'(開合)의 논리에 의해 타파해서 화쟁 회통 나아가 해탈의 경지로 들어가는 데 주력하고 있는 것으로 보인다. 이는 모든 시간의 것들이 소속하는 각기의 고유한 시간대 곧 각기에 주어지는 존재론적 위계를 허물어서 박제화된—시간의 파도가 사라진[5]—세계를 '수평적 평등 구조'로 회통 화쟁하는 해탈의 영토를 구축하는 데에 종사하는 것이다.[6]

그렇게 원효가 정진하던 당시는 동서양의 철학 사조 일체가 아직 인간적인 범주와 추론체계를 벗어날 수 있는 시대는 아니었다. 단절 회통이든 회통 해탈이든 그것은 끊임없이 격파의 경계를 통과하는 영원한 시간대의 이동을 망각 박제화해서 결국에 수평화하는 방법에 매진했던 것으로 이해할 수 있다.[7] (210421)

---

5) 『야생의 진리』 Σ2. "플라톤에서 헤라클레이토스로: 박제화된 말들에서 시간의 파도 속으로" 참고.

6) 이렇게 개합의 논법으로부터 수평적 평등 구조에 이르는 연기(緣起) 관계에 대해서 위의 풀이말 1)의 따온글 (1) 김태수, "원효의 화쟁논법 연구" **서울대학교 대학원** 박사학위 논문, 2018. 참고.

7) 『야생의 진리』 Σ2.의 **붙임 2.** "인류학: 박제화된 시간/시간대의 파도를 해방하라" 참고.

조성우 박사의 물음을 중심으로

x의 존재론에서 가능한 발견과 창조는 때로는 그 이전 사례에 대한 새로운 해석에서 이루어진다. x의 존재론을 읽은 어떤 분들은 '$\neg x \Rightarrow X(\ )$'에서 세상의 종말 아니면 죽음을 보는데 조성우 박사는 새로운 시대의 '예술 행위'를 발견한다.

그렇게 새로운 시대의 모험으로서 이루어지는 예술 행위에서 재래의 예술이 모사(模寫)와 재현에 매달림으로 인해 빠졌던 의도적 자의성으로부터 해방된 초월성을 추구하려는 것이다. 모사와 재현 행위에 개입하는 자의성에서 해방하기 운동은 이전 시대의 화가들이 대상으로 했던 사물들로부터 색채와 형태를 독립 해방시킴으로써 초월하기를 시도했던 야수파 화가 앙리 마티스(1869-1954) 또는 입체파 화가 파블로 피카소(1881~1973)에서 시작하는 것으로 볼 수 있다.

그런데 '$\neg x \Rightarrow X(\ )$'에서 세상의 종말이나 죽음을 보지 않고 인간적 자의로부터 해방 초월하는 예술 행위를 발견하는 것은, 실은 '$X(\ )$ ⇨ x ⇨ ¬x'라는 태초로부터의 전개과정에 '잠재해 있는' 수미일관한 자기 소멸 또는 자기 초월을 재발견하는 것은 아닐까 하는 물음을 일으킨다.

'¬x ⇨ $X(\ )$'가 가리키는 인간적 자의로부터의 완전한 해방 또는 초월은 실은 어느 시간대, 어느 순간에서나 일어나는 현재 소멸, 현재 초월의 전개과정 곧 '$X(\ )$ ⇨ x ⇨ ¬x'가 이미 기억하고 있는 'x ⇨ ¬x ⇨ $X(\ )$'에서의 격파 단계 '⇨ $X(\ )$'를 다시금 예상하는 것은 아닐까? 요약하면 한 개체 존재가 지니는 영원의 기억 곧 격파 '⇨ $X(\ )$'는 일상의 '매 순간이 영원에 교차하는' 말하자면 영원을 향해 자신을 소멸하며 동시에 초월하는 매 순간의 리듬 곧 '부재화/초월'을 가리키는 것일 수 있다.[1)] (210320)

물음 1.

"ㅂㄷ는 필자가 강조하는 현대의 예술 행위가 인간의 다른 인식과 행위들로부터 어떻게 구별될 수 있는가에 대한 해명을 요구한다. 자기를 타자화하는 접신술이나 망아(忘我)의 경험마저도 내재성의 형식에서 벗어날 수 없는 것이라면, 현대의 예술은 어떤 점에서 내재성의 형식에서 이탈하는 것인가?"

"종이 위에 물감을 뿌리는 잭슨 폴록의 예술 행위는 이미지를 창조하려

---

1) 『야생의 진리』 Σ5. "매 순간이 초월하는 삶: 순간의 논리" 참고.

는 의도에 묶여 있는 것이 아니다. 그의 작품은 초월자를 향해 던지는 상상이나 가상 같은 것이 아니다. 폴록의 그림(그림 7)은 초월자의 내면화된 이미지가 아니라 행위의 흔적일 뿐이다. 여기에 나타난 형상들은 작가의 의도와는 아무 관계가 없다. 그림에 필요한 사물들인 물감, 물감을 짜는 튜브, 물감을 적시는 붓, 캔버스, 작용하는 중력 등이 각각의 물성들이 각자의 방식으로 자기의 성향을 실현하도록 내버려 둔 결과물이다. 물질들이 각자의 성향에 따라 상호 교류하는 자연적 흐름의 장에 작가의 몸을 함몰시킨 것이다."

"이러한 예술 행위에는 초월자 *X*를 향해 던지는 상상 또는 그물도 없으며, 시나리오도 없다. 물성들의 조화와 배제로 이루어지는 자연에로의 함몰이 있을 뿐이다."

"'자연에로의 함몰'이라는 현대 예술의 목표는 '초월성의 내재화'로 요약되는 과거 예술 행위와는 완전히 결별하고 있음이 분명하다. 현대 예술에 있어서는 *X*(   )를 향한 어떤 시나리오도 없으며, 사실적이거나 변형된 이미지조차 없다. 그 행위는 가상이라거나 심지어 상상이라고 할 만한 행위도 포함하지 않기 때문이다. 앞서 사례로 든 폴록의 경우 이미지는 어떤 실재도 모사하거나 재현하지 않는다. … … 폴록의 예술 행위는 자연의 물성이 각자의 방식으로 펼쳐가는 조화 속에 자신을 함몰시키고 있을 뿐이다. 함몰의 결과는 아무도 예측하지 못한 '죽음과 재탄생'이다."

"물성들 간의 자연적 조화에 행위를 함몰한다는 것이 '천재지변으로 한 생명의 계통이 멸종당하는 사건'에 해당할 수는 없을 것이다. 현대 예술이 추구하는 '자연에로의 함몰'을 '$\neg x \Rightarrow X(\ )$'로 요약하기는 힘들 것이다. 하지만 자연의 조화와 배척 관계에 따르는 행위는 '$X(\ ) \Rightarrow \neg x$'에 해당하지는 않는다. 이 행위에 $\neg x$는 없기 때문이다. … … 개체의 의지와 자의(恣意)가 일체 개입할 수 없는 물성의 조화와 배척을 '한계 너머에 초월자의 고유한 결정권'으로 해석할 수는 없는가?"

"원시의 예술 행위는 종교의식(儀式)과 본질적으로 다르지 않았고, 원시의 종교의식은 '죽음과 재탄생'의 과정을 재현하는 것이었다. 위의 인용에서 ㅂㄷ가 들고 있는 사울의 예시는 원시적 종교의식과 궤를 같이하는 것으로 여겨진다. 격파를 통해 삶의 한 단락이 마감되고 또다시 탄생하는 과정을 '$\neg x \Rightarrow X(\ )$'로 요약할 수 있다면, 원시의 예술 행위는 그에 해당하는 것으로 볼 수도 있다. 필자가 보기에 현대 예술은 원시예술의 부활이며, 예술의 자기 회복이다. 그렇다면 '$X(\ ) \Rightarrow \neg x$'라는 도식으로 함축되는 과거로부터 완전히 결별하여 새롭게 자신을 정립해가는 현대 예술을 '$\neg x \Rightarrow X(\ )$'로 요약하는 것이 어느 정도 가능하지 않을까? … … 진정한 예술은 '$X(\ ) \Rightarrow \neg x$'의 형식에서 벗어나 '$\neg x \Rightarrow X(\ )$'의 형식을 향해가는 그 어디쯤 있지 않을까?"[2)]

2) 위의 질문은 **한국연구원** 심포지엄 (2020년 12월 22일) 이후 2차 발표글 조성우 박사의 "'x의 존재론'을 통한 현대 예술의 이해"에서 따옴.

답변 x-1.

모사(copy)와 재현(representation)에 매달림으로 인해 빠질 수밖에 없는 인간적 자의로부터 해방되기 위한 전략과 방법을 추구해 온 오랜 역사가 실은 자연의 진리를 탐구하는 과학사 가운데서 이루어져 왔다. 과학자들은 그들의 온갖 창의적 발상에 따라 자연의 법칙과 이론을 구축하는 데서 일을 끝내는 것이 아니고, 그 법칙과 이론에서 인간적 자의성을 제거하고 그것의 객관적 타당성을 검증하는 엄격한 실험 절차를 추가로 마련해야 한다.

왜냐하면, 그들이 구축하는 법칙과 이론에는 불가피하게 그들의 인간적 자의 곧 기억과 상상 'x ⇨ ¬x'의 과정이 끼어들기 때문이다. 그래서 그들 자신의 자의적 발상에 끼어드는 지나침에 대해 가능한 한 제동을 걸어줄 어떤 검증 절차를 장치해야 한다. 그런 검증 장치로서 실험 방법이란 그들 자신의 이론 구축 행위에 스며드는 인간적 자의를 억제 차단해 줄 시험대로서 작동하는 것이다. 본디의 자연 자체에 의해 인간적 자의를 억제 초월하도록 하는 격파의 장치 곧 '⇨ X( )'를 '선행적으로' 설치하는 것이다. 이 지점에 이르면 과학에서 행하는 실험의 장치는 역시 모사와 재현을 지양하며 인간적 자의를 억제 초월하려는 행위 예술 이를테면 잭슨 폴록의 '액션 페인팅'과 같은 전략이라고 볼 수 있다.

그렇다면 과학적 실험 행위는 인간적 자의를 억제 격파한 '⇨ X( )'라는 경계에 도달하는 것으로 인정할 수 있는가? x의 존재론에서는 '⇨ X( )'에 근접하는 한 격파의 사례로서 전혀 예상할 수도 대항할 수도 없도록 '의도 밖에서' 닥쳐오는 재난 이를테면 죽음을 한 사례로 든다. 그렇게 '의도 밖에서' 닥쳐오는 무수한 사례들 가운데서 죽음을 맞이하는 모양을 들려주는 한 장례지도사의 다음과 같은 정리가 있다.

> "빈소는 이루 말할 수 없이 침통했다. 창창한 나이도 그렇거니와 둘이 떠난 신혼여행에서 한쪽만 살아 돌아왔으니. … … 며칠 전 결혼식에 참석했던 친구들은 옷만 바꿔 입고 장례식에 조문을 와야 했다. 다들 믿을 수 없다는 표정이었다. 활짝 웃으며 찍었던 웨딩사진이 흑백의 영정사진으로 둔갑했다."[3] "이런 날벼락이 어디 있겠는가. 죽음이 아무리 예측 불가라 해도 너무 가혹하다는 생각이 든다."[4] "죽음은 삶의 순간순간마다 이미 다가와 있는 가능성이다."[5]

과학에서 추구하는 자연의 법칙과 이론을 검증하는 실험 장치는 과연 인간적 자의성 또는 인간적 '의도 밖에서' 닥쳐오는 참 격파의 증거 위에 토대하는 것인가? 이를테면 그런 격파의 증거로서 모색하는 칼 포퍼의 '반박 가능성'(falsifiability)이라는 것은 과연 저 날벼락 같은 죽음처럼 전적으로 '의도 밖에서' 닥쳐오는 격파에 해당하는 것인가? 잭슨 폴록이 실험하는 행위 예술 역시 인간적 '의도 밖에서' 닥쳐오는 진정한 격파에 해당하는 것인가? (210323)

---

3) 양수진, 『이 별에서의 이별』 파주, 경기: 문학동네, 2018. 41쪽.

4) 양수진, 『이 별에서의 이별』 파주, 경기: 문학동네, 2018. 83쪽.

5) 양수진, 『이 별에서의 이별』 파주, 경기: 문학동네, 2018. 46쪽.

칼 포퍼 자신에 따르면 인간적 자의를 제거 초월하기 위한 모든 실험적 행위는 '자연을 향한 물음'이다. 그는 과학에서의 실험 행위를 이렇게 서술한다.

"대담한 발상, 근거 없는 예상, 상상의 유희는 자연을 해석하기 위한 우리들의 유일한 수단이다. ... ... 실험이라는 것은 [인간적 자의를 격파 제거하려는 계획에 따라] 그 절차가 인도되고 있는 계획된 행위이다. …… 그 행위를 취하는 자는 우리들이다. … 자연을 향해 던지는 질문은 언제나 우리들이 만들어낸다."[6)]

그 실험 곧 '우리들의 질문'에 따라 자연의 대답은 달라진다. 그러므로 자연 자체 또는 '물 자체'가 품고 있을 미지의 그것 x가 도대체 무엇인지 확인할 수 있는 그런 실험 그런 질문은 마련할 방법이 없다.

"오히려 과학 방면에서든 일상생활에서든, 인간의 인식 활동에 관여하는 주관적 제약조건을 벗어날 수 없다는 것을, 그들[논리 실증주의자들]의 후속 세대인 칼 포퍼, 토머스 쿤, 폴 파이어벤트 같은 과학철학자들이 인정할 수밖에 없게 되었다. 그들 가운데 과학적 세계관에 대해 가

6) Karl Popper, ***The logic of scientific discovery***, rev. ed., NY: Harper & Row, 1965. p. 280.

장 근본적 반성에 이른 파이어벤트는 다음과 같이 말한다."[7]

"우리들이 몸을 의탁하고 있는 세계는 우리들의 폭발하는 상상의 한계 밖으로 넘쳐난다." … … "[상상의 한계 밖의] 것들이 우리들을 둘러싸고 있는 세계 전체에서 제외되거나 '분리되어' 버려진다. 흥미롭게도 그렇게 버려진 다음에 남은 것들이 '실재하는' 것이라고 [잘못] 지정되는데, 그 남은 것들이 전체[실재] 자체보다 더 중요하게 여겨진다는 데에 [문제가] 있는 것이다."[8]

"그러므로 다시 확실하게 말할 수 있는 것은, 인간의 인식 또는 상상에 들어와 떠오르는 대상들 또는 객체들이라는 것은, [우리들의 물음 또는 실험 밖에 있을] 물 자체로서의 실재일 수가 없는 것이라는 점이다. 말하자면, 물리적 사변적 탐구자들이 추적하며 관계하며 연결하려는 객체들이라는 것이, 칸트가 제시하는 선험적 또는 주관적 제약조건으로부터 해방된 것도 자유로운 것도 아니라고, 폴 파이어벤트 같은 후세대의 과학이론가들이 증언하고 있는 것이다."[9]

이처럼 과학자들의 '실험 행위'에 의한 자연의 탐구가 그들의 인간적 자

7) 『야생의 진리』 Σ3.의 **풀이 2.** " '인류세'라는 위기" 줄기글 **5.**에서 따옴.

8) Paul Feyerabend, ***Conquest of abundance: A tale of abstraction versus the richness of Being***, ed. Bert Terpstra. Chicago: The University of Chicago Press, 1999, 2001. p. 3, p. 5.

9) 『야생의 진리』 Σ3.의 **풀이 2.** " '인류세'라는 위기" 줄기글 **5.**에서 따옴.

의로부터 완전히 탈출해서 자연의 실재 자체로부터의 응답 곧 격파 '⇨ X( )'에 이를 수 없다면, 과연 '액션 페인팅' 같은 행위 예술에서 추구하는 인간적 자의로부터의 해방 곧 격파 실행 '⇨ X( )' 역시 불가능한 것이 아닌가 하는 의문이 남는다. (2100324)

"한 수학자는 자연의 사물 사건에 숨겨진 수학적 공식 또는 그 형상에서 시와 미술과 음악에서 발견하는 것과 같은 우아함과 아름다움을 본다. 이 수학자는 그의 수학적 물리적 탐구과정에서 각 분야의 예술가들이 하는 창작행위에서처럼 무한의 자유를 행사하며 우아함과 아름다움의 형식과 형상을 창조하는 동일한 발상에 따르고 있다며, 다음과 같이 설명한다."[10)]

"수학은 시와 미술과 음악에 못지않게 그의 무한한 가능성 그리고 우아함과 아름다움을 간직하고 있다는 것을 나는 깨달았다." "수학은 관습적인 것의 장애들을 깨뜨리는 한 방법이다. 그것은 진리를 향한 무제한의 상상을 표현하는 것이다. 무한의 이론(the theory of infinity)을 창시한 수학자 게오르그 칸토르는 이렇게 말했다. '수학의 핵심은 그것이 품은 자유에 있다. 그것은 도그마와 편견으로부터 우리를 해방하며 새로운 개척의 능력을 배양한다.'"[11)]

---

10) 『진리의 패권은 사람에게 있는 것이 아니다』 고양, 경기: 사월의책, 2017. 20쪽.

11) Edward Frenkel, ***Love & Math: the heart of hidden reality***. New York: Basic Books, 2013. pp. 3-4.

> "그러니까 시인과 수학자의 창조적 발상과 실험은 영원의 한 기억체 x에서 '발현하는' 무제약적인, 말하자면 [아직] 절제(切除)와 격파를 당해 보지 않은 아니면 [그런 것을] 망각한 상상 행위 $\neg x$, 곧 '$x \Rightarrow \neg x$'라는 동일한 진행 과정 위에서 이루어지는 것이다. …… x의 존재론에서 x, 특히 그 뿌리인 X로써 대표하며 가리키는 그것은 인간의 어떤 기발한 접근 아니면 실험[행위]에 의해서도 결코 그 정체성을 확인하거나 접근할 수 없는, 그래서 영원히 닿을 수 없는, 그럼에도 일상의 모든 것의 현재에 침입해서 그의 운명을 결정하는, 그러므로 언제나 초월하는, 그런 힘을 발휘하는 것이다."[12]

그러므로 인간적 자의로부터 탈출하기 위해 끊임없는 실험을 하는 과학자들이나 그들에 덜하지 않은 자의로부터의 탈출모험을 감행하는 행위 예술가들이나 다 함께 아직 '도달 불가능한' 인간적 자의로부터의 해방 곧 태초의 격파 '$\Rightarrow X(\quad)$'를 기억하며 추구하는 실험과 모험으로써 다만 현재[자아] 해방, 현재[자아] 초월의 순간들을[13] 연습하고 있는 것이다. (210325)

---

12) 『진리의 패권은 사람에게 있는 것이 아니다』 고양, 경기: 사월의책, 2017. 21쪽.

13) 『야생의 진리』 Σ5. "매 순간이 초월하는 삶: 순간의 논리" 참고.

김동규 박사의 물음을 중심으로

x의 존재론을 이해함에 있어 이를테면 한 사람 x의 출현 배경 또는 근거로 제시하는 자연과 생명과 삶의 실상에 관한 이야기들 곧 우주물리학과 계통발생 및 개체발생의 생물학, 고고 유전학과 인류학, 역사철학과 사회학 같은 분야의 이야기들은 불가결한 선수 과정이다.

김동규 박사는 나에게 보낸 어느 연말 이메일에서 『x의 존재론』에 '사랑'과 '윤리'에 관한 이야기가 없거나 부족하다는 몇 마디 평가 끝에 이렇게 말했다.

> "'개체성의 자연보호와 독선 금지', 좀 가혹하게 말한다면, 재기발랄하지도 심오하지도 매력적이지도 않은 문구입니다."[1)]

1) 『진리의 패권은 사람에게 있는 것이 아니다』 2019. 13쪽.

새해 준비를 겸한 이메일에 담긴 평가로는 이렇게 센 표현이 좀 뜻밖이었지만, 나는 언제나 그의 질문에 감사하는 마음이 있었으므로 그 평가에 대한 충실한 답변과 근거 해명을 그 뒤에 출간한 「철학선집」 V.(2019)에 실었다.

> "김 박사의 질문은 언제나 그렇듯이 내가 모험하는 사상에 대해 회의적이거나 비판적인 분들이 지니고 있을 법한 의문들을 예상하며 대변하는 것이어서 나는 그에 늘 감사하는 수혜자임이 틀림없다."[2)]

실로 '독선 금지'란 x의 존재론을 이끌고 가는 한 방법의 핵을 이루는 것이다. 그러해서 이 핵을 맴도는 대화에 어떤 변화와 발전이 이루어졌는지 아래에 김 박사의 **질문**을 1.과 2.로 발췌하고 그에 대한 답변을 x−1.과 x−2.로 정리해 본다. (210325)

물음 1.

"박동환은 '개체성의 자연보호와 독선 금지'를 '제1의 도덕률에 근접한 것'으로 제안하기는 한다.(선집 IV, 539-40쪽 참조) 윤리적 색조가 가미된 '개체성의 자연보호와 독선 금지'라는 말은 x의 존재론의 거대 스케일에 비하면 지나치게 앙상한 문구임이 분명하다. 게다가 오해의 소지가 많은, 적확하다고 말하기 어려운 용어다. 자연보호라는 말은 한때 국가적 캠페인으로 쓰이던 말인데, 이 표현대로 인간이 과연 자연을 보호할

2) 『진리의 패권은 사람에게 있는 것이 아니다』 2019. 12쪽.

만큼의 역량을 가진 존재인지, 역으로 자연이 과연 보호받을 정도로 허약한 존재인지 의심스럽다. 박동환의 반-인간중심주의 철학에는 전혀 어울리지 않는다. 무엇보다도 문제가 되는 것은 '보호해야만 한다'와 '독선을 피워서는 안 된다'라고 읽히는 '금지'라는 용어다. 이 당위는 도대체 어디에서 나오는 것일까?"

"생명체는 타자를 먹고 살아간다. 먹히는 것은 먹는 자에게 대상일 수밖에 없다. 지네를 삼킨 살모사의 경우, 살모사가 지네를 x로 인식하고 보호해야 할까? 지네를 먹는 것은 살모사에게만 유독 좋은(獨善) 것이기에 그래서는 안 된다고 말해야 할까? 소위 약육강식이 벌어지는 곳에서 '개체성의 자연보호와 독선 금지'라는 말은 과연 어떤 반향을 얻을 수 있을까? 이런 설정이 우스꽝스럽게 들린다면, 자연보호와 독선 금지는 단지 인간에게만 국한된 말이라고 이해할 수 있다. 하지만 그렇게 보기도 어렵다. 몸을 가진 모든 것들은 x라는 점에서 평등하며 사랑조차 자연현상으로 환원된다고 보기 때문이다. 살모사에게도 똑같이 자연보호와 독선 금지를 적용해야 한다. "땅다람쥐를 포함하는 자연의 생명 일반이 그의 몸 x에 지니고"(선집 V, 18쪽) 있는 것이 사랑이라면, 자연보호와 독선 금지도 그 근거가 자연에 있을 것이다."

물음 2.

"모든 물음이 짊어져야만 하는 물음의 운명. 그리하여 이 글의 최종 과제는 x의 존재론에게 물음의 책임을 끝까지 묻는 일이다. … … 그러나 중요한 한 가지를 진지하고 철저하게 묻지 않았다. 알고 싶어 묻는 마음, 필리아, 사랑이 그것이다. 무엇이라 이름하든 이것에 대한 통렬한 반성이 생략되어 있다."

"'이다'(be)로 짜인 사실 세계에서는, 그것도 미지(未知)를 핵심으로 삼는 x의 존재론에서는 '그래서는 안 되고 이래야만 한다'는 당위(should)의 언사는 불가능하다. 물론 사실들의 집적(集積)이 어느 정도까지 당위의 정당성을 설명해주기는 하지만, 기껏해야 보완 역할만 할 수 있을 뿐이다. x의 존재론에서 당위의 출처를 찾을 수 없다. 당위는 존재로부터 도출된 것이 아니기 때문이다. 존재 물음의 부산물인 지식, 소피아에 당위는 없다. 소피아에는 오직 '이다'만 있을 뿐이다. '이어야 함'은 오직 (존재 물음을 추동하는) 필리아에서만 나올 수 있다. 불가해한(x처럼) 필리아만이 조건 없는 당위를 말할 수 있다."[3)]

답변 x-1.

김동규 박사의 '필리아' 곧 사랑은 고대 그리스 전통의 철학 곧 '지혜 사랑' '필리아 소피아'가 키워온 인본 인문주의 세계관 안에서 일어나는 현상일 수 있다. 그런 인본 인문주의 사조에 포위되어서, 김 박사가 이해하는 '자연'은 그 발현 또는 실현 가능성이 지극히 협소하게 제한되어 고사 직전에 있다.

---

3) 위의 **물음 1. 2.**는 **한국연구원** 심포지엄(2020년 12월 22일) 이후 2차 발표글 김동규 박사의 "물음의 책임: 박동환 철학의 지렛목"에서 따옴.

그는 '자연'으로부터 '생명'을 그리고 다시 '사랑'을 이끌어 내보여주는 현대 과학자들의 연구에 전혀 무관심하거나 무지하다.

그래서 김 박사가 말하는 사랑과 당위라는 것이, 그 뿌리를 따져 들어가면, 결코 자연과 대립해서 아니면 독립해서 이루어질 수 없는 것이라는 점을 다시 설명하지 않을 수 없다. 영원에 소속하는 한 기억체계로서 개체 실존 x가 지니는 특성과 개체성이라는 것은, 수십억 년을 거쳐서 이루어진 자연의 소산이다. 그렇게 영원의 기억체계로서의 자연과 그로 비롯하는 생명, 그 무한의 상상과 공감 능력을 품은 생명과 그로 비롯하는 사랑의 실천이 결코 서로 분리되어 일어나는 현상일 수가 없는 것이다.

자연과 사랑, 존재와 당위, 또는 'is'와 'ought'가 이분법적으로 분리되어 서로 독립한 영역인 것처럼 김 박사가 이해하게 된 데는, 아마도 일부의 서양철학 사조 특히 경험주의 또는 실증주의 계열의 주장 가운데서 더욱 조장되고 영향받은 바가 한몫하는 것일 수 있다. (210203)

그러나, 이를테면 공자의 한 탐구 방법인 '반구'(反求)의 태도에 따르면, 인간의 어질고 착한 행위는 그 자신의 마음 가운데서 우러나는 '타인을 향한 배려로서' 이루어지는 타고난 자연의 성향이다.[4] 그리고 그 반구

---

4) 『안티호모에렉투스』의 **4.** "古代 漢語와 原始 反求: 철학사 비판 **I.**"에서, 고대 중국의 한어(漢語)를 배경으로 해서, 현대 생명과학의 한 실험 절차인 'S⇨O⇨R'의

의 접근방법은 공자 이전 은주(殷周)시대로부터 사람과 자연, 사람과 천제(天帝) 사이에서도 소통과 검증의 매체로서 동원되던 것이다.

나아가 그 반구의 접근방법은, 현대과학에서 자연에 접근하기 위한 모든 실험 방법 곧 자극과 반응, 실험과 검증 사이의 함수관계 구축에도 다음과 같이 사용되는 것이다.

> "인간 또는 생명 유기체(Organism)를 이해하는 데는, 그 살아 움직이는 내면으로 들어가 볼 수가 없으므로, 그에게 어떤 자극(Stimulus)을 던져서 그로부터 돌아오는 반응(Response)의 관계 곧 'S⇨O⇨R'이라는 관계식에 의해 접근하는 것이 한 대안의 방법이다."

> "그런데 그러한 접근방법은, 심리학 같은 행동과학(behavioral science) 분야에서만이 아니고, 물리 과학(physical science) 분야에서도 행하는 실험 방법으로서 같은 일을 하는 것이다. 그래서 생명 유기체이든 물리적 자연이든 그것을 향해서 자극/질문을 던지고 그로부터 돌아오는 반응/응답을 함수관계로 묶으면, 그것이 곧 우리가 모든 분야에서 실험적으로 검증하려는 자연의 법칙인 것이다."[5]

따라서, 이를테면 '어떻게 할 것인가?' '무엇이 나의 상대가, 손님이, 또

원시 모형이라고 할만한 '원시 반구'(原始 反求)가 은대(殷代)에서 공자(孔子)에 이르기까지 이미 이해 사용되고 있었음을 설명하고 있다. 『안티호모에렉투스』(2001년 초판) 고양, 경기: 사월의책, 2017. 61-100쪽. 참고.

5) 『야생의 진리』 Σ1. "모든 이야기의 핵심에는 *x*가 있다"의 줄기글 3.에서 따옴.

는 자연이 요구하는 것인가?'라는 물음은, 자연의 생명이 수십억 년 동안 그리고 인류가 수백만 년 동안 그의 삶과 탐구의 장구한 시간을 거치면서 그의 기억과 상상에 저장하게 된 '배려와 타협 그리고 화해(和諧; 그러나 和解가 아닌)' 곧 사랑의 한 접근법이다. 저 '반구'의 접근법 안에서 자연과 사랑, 존재와 당위 사이를 가로막는 인위적 장벽의 이분법은 사라진다. (210204)

그렇게 장구한 자연의 시간을 통과해온 치열한 삶과 탐구의 여정을 회고하며 반성하는 생각의 단편들이 여기에 남아 있다.

> "나의 입안에 들어 있는 생선구이는 즐거움인가 고통인가? 이것을 누구의 느낌으로 말할 것인가? 먹이를 얻어 생명에 힘을 더할 나의 즐거움인가? 먹혀들어 가는 생선의 몸부림치는 고통에다 그 고통스러운 몸부림을 함께 느끼는 나의 고통인가? 나의 입안에 든 생선구이는 즐거움이면서 고통이다. 어느 한쪽의 느낌과 인식을 가지고 말하기 어려워지는 파라다이스의 마음이 떠오른다. 마음이 그 자신이 기숙(寄宿)해 있는 신체의 물리적 그리고 국지적 동일성에 따라야 할 필연성이 없다."[6]

> "자연계는 어떻게 약육강식의 사슬 위에 세워지는가? 갑의 생명을 을이 좌우하고 을의 생명을 병이 좌우한다. 그리고 한 생명으로서 아무도 좌우하지 않는 자는 없거니와 아무에게도 좌우되지 않는 자도 없다. 자연에 존재하는 것들은 강약으로 얽힌 고리에 묶여 있다. 이 자연의 고리에

---

6) 『동양의 논리는 어디에 있는가』(1993년 초판) 고양, 경기: 사월의책, 2017, 51쪽.

서 벗어난 자 누구인가? 이 자연의 사슬을 거부한 자 누구인가? 이 자연의 질서처럼 도덕적으로 이해할 수 없는 사태는 다시 찾기 어렵다."[7]

그래서, 아마도 저렇게 떠올리는 약육강식하는 자연의 상황에서 절실한 사랑 나아가 희생이라는 것은, 실은 '서로 사랑'을 뜻하는 '필리아'라는 인위적 당위의 수준을 넘어서야 비로소 실현 가능한 것일 수 있다. 그러므로 인류는 문명 이전으로부터 자연의 삶과 탐구에서 드러난 공존과 타협 그리고 화해(和諧)의 필요에 귀를 기울이며 수많은 종파의 구도자들이 뿌리 깊은 행위의 근거 *x*를 추적했고, 그런 추적과 수행 끝에 비로소 '자기 소멸' 그리고 '자기 초월'[8]이라는 높은 위계의 명령을 발견했을 것이다. 이는 인위적 '당위'가 끼어들기 이전에, 자연에 몸이 소속하는 누구도 그리고 어떤 생명도 어길 수 없는 자연의 '명령'으로서 다가오는 것이다.

*x*의 존재론에서 말하는 행위선택은 언제 무력화(無力化)해서 사라질지 모르는 인위적 이분법 곧 '존재'에 대항하는 '당위'에 호소해서 이루어지는 것이 아니다. 그의 행위선택은 자연에 몸을 드러낸 모든 존재에게 다가오는, 그래서 어겼을 때 응분의 대가를 치르는, 그런 자연의 질서로부

7) 『서양의 논리 동양의 마음』(1987년 초판) 고양, 경기: 사월의책, 2017, 23쪽.

8) "어느 순간에도 모든 존재하는 것들의 부재화(不在化)가 일어나고 있다. 그렇게 매 순간의 부재화로써 현재를 초월하는 새로운 삶을 산다. 매 순간은 영원을 향해 '자신'을 부재화[소멸]하며 초월하는 삶이다." 『야생의 진리』 Σ5. "매 순간이 초월하는 삶"의 줄기글 10.에서 따옴.

터 밀려오는 '명령'에 호소해서 이루어진다. 그런 명령의 원천 *x*로서의 자연의 질서는 이를테면 다음과 같은 한 국면의 명제로 대변할 수 있다.

> "삼켜도 삼키는 자의 것이 되는 것은 아니다."[9)]

(210206)

그렇게 높은 위계의 행위 근거 *x*를 향한 추적과 수행 그 고난의 길을 회고하며 추체험하는 일은 모든 사람에게 열려있다.

> "그들의 일생 가운데서 모든 경우에 입게 되는 존재의 모양들은 항상 불타는 경계 위에 놓여 있다."

> "그런데 자기 아이를 살해한 범인을 자기의 양자로 받아들인 손양원 목사의 경계는 어디까지 나가 있는 것인가? … … 예수는 어떤 마음으로 '원수를 사랑하고 너희를 박해하는 사람들을 위하여 기도하라.'(「마태」

---

9) 『*x*의 존재론』 Ⅳ. "삼켜도 삼키는 자의 것이 되는 것은 아니다."(137-164쪽) 고양, 경기: 사월의책, 2017. 참고. 그리고 148쪽에서 따온 글(1) 참고.

(1) "하나의 문화권 또는 사회 안에서는 한 구성원 존재가 다른 구성원 존재를 어떤 형태로든 삼키는 행위는 그래도 법에 의해 또는 도덕의 명목에 의해 (제대로 지켜지고 있지는 않더라도) 마구 자행되고 있지는 않다. 그러나, 기회가 허락하는 한, 한 나라는 다른 나라를 삼키기 위한 온갖 모양의 전략 또는 전쟁을 거침없이 실행하고 있다. 20세기에 들어 메이지(明治) 시대의 일본은 당시에 쇠잔해 가는 조선을 치밀한 계획에 따라 삼켰는데, 왜 17세기의 청 태종 홍타이지는 그의 무릎 앞에서 머리가 땅에 닿도록 항복의 절을 하고 있는 인조(仁祖)의 나라, 풍전등화에 다름이 없는 조선을 그 자리에서 덥석 삼켜버리지 않았을까?"

5:44) 하였는가? 20세기 불교의 뛰어난 해설가 틱낫한은 왜 붓다의 깨달음을 '모든 존재가 연이어져 있음'(inter-being) 곧 모든 있음의 '무아'(無我)라고 요약하였는가? 저 끝없이 이어지는 이야기들이 설파하고 있는 것은 모든 존재에 주어진 '자아의 경계가 항상 불타고 있음'이다."

"그들의 불타는 경계가 어디에 있는 것인지 말할 수 없을 만큼, 끝없이 멀리 나아가 있을 때가 있고, 아주 깊숙이 안으로 쳐들어와 있을 때가 있다."[10]

따라서 약육강식하는 자연의 질서 가운데서 발견한 '배려와 타협 그리고 화해(和諧)'의 필요는, 수십억 년 적어도 수백만 년을 거치면서 터득한 자연 그리고 생명의 반구 행위, 그런 사랑의 접근법을 낳았다고 풀이할 수 있다. 그렇게 서로 사랑의 '필리아'를 지탱하던 자연과 사랑, 존재와 당위, 'is'와 'ought'라는 인위적 단절의 이분법 아니면 실증주의자들의 이분법은 자연 그리고 생명의 일관된 '반구 행위'로 대체된다.[11]

여기서 x의 윤리학 이전에 x의 자연학, x의 존재론, x의 사회학, x의 신학을 완성해야 하는 우선의 과제가 주어지는 것이다. 김동규 박사는 x

---

10) 『야생의 진리』 Σ6. 의 **간추림 1.** "불타는 자아의 경계 위에 살다"의 줄기글 **1.**에서 따옴. 이처럼 항상 불타는 자아의 경계 위에서 일어나는 끝없는 이야기들 가운데 작품화된 12가지를 같은 책 Σ**6.**의 이야기 **1.**에서 **12.**에 이르기까지 조명하고 있다.

11) 『야생의 진리』 Σ**1.**의 **붙임 1.** "x의 계보: 그 합류와 독립의 역사" 줄기글 **4.** 참고.

의 윤리학에 접근하는 길에서 자연과 사랑, 존재와 당위 같은 이분법 곧 전혀 도착(到着) 불가능하도록 스스로 가설한 험준한 단절의 협곡에 빠져 버린 것이다. (210203)

답변 x–2.

"물음의 책임"? 김 박사는 자신이 지목하는 그 사항 "알고 싶어 묻는 마음, 필리아, 사랑"에 관련해서 끝까지 묻는 '물음의 책임'을 다하지 않은데 대해 박동환이 '통렬한 반성'을 하지 않고 있다고 다음과 같이 꾸짖고 있다.

> "이 글의 최종 과제는 x의 존재론에게 물음의 책임을 끝까지 묻는 일이다. … … 그러나 중요한 한 가지를 진지하고 철저하게 묻지 않았다. 알고 싶어 묻는 마음, 필리아, 사랑이 그것이다. 무엇이라 이름하든 이것에 대한 통렬한 반성이 생략되어 있다."[12]

이렇게 자기 주관적인 주문이 있을 수 있을까? 물음이란 그가 누구이든지 그를 향한 독선(獨善)의 책임이 얼마나 큰지를 느끼는 두려운 '반구'의 마음으로 삼가며 다가가는 '자연의' 접근법이다. 그래서 나의 물음은 독선 금지의 한계 앞에서 멈춘다. 그런데 김 박사의 지나친 도발은 나로 하여 그 독선 금지의 한계를 넘어가도록 이끈다. 김 박사는 자신이 이해할 수 없는 존재 x 그자에 대한 통렬한 평가의 책임은 어떻게 처리하는

12) 김동규 "물음의 책임: 박동환 철학의 지렛목"에서 따옴.

지 궁금하다. x에 접근하는 방법의 핵심을 이루는 '독선 금지'에 대해 그는 다음과 같은 포괄적 평가를 하고 있다.

> "윤리적 색조가 가미된 '개체성의 자연보호와 독선 금지'라는 말은 x의 존재론의 거대 스케일에 비하면 지나치게 앙상한 문구임이 분명하다. 게다가 오해의 소지가 많은, 적확하다고 말하기 어려운 용어다. 자연보호라는 말은 한때 국가적 캠페인으로 쓰이던 말인데, 이 표현대로 인간이 과연 자연을 보호할 만큼의 역량을 가진 존재인지, 역으로 자연이 과연 보호받을 정도로 허약한 존재인지 의심스럽다. 박동환의 반-인간중심주의 철학에는 전혀 어울리지 않는다."[13]

자연보호에 관련해 1970년대에 일었던 치산녹화 같은 국가 캠페인을 떠올리는 김 박사는 21세기 위기의 지구 환경론과 생물생태학에서 이루어진 자연과 생명의 관계론에 조금이라도 접하고 있는지 정말 의문스럽다. 그리고 독선 금지와 자연의 접근법에 관한 저렇게 몰(沒)이해한 평가의 책임을 김 박사는 어떻게 처리하는지 궁금한 것이다. 사랑의 전도사처럼 자처할 때의 이해와 금도는 보이지 않는다. 그러므로 차라리 일방적 '평가'가 아닌 반구의 '물음'이 오히려 자연스러운 사랑의 접근법일 수 있지 않겠나 생각하게 되는 것이다.

김 박사가 강조하는 사랑은 그 자신이 일상의 어떤 범위에서 실천하고 있는 것인지 그것이 또한 궁금하다. 인간으로서 각기 자신이 행하고 있

---

13) 김동규 "물음의 책임: 박동환 철학의 지렛목"에서 따옴.

는 사랑의 범위가 어디까지인지 돌이켜 보면 때로는 아주 가까운 사이에 때로는 아주 먼 사이에 국한되어 있는 것이다. 대개는 같은 무리 안에서 '끼리끼리'의 사이를 벗어나기 어렵다. 그래서 기껏해야 같은 무리 안에서 이루어지는 사이 관계에 대해 사랑의 접근이 당위로서 또는 윤리로서 강조되는 것이다.

그런데 다시 돌이켜 보면, 같은 무리 안에서 이루어지는 배려와 희생 곧 김 박사가 말하는 사랑의 행위는 반드시 인간에게서만 발견되는 것은 아니다. 생태생물학자들은 동물(animals)의 같은 무리 안에서도 인간(humans)의 그것에 덜 하지 않은 배려와 희생 곧 사랑의 실천이 있음을 발견한다. 이를테면 땅다람쥐는 그들 무리 안의 사이 관계에서 사랑의 행위를 표현한다는 것이다. 그래서 한 땅다람쥐는 자신이 포식자에게 노출되어 희생될 것이 뻔한 지점에서 경고의 신호를 우렁차게 울리며 그의 동료들이 피신할 때까지 기다리는 장면을 한 생물학자가 관찰하게 되는 것이다.[14)]

'개체성의 보호와 독선 금지'에 대한 김동규 박사의 질문에서 던진 다음과 같은 해석과 비판은 어떤 수준의 분별력을 토대로 한 것인가?

> "지네를 삼킨 살모사의 경우, 살모사가 지네를 x로 인식하고 보호해야 할까? 지네를 먹는 것은 살모사에게만 유독 좋은(獨善) 것이기에 그래서는 안 된다고 말해야 할까? … … 몸을 가진 모든 것들은 x라는 점에

---

14) 『진리의 패권은 사람에게 있는 것이 아니다』 17-18쪽 참고.

서 평등하며 사랑마저 자연현상으로 환원된다고 보기 때문이다. 살모사에게도 똑같이 자연보호와 독선 금지를 적용해야 한다."[15]

김동규 박사가 말하는 사랑이라는 것이 한 무리 안에서 이루어지는 가깝고 먼 '사이 관계'에 해당하듯이 당연히 살모사는 살모사끼리 그리고 지네는 지네끼리 각기의 무리 안에서 이루어지는 사이 관계에 해당하는 것이다. 이렇게 각기의 고유한 사이 관계에다 살모사는 지네를 먹어서는 안 된다는 임의의 규칙을 끌어들여서 종류가 다른 무리들 사이에도 적용할 것이냐고 묻는 억지 해석을 하고 있다.

그러나 어떤 이는 종류를 넘어 모든 생명에 대해 가능한 한 살생금지를 계율로 삼기도 한다. 어떤 이는 생명은 그 종류를 넘어 모두 귀한 값을 갖는다고 설명하기도 한다. 한 식물학자는 한결같이 흐르는 자연의 생명 계통 안에서 인류 자신의 위치를 겸허히 돌이켜 보기를 제안한다.

"우리가 인식해야 하는 것은, 하나의 넓은 범위 안에서, [인간은] 침팬지나 개들뿐만이 아니라 해당화나 세쿼이아 거목과도 하나의 생물학을 공유하고 있다는 것이다. 그래서 우리가 활짝 핀 장미 덩굴을 바라보면, 이는 오래전에 헤어진 먼 사촌을 만나는 것이다. 그렇게 우리는 공통의 유전자들을 나누어 가지고 있다. 우리가 담벼락을 기어 올라가는 담쟁이 덩굴을 바라볼 때, 우리는 우리의 운명일 수도 있었을 모습을 보고 있는 것이다. 우리는 우리 자신의 진화[진로]에서 20억 년 전 즈음에 갈라져

15) 김동규, "물음의 책임: 박동환 철학의 지렛목"에서 따옴.

나간 다른 가능한 결과를 바라보고 있다."[16]

한 생명이 자신의 위치를 돌아보는 데서 더 나아가, 이를테면 살모사가 지네를 함부로 삼키기에 앞서 왜 조심해야 하는지 알리는, 그리고 아마도 성숙한 살모사는 이미 체득하고 있을, 자연의 원리를 다시 떠올리게 된다.

"삼켜도 삼키는 자의 것이 되는 것은 아니다."[17]

그러함에도 여기서 김동규 박사가 자연과 사랑, 존재와 당위의 관계를 이분법적으로 풀이하는 것이 반드시 오류라고 말하는 것은 아니다. 다만, 그렇게 단절의 이분법에 호소해서 이루어지는 당위 곧 사랑이라는 '인위적인 요청'에 호소하는 데서 모든 것의 뿌리인 근본 *x*에 이르기에는 막히는 부분 또는 미달하는 부분이 있다는 것이다. 그처럼 단절의 이분법은 뿌리 깊은 근본으로의 합류 그리고 회귀를 가로막고 있다고 본다.

'반구'의 태도에서 말하자면, 인심(人心)은 천심(天心)에서 우러나는 것이며, 그래서 사랑의 당위 곧 사랑이라는 인심은 타고난 '자연' 곧 영원의 기억과 그로 비롯하는 무한의 상상—요즘에는 MRI로까지 확인하는

16) Daniel Chamovitz, ***What a plant knows***. New York: Scientific American, 2012. p. 141.

17) 『*x*의 존재론』 고양, 경기: 사월의책, 2017. 137-164쪽. 참고.

공감 능력(mirror neuron)—에 뿌리를 두고 있음이 확인되고 있다. 길 가던 사람이 갑자기 쓰러져 숨을 허덕일 때, 옆을 지나던 사람들이 달려가 도움을 주려는 것은 그들의 깊은 속에 타고난 공감 능력 곧 자연의 반구 행위로서 '천심'이 움직이기 때문이다. 그렇게 자연의 생명에서 우러나는 '반구'의 모양 곧 공감 능력을 확인하는 실험에 대해 한 생명과학의 이론가가 정리하고 있다.

> "원숭이들에게서 그런 공감(empathy) 능력이 존재한다는 강력한 증거가 위켄(Wechkin)과 그의 동료(1964년) 그리고 마서맨(Masserman)과 그의 동료(1964년)의 실험에서 드러났다. 그들이 발견한 것은 다음과 같다. 붉은털원숭이들은 줄을 잡아당기면 음식을 먹을 수 있는데도, 그렇게 하면 밖에 있는 한 동료가 전기충격을 받게 되어있다는 것을 알았을 때, 그렇게 하지 않았다. 그들의 한 동료가 전기충격을 받는다는 것을 알았을 때, 한 원숭이는 5일을 굶으면서도 줄을 잡아당기지 않았고, 한 원숭이는 12일 동안이나 줄을 잡아당기지 않았다. 이 같은 희생의 감수는 그들 사이의 감성적 유대와 사회체계가 견고하다는 것을 보여준다."[18]

그러므로 '개체성의 보호와 독선 금지'를 생명의 오래된 반구 행위에 뿌리를 둔 자연의 계율로 본다. 그러함에도 김 박사가 밀고 있는 존재와 당위의 이분법적 논리나, 내가 밀고 있는 자연의 반구로써 하는 접근법

---

18) Frans de Waal, "Morally Evolved," ***Primates and Philosophers: How morality evolved***, eds. S. Macedo & J. Ober. Princeton & Oxford: Princeton University Press, 2006. p. 29.

이나, 모두 제2 해석학 곧 분열적 지역학에 지나지 않는 것들이다. 이 모든 지역학은 결국에 이 같은 말, 말, 말의 실없는 반복이 사라지게 하는 제1 해석학 곧 김상환 교수가 말하는 '해석의 무덤' x의 저 영토로 합류 회귀해 들어간다.[19]

대화에 어떤 변화도 발전도 없이 긴 반복을 했을 뿐이다. 마지막 깨달음의 한 마디를 남기고 싶다. '사람은 각기 그가 이해할 수 있는 것을 이해할 수 있다.' (210205)

---

19) **한국연구원** 심포지엄(2020. 12. 22.) 발표글 김상환 교수의 "박동환의 'x의 존재론'과 개체성" 참고.